HTML et CSS Facile pour les Non-Programmeurs

Première édition

Copyright © 2025 Cuantum Technologies

Première édition : Décembre 2025

Publié par Cuantum Technologies LLC

Plano, Texas (États-Unis)

ISBN: 979-8-90148-894-2

"Artificial intelligence is the new electricity."

- Andrew Ng, Co-founder of Coursera and Adjunct Professor at Stanford University

Qui nous sommes

Bienvenue dans ce livre créé par Cuantum Technologies. Nous sommes une équipe de développeurs passionnés, déterminés à créer des logiciels offrant des expériences créatives et résolvant des problèmes concrets. Notre objectif est de développer des applications web de haute qualité qui offrent une expérience utilisateur fluide et répondent aux besoins de nos clients.

Dans notre entreprise, nous croyons que la programmation ne se limite pas à écrire du code. Il s'agit de résoudre des problèmes et de créer des solutions qui ont un impact réel sur la vie des gens. Nous explorons en permanence de nouvelles technologies et techniques afin de rester à la pointe de l'industrie, et nous sommes ravis de partager nos connaissances et notre expérience avec vous à travers ce livre.

Notre approche du développement logiciel repose sur la collaboration et la créativité. Nous travaillons en étroite collaboration avec nos clients afin de comprendre leurs besoins et de créer des solutions adaptées à leurs exigences spécifiques. Nous pensons qu'un logiciel doit être intuitif, facile à utiliser et visuellement attrayant, et nous nous efforçons de créer des applications qui répondent à ces critères.

Ce livre vise à proposer une approche pratique et concrète pour débuter dans la **maîtrise du pouvoir créatif de l'IA**. Que vous soyez un débutant sans expérience en programmation ou un développeur expérimenté souhaitant élargir ses compétences, ce livre est conçu pour vous aider à développer vos aptitudes et à construire une base **solide en apprentissage profond génératif avec Python**.

Notre philosophie

Au cœur de Cuantum, nous croyons que la meilleure façon de créer des logiciels passe par la collaboration et la créativité. Nous valorisons les contributions de nos clients, et nous travaillons en étroite collaboration avec eux pour créer des solutions qui répondent à leurs besoins. Nous pensons également qu'un logiciel doit être intuitif, simple à utiliser et esthétiquement plaisant, et nous nous efforçons de créer des applications conformes à ces principes.

Nous croyons également que la programmation est une compétence qui peut s'apprendre et se développer avec le temps. Nous encourageons nos développeurs à explorer de nouvelles technologies et techniques, et nous leur fournissons les outils et les ressources nécessaires pour rester à l'avant-garde de l'industrie. Nous pensons aussi que programmer doit être une activité plaisante et gratifiante, et nous nous efforçons de créer un environnement de travail stimulant la créativité et l'innovation.

Notre expertise

Dans notre entreprise de logiciels, nous sommes spécialisés dans le développement d'applications web qui offrent des expériences créatives et résolvent des problèmes réels. Nos développeurs possèdent une expertise dans un large éventail de langages et de frameworks, notamment Python, l'intelligence artificielle, ChatGPT, Django, React, Three.js et Vue.js, entre autres. Nous explorons sans cesse de nouvelles technologies pour rester à la pointe de l'innovation et nous sommes fiers de notre capacité à créer des solutions adaptées aux besoins de nos clients.

Nous avons également une grande expérience dans l'analyse et la visualisation de données, l'apprentissage automatique et l'intelligence artificielle. Nous croyons que ces technologies ont le potentiel de transformer notre façon de vivre et de travailler, et nous sommes fiers de faire partie de cette révolution.

En conclusion, notre entreprise est dédiée à la création de logiciels web favorisant des expériences créatives et apportant des solutions concrètes. Nous privilégions la collaboration et la créativité, et nous nous engageons à développer des solutions intuitives, accessibles et visuellement attractives. Nous sommes passionnés par la programmation et impatients de partager avec vous nos connaissances et notre expérience à travers ce livre. Que vous soyez débutant ou développeur confirmé, nous espérons que ce livre sera pour vous une ressource précieuse dans votre parcours vers la maîtrise de votre domaine.

YOUR JOURNEY STARTS HERE...

Get access to all the benefits of being one of our valuable readers through our new **eLearning Platform**:

1. Free code repository of this book

2. Access to a **free example chapter** of any of our books.

3. Access to the **free repository code** of any of our books.

4. Premium customer support by writing to **books@cuantum.tech**

And much more...

HERE IS YOUR
FREE ACCESS

www.cuantum.tech/books/html-and-css-easy-for-noncoders/code/

TABLE DES MATIÈRES

Pour qui est ce livre ?

À l'ère numérique, la capacité de créer et de gérer votre propre site web est une compétence inestimable, que vous soyez propriétaire d'une petite entreprise, un individu créatif cherchant à présenter votre travail, ou simplement quelqu'un intéressé à explorer le vaste potentiel d'internet. « HTML et CSS pour les Non-Codeurs » est conçu pour démystifier le processus de développement web, le rendant accessible, attrayant et autonomisant pour ceux sans expérience en codage.

Cette section vise à fournir un aperçu de pourquoi apprendre HTML et CSS n'est pas seulement bénéfique mais essentiel pour quiconque cherche à laisser sa marque en ligne, et comment ce livre sert de point de départ parfait.

Comprendre HTML et CSS

HTML (Langage de Balisage HyperTexte) et CSS (Feuilles de Style en Cascade) sont les éléments fondamentaux du web. HTML fournit la structure d'une page web, vous permettant de définir des éléments tels que les titres, les paragraphes et les liens, tandis que CSS dicte le style, incluant les couleurs, les polices et la mise en page. Ensemble, ils vous permettent de créer des pages web à la fois fonctionnelles et esthétiquement attrayantes.

Pourquoi les Non-Codeurs Devraient Apprendre HTML et CSS

- **Autonomie sur votre Présence en Ligne** : Comprendre HTML et CSS vous donne le pouvoir de créer et de gérer votre propre site web, blog ou portfolio sans dépendre de plateformes tierces ou de développeurs. Cette autonomie permet une plus grande créativité et flexibilité dans la façon dont vous vous présentez ou présentez votre entreprise en ligne.

- **Amélioration des Compétences en Résolution de Problèmes** : Apprendre à coder, même à un niveau basique, améliore les compétences en résolution de problèmes et la pensée logique. Cela encourage une mentalité d'expérimentation et d'itération, des traits précieux dans toute entreprise professionnelle ou créative.

- **Littératie Numérique Renforcée** : À mesure que nous avançons davantage dans l'ère numérique, être compétent dans les bases du développement web devient une forme critique de littératie. Cela vous permet de comprendre et de participer plus pleinement au monde numérique.

- **Autonomisation Économique** : Avec l'essor de l'économie des petits boulots et des marchés numériques, avoir un site web personnel peut être un avantage significatif. Cela vous permet de commercialiser vos services, de vendre des produits ou simplement de construire une marque personnelle qui peut ouvrir de nouvelles opportunités professionnelles.

- **Communauté et Collaboration** : La communauté du développement web est vaste, solidaire et incroyablement collaborative. Apprendre HTML et CSS vous introduit à cette communauté, offrant des opportunités d'apprentissage, de réseautage et de collaboration.

Comment ce Livre Aide

« HTML et CSS pour les Non-Codeurs » est structuré pour vous emmener d'un débutant complet à la création confiante de vos propres sites web. Voici comment :

- **Guide Étape par Étape** : Chaque concept est décomposé en parties gérables, expliqué dans un langage clair et non technique, et renforcé par des exemples pratiques et des exercices.

- **Projets du Monde Réel** : En construisant de vrais projets comme un portfolio en ligne et une page de destination de produit, vous appliquez ce que vous avez appris dans un contexte réel, solidifiant votre compréhension et vos compétences.

- **Accent sur les Meilleures Pratiques** : De l'accessibilité au design responsive, le livre met l'accent sur les meilleures pratiques modernes en développement web, garantissant que vous apprenez à créer des sites web qui ne sont pas seulement beaux, mais aussi fonctionnels et faciles à utiliser.

- **Ressources pour l'Apprentissage Continu** : Reconnaissant que l'apprentissage ne se termine pas à la dernière page du livre, nous fournissons des ressources, des communautés et des outils pour continuer votre voyage dans le développement web, vous tenant au courant du paysage numérique en constante évolution.

Conclusion

« HTML et CSS pour les Non-Codeurs » est plus qu'un simple livre ; c'est un tremplin vers le monde du développement web, conçu spécifiquement pour ceux qui ne se sont peut-être pas considérés capables de construire un site web. C'est un témoignage de l'idée qu'avec la bonne orientation, le développement web est accessible à tous, indépendamment de leur origine. À la fin de ce livre, vous aurez non seulement une solide compréhension de HTML et CSS, mais aussi la confiance pour continuer à explorer les vastes et passionnantes possibilités qu'offre le développement web.

Remerciements

Écrire un livre n'est jamais un effort solitaire, et « HTML et CSS pour Non-Codeurs » ne fait pas exception. Une grande quantité d'idées, de travail acharné et d'expertise a été investie dans ses pages, et nous serions négligents si nous ne prenions pas un moment pour reconnaître ceux qui ont rendu ce travail possible.

Tout d'abord, un sincère remerciement à notre incroyable équipe chez Cuantum Technologies. Votre dévouement sans relâche, votre enthousiasme et votre professionnalisme ont été tout simplement inspirants. Ce livre est le reflet de notre expérience collective et de notre passion pour le développement web. Chaque membre de l'équipe a joué un rôle crucial dans l'élaboration du matériel, de la séance de remue-méninges sur les sujets à l'examen minutieux des détails. Votre soutien a été inestimable, et ce travail n'aurait pas été possible sans vous.

Aux universités et institutions éducatives qui ont intégré nos publications dans leurs programmes d'études, nous exprimons notre plus profonde gratitude. C'est un honneur de contribuer au parcours éducatif de la prochaine génération de concepteurs et de développeurs web. Votre confiance en notre travail comme base de connaissances alimente notre motivation à continuer de créer du contenu de haute qualité et à fort impact.

Nous aimerions également exprimer notre reconnaissance aux divers réviseurs, correcteurs d'épreuves et personnel éditorial qui ont examiné les ébauches, offert des suggestions et corrigé les erreurs. Vos regards aiguisés et vos commentaires perspicaces ont indéniablement amélioré la qualité de ce livre.

Enfin, mais non des moindres, merci aux lecteurs qui ont choisi ce livre pour les aider dans leur parcours d'apprentissage. Nous espérons que vous trouverez le matériel enrichissant et pratique, et qu'il vous servira bien dans vos efforts académiques ou professionnels. Votre succès est notre récompense ultime.

Nous espérons continuer à améliorer et à mettre à jour notre travail en permanence, et nous accueillons favorablement tout commentaire qui nous aide à atteindre cet objectif. Merci de faire partie intégrante de ce parcours remarquable.

Introduction

Se lancer dans l'aventure de créer « HTML et CSS pour Non-Codeurs : Des Fondamentaux au Lancement » a été une aventure d'exploration, de compréhension et d'autonomisation dans le vaste domaine du développement web.

Ce livre de Cuantum Technologies n'est pas simplement une collection d'instructions et de syntaxe ; c'est un guide soigneusement élaboré conçu pour démystifier le monde de la conception et du développement web, le transformant d'un labyrinthe complexe en un chemin navigable rempli de découverte et de créativité.

Notre mission est de vous fournir, à vous lecteur, les outils, les connaissances et la confiance non seulement pour comprendre les blocs de construction fondamentaux du web, mais aussi pour concevoir vos toiles numériques et partager vos visions uniques avec le monde.

L'Essence du Voyage

À une époque où le paysage numérique forme l'axe de nos interactions, de notre apprentissage et de notre commerce, la capacité de créer sur cette vaste toile est devenue une compétence inestimable. « HTML et CSS pour Non-Codeurs » est élaboré avec la compréhension que le voyage pour devenir développeur web concerne autant la compréhension du « pourquoi » que la maîtrise du « comment ». Il s'agit de voir au-delà du code vers les expériences que vous pouvez créer, les problèmes que vous pouvez résoudre et l'impact que vous pouvez avoir.

Pour Qui Ce Livre Est Écrit

Ce livre est pour les rêveurs, les créateurs, les penseurs ; pour ceux qui ont toujours voulu donner vie à une idée mais se sont sentis intimidés par les aspects techniques du développement web. Il est pour le propriétaire de petite entreprise qui cherche à se faire une place sur le marché en ligne, l'artiste qui souhaite montrer son travail, l'éducateur qui a besoin de partager des ressources et l'apprenant perpétuel toujours désireux d'acquérir une nouvelle compétence. Que vous partiez de zéro sans aucune expérience préalable ou que vous ayez fait vos premiers pas dans le développement web mais cherchiez une compréhension plus structurée, ce livre est votre compagnon.

La Structure de Notre Exploration

Notre voyage à travers les domaines de HTML et CSS est structuré pour construire votre compréhension depuis la base, en établissant une fondation solide avant de nous aventurer dans des territoires plus avancés. Nous commençons en démêlant les mystères d'internet et comment fonctionnent les pages web, préparant le terrain pour une plongée plus profonde dans HTML, le squelette du web. À mesure que vous deviendrez fluide dans la structuration du contenu, nous introduirons CSS, le langage qui donne vie à vos pages web avec style et esthétique.

Mais ce livre va au-delà du simple apprentissage du codage. Nous explorons les principes de la conception web, l'expérience utilisateur et le design réactif, en veillant à ce que les sites web que vous construisez ne soient pas seulement fonctionnels, mais aussi attrayants et accessibles à tous les utilisateurs. À travers des projets pratiques, vous appliquerez ce que vous avez appris, en construisant un portfolio en ligne et une page d'accueil pour un produit numérique, consolidant vos compétences par une application dans le monde réel.

Mettre l'Accent sur les Meilleures Pratiques

Tout au long du livre, l'accent est mis sur les meilleures pratiques, depuis l'écriture de code propre et maintenable jusqu'à la conception en pensant à l'accessibilité et à l'expérience utilisateur. Vous apprendrez non seulement comment faire les choses, mais comment bien les faire, en veillant à ce que votre voyage de développement web soit guidé par des principes qui favorisent l'inclusivité, l'efficacité et la durabilité dans vos créations numériques.

Le Chemin pour Lancer Votre Site Web

Construire un site web est un voyage de création, mais le lancer dans le monde est une étape importante en soi. Nous couvrons les aspects essentiels de l'hébergement web, des noms de domaine et des certificats SSL, démystifiant le processus de mise en ligne de votre site web. De plus, nous explorons les fondamentaux du SEO et de l'analytique, vous équipant des connaissances non seulement pour lancer votre site web, mais aussi pour faire croître sa présence dans l'écosystème numérique.

Un Compagnon pour l'Apprentissage Continu

« HTML et CSS pour Non-Codeurs » est conçu pour être un compagnon dans votre voyage d'apprentissage, fournissant une base sur laquelle construire pendant que vous continuez à explorer le domaine en constante évolution du développement web. Avec des ressources pour un apprentissage supplémentaire et des communautés à rejoindre, notre objectif est de vous inspirer à continuer de grandir, d'expérimenter et de repousser les limites de ce que vous pouvez créer.

Conclusion

En étant au seuil de ce voyage, il est important de se rappeler qu'apprendre à coder n'est que le début. Le véritable pouvoir du développement web réside dans la capacité de donner vie aux idées, de communiquer et de se connecter à travers l'espace numérique, et de créer des expériences qui enrichissent et informent. Ce livre est une invitation à se lancer dans un voyage de découverte, de créativité et d'autonomisation. Bienvenue dans « HTML et CSS pour Non-Codeurs : Des Fondamentaux au Lancement » - votre guide pour débloquer le potentiel du développement web et libérer votre vision créative dans le monde.

Partie I : Introduction au Développement Web

Chapitre 1 : Internet et son fonctionnement

Bienvenue dans le monde merveilleux et vaste du développement web ! Alors que vous vous lancez dans ce voyage passionnant et éclairant, il est de la plus haute importance de commencer par le début et de construire une solide compréhension de la base sur laquelle reposent toutes les technologies web : Internet.

Dans ce chapitre, nous vous emmènerons dans une exploration captivante et complète des concepts de base du fonctionnement d'Internet. Nous comprenons que certains de ces concepts peuvent sembler initialement complexes, mais n'ayez crainte ! Notre mission est de démystifier et de simplifier ces concepts, en veillant à ce qu'ils soient accessibles et attrayants pour les personnes de tous horizons et de tous niveaux d'expérience.

Alors, plongez dans le vaste et enchanteur univers numérique, où nous découvrirons la magie impressionnante qui se trouve au cœur d'Internet.

1.1 Vue d'ensemble d'Internet

À la base, Internet est un vaste et complexe réseau d'ordinateurs, de serveurs, de routeurs et d'autres dispositifs, tous interconnectés et travaillant ensemble pour permettre une communication fluide et l'échange d'informations. Il fonctionne comme un réseau complexe, avec d'innombrables nœuds et voies qui permettent aux données de circuler librement entre les ordinateurs du monde entier.

Pensez à Internet comme un bureau de poste mondial, mais au lieu de lettres physiques, il livre des paquets numériques de données d'un ordinateur à un autre en quelques millisecondes. Ces paquets contiennent toutes sortes d'informations, comme du texte, des images, des vidéos et plus encore. Il est vraiment remarquable de voir comment Internet peut combler le fossé entre les individus, les entreprises et les organisations, leur permettant de se connecter et de collaborer indépendamment de leur emplacement physique.

De plus, Internet a révolutionné la façon dont nous accédons et consommons l'information. En quelques clics seulement, nous pouvons explorer de vastes bases de données, accéder à des bibliothèques en ligne et découvrir une mine de connaissances sur n'importe quel sujet imaginable. Il a démocratisé l'éducation, permettant à toute personne disposant d'une connexion Internet d'apprendre et d'élargir ses horizons.

En plus de son rôle de plateforme mondiale de communication et d'échange d'informations, Internet est également devenu un outil essentiel pour le commerce. Les achats en ligne, les plateformes de commerce électronique et les marchés numériques ont transformé la façon dont nous achetons et vendons des biens et des services. Il a ouvert de nouvelles voies permettant aux entreprises d'atteindre des clients à l'échelle mondiale et a créé d'innombrables opportunités pour les entrepreneurs et les petites entreprises de prospérer.

Internet est une invention remarquable qui a changé le monde de manière innombrable. Il nous connecte, nous responsabilise et enrichit nos vies. Que ce soit pour la communication, l'échange d'informations, l'éducation ou le commerce, Internet est devenu une partie indispensable de notre société moderne, façonnant la façon dont nous vivons, travaillons et interagissons avec le monde qui nous entoure.

1.1.1 Comment fonctionne Internet ?

Internet fonctionne en utilisant un protocole largement reconnu et largement utilisé connu sous le nom de **Protocole Internet (IP)**. Il convient de noter que chaque appareil connecté à Internet, de votre smartphone personnel au puissant serveur qui héberge votre site web bien-aimé, possède sa propre adresse IP distinctive et unique.

Cette adresse particulière fonctionne comme l'équivalent numérique d'une adresse postale traditionnelle, garantissant que toute information transmise à travers la vaste étendue d'Internet soit livrée avec précision à sa destination prévue et légitime.

Lorsque vous tapez une adresse de site web (URL) dans votre navigateur, plusieurs choses se produisent en arrière-plan. Examinons chaque étape de plus près pour mieux comprendre le processus :

1. **Recherche DNS**

   C'est la première étape du processus d'accès à un site web. Lorsque vous saisissez le nom de domaine convivial d'un site web (comme **www.exemple.com**) dans la barre d'adresse de votre navigateur, votre navigateur doit trouver l'adresse IP correspondante de ce site web. Pour ce faire, votre navigateur envoie une requête à un serveur DNS (Système de Noms de Domaine). Le serveur DNS agit comme un traducteur, convertissant le nom de domaine en l'adresse IP correspondante. Une fois que le serveur DNS reçoit la requête, il recherche dans sa base de données l'adresse IP associée au nom de domaine et la renvoie à votre navigateur. Avec l'adresse IP en main, votre navigateur peut procéder à l'établissement d'une connexion avec le site web et récupérer la page web souhaitée.

2. **Connexion**

   Une fois que votre navigateur reçoit l'adresse IP du serveur DNS, il utilise cette information pour établir une connexion avec le serveur où le site web est hébergé. Cette connexion, également connue sous le nom de connexion réseau, est une étape cruciale dans le processus d'accès à un site web. Sans connexion réussie, votre navigateur ne pourrait pas communiquer avec le serveur et récupérer le contenu du site web.

Lors de l'établissement de la connexion, votre navigateur envoie une requête au serveur, indiquant son intention d'accéder au site web. Cette requête contient divers détails, tels que le type de navigateur utilisé, la version du navigateur et toute information supplémentaire que le serveur pourrait nécessiter. Le serveur traite ensuite cette requête et répond à votre navigateur, accusant réception de la connexion et fournissant les données nécessaires pour que le site web soit affiché.

Une fois la connexion établie, votre navigateur et le serveur s'engagent dans une communication bidirectionnelle, échangeant des paquets de données. Ces paquets contiennent les instructions et les informations nécessaires pour que votre navigateur récupère et affiche le contenu du site web. Cette communication continue garantit que le site web se charge correctement et que toute interaction de l'utilisateur, comme cliquer sur des liens ou soumettre des formulaires, soit gérée de manière appropriée.

En résumé, la connexion entre votre navigateur et le serveur est un composant vital du processus d'accès à un site web. Elle permet à votre navigateur de communiquer efficacement avec le serveur, de récupérer le contenu du site web et de garantir une expérience utilisateur fluide.

3. **Requête et Réponse**

   Lorsque vous établissez une connexion entre votre navigateur et le serveur, votre navigateur envoie une requête au serveur demandant le contenu du site web. Cette requête contient des informations détaillées sur les données spécifiques que votre navigateur demande. Le serveur traite ensuite soigneusement la requête et renvoie les données demandées.

   Ces données consistent en divers fichiers, notamment HTML, CSS, JavaScript et d'autres fichiers qui sont responsables de la création du site web. Une fois que votre navigateur reçoit ces données, il les interprète et affiche le site web sur votre écran pour que vous puissiez le voir et interagir avec lui.

   En comprenant ces étapes, vous pouvez voir qu'il y a plusieurs processus qui se déroulent en coulisses lorsque vous saisissez une adresse de site web dans votre navigateur. Chaque étape joue un rôle crucial pour garantir que le contenu du site web soit récupéré et affiché correctement sur votre écran.

   Ce processus, qui semble instantané, implique de nombreuses étapes et technologies qui fonctionnent ensemble de manière transparente.

1.1.2 Adresses IP et DNS

Adresse IP

Une adresse IP, également connue sous le nom d'adresse de Protocole Internet, est une étiquette numérique unique attribuée à chaque appareil connecté à Internet. Elle sert d'identifiant et permet aux appareils d'établir une communication et d'échanger des informations entre eux.

En termes plus simples, c'est comme une adresse postale numérique qui permet aux appareils de se trouver et de se connecter les uns aux autres dans le vaste réseau d'Internet. Sans adresses IP, les appareils resteraient déconnectés et incapables d'accéder à la grande quantité d'informations et de services disponibles sur Internet.

DNS

Le Système de Noms de Domaine (DNS) joue un rôle vital dans l'infrastructure d'Internet. Il sert d'équivalent Internet à un annuaire téléphonique, transformant les noms de domaine facilement compréhensibles en adresses IP correspondantes.

Ce système simplifie énormément la tâche d'accéder aux sites web et aux diverses ressources en ligne. Imaginez un scénario dans lequel les utilisateurs devraient mémoriser et saisir manuellement les adresses IP numériques de chaque site web qu'ils souhaitent visiter. Un tel processus serait très compliqué et peu pratique, rendant Internet nettement moins convivial.

De plus, le DNS ne se contente pas de traduire les noms de domaine en adresses IP, mais aide également à la gestion des services de messagerie électronique, au routage du trafic Internet et fournit des mesures de sécurité. Il agit comme un composant fondamental d'Internet, garantissant une communication et une connectivité efficaces dans le monde entier.

En résumé, le DNS est un composant critique qui permet le bon fonctionnement d'Internet, améliorant l'expérience utilisateur et facilitant l'accès généralisé aux ressources en ligne.

En résumé, les adresses IP et le DNS sont des éléments fondamentaux qui permettent une communication sans faille et l'accès à l'information sur Internet. Ils travaillent ensemble pour garantir une navigation efficace et conviviale dans le monde en ligne.

1.1.3 Exemple de code : Comprendre les URL

Une URL (Localisateur Uniforme de Ressources) est plus qu'une simple adresse web. Elle fournit des informations détaillées sur la façon d'accéder à une ressource sur Internet. Décomposons une URL pour comprendre ses composants :

```
<https://www.example.com:80/path/to/page.html?query=123#section>
```

- **https** : Le protocole utilisé pour accéder à la ressource. HTTPS indique que la connexion est chiffrée pour plus de sécurité. Cela garantit que toutes les données transmises entre votre appareil et le site web sont protégées contre les accès non autorisés.

- **www.example.com** : Le nom de domaine du site web. Il agit comme l'adresse où se trouve le site web sur Internet.

- **80** : Le numéro de port (souvent omis s'il s'agit d'un port par défaut). Les ports sont comme des points d'accès sur un ordinateur qui permettent à différents services de communiquer entre eux.

- **/path/to/page.html** : Le chemin vers une ressource ou une page spécifique sur le site web. Il agit comme un répertoire qui vous guide vers l'emplacement exact du contenu souhaité.

- **?query=123** : Une chaîne de requête contenant des informations supplémentaires pour le serveur. Elle vous permet de transmettre des paramètres ou des données spécifiques au serveur, qui peuvent être utilisés pour personnaliser votre expérience web.

- **#section** : Un identifiant de fragment pour naviguer vers une partie spécifique de la page. Il peut être utilisé pour sauter à une section ou un élément particulier au sein d'une page web, facilitant la recherche d'informations pertinentes.

Comprendre le fonctionnement d'Internet est la première étape pour apprécier la puissance et la complexité du développement web. Au fur et à mesure que nous progressons, nous explorerons comment les pages web sont construites et stylisées, en utilisant HTML et CSS, pour créer les expériences web riches et interactives dont vous profitez tous les jours. De plus, nous approfondirons les diverses technologies et frameworks qui permettent le développement web moderne, tels que JavaScript et le design responsive.

En acquérant une base solide dans ces domaines, vous serez équipé pour créer des sites web qui non seulement ont fière allure, mais qui fonctionnent également sans accroc sur différents appareils et tailles d'écran. Rappelez-vous, chaque expert a été un débutant un jour, et votre voyage vers le développement web ne fait que commencer. Embarquons ensemble dans cette passionnante aventure numérique, pas à pas.

1.1.4 Le Rôle des Serveurs Web et des Navigateurs

Serveurs Web

Ces ordinateurs hautement efficaces et dédiés, communément appelés serveurs, sont toujours connectés à Internet. Ils sont spécifiquement conçus pour stocker, traiter et livrer des pages web aux utilisateurs de manière rapide et fiable.

Lorsque le navigateur web d'un utilisateur envoie une requête pour une page web spécifique, celle-ci parvient au serveur, qui répond rapidement en envoyant tous les fichiers et données nécessaires pour afficher la page sans problème. Cela garantit une expérience de navigation fluide pour l'utilisateur, lui permettant d'accéder au contenu souhaité sans délais ni interruptions. La capacité du serveur à livrer rapidement les informations demandées joue un rôle crucial pour garantir une expérience utilisateur positive et maintenir l'efficacité du processus de navigation.

Les serveurs sont équipés de technologies avancées et d'infrastructures pour gérer un grand nombre de requêtes simultanées provenant de plusieurs utilisateurs en même temps. Cette capacité leur permet de gérer efficacement un trafic web intense et de fournir des réponses opportunes à tous les utilisateurs, quel que soit le nombre de requêtes en cours de traitement à un moment donné.

En plus de leur fonction principale de livraison de pages web, les serveurs jouent également un rôle vital dans le stockage et le traitement des données. Ils sont équipés de systèmes de stockage de haute capacité pour stocker de grandes quantités de données, garantissant que les sites web et les applications en ligne disposent des ressources nécessaires pour fonctionner correctement. De plus, les serveurs sont dotés de processeurs puissants et de systèmes logiciels robustes qui leur permettent de traiter des opérations complexes et d'effectuer des tâches telles que la gestion de bases de données, la livraison de contenu et les protocoles de sécurité.

Dans l'ensemble, les serveurs sont l'épine dorsale d'Internet, jouant un rôle crucial dans la livraison de contenu web et garantissant une expérience de navigation fluide pour les utilisateurs. Leur efficacité, leur fiabilité et leur connectivité dédiée en font un composant essentiel de l'infrastructure numérique qui alimente le monde en ligne moderne.

Navigateurs Web

Les navigateurs sont des applications logicielles qui interprètent et affichent les pages web que les serveurs leur envoient. Ils servent de passerelle vers le vaste royaume d'informations disponibles sur Internet, fournissant aux utilisateurs les moyens d'accéder et d'interagir avec cette richesse de connaissances et de ressources.

Des navigateurs comme Chrome, Firefox et Safari jouent un rôle fondamental dans le domaine du développement web. Ils constituent le lien vital entre le serveur et l'utilisateur final, garantissant que le contenu que vous créez puisse être accessible et utilisé sans problème.

L'importance des navigateurs ne peut être exagérée, car ils permettent aux utilisateurs de naviguer sur des sites web, de consommer du contenu multimédia et de participer à diverses applications web. Sans les navigateurs, l'expérience Internet serait sévèrement limitée, privant les utilisateurs de la capacité d'explorer et d'utiliser pleinement les vastes offres du monde en ligne.

Par conséquent, il est crucial que les développeurs web possèdent une compréhension approfondie des diverses capacités et limitations des différents navigateurs. Cette connaissance leur permet de créer des expériences web qui ne sont pas seulement visuellement attrayantes, mais également intuitives et conviviales, offrant ainsi à leur public un voyage en ligne véritablement immersif et satisfaisant.

1.1.5 Comprendre les Protocoles au-delà de HTTP et HTTPS

Bien que HTTP (Protocole de Transfert Hypertexte) et HTTPS (HTTP Sécurisé) servent de colonne vertébrale au développement web, il est important d'explorer et de se familiariser avec d'autres protocoles Internet pour améliorer nos connaissances :

FTP (Protocole de Transfert de Fichiers)

FTP (Protocole de Transfert de Fichiers) est un protocole très populaire et largement utilisé qui permet le transfert efficace et sécurisé de fichiers entre un client et un serveur sur un réseau. Ce protocole offre une large gamme de fonctionnalités puissantes, ce qui en fait un choix idéal pour les utilisateurs qui souhaitent partager une variété de fichiers.

Que vous ayez besoin de transférer des documents, des images, des vidéos ou tout autre type de fichier, FTP garantit que le processus de transfert s'effectue de manière efficace et sécurisée. En utilisant ce protocole, vous pouvez avoir la tranquillité d'esprit de savoir que l'intégrité et la confidentialité de vos données sont entièrement protégées pendant le processus d'échange.

SMTP (Protocole Simple de Transfert de Courrier)

Ce protocole essentiel permet la transmission fluide et sans problème des courriels à travers Internet. Il agit comme un canal de communication fiable et efficace, assurant que les courriels sont livrés de manière rapide et précise à leurs destinataires prévus.

En comprenant SMTP, nous pouvons obtenir des informations précieuses sur la façon dont les courriels sont envoyés et reçus, ainsi que sur les divers mécanismes impliqués dans le processus. Cette connaissance nous permet de résoudre efficacement les problèmes de livraison de courriels, d'optimiser le routage des courriels pour une livraison plus rapide et de mettre en œuvre des mesures de sécurité robustes pour se protéger contre le courrier indésirable et l'accès non autorisé.

De plus, SMTP joue un rôle crucial dans l'authentification des courriels, garantissant que les messages sont envoyés depuis des sources légitimes et réduisant le risque d'attaques de phishing et d'usurpation d'identité. Par conséquent, avoir une compréhension approfondie de SMTP est vital pour toute personne impliquée dans la communication par courriel, qu'il s'agisse de particuliers, d'entreprises ou d'organisations.

IMAP (Protocole d'Accès aux Messages Internet)/POP3 (Protocole de Bureau de Poste)

IMAP (Protocole d'Accès aux Messages Internet) et POP3 (Protocole de Bureau de Poste) sont deux protocoles importants utilisés pour récupérer les courriels. Ces protocoles jouent un rôle crucial pour garantir que les utilisateurs peuvent accéder facilement à leurs courriels.

IMAP offre aux utilisateurs un haut niveau de flexibilité, leur permettant de gérer et d'accéder à leurs courriels depuis plusieurs appareils. Cela signifie que les utilisateurs peuvent facilement basculer entre les appareils et continuer à avoir accès à leurs courriels, garantissant la synchronisation sur toutes les plateformes. D'autre part, POP3 se concentre davantage sur le téléchargement des courriels vers un seul appareil.

Cela en fait un choix privilégié pour les personnes qui préfèrent une configuration de messagerie plus traditionnelle, où elles peuvent avoir leurs courriels stockés sur un appareil spécifique et y accéder hors ligne. IMAP et POP3 servent tous deux des objectifs importants dans la récupération des courriels, offrant aux utilisateurs différentes options et fonctionnalités pour s'adapter à leurs besoins spécifiques.

En explorant ces protocoles Internet supplémentaires, nous pouvons élargir notre compréhension de l'infrastructure sous-jacente qui alimente divers services et applications en ligne.

1.1.6 Sécurité et Confidentialité sur Internet

Étant donné la quantité continuellement croissante d'informations personnelles et hautement sensibles qui sont régulièrement échangées via Internet, il devient de plus en plus crucial de fournir aux lecteurs une description exhaustive et détaillée des meilleures pratiques pour garantir la sécurité sur Internet et préserver la confidentialité.

En plus de souligner l'importance d'utiliser des connexions sécurisées, comme HTTP Sécurisé (HTTPS), il est important d'explorer davantage le sujet en développant l'importance de comprendre et d'examiner minutieusement les politiques de confidentialité. De plus, il est crucial d'éduquer les lecteurs sur les concepts de base du chiffrement des données, qui joue un rôle vital dans la protection des informations sensibles contre l'accès non autorisé et les menaces potentielles.

Il vaut la peine de mentionner l'importance de mettre régulièrement à jour les logiciels et les systèmes d'exploitation pour s'assurer que les derniers correctifs de sécurité sont appliqués. Cela aide à prévenir les vulnérabilités qui pourraient être exploitées par des acteurs malveillants. De plus, il est recommandé d'utiliser des mots de passe forts et uniques pour différents comptes en ligne afin de minimiser le risque d'accès non autorisé.

En outre, il est bénéfique d'être prudent lors du partage d'informations personnelles en ligne et d'être conscient des escroqueries par hameçonnage et des techniques d'ingénierie sociale que les cybercriminels peuvent utiliser pour tromper les personnes afin qu'elles révèlent des données sensibles. En restant informés et vigilants, les utilisateurs peuvent mieux se protéger eux-mêmes et leur vie privée dans le paysage numérique.

Il est recommandé d'examiner et d'ajuster régulièrement les paramètres de confidentialité sur les plateformes de réseaux sociaux et autres services en ligne pour contrôler la visibilité des informations personnelles. Être conscient des informations partagées et limiter l'exposition des données personnelles peut contribuer de manière significative au maintien de la confidentialité et de la sécurité en ligne.

1.1.7 L'Évolution d'Internet

Une exploration exhaustive de l'histoire et de l'évolution d'Internet est cruciale pour comprendre pleinement sa nature complexe et les avancées en cours. En approfondissant ce sujet, les lecteurs obtiendront non seulement une compréhension approfondie de la façon dont Internet a évolué au fil du temps, en commençant par l'ère des pages web statiques (Web 1.0) jusqu'aux plateformes dynamiques et interactives sur lesquelles nous comptons aujourd'hui (Web 2.0), mais ils développeront également une base solide pour comprendre l'avenir du paysage numérique.

En plus des sujets mentionnés ci-dessus, il est essentiel de regarder vers l'avant et d'introduire des concepts tels que le Web 3.0 et l'Internet des Objets (IoT), qui façonneront sans aucun doute l'avenir d'Internet et de ses fonctionnalités. En incluant ces concepts de pointe, les lecteurs seront mieux équipés pour naviguer dans le monde en constante évolution de la technologie numérique.

En incorporant ces sujets supplémentaires, non seulement la compréhension des lecteurs sur la fonctionnalité d'Internet sera considérablement améliorée, mais on leur fournira également une base solide pour les chapitres ultérieurs, permettant une exploration plus complète du développement web.

De plus, il est de la plus haute importance de maintenir un ton conversationnel et inclusif tout au long des explications, en s'assurant que le matériel reste accessible aux personnes qui peuvent ne pas avoir une solide formation en codage et qui ne font que commencer leur voyage dans le monde du développement web.

En démystifiant ces concepts complexes, nous pouvons responsabiliser les nouveaux venus et leur permettre de participer avec confiance dans le monde en constante expansion et changement du développement web.

1.2 Introduction au Développement Web

Bienvenue dans le monde incroyablement passionnant et vaste du développement web sur Internet. Ce voyage extraordinaire élargira non seulement vos connaissances, mais vous transformera également en un créateur hautement qualifié, vous permettant de donner vie à vos idées uniques dans le vaste domaine en ligne.

Que votre objectif final soit de partager des connaissances précieuses, de présenter votre portfolio impressionnant ou d'établir une entreprise en ligne prospère, le développement web vous équipe d'une large gamme d'outils puissants pour construire et améliorer votre présence numérique. Embarquons dans cette aventure passionnante avec un optimisme illimité et une soif insatiable de connaissances, alors que nous plongeons dans les couches fascinantes du développement web.

Tout au long de ce voyage incroyable, nous présenterons le matériel d'une manière qui soit non seulement captivante, mais aussi facilement compréhensible, garantissant que vous saisissez les concepts avec la plus grande clarté et confiance.

1.2.1 Qu'est-ce que le Développement Web ?

À sa base, le développement web est le processus complexe et élaboré de construire et de maintenir des sites web, impliquant une vaste gamme de tâches et d'activités. Il englobe non seulement les aspects visibles d'un site web, mais aussi le travail en coulisses qui est essentiel à son fonctionnement optimal et à la satisfaction des utilisateurs.

Le développement web est une discipline multifacette qui nécessite une compréhension approfondie et une maîtrise de divers langages de programmation, outils et technologies. C'est un effort continu qui implique un apprentissage constant et une adaptation au paysage numérique en constante évolution.

En ce qui concerne le développement web, il existe deux catégories principales qui couvrent différents aspects et responsabilités :

Développement Frontend

Cet aspect crucial du développement web se concentre sur la création de la partie visible par l'utilisateur d'un site web, qui comprend tout ce que les utilisateurs voient et avec quoi ils interagissent. Les développeurs frontend jouent un rôle vital dans la conception et le développement de l'interface utilisateur (UI) pour garantir une expérience de site web visuellement attrayante et intuitive.

En plus de HTML (Langage de Balisage Hypertexte), CSS (Feuilles de Style en Cascade) et JavaScript, les développeurs frontend utilisent également divers frameworks et bibliothèques tels que React, Angular ou Vue.js pour améliorer la fonctionnalité et l'interactivité du site web.

Ils travaillent en étroite collaboration avec les concepteurs UX (Expérience Utilisateur) pour incorporer des principes de conception centrés sur l'utilisateur et créer des interactions fluides. En comprenant le public cible et ses besoins, les développeurs frontend optimisent les performances, l'accessibilité et la réactivité du site web sur différents appareils et navigateurs.

De plus, les développeurs frontend restent informés des dernières tendances en matière de développement web, garantissant que le site web reste moderne et pertinent. Ils améliorent continuellement leurs compétences et connaissances en apprenant de nouvelles technologies et techniques, ce qui leur permet de fournir des expériences web innovantes et de haute qualité.

En résumé, le développement frontend est un domaine dynamique et en constante évolution qui combine créativité, expertise technique et conception centrée sur l'utilisateur pour offrir des sites web visuellement attrayants, intuitifs et engageants.

Développement Backend

En plus du développement frontend, qui se concentre principalement sur les composants visuels d'un site web, le développement backend joue un rôle critique pour garantir le fonctionnement fluide et efficace du site web.

Les développeurs backend sont responsables de travailler du côté serveur d'un site web, où ils gèrent une variété de tâches importantes. Ces tâches comprennent la gestion du stockage des données, le traitement des demandes des utilisateurs et la facilitation de la communication fluide entre le site web et sa base de données. Ce faisant, ils garantissent que le site web fonctionne efficacement et offre aux utilisateurs une expérience satisfaisante.

Pour accomplir ces tâches, les développeurs backend utilisent une large gamme de langages de programmation. Certains des langages de programmation couramment utilisés pour le développement backend incluent Python, PHP, Ruby, Java et bien d'autres.

Leur expertise réside non seulement dans ces langages de programmation, mais aussi dans la construction de l'infrastructure côté serveur et la mise en œuvre d'une logique complexe qui alimente les opérations du site web. En tirant parti de leurs compétences et connaissances, les développeurs backend contribuent à la fonctionnalité et au succès global d'un site web.

En plus du développement frontend et backend, il existe plusieurs autres domaines spécialisés au sein du développement web qui contribuent à son étendue et sa complexité. L'un de ces domaines est le développement full-stack, qui englobe à la fois les compétences frontend et backend, permettant aux développeurs d'avoir une compréhension globale de l'ensemble du processus de développement web.

Un autre domaine spécialisé est le développement web mobile, qui se concentre spécifiquement sur la création de sites web optimisés pour les appareils mobiles, en tenant compte des défis et exigences uniques de la navigation mobile.

De plus, le développement web dans son ensemble ne concerne pas seulement les compétences techniques, mais aussi la créativité et la capacité à offrir des expériences utilisateur exceptionnelles. Il nécessite des personnes possédant un ensemble diversifié de compétences, notamment en conception, résolution de problèmes et communication, pour concevoir des sites web qui ne sont pas seulement fonctionnels, mais aussi visuellement attrayants et conviviaux. C'est une discipline en constante évolution qui suit les dernières tendances et technologies, façonnant le monde numérique dans lequel nous vivons aujourd'hui et ouvrant la voie à l'avenir des expériences en ligne.

1.2.2 Débuter avec HTML et CSS

HTML et CSS sont les blocs de construction fondamentaux du développement web. HTML, qui signifie Langage de Balisage Hypertexte, est responsable de fournir la structure et le contenu d'une page web. Il vous permet de définir des en-têtes, des paragraphes, des listes, des images, des liens et d'autres éléments qui composent la page.

En plus de définir la structure et le contenu, HTML fournit également une large gamme d'attributs et de balises qui vous permettent de personnaliser davantage le comportement et la fonctionnalité de la page web. Par exemple, vous pouvez utiliser des attributs comme « href » pour créer des liens cliquables, ou « src » pour intégrer des images ou des vidéos dans la page.

D'autre part, CSS, qui signifie Feuilles de Style en Cascade, est responsable de définir l'apparence visuelle et la mise en page de la page web. Il vous permet de spécifier des couleurs, des polices, des marges, des espacements et d'autres propriétés de style pour améliorer la présentation du contenu.

En utilisant CSS, vous pouvez créer des mises en page et des styles visuellement attrayants pour vos pages web. Vous pouvez définir différents styles pour les en-têtes, les paragraphes, les listes et d'autres éléments, donnant à votre site web une apparence unique et cohérente.

De plus, CSS offre une variété de fonctionnalités et de techniques avancées qui vous permettent de créer des effets interactifs et dynamiques. Vous pouvez utiliser des animations CSS, des transitions et des transformations pour donner vie à vos pages web et offrir aux utilisateurs une expérience de navigation immersive.

En combinant la puissance de HTML et CSS, vous avez la capacité de créer des pages web visuellement attrayantes et interactives qui captivent les utilisateurs et offrent une expérience de navigation fluide. Que vous conceviez un simple blog personnel ou un site web de commerce électronique complexe, HTML et CSS fournissent les outils et la flexibilité nécessaires pour donner vie à vos idées sur le web.

Concepts de Base de HTML

HTML, abréviation de Langage de Balisage Hypertexte, est un composant crucial et fondamental du développement web. Il convient de mentionner que HTML n'est pas classé comme un langage de programmation au sens traditionnel, mais plutôt comme un langage de balisage qui joue un rôle important en fournissant des instructions aux navigateurs web sur la façon de structurer et de présenter les pages web que vous rencontrez en naviguant dans la vaste étendue d'Internet.

En exploitant une large gamme d'éléments, HTML vous permet d'entourer et d'envelopper diverses sections de contenu, vous accordant ainsi la capacité d'adapter et de personnaliser l'apparence et la fonctionnalité de vos pages web en fonction de vos exigences, préférences et désirs précis et individuels.

Cette flexibilité vous permet de créer des expériences web uniques et distinctives qui captivent et attirent votre public, garantissant que votre présence en ligne soit à la fois visuellement attrayante et hautement fonctionnelle.

Voici un exemple simple d'un document HTML :

```
<!DOCTYPE html>
<html>
<head>
    <title>My First Web Page</title>
</head>
<body>
    <h1>Hello, World!</h1>
    <p>This is my first web page. I'm learning web development!</p>
```

```
</body>
</html>
```

Explication du Code :

- **<!DOCTYPE html>** est une déclaration importante qui spécifie le type et la version de HTML utilisé dans le document.

- **<html>** sert d'élément racine, qui englobe tout le contenu présent dans l'ensemble de la page.

- **<head>** joue un rôle crucial en fournissant des méta-informations sur le document, y compris le titre.

- **<title>** est utilisé pour définir le titre du document, qui s'affiche dans la barre de titre ou l'onglet du navigateur web.

- **<body>** agit comme le conteneur pour le contenu principal du document, hébergeant des éléments tels que le texte, les images et d'autres ressources.

Concepts de Base de CSS

CSS, qui signifie Feuilles de Style en Cascade, est un langage de feuilles de style incroyablement polyvalent et influent qui joue un rôle crucial dans la définition de la conception visuelle et de l'apparence d'un document HTML.

En utilisant CSS, les concepteurs web sont dotés du pouvoir de spécifier avec précision la présentation souhaitée d'une grande variété d'éléments, qu'ils soient visualisés sur un écran d'ordinateur, imprimés sur papier ou consultés via différents formats de médias.

Cette capacité remarquable garantit une expérience utilisateur fluide et cohérente sur une vaste gamme de plateformes et d'appareils, offrant aux utilisateurs une interface exceptionnellement uniforme dont ils peuvent se délecter. De plus, CSS offre une vaste gamme de fonctionnalités et de propriétés, permettant aux concepteurs d'améliorer et de personnaliser davantage l'apparence de leurs pages web. En outre, CSS offre la flexibilité nécessaire pour créer des conceptions réactives qui s'adaptent aux différentes tailles d'écran et orientations, rendant les sites web accessibles et visuellement attrayants aussi bien sur les ordinateurs de bureau que sur les appareils mobiles.

En résumé, CSS est un outil indispensable pour les concepteurs web, leur permettant de créer des sites web visuellement époustouflants et conviviaux dont les utilisateurs peuvent profiter sur de multiples plateformes et appareils.

Voici comment vous pouvez ajouter du CSS pour styliser l'exemple HTML ci-dessus :

```
<!DOCTYPE html>
<html>
<head>
```

```
<title>My First Web Page</title>
<style>
    body {
        font-family: Arial, sans-serif;
        margin: 20px;
        padding: 20px;
        background-color: #f0f0f2;
    }
    h1 {
        color: #333366;
    }
    p {
        color: #666666;
    }
</style>
</head>
<body>
    <h1>Hello, World!</h1>
    <p>This is my first web page. I'm learning web development!</p>
</body>
</html>
```

Explication du Code :

La balise **<style>**, située à l'intérieur de la section **<head>**, est responsable de contenir les règles CSS qui s'appliquent à divers éléments à l'intérieur du **<body>**. Ces règles CSS sont essentielles pour définir l'apparence visuelle et le style de la page web.

Sans la balise **<style>**, il serait difficile de personnaliser la mise en page, les couleurs, les polices et autres aspects de conception des éléments à l'intérieur du **<body>**. En incluant la balise **<style>** dans la section **<head>**, les développeurs web peuvent gérer et organiser efficacement leur code CSS, assurant une présentation cohérente et visuellement attrayante du contenu de la page web.

En résumé

Cette introduction à HTML et CSS n'est que le point de départ de votre voyage dans le monde du développement web. Au fur et à mesure que nous avancerons, vous approfondirez ces langages, en acquérant les connaissances et les compétences nécessaires pour créer des pages web interactives et dynamiques qui captivent les utilisateurs.

Il est important de se rappeler qu'apprendre le développement web n'est pas un processus qui se fait du jour au lendemain. Cela nécessite du dévouement, de la persévérance et une disposition à relever des défis. Chaque concept que vous apprenez s'appuie sur les fondations établies auparavant, créant un cadre solide pour votre compréhension. Cependant, c'est à travers la pratique que vous consoliderez véritablement votre compréhension de ces concepts et atteindrez la maîtrise.

Alors, restez curieux et inquisiteur. Explorez différentes possibilités et expérimentez avec le code. N'ayez pas peur de prendre des risques et de faire des erreurs, car ce sont des leçons précieuses qui ne feront que vous transformer en un meilleur développeur web à long terme. Embrassez la nature progressive de ce voyage, car c'est dans la croissance continue et l'apprentissage que vous vous épanouirez véritablement dans le monde du développement web.

1.3 Exercices : Identifier les Types de Sites Web et Leurs Objectifs

Félicitations d'être arrivé à cette partie passionnante de notre voyage ensemble ! À ce stade, vous avez fait vos premiers pas dans le vaste monde du développement web et avez appris le fonctionnement d'Internet, ainsi que les fondamentaux de HTML et CSS. Maintenant, changeons un peu de vitesse et engageons-nous dans le matériel d'une manière plus interactive.

Dans cette section, nous explorerons une variété de types de sites web et leurs objectifs à travers une série d'exercices. Ces activités sont conçues non seulement pour tester votre compréhension, mais aussi pour stimuler votre imagination sur les possibilités qu'offre le développement web. Alors, prenez votre chapeau d'explorateur et plongeons-nous dedans !

Exercice 1 : Explorer les Types de Sites Web

Le web est une toile de différents types de sites web, chacun servant des objectifs uniques. Ci-dessous se trouvent des descriptions de divers types de sites web. Votre tâche est d'associer chaque description avec le bon type de site web de la liste fournie.

Types de Sites Web :

- A. Site de Commerce Électronique
- B. Site de Portfolio
- C. Blog
- D. Site d'Actualités
- E. Plateforme de Réseaux Sociaux
- F. Site Éducatif

Descriptions :

1. **(Description)** Ce type de site web est utilisé par des individus ou des entreprises pour présenter leur travail et leurs compétences à des clients ou employeurs potentiels. Il comprend souvent des galeries, des descriptions de projets et des informations de contact.**(Votre Réponse)**

2. **(Description)** Cette plateforme permet aux utilisateurs d'acheter des biens et des services directement via internet. Elle présente des listes de produits, des paniers d'achat et un traitement des paiements.**(Votre Réponse)**

3. **(Description)** Sert de plateforme pour que des individus ou des organisations partagent des idées, des conseils, des histoires personnelles ou des nouvelles sur des sujets spécifiques. Il est mis à jour régulièrement et peut permettre aux lecteurs de laisser des commentaires.**(Votre Réponse)**

4. **(Description)** Ce site fournit des informations actualisées sur les événements actuels, des analyses et des reportages sur divers sujets. Il peut inclure des articles, des vidéos et des entretiens.**(Votre Réponse)**

5. **(Description)** Un endroit où les gens peuvent se connecter, partager et communiquer avec des amis ou le public. Prend en charge les profils d'utilisateurs, le partage de contenu et l'engagement communautaire.**(Votre Réponse)**

6. **(Description)** Ces sites offrent des ressources pour apprendre de nouvelles compétences ou informations. Ils peuvent inclure des tutoriels, des cours et des évaluations dans divers formats (texte, vidéo, quiz).**(Votre Réponse)**

Exercice 2 : Identifier l'Objectif

Pour chaque type de site web énuméré dans l'Exercice 1, rédigez une brève déclaration sur son objectif principal. Essayez de penser au-delà de la surface et considérez quelle valeur ces sites web offrent à leurs utilisateurs ou propriétaires.

Exemple :

- **A. Site de Commerce Électronique**
  - **Objectif :** Faciliter les achats en ligne, permettant aux consommateurs d'acheter des produits ou des services depuis le confort de leur domicile, et permettre aux entreprises d'atteindre un marché plus large.

Vos Réponses :

- **B. Site de Portfolio**
- **C. Blog**
- **D. Site d'Actualités**
- **E. Plateforme de Réseaux Sociaux**
- **F. Site Éducatif**

Exercice 3 : Créer une Page Web Simple

Choisissez un type de site web parmi les exercices précédents et créez une page web simple en utilisant HTML pour le représenter. Vous n'avez pas besoin de construire un site web complet, juste une page unique qui capture l'essence du type de site web choisi.

Modèle HTML pour Commencer :

```
<!DOCTYPE html>
<html lang="en">
<head>
    <meta charset="UTF-8">
    <title>Your Website Title Here</title>
</head>
<body>
    <!-- Add your HTML content here to represent your chosen website type -->
    <h1>Welcome to My Website</h1>
    <p>This is a simple web page representing a [Type of Website]...</p>
    <!-- Here you can continue adding more elements -->
</body>
</html>
```

Remplacez **[Type de Site Web]** par le type que vous choisissez (par exemple, Blog, Portfolio) et développez le contenu pour inclure des éléments tels que des en-têtes, des paragraphes ou des images qui correspondent à l'objectif du site web.

Explication du Code :

- **<!DOCTYPE html>** : Cette ligne indique au navigateur qu'il s'agit d'un document HTML. Pensez à cela comme dire « Hé, ce n'est pas juste du texte, c'est un site web ! »

- **<html>** : Cette balise marque le début du code HTML proprement dit. Tout ce qui se trouve à l'intérieur de cette balise définit la structure et le contenu du site web.

- **lang="en"** : Cet attribut spécifie la langue utilisée dans la page, dans ce cas, l'anglais.

- **<head>** : Cette section contient des informations sur la page web qui ne sont pas affichées directement, comme son titre et l'encodage des caractères.

  - **meta charset="UTF-8"** : Cela indique au navigateur comment interpréter les caractères de la page, garantissant l'affichage correct de choses comme les accents et les symboles.

  - **<title>** : Cela définit le titre qui apparaît dans l'onglet du navigateur et dans les résultats de recherche. Dans votre exemple, il s'agit actuellement d'un espace réservé, attendant votre titre réel.

Le Corps et le Contenu :

- **<body>** : Cette section contient le contenu visible de votre site web, les choses que les utilisateurs voient et avec lesquelles ils interagissent.

  - **<h1>** : Cette balise crée un en-tête, dans ce cas, le grand texte « Bienvenue sur Mon Site Web ». Le numéro (h1, h2, h3, etc.) indique l'importance et la taille de l'en-tête.

  - **<p>** : Cette balise crée un paragraphe, dans ce cas, la ligne qui explique le type de votre site web. Vous pouvez avoir plusieurs paragraphes pour afficher du texte plus long.

  - ` `` ` : Ceci est un commentaire, caché aux utilisateurs mais visible pour vous. Utilisez-le pour écrire des notes ou des rappels dans votre code.

N'oubliez pas :

- Ce n'est qu'un point de départ ! Au fur et à mesure que vous progresserez dans ce livre, vous apprendrez à ajouter divers éléments tels que des images, des boutons, des liens et plus encore pour créer votre propre site web unique.

- Chaque élément a sa propre balise, et les attributs peuvent personnaliser son apparence et son comportement.

Ces exercices sont conçus pour vous aider à réfléchir de manière critique sur la diversité du contenu sur le web et comment il est structuré et présenté. Au fur et à mesure que vous travaillez sur ces tâches, rappelez-vous que le web est une plateforme en constante évolution, et qu'une partie du fait d'être un développeur web consiste à apprendre et à s'adapter continuellement. Continuez à explorer, à poser des questions et à construire. Plus vous pratiquerez, plus vous vous sentirez à l'aise avec les outils et les langages du développement web.

1.4 Projet : Créez un Document Simple Décrivant ce que Vous Espérez Construire

Bienvenue dans votre premier projet dans ce voyage passionnant vers le développement web ! Ce projet est une opportunité unique de rêver et de planifier. Il s'agit de visualiser un site web que vous aimeriez créer, en utilisant les connaissances fondamentales que vous avez commencé à construire.

Qu'il s'agisse d'un blog personnel, d'un portfolio en ligne ou de tout autre type de site web, cet exercice vous aidera à établir des objectifs clairs et à planifier votre chemin vers l'avant. Commençons par quelque chose de simple mais profondément important : créer un document qui décrit votre vision.

1.4.1 Étape 1 : Imaginez votre Site Web

Commencez par prendre un moment pour réfléchir au type de site web que vous aimeriez créer. Quelle est votre passion ? Avez-vous un passe-temps ou une compétence professionnelle que vous aimeriez mettre en valeur ? Ou peut-être y a-t-il une cause qui vous tient profondément à cœur ? Votre site web peut être n'importe quoi qui reflète vos intérêts, ambitions ou valeurs.

1.4.2 Étape 2 : Définissez l'Objectif

Une fois que vous avez une idée en tête, définissez l'objectif de votre site web. Demandez-vous ce que vous voulez accomplir avec lui. Est-ce pour partager des connaissances, mettre en valeur votre travail, vous connecter avec une communauté ou vendre des produits ? Écrire l'objectif aidera à guider le processus de conception et de développement.

1.4.3 Étape 3 : Rédigez votre Document

Créez un nouveau document sur votre ordinateur ou prenez simplement un papier. Commencez par écrire un titre en haut : « Mon Projet de Site Web ». Sous le titre, écrivez les en-têtes suivants et répondez à chacun avec le plus de détails possible :

- **Idée du Site Web** : Décrivez brièvement le concept de votre site web. De quoi s'agit-il ?

- **Objectif** : Énoncez clairement l'objectif de votre site web. Qu'espérez-vous accomplir ou fournir à vos visiteurs ?

- **Public Cible** : Pour qui créez-vous ce site web ? Décrivez votre public prévu.

- **Types de Contenu** : Quels types de contenu votre site web présentera-t-il ? (par exemple, articles de blog, listes de produits, galeries, tutoriels)

- **Inspiration de Design** : Notez toutes les idées de design que vous avez ou les sites web qui vous inspirent. Qu'aimez-vous à leur sujet ?

- **Fonctions et Fonctionnalités** : Énumérez toute fonction ou fonctionnalité spécifique que vous imaginez pour votre site web. (par exemple, formulaire de contact, galerie de photos, boutique en ligne)

- **Défis Potentiels** : Anticipez les défis que vous pourriez rencontrer en construisant ce site web. Comment pourriez-vous les surmonter ?

Voici un modèle simple pour vous aider à structurer votre document :

```
# My Website Project

## Website Idea
[Your idea here]

## Purpose
```

```
[Your purpose here]

## Target Audience
[Describe your target audience]

## Content Types
[List the types of content you plan to include]

## Design Inspiration
[Mention any design inspirations, including colors, layout, or other websites]

## Features and Functionality
[Detail the features and functionalities you want to include]

## Potential Challenges
[Identify potential challenges and how you might address them]
```

1.4.4 Étape 4 : Réfléchir et Réviser

Après avoir complété votre document, prenez du recul et réfléchissez à ce que vous avez écrit. Êtes-vous enthousiaste à propos de votre idée de site web ? Y a-t-il des domaines qui nécessitent plus de clarification ou de détails ? N'hésitez pas à réviser votre document jusqu'à ce qu'il reflète clairement votre vision.

Ce document servira de feuille de route pour votre parcours de développement web. Il n'est pas gravé dans la pierre ; vos idées et plans peuvent évoluer au fur et à mesure que vous en apprenez davantage. Cependant, avoir un point de départ clair est crucial pour transformer votre vision en réalité.

1.4.5 Réflexions Finales

Entreprendre un projet comme celui-ci n'est pas seulement une étape importante vers le fait de devenir un développeur web, mais c'est aussi une opportunité passionnante d'explorer le vaste monde du développement web. Rappelez-vous, un voyage de mille lieues commence par un seul pas, et ce projet est votre chance de faire ce pas et de commencer votre chemin vers la maîtrise.

Votre enthousiasme et votre volonté d'apprendre sont vos atouts les plus précieux, car ils vous propulseront à explorer de nouveaux concepts, à expérimenter avec différentes techniques et, en fin de compte, à développer vos compétences en tant que développeur web. Continuez à vous défier vous-même pour essayer de nouvelles choses, continuez à apprendre de vos succès et de vos échecs, et surtout, profitez du processus de donner vie à vos visions créatives sur le web. Acceptez les défis, célébrez les petites victoires et laissez chaque ligne de code que vous écrivez être un témoignage de votre passion pour le développement web.

Résumé du Chapitre 1

Dans ce premier chapitre, nous nous sommes lancés dans le voyage fondamental de comprendre Internet et les concepts de base du développement web. Notre exploration a commencé par une plongée dans le vaste réseau qui connecte le monde : Internet. Cette merveille numérique, constituée de réseaux interconnectés qui couvrent le globe, sert de fondement à tous les efforts de développement web. Nous avons démystifié comment les données voyagent à travers ce réseau, d'un ordinateur à un autre, en utilisant des identifiants uniques connus sous le nom d'adresses IP et le rôle fondamental du Système de Noms de Domaine (DNS) dans la traduction de noms de domaine faciles à retenir en ces adresses numériques.

Nous sommes ensuite passés aux éléments principaux du développement web : HTML et CSS. HTML, ou Langage de Balisage Hypertexte, est le langage de balisage standard utilisé pour créer la structure des pages web. Nous avons appris comment les éléments HTML, tels que les paragraphes, les en-têtes et les liens, sont utilisés pour organiser et formater le contenu sur le web. CSS, ou Feuilles de Style en Cascade, fonctionne main dans la main avec HTML pour styliser la présentation visuelle des pages web. À travers des exemples, nous avons vu comment CSS peut manipuler les couleurs de texte, les polices et la mise en page, offrant un aperçu du pouvoir du style pour améliorer l'expérience utilisateur.

Notre voyage s'est poursuivi avec des exercices pratiques conçus pour vous familiariser avec différents types de sites web et leurs objectifs. Des sites de commerce électronique aux blogs, plateformes éducatives et réseaux sociaux, nous avons exploré la diversité du web et les fonctions spécifiques que ces sites web remplissent. Cet exercice visait à élargir votre compréhension du paysage web et à inspirer des idées pour vos projets.

Dans un tournant passionnant vers l'application, nous avons abordé un projet qui vous a encouragé à visualiser et à planifier votre propre site web. Cet exercice ne consistait pas seulement à rêver grand, mais aussi à jeter les bases pour transformer ces rêves en réalité. En définissant l'objectif, le public cible, les types de contenu, les inspirations de design et les fonctionnalités souhaitées de votre site web, vous avez commencé le processus de donner vie à votre vision numérique.

Tout au long de ce chapitre, nous avons mis l'accent sur l'importance des meilleures pratiques en développement web, notamment le design réactif, l'accessibilité et le HTML sémantique. Ces principes garantissent que le web reste un espace inclusif et convivial accessible à tous. De plus, nous avons abordé la nature en constante évolution du développement web, encourageant l'apprentissage continu et la participation à la communauté.

En concluant ce chapitre, il est clair que le développement web est à la fois un art et une science. C'est un domaine qui exige des compétences techniques, de la créativité et une volonté continue d'apprendre. Avec les connaissances fondamentales que vous avez acquises maintenant, vous êtes bien parti pour naviguer dans les complexités du web et laisser votre marque en tant que développeur web prometteur. Rappelez-vous, chaque expert a été un jour un débutant.

Le voyage à venir est rempli de défis et d'opportunités d'apprentissage, mais aussi d'un immense potentiel de croissance et de créativité. Continuez à explorer, continuez à construire et laissez votre passion pour le développement web vous guider à travers ce paysage numérique passionnant.

Chapitre 2 : Introduction au HTML

Bienvenue au Chapitre 2, où nous plongeons dans le monde fascinant du développement web. Dans ce chapitre, nous explorerons les détails complexes du HTML, le fondement de toutes les pages web. Si vous avez déjà rêvé de créer votre propre site web, comprendre le HTML est la première étape cruciale qui transformera vos rêves en réalité.

Le HTML, également connu sous le nom de langage de balisage hypertexte, sert de langage universel pour concevoir et construire des pages web dans la vaste étendue du World Wide Web. Il constitue la base sur laquelle nous pouvons libérer notre créativité et appliquer des styles captivants et des fonctionnalités dynamiques.

Dans les pages de ce chapitre, nous nous lancerons dans un voyage passionnant à travers les fondamentaux du HTML. Ensemble, nous déchiffrerons les secrets de la syntaxe et de la structure du HTML, vous équipant des connaissances et des compétences nécessaires pour créer des pages web captivantes. Que vous aspiriez à construire de simples projets personnels ou à vous aventurer dans le domaine des applications web complexes, maîtriser le HTML est absolument indispensable.

Alors attachez votre ceinture et préparez-vous à vous lancer dans cette aventure passionnante. Avec une curiosité illimitée et un enthousiasme débridé, nous poserons les éléments de base essentiels de votre expertise en développement web, ouvrant la voie à un parcours réussi à venir.

2.1 Qu'est-ce que le HTML ?

Le HTML, abréviation de langage de balisage hypertexte, est un composant essentiel et fondamental du développement web. Il est important de comprendre que le HTML n'est pas un langage de programmation, mais plutôt un langage de balisage qui joue un rôle crucial et significatif en fournissant des instructions aux navigateurs web sur la façon de structurer et d'organiser le contenu présent sur les pages web.

À son essence, le HTML atteint cet objectif en utilisant une grande variété d'éléments et de balises qui aident à définir et à délimiter les différentes parties et composants d'une page web. Ces éléments, qui incluent, mais ne se limitent pas à, les en-têtes, les paragraphes, les liens et les images, forment le noyau et la base même des pages web, et le HTML offre les outils et mécanismes nécessaires pour les incorporer et les spécifier dans vos projets web.

À son cœur, le HTML emploie un ensemble exhaustif et étendu d'éléments pour baliser et annoter le texte, les images et d'autres types de contenu, assurant leur affichage et leur rendu corrects dans un navigateur web.

Ces éléments sont composés et construits en utilisant des balises, qui consistent généralement en une balise d'ouverture et une balise de fermeture correspondante, qui encapsulent et englobent le contenu qui se trouve entre elles. En utilisant ces balises de manière habile et efficace, les développeurs web peuvent communiquer et transmettre avec précision et exactitude l'apparence, la structure et la présentation souhaitées de leur contenu au navigateur web, ce qui aboutit à une expérience utilisateur fluide et visuellement attrayante.

Exemple de document HTML de base :

```
<!DOCTYPE html>
<html lang="en">
<head>
    <meta charset="UTF-8">
    <title>My First Web Page</title>
</head>
<body>
    <h1>Welcome to My Web Page</h1>
    <p>This is a paragraph on my first web page. I'm learning HTML!</p>
</body>
</html>
```

Explication du Code :

- **<!DOCTYPE html>** est une déclaration importante en HTML qui spécifie le type de document et garantit que les pages web s'affichent correctement dans les navigateurs. Elle joue un rôle crucial dans le maintien de l'intégrité et de la compatibilité de la page web avec différents navigateurs.

- **<html>** agit comme l'élément racine en HTML, encapsulant et organisant tous les autres éléments HTML à l'intérieur de celui-ci. Il sert de fondation à la structure de la page web, fournissant un cadre hiérarchique pour l'ensemble du document.

- **<head>** est un élément essentiel en HTML qui contient des informations vitales sur le document. Il sert de dépôt pour des détails généraux tels que le titre du document, les liens vers des scripts externes et des feuilles de style, ainsi que d'autres métadonnées qui contribuent à la présentation et à la fonctionnalité globale de la page web.

- **<meta charset="UTF-8">** est un attribut spécifique utilisé à l'intérieur de l'élément **<head>** pour définir l'encodage des caractères du document. En spécifiant "UTF-8", il garantit que le document peut prendre en charge et afficher une large gamme de caractères provenant de différentes langues et jeux de caractères, favorisant la compatibilité globale et inclusive.

- **<title>** est un élément HTML fondamental qui établit le titre du document. Ce titre s'affiche à différents endroits, comme la barre de titre ou l'onglet du navigateur, fournissant aux utilisateurs un identifiant concis et reconnaissable pour la page web. Un titre bien élaboré peut améliorer la visibilité, la pertinence et l'expérience utilisateur globale de la page web.

- **<body>** agit comme le conteneur pour le contenu principal du document. Il englobe divers éléments, y compris le texte, les images, les liens et d'autres composants multimédias, qui contribuent collectivement au contenu substantiel et à la présentation visuelle de la page web. Le contenu à l'intérieur de l'élément **<body>** est ce avec quoi les utilisateurs interagissent principalement, ce qui en fait une zone cruciale pour transmettre des informations, engager les utilisateurs et délivrer le message prévu de la page web.

- **<h1>** représente un élément d'en-tête en HTML, dénotant le plus haut niveau d'importance et de hiérarchie au sein de la structure d'en-tête du document. Il est généralement utilisé pour présenter le thème principal ou la section de la page web, fournissant une séparation visuelle claire et proéminente qui aide à l'organisation et à la lisibilité du contenu.

- **<p>** agit comme un élément de paragraphe en HTML, permettant la création et le formatage de contenu textuel au sein du document. Il est couramment utilisé pour présenter des informations, des explications ou des descriptions de manière structurée et cohérente, permettant une communication et une compréhension efficaces pour les lecteurs.

Comprendre les balises HTML et comment elles fonctionnent est absolument crucial pour le développement web. En utilisant une grande variété de balises HTML, vous pouvez structurer efficacement et organiser méticuleusement le contenu de votre page web, assurant une expérience utilisateur fluide. À mesure que vous vous plongerez dans le monde fascinant du HTML, vous rencontrerez une vaste gamme de balises qui non seulement vous permettront de concevoir des pages web complexes et visuellement captivantes, mais vous permettront également de créer des éléments interactifs qui engagent et captivent votre public.

Le HTML sert de bloc de construction fondamental pour les sites web, agissant comme la colonne vertébrale qui s'intègre parfaitement avec CSS (Feuilles de Style en Cascade) et JavaScript. Cette intégration puissante permet aux développeurs de créer des expériences web hautement immersives et dynamiques qui laissent une impression durable. À mesure que nous progressons dans ce chapitre, nous nous embarquerons dans un voyage pour explorer l'anatomie complexe des éléments HTML, découvrir une gamme plus large de balises qui offrent des possibilités illimitées et maîtriser l'art d'organiser et de structurer les pages web avec la plus grande précision et attention au détail.

Il est de la plus haute importance de se rappeler constamment que le HTML forme la base solide sur laquelle commence le parcours de chaque développeur web. Il pose les fondations pour votre aventure passionnante vers la création de sites web extraordinaires qui non seulement répondent, mais dépassent les attentes. Alors, avec un grand enthousiasme et un esprit ouvert, embrassons de tout cœur cette précieuse opportunité alors que nous nous embarquons dans notre expédition passionnante vers le monde captivant du HTML.

2.1.1 Importance du HTML Sémantique

Le HTML sémantique, également connu sous le nom de balisage sémantique, est une pratique qui implique l'utilisation de balises HTML pour fournir une signification et un contexte supplémentaires aux informations présentées sur les pages web et les applications web. En allant au-delà de la simple définition de l'apparence visuelle, le HTML sémantique aide à améliorer l'expérience utilisateur globale.

L'importance d'adopter le HTML sémantique ne peut être sous-estimée. Premièrement, il joue un rôle crucial dans l'amélioration de l'accessibilité. En utilisant des balises et des attributs sémantiques, le contenu web devient plus accessible aux personnes en situation de handicap, leur permettant de naviguer et de comprendre facilement l'information.

En plus de l'accessibilité, le HTML sémantique a également un impact significatif sur l'optimisation pour les moteurs de recherche (SEO). En structurant le contenu avec des balises sémantiques, les moteurs de recherche peuvent mieux comprendre la hiérarchie et le contexte de l'information. Cela, à son tour, améliore la visibilité du contenu dans les résultats de recherche, ce qui génère plus de trafic organique vers le site web.

De plus, adopter des pratiques de HTML sémantique conduit à un code plus propre et plus facile à maintenir. En utilisant un balisage sémantique, les développeurs peuvent créer un code qui est plus facile à lire, comprendre et modifier. Cela améliore la collaboration entre les développeurs, simplifie le processus de débogage et permet de réaliser des mises à jour et des améliorations plus faciles dans les projets web à long terme.

Adopter le HTML sémantique n'est pas seulement bénéfique pour l'accessibilité et le SEO, mais aussi pour le processus de développement dans son ensemble. En utilisant des balises et des attributs sémantiques, les développeurs web peuvent créer des pages web et des applications web qui sont accessibles, favorables aux moteurs de recherche et facilement maintenables.

2.1.2 Pourquoi Utiliser le HTML Sémantique ?

Accessibilité

L'accessibilité est un aspect incroyablement important de la conception web. Elle englobe les diverses mesures prises pour garantir que les personnes en situation de handicap puissent accéder et comprendre facilement le contenu de vos pages web. En incorporant des fonctionnalités d'accessibilité, comme une structure de titres bien organisée et en fournissant du texte alternatif pour les images, vous pouvez améliorer considérablement l'inclusion et la convivialité de votre site web.

Un avantage clé de la priorisation de l'accessibilité est qu'elle permet aux personnes en situation de handicap de naviguer et d'interagir avec votre site web sans barrières. Cela signifie que les personnes ayant une déficience visuelle peuvent utiliser des lecteurs d'écran pour comprendre le contenu, tandis que celles ayant une déficience auditive peuvent s'appuyer sur des sous-titres ou des transcriptions pour le contenu multimédia. De plus, les personnes ayant des handicaps de mobilité peuvent naviguer sur votre site web en utilisant des raccourcis clavier ou des technologies d'assistance.

Non seulement l'accessibilité profite aux personnes en situation de handicap, mais elle améliore également l'expérience utilisateur globale pour tous les visiteurs. Une structure de titres appropriée aide non seulement les lecteurs d'écran à comprendre la hiérarchie de l'information, mais aide également les utilisateurs voyants à parcourir et naviguer rapidement dans le contenu. Le texte alternatif pour les images aide non seulement les utilisateurs malvoyants à comprendre le contexte des images, mais aide également les moteurs de recherche à indexer et classer votre site web de manière plus efficace.

En conclusion, l'intégration de fonctionnalités d'accessibilité dans votre conception web est cruciale pour créer un environnement en ligne inclusif et convivial. En priorisant l'accessibilité, vous garantissez non seulement que les personnes en situation de handicap peuvent accéder et comprendre facilement votre contenu, mais vous améliorez également l'expérience utilisateur globale pour tous les visiteurs.

SEO

L'Optimisation pour les Moteurs de Recherche (SEO) est une stratégie essentielle de marketing numérique qui joue un rôle vital dans l'amélioration de la visibilité et du classement de votre site web dans les résultats des moteurs de recherche. Elle implique diverses techniques et pratiques qui visent à optimiser le contenu, la structure et l'utilisabilité de votre site web pour le rendre plus convivial pour les moteurs de recherche.

L'un des aspects clés du SEO est l'utilisation du balisage HTML sémantique. En incorporant des balises sémantiques et en structurant correctement votre contenu, les moteurs de recherche peuvent mieux interpréter et comprendre le contexte et la pertinence des informations de votre site web. Cela, à son tour, permet aux moteurs de recherche de fournir des résultats de recherche plus précis et ciblés aux utilisateurs, augmentant les chances que votre site web soit découvert par des visiteurs potentiels.

De plus, le SEO aide à stimuler le trafic organique vers votre site. Lorsque votre site web est mieux classé dans les pages de résultats des moteurs de recherche (SERP), il est plus susceptible d'attirer des clics d'utilisateurs qui recherchent activement des informations ou des solutions liées à vos produits ou services. La visibilité accrue et le trafic généré grâce à des efforts de SEO efficaces peuvent finalement conduire à des taux de conversion plus élevés et à la croissance de l'entreprise.

En résumé, la mise en œuvre de stratégies SEO est essentielle pour les entreprises et les propriétaires de sites web qui souhaitent améliorer leur présence en ligne et atteindre un public plus large. En optimisant votre site web pour les moteurs de recherche, vous pouvez améliorer sa visibilité, augmenter le trafic organique et, en fin de compte, obtenir de meilleurs résultats en termes de visibilité en ligne, de notoriété de marque et de succès commercial.

Maintenabilité

Maintenir votre code HTML est crucial pour la durabilité et l'évolutivité à long terme de votre site web. Lorsque votre balisage HTML est propre, bien organisé et suit les meilleures pratiques, il devient beaucoup plus facile d'apporter des modifications ou des mises à jour à votre code à l'avenir. Cela favorise non seulement la collaboration, mais garantit également que votre site web reste facilement maintenable pendant une période prolongée.

Pour atteindre la maintenabilité, considérez ce qui suit :

1. Utilisez une indentation et un formatage corrects : L'indentation et le formatage cohérents rendent votre code plus lisible et plus facile à comprendre. Cela aide également à identifier et résoudre rapidement tout problème ou erreur.

2. Séparez les préoccupations en utilisant CSS et JavaScript : En séparant votre style et votre fonctionnalité de votre code HTML, vous pouvez maintenir vos fichiers HTML plus propres et plus ciblés. Cette séparation permet une maintenance et des mises à jour plus faciles à l'avenir.

3. Évitez les styles et scripts en ligne : Au lieu d'utiliser des styles ou des scripts en ligne directement dans vos balises HTML, il est recommandé de les garder séparés dans des fichiers CSS et JavaScript externes. Cette séparation permet une meilleure organisation, réutilisation et modifications plus faciles lorsque nécessaire.

4. Commentez votre code : Ajouter des commentaires à votre code HTML peut fournir des informations précieuses sur la structure, l'objectif ou la fonctionnalité de sections spécifiques. Cela facilite la compréhension et la modification du code par d'autres (y compris votre futur vous).

5. Utilisez le HTML sémantique : Les éléments HTML sémantiques fournissent une structure significative à vos pages web. En utilisant des balises appropriées comme <header>, <nav>, <main> et <footer>, vous améliorez l'accessibilité et la maintenabilité de votre site web.

Rappelez-vous, investir du temps et des efforts dans le maintien de votre code HTML en vaut la peine à long terme. Cela vous épargne des maux de tête potentiels et garantit que votre site web peut s'adapter et évoluer au fur et à mesure que vos besoins changent.

2.1.3 Exemples d'Éléments HTML Sémantiques

Balises HTML pour la Structure du Document

Lorsque vous structurez votre document HTML, vous pouvez utiliser diverses balises pour organiser et définir différentes parties de votre contenu. Voici quelques balises couramment utilisées :

- **<header>** : Cette balise est utilisée pour le contenu introductif ou les liens de navigation en haut de votre document.

- **<footer>** : Utilisez cette balise pour définir le pied de page d'un document ou d'une section. Elle contient généralement des informations telles que des mentions de droits d'auteur, des informations de contact ou des liens vers des ressources connexes.

- **<article>** : Cette balise est utilisée pour enfermer du contenu indépendant et autonome qui peut être distribué et réutilisé séparément du reste du document. Il pourrait s'agir d'un article de blog, d'un article de presse ou de tout autre contenu qui se suffit à lui-même.

- **<section>** : Utilisez cette balise pour diviser votre document en sections logiques, telles que des chapitres, des en-têtes, des pieds de page ou toute autre section qui a du sens pour votre contenu. Chaque section peut avoir son propre en-tête et peut contenir plusieurs sous-sections.

- **<nav>** : Cette balise est utilisée pour définir une section de liens de navigation. Elle est généralement placée en haut ou en bas de votre document et contient des liens qui permettent aux utilisateurs de naviguer vers différentes parties de votre site web ou document.

En utilisant ces balises de manière appropriée, vous pouvez créer un document HTML bien structuré et organisé qui est plus facile à comprendre et à maintenir.

2.1.4 Types de documents et versions de HTML

La déclaration **<!DOCTYPE html>** au début d'un document HTML est un élément extrêmement important qui fournit des informations au navigateur web sur la version spécifique de HTML dans laquelle le document est écrit. Cette déclaration est particulièrement cruciale dans le contexte du développement web moderne. Aujourd'hui, le type de document (doctype) le plus couramment utilisé est le doctype HTML5, qui se déclare simplement comme **<!DOCTYPE html>**.

HTML5 est le standard le plus actuel en HTML et introduit une large gamme de fonctionnalités passionnantes qui améliorent considérablement les capacités du développement web. Ces fonctionnalités incluent l'introduction de nouveaux éléments sémantiques, un meilleur support pour le contenu multimédia et des capacités améliorées pour créer des sites web hautement interactifs et dynamiques.

Les avancées apportées par HTML5 permettent aux développeurs web de créer des expériences en ligne qui ne sont pas seulement visuellement attrayantes, mais également plus engageantes et immersives pour les utilisateurs.

2.1.5 Le rôle des attributs

Les attributs jouent un rôle crucial dans le développement web en fournissant des informations supplémentaires sur les éléments HTML. Non seulement ils améliorent la fonctionnalité et l'apparence des éléments, mais ils offrent également aux développeurs la flexibilité de personnaliser et de contrôler divers aspects du comportement et de la présentation d'un élément.

L'un des principaux avantages de l'utilisation des attributs est la capacité de spécifier des styles pour les éléments. Cela permet aux développeurs d'appliquer des effets visuels uniques et de créer des pages web visuellement attrayantes. De plus, les attributs peuvent être utilisés pour fournir des métadonnées importantes pour les moteurs de recherche et autres outils, améliorant la capacité de découverte et l'accessibilité du contenu web.

En outre, les attributs permettent aux développeurs de définir la source d'une image qui doit être affichée dans un élément. Cela permet l'intégration transparente de contenu multimédia dans les pages web, améliorant l'expérience utilisateur globale.

Mais ce n'est pas tout ! Les attributs peuvent accomplir de nombreuses autres tâches qui contribuent à la polyvalence et à la puissance du HTML. Ils peuvent être utilisés pour spécifier le comportement d'éléments interactifs, définir des liens vers des ressources externes, contrôler la mise en page et la structure d'une page web, et bien plus encore.

Les attributs sont un outil indispensable dans le développement web. Ils permettent aux développeurs de créer des pages web riches et dynamiques qui répondent à des exigences spécifiques et offrent des expériences utilisateur exceptionnelles. Alors, la prochaine fois que vous travaillez sur un projet web, n'oubliez pas de tirer parti de la puissance des attributs !

Exemple d'attributs :

```
<img src="image.jpg" alt="A beautiful landscape" width="500">
```

Explication du code :

<img> : Il s'agit de la **balise image**, utilisée pour intégrer une image dans votre site web. Considérez-la comme un marqueur spécial où se trouve votre image.

src="imagen.jpg" : Cet attribut spécifie la **source** de l'image, indiquant au navigateur où la trouver. Dans ce cas, il recherche un fichier appelé "imagen.jpg" dans le même dossier que votre code HTML. N'oubliez pas de remplacer "imagen.jpg" par le nom réel de votre fichier image.

alt="Un hermoso paisaje" : Cet attribut définit le **texte alternatif**, également connu sous le nom de "texte alt". Il est essentiel pour l'accessibilité et le référencement. Si l'image ne peut pas être chargée (en raison d'une connexion lente, d'un lien brisé, etc.), ce texte s'affichera à sa place. Il aide également les moteurs de recherche à comprendre le contenu de votre image. Dans ce cas, il décrit l'image comme "Un hermoso paisaje". Choisissez un texte alt concis et descriptif qui reflète fidèlement l'image.

width="500" : Cet attribut définit la **largeur** de l'image en pixels. Dans ce cas, l'image aura une largeur de 500 pixels. Vous pouvez ajuster cette valeur pour contrôler la taille de l'image sur votre page. N'oubliez pas qu'il est généralement recommandé de spécifier également la hauteur de l'image pour une mise en page appropriée.

En résumé :

Ce code dit essentiellement : "Hé navigateur, insère une image appelée 'imagen.jpg' ici. Si elle ne peut pas être affichée, décris-la comme 'Un hermoso paisaje'. Et, oh, fais-la de 500 pixels de large."

Points clés à retenir :

- Utilisez des noms de fichiers et du texte alt précis et descriptifs.
- Ajustez les attributs de largeur et de hauteur pour qu'ils correspondent à votre mise en page.
- Assurez-vous que votre fichier image se trouve dans le même dossier que votre code HTML pour que l'attribut **src** fonctionne correctement.

2.1.6 Balises auto-fermantes

Certains éléments HTML, comme les images, les sauts de ligne, les champs de saisie et les balises meta, ne nécessitent pas de balises de fermeture. Ces éléments sont appelés éléments auto-fermants ou vides. Ils sont conçus pour améliorer la fonctionnalité et l'esthétique d'une page web en fournissant des caractéristiques et des attributs spécifiques.

Par exemple, les images peuvent être utilisées pour représenter visuellement le contenu, les sauts de ligne peuvent être utilisés pour créer des espaces entre les paragraphes, et les champs de saisie permettent l'interaction de l'utilisateur et la soumission de données. Lors de l'incorporation d'éléments vides dans un document HTML, il est important de s'assurer qu'ils sont correctement formatés et placés dans le contexte approprié pour éviter tout problème de rendu et maintenir la mise en page et la fonctionnalité prévues de la page web.

Certains éléments HTML, comme les images, les sauts de ligne, les champs de saisie et les balises meta, ne nécessitent pas de balises de fermeture. Ces éléments sont appelés éléments auto-fermants ou vides. Ils sont conçus pour améliorer la fonctionnalité et l'esthétique d'une page web en fournissant des caractéristiques et des attributs spécifiques.

Par exemple, comme nous l'avons déjà discuté, l'élément **<img>** est utilisé pour intégrer des images dans une page web. Il ne nécessite pas de balise de fermeture et est autonome. Il possède des attributs tels que **src** pour spécifier la source de l'image et **alt** pour fournir un texte alternatif pour les lecteurs d'écran et l'optimisation pour les moteurs de recherche.

De même, l'élément `` est utilisé pour créer un saut de ligne ou un espace entre les paragraphes. C'est également une balise auto-fermante, ce qui permet un formatage et une séparation faciles du contenu.

Les champs de saisie, comme les éléments **\<input\>**, sont utilisés pour recueillir les entrées de l'utilisateur, comme du texte, des nombres ou des cases à cocher. Ces éléments sont auto-fermants et peuvent avoir des attributs tels que **type** pour spécifier le type d'entrée attendu, et **name** pour attribuer un nom au champ de saisie.

Les balises meta, comme **\<meta charset="UTF-8"\>**, sont utilisées pour fournir des informations supplémentaires sur la page web, comme l'encodage des caractères ou la configuration de la fenêtre d'affichage. Ces balises sont auto-fermantes et jouent un rôle crucial pour garantir le rendu et la compatibilité appropriés sur différents navigateurs.

Lors de l'incorporation d'éléments auto-fermants dans un document HTML, il est important de s'assurer qu'ils sont correctement formatés dans la structure HTML. Ils doivent être placés aux emplacements appropriés dans le document pour éviter tout problème de rendu et maintenir la mise en page et la fonctionnalité prévues de la page web.

Comprendre l'utilisation appropriée des éléments auto-fermants ou vides est essentiel pour créer des pages web bien structurées et visuellement attrayantes. En utilisant ces éléments de manière efficace, vous pouvez améliorer l'expérience utilisateur et vous assurer que votre contenu est rendu correctement sur différents appareils et navigateurs.

Exemple de balises auto-fermantes :

```
<br>
<img src="logo.png" alt="Company Logo">
<input type="text" name="firstname">
```

Comprendre les concepts de base du HTML est crucial pour construire des pages web structurées, accessibles et efficaces. Cela inclut la compréhension de l'utilisation des éléments sémantiques, l'importance des doctypes, le rôle des attributs et le concept de balises auto-fermantes.

Au fur et à mesure que nous progressons dans ce chapitre, nous approfondirons chacun de ces domaines, en fournissant une exploration exhaustive des éléments et attributs plus complexes. En élargissant nos connaissances dans ces domaines, nous pourrons améliorer la fonctionnalité et l'apparence de vos projets web, les rendant encore plus impressionnants.

Il est important de se rappeler que le chemin vers la maîtrise du développement web n'est pas un sprint, mais plutôt un marathon. Par conséquent, il nécessite patience, pratique et persévérance. Ces qualités seront vos meilleures alliées dans cette entreprise.

2.1.7 Encodage des Caractères

Comprendre l'encodage des caractères est d'une importance capitale dans le monde numérique interconnecté d'aujourd'hui. Il joue un rôle crucial pour garantir que le contenu de vos pages web s'affiche avec précision sur une grande variété de navigateurs, systèmes d'exploitation et appareils. Cette connaissance vous permet de garantir que votre site web soit accessible et lisible pour les utilisateurs des quatre coins du monde.

De plus, il convient de noter que l'un des schémas d'encodage les plus largement pris en charge en HTML5 est UTF-8. Ce système d'encodage particulier englobe une vaste gamme de caractères de toutes les langues humaines connues, ce qui le rend universellement compréhensible et inclusif pour les personnes d'origines linguistiques diverses. En utilisant l'encodage UTF-8, vous pouvez vous assurer que le contenu de votre site web soit facilement compris et apprécié par un public mondial, favorisant une plus grande inclusivité et accessibilité.

Par conséquent, il est vivement recommandé de mettre en œuvre l'encodage UTF-8 pour toucher un public plus large et créer un environnement en ligne plus inclusif. Ce faisant, vous améliorerez non seulement l'expérience utilisateur, mais vous démontrerez également un engagement envers la connectivité mondiale et la diversité culturelle.

Exemple :

```
<meta charset="UTF-8">
```

Explication du code :

Inclure cette ligne dans la section **<head>** de votre document HTML spécifie que votre document utilise l'encodage UTF-8, aidant à prévenir tout problème d'affichage des caractères.

<meta> : Il s'agit d'une balise HTML générale utilisée pour fournir des métadonnées sur la page web. Elle n'affiche rien directement sur la page, mais fournit aux navigateurs et moteurs de recherche des informations supplémentaires.

charset : Cet attribut spécifie l'encodage des caractères utilisé pour le document HTML.

Qu'est-ce que l'encodage des caractères ?

Imaginez qu'un ordinateur voit tout comme des nombres. Pour afficher correctement le texte, il a besoin d'un code de traduction pour convertir ces nombres en lettres, symboles et caractères. Il existe différents schémas d'encodage, et **UTF-8** est l'un des plus populaires et polyvalents.

Pourquoi UTF-8 est-il important ?

- **Il prend en charge une large gamme de caractères :** UTF-8 peut gérer presque tous les caractères utilisés dans le monde, y compris les alphabets latin, cyrillique, arabe, chinois et bien d'autres. Cela garantit l'affichage correct de contenus diversifiés sur votre site web.

- **Norme moderne :** La plupart des sites web aujourd'hui utilisent UTF-8, ce qui en fait l'option recommandée et largement prise en charge.

Alors, que fait <meta charset="UTF-8"> ?

Il dit essentiellement au navigateur et aux moteurs de recherche : « Hé, ce site web utilise l'encodage UTF-8 pour représenter son texte. Veuillez interpréter le document en conséquence ». Cela garantit que tous les caractères s'affichent correctement pour les utilisateurs, quel que soit leur langue ou leur emplacement.

2.1.8 Commentaires HTML

Les commentaires sont un composant essentiel de tout langage de programmation ou de balisage. Ils servent d'outil précieux pour que les développeurs incorporent des notes significatives, des explications ou des rappels directement dans le code, assurant ainsi la préservation d'informations importantes sans avoir aucun impact sur le rendu de la page.

Un commentaire est un fragment de texte dans votre code HTML qui est **ignoré par le navigateur**. Il n'affecte pas la façon dont le site web s'affiche ou fonctionne.

Considérez-le comme une note que vous écrivez pour vous-même ou pour d'autres personnes travaillant sur le code. Bien qu'il ne soit pas visible pour les utilisateurs, il fournit des informations et des instructions importantes.

Les commentaires peuvent être utilisés pour expliquer l'objectif de certaines sections de code, fournir une documentation pour référence future ou désactiver temporairement du code spécifique.

En utilisant les commentaires de manière efficace, vous pouvez améliorer la lisibilité et la maintenabilité de votre code. Ils servent de moyen de communication entre les développeurs, leur permettant de comprendre les intentions et la logique derrière le code.

De plus, les commentaires peuvent également être utilisés comme outil de débogage. En plaçant stratégiquement des commentaires dans tout votre code, vous pouvez isoler et identifier d'éventuels problèmes ou des domaines d'amélioration.

Les commentaires sont un outil précieux dans le développement web qui vous permettent d'ajouter de la clarté, de la documentation et des capacités de débogage à votre base de code. Ne sous-estimez pas le pouvoir d'un commentaire bien placé !

Comment utilise-t-on les commentaires ?

- **Expliquer des sections de code :** Ajouter des commentaires est un excellent moyen d'expliquer en détail des sections de code complexes. Cela vous aide non seulement à mieux comprendre le code vous-même, mais aide également les autres qui pourraient travailler sur le code plus tard à comprendre sa fonctionnalité plus facilement.

- **Laisser des notes et des rappels :** Les commentaires peuvent servir de rappels utiles pour des tâches spécifiques ou des décisions prises pendant le processus de développement. En laissant des notes dans le code, vous pouvez garder une trace d'informations importantes qui pourraient être utiles à l'avenir.

- **Désactiver temporairement le code :** Un autre avantage de l'utilisation des commentaires est la capacité de désactiver temporairement des sections de code. En entourant le code avec des balises de commentaire, vous pouvez « commenter » le code, ce qui signifie qu'il ne sera pas exécuté. Cela peut être particulièrement utile lorsque vous testez différentes options de code et que vous voulez conserver le code désactivé à des fins de référence.

Comment écrit-on les commentaires ?

En HTML, les commentaires peuvent être ajoutés commodément en les encapsulant entre les balises **<!--** et **-->**. Cette fonctionnalité permet aux développeurs d'annoter leur code de manière efficace, ce qui se traduit par une meilleure clarté et maintenabilité de la base de code.

Exemple :

```
<!-- This is a comment in HTML -->
```

L'utilisation de commentaires peut vous aider, vous et les autres, à comprendre la structure de votre code ou pourquoi certaines décisions ont été prises pendant le développement.

2.1.9 L'Importance de la Structure du Document

Un document HTML bien structuré rend non seulement votre site web plus accessible et facile à lire, mais aide également à l'optimisation pour les moteurs de recherche (SEO). En utilisant des en-têtes appropriés (**<h1>** jusqu'à **<h6>**) et des balises de paragraphe (**<p>**), ainsi que des éléments sémantiques comme **<article>**, **<aside>**, **<footer>**, **<header>** et **<nav>**, vous pouvez créer un document logiquement organisé que les moteurs de recherche peuvent analyser facilement et que les utilisateurs peuvent parcourir sans effort.

Cette organisation logique aide les moteurs de recherche à comprendre le contenu de votre site web et améliore sa visibilité dans les résultats de recherche. De plus, l'utilisation appropriée d'éléments sémantiques améliore l'expérience utilisateur en fournissant des sections claires et des options de navigation. Par conséquent, il est crucial de mettre en œuvre efficacement ces éléments HTML pour optimiser votre site web tant pour les moteurs de recherche que pour les utilisateurs.

En outre, un document HTML bien structuré contribue également à l'accessibilité globale de votre site web. En utilisant des en-têtes appropriés et des éléments sémantiques, vous fournissez aux technologies d'assistance et aux lecteurs d'écran des informations précieuses sur la structure et le contenu de vos pages web. Cela permet aux personnes en situation de handicap d'accéder et de naviguer sur votre site web de manière plus efficace, garantissant l'inclusion et l'accès équitable pour tous les utilisateurs.

De plus, un document HTML bien structuré peut améliorer les performances de votre site web. Lorsque les moteurs de recherche peuvent comprendre et analyser facilement votre contenu, ils peuvent indexer et classer vos pages web de manière plus précise. Cela peut se traduire par une visibilité accrue et de meilleurs classements dans les résultats de recherche, ce qui conduit finalement à davantage de trafic organique sur votre site web.

Un document HTML bien structuré est crucial pour le succès de votre site web. En utilisant des en-têtes appropriés, des balises de paragraphe et des éléments sémantiques, vous pouvez créer un site web logiquement organisé et accessible qui profite non seulement aux moteurs de recherche, mais améliore également l'expérience utilisateur. Par conséquent, assurez-vous de mettre en œuvre ces éléments HTML de manière efficace pour optimiser votre site web tant pour les moteurs de recherche que pour les utilisateurs.

2.1.10 Validation HTML

La validation HTML est une étape cruciale et indispensable dans le processus de développement web. Elle joue un rôle vital dans la garantie de la qualité et de l'intégrité d'une page web. En examinant minutieusement une page web par rapport aux normes web établies, la validation HTML aide à identifier et à corriger toute erreur de syntaxe ou code non conforme potentiel. Ce processus méticuleux, souvent facilité par des outils comme le Validateur HTML du W3C, est essentiel pour garantir que votre code HTML soit conforme aux normes recommandées.

En validant votre code HTML, vous pouvez améliorer considérablement la compatibilité de votre site web sur divers navigateurs et appareils. Cela garantit que votre site web fonctionne de manière optimale, quelle que soit la plateforme ou le navigateur utilisé par vos visiteurs. Cette compatibilité conduit finalement à une meilleure expérience utilisateur, facilitant la navigation et l'interaction des utilisateurs avec votre site.

En outre, la validation HTML va au-delà de la simple compatibilité et de l'expérience utilisateur. Elle joue également un rôle fondamental dans l'amélioration des performances globales et de l'accessibilité de votre site web. Un code HTML valide et bien structuré permet aux moteurs de recherche de mieux comprendre et indexer votre site web, améliorant sa visibilité et son classement dans les moteurs de recherche. De plus, un code HTML accessible rend votre site web plus inclusif, permettant aux personnes en situation de handicap d'accéder et de naviguer efficacement sur votre contenu.

La validation HTML est une pratique essentielle qui garantit que vos pages web sont exemptes d'erreurs, compatibles et accessibles. En intégrant cette étape importante dans votre processus de développement web, vous pouvez créer des sites web qui non seulement répondent aux normes de l'industrie, mais offrent également une expérience exceptionnelle aux visiteurs.

2.1.11 Introduction aux Formulaires HTML

Bien que les formulaires seront explorés plus en détail ultérieurement, il est important de souligner l'importance des formulaires HTML dans le développement web. Les formulaires HTML jouent un rôle crucial, car ils fournissent un moyen pour les utilisateurs d'interagir et de saisir des données sur un site web.

En plus des avantages mentionnés ci-dessus, les formulaires HTML permettent également aux développeurs d'incorporer divers éléments de formulaire tels que des cases à cocher, des boutons radio et des menus déroulants. Ces éléments élargissent la gamme de données que les utilisateurs peuvent saisir, améliorant encore davantage la fonctionnalité et la polyvalence des applications web.

De plus, les formulaires HTML facilitent la validation de la saisie utilisateur. Les développeurs peuvent mettre en œuvre des règles de validation pour garantir que les données saisies par les utilisateurs répondent à des critères spécifiques, comme un format requis ou une certaine plage de valeurs. Cela aide à maintenir l'intégrité des données et améliore l'expérience utilisateur globale.

En outre, les formulaires HTML peuvent être utilisés conjointement avec des langages de script côté serveur tels que PHP ou JavaScript pour traiter et stocker les données soumises par les utilisateurs. Cela ouvre des opportunités pour les développeurs d'effectuer des opérations complexes sur les données d'entrée, telles que des requêtes de base de données, des calculs ou la génération de réponses personnalisées.

En utilisant des formulaires HTML, les développeurs peuvent créer des applications web interactives et dynamiques qui répondent aux besoins et aux préférences de leurs utilisateurs. Ces applications peuvent collecter des informations précieuses auprès des utilisateurs, fournir des expériences personnalisées et permettre une communication fluide entre l'utilisateur et le site web.

Un formulaire simple pourrait inclure des champs de saisie, des étiquettes et un bouton d'envoi :

```
<form action="/submit-form" method="post">
  <label for="name">Name:</label>
  <input type="text" id="name" name="name">
  <input type="submit" value="Submit">
</form>
```

Décomposition du code :

- **<form>** : Cette balise marque le début de la section du formulaire.

    o **action="/submit-form"** : Cet attribut spécifie où les données du formulaire seront envoyées lors de la soumission. Dans ce cas, elles seront envoyées à une page appelée "/submit-form".

    o **method="post"** : Cet attribut définit comment les données du formulaire seront envoyées. Ici, "post" signifie que les données seront envoyées dans le corps de la requête HTTP, cachées dans l'URL (contrairement à "get").

- **<label>** : Cette balise crée une étiquette qui décrit le champ de saisie suivant.

- o **for="name"** : Cet attribut lie l'étiquette à l'élément de saisie avec l'ID "name".

- **<input type="text" id="name" name="name">** : Ceci crée un champ de saisie de texte où les utilisateurs peuvent écrire leur nom.

  - o **type="text"** : Ceci spécifie le type de saisie, dans ce cas, un champ de texte d'une seule ligne.

  - o **id="name"** : Ceci donne au champ de saisie un identifiant unique dans le formulaire à des fins de style ou de script.

  - o **name="name"** : Ceci indique au serveur comment nommer les données envoyées depuis ce champ. Lorsque le formulaire sera soumis, ces données seront accessibles sous la clé "name".

- **<input type="submit" value="Submit">** : Ceci crée un bouton d'envoi qui déclenche la soumission du formulaire lors du clic.

  - o **type="submit"** : Ceci définit le bouton comme un bouton d'envoi.

  - o **value="Submit"** : Ceci définit le texte affiché sur le bouton.

Mise en pratique :

Ce code crée un formulaire simple avec une étiquette et un champ de texte pour que les utilisateurs saisissent leur nom. Lorsqu'ils cliquent sur le bouton "Submit", les données du formulaire (leur nom) seront envoyées à la page "/submit-form" en utilisant la méthode "post".

Points à retenir :

- Vous pouvez ajouter d'autres champs de saisie comme l'e-mail, le mot de passe, etc., en utilisant différents attributs de type avec la balise **<input>**.

- N'oubliez pas de remplacer "/submit-form" par l'URL réelle de la page qui traitera les données envoyées.

- Améliorer le style du formulaire et ajouter une vérification des erreurs et une validation sont des améliorations essentielles que vous pourrez faire ultérieurement.

Rappelez-vous, ceci n'est qu'une introduction aux formulaires. Dans le Chapitre 8, nous approfondirons ce sujet fascinant et important. Nous explorerons divers types de formulaires, tels que les formulaires de contact, les formulaires d'inscription et les formulaires de commentaires. De plus, nous discuterons de l'importance des formulaires dans la collecte de données et de la façon dont ils jouent un rôle crucial dans l'interaction et l'engagement des utilisateurs sur les sites web. À la fin du Chapitre 8, vous aurez une compréhension complète des formulaires et vous serez équipé des connaissances nécessaires pour créer des formulaires efficaces et conviviaux pour vos propres projets.

2.2 Structure de base d'une page HTML

Entreprendre le voyage passionnant et gratifiant du développement web peut ouvrir un monde de possibilités. C'est un voyage qui commence par l'acquisition d'une compréhension solide de la structure de base d'une page HTML, qui constitue les fondations sur lesquelles toutes les pages web sont construites. Cette connaissance est comme le plan d'une maison, où connaître l'emplacement de chaque brique assure la stabilité et l'intégrité de toute la structure. De la même manière, comprendre les composants d'un document HTML est essentiel pour créer des sites web impressionnants et fonctionnels.

Dans cette section, nous plongerons dans les composants fondamentaux d'un document HTML. En les décomposant en exemples clairs et concis, notre objectif est de vous fournir une compréhension complète qui vous guidera tout au long de votre parcours de développement web.

Au fur et à mesure que vous progresserez dans cette section, vous développerez non seulement une compréhension solide de la structure de base d'une page HTML, mais vous libérerez également votre créativité et gagnerez la confiance nécessaire pour concevoir vos propres pages web visuellement attrayantes. Alors plongez dans le monde merveilleux du HTML et découvrez les innombrables possibilités qui vous attendent !

2.2.1 Le squelette d'un document HTML

Chaque page HTML est structurée autour d'un ensemble d'éléments standard qui définissent sa mise en page et son contenu. Ces éléments sont les blocs de construction de votre page web, chacun servant un objectif spécifique dans la structure globale du document.

En plus de ces éléments standard, le HTML fournit également une large gamme d'attributs qui peuvent être utilisés pour personnaliser et améliorer davantage les éléments. Ces attributs vous permettent de contrôler divers aspects du comportement et de l'apparence de l'élément, vous offrant plus de flexibilité dans la conception de votre page web.

De plus, le HTML vous permet d'inclure du contenu multimédia tel que des images, des vidéos et des fichiers audio dans votre page web. Cela vous permet de rendre votre page plus attrayante et interactive pour vos utilisateurs.

Le HTML prend en charge l'utilisation de formulaires, qui vous permettent de collecter des données auprès de vos utilisateurs. Les formulaires peuvent être utilisés à diverses fins, telles que l'inscription d'utilisateurs, la soumission de commentaires et les sondages en ligne, ce qui en fait un outil précieux pour recueillir des informations.

En outre, le HTML offre la possibilité de créer des liens vers d'autres pages web, tant au sein de votre propre site que vers des sites externes. Cela vous permet de connecter différentes pages entre elles et de fournir une navigation à vos utilisateurs, créant ainsi une expérience de navigation fluide.

Le HTML offre une variété d'éléments standard, d'attributs, de support multimédia, de fonctionnalités de formulaires et de capacités de liens qui vous permettent de créer des pages web dynamiques et interactives. En comprenant et en utilisant ces fonctionnalités, vous pouvez concevoir et développer des sites web attrayants qui communiquent efficacement votre contenu à votre public.

Voici un exemple simple de la structure de base d'un document HTML :

```
<!DOCTYPE html>
<html lang="en">
<head>
    <meta charset="UTF-8">
    <title>Page Title</title>
</head>
<body>
    <h1>My First Heading</h1>
    <p>My first paragraph.</p>
</body>
</html>
```

Analysons cet exemple pour mieux comprendre chaque élément :

- **<!DOCTYPE html>** : Cette déclaration doctype est une partie importante d'un document HTML. Elle spécifie le type de document et la version HTML, garantissant que le navigateur affiche la page correctement. Dans ce cas, elle indique au navigateur d'utiliser HTML5, qui est la norme la plus récente et la plus avancée pour le développement web. En utilisant HTML5, les développeurs ont accès à de nouvelles fonctionnalités et améliorations qui rehaussent la fonctionnalité et l'apparence des pages web.

  - **<meta charset="UTF-8">** : Cette balise HTML spécifie l'encodage des caractères pour le document. Elle garantit que tous les caractères, y compris ceux provenant de différentes langues ou avec des caractères spéciaux, s'affichent correctement. Ceci est essentiel pour créer un site web capable de s'adresser à un public diversifié et d'offrir une expérience utilisateur fluide.

  - **<title>** : Autre élément HTML crucial, la balise title définit le titre du document. Ce titre apparaît dans la barre de titre ou l'onglet du navigateur lorsque la page web est ouverte. Elle joue un rôle important dans l'optimisation pour les moteurs de recherche (SEO) car elle aide les moteurs de recherche à comprendre le contenu de la page, améliorant ainsi sa visibilité dans les résultats de recherche. De plus, la balise title est également importante pour les utilisateurs car elle les aide à identifier l'objectif et la pertinence de la page web qu'ils visitent.

Par conséquent, il est essentiel d'inclure ces balises HTML dans votre document pour garantir un encodage de caractères approprié et améliorer la visibilité dans les moteurs de recherche ainsi que l'expérience utilisateur de votre site web.

- **<html>** : L'élément **<html>** sert d'élément racine d'un document HTML. Il encapsule tout le contenu de la page web, fournissant une structure générale pour l'ensemble du document. De plus, il permet aux développeurs de spécifier la langue du contenu de la page en utilisant l'attribut **lang**. Cela est particulièrement utile pour les moteurs de recherche et les technologies d'assistance, car cela les aide à interpréter et à traiter correctement le contenu de la page, ce qui se traduit par une meilleure expérience utilisateur.

- **<head>** : L'élément **<head>** est un composant crucial d'un document HTML. Il contient des méta-informations sur le document qui ne sont pas affichées directement sur la page web. Ces méta-informations comprennent des éléments tels que les balises meta, qui fournissent des informations supplémentaires sur la page pour les moteurs de recherche et les plateformes de médias sociaux. L'élément **<head>** contient également le titre du document, qui apparaît dans la barre de titre ou l'onglet du navigateur, aidant les utilisateurs à identifier la page. En outre, il permet aux développeurs d'inclure des liens vers des feuilles de style externes ou des scripts, leur permettant d'améliorer l'apparence et la fonctionnalité de la page grâce à des styles personnalisés et des fonctionnalités supplémentaires.

- **<body>** : Cette section est l'endroit où vous pouvez ajouter et formater le contenu de votre page web. Elle vous permet d'inclure divers éléments tels que du texte, des images, des liens et d'autres ressources qui seront affichés sur la page web.

  - **<h1>** : Cette balise est utilisée pour définir le titre principal de votre page. Le HTML fournit six niveaux de titres (**<h1>** à **<h6>**), ce qui vous permet de structurer et d'accentuer différentes sections de votre contenu. La balise **<h1>** est généralement utilisée pour le titre ou l'en-tête le plus important de la page.

  - **<p>** : Cette balise est utilisée pour définir un paragraphe sur votre page web. Un paragraphe est un bloc de texte qui est visuellement séparé des autres blocs, créant un espace vertical et/ou un retrait sur la première ligne pour améliorer la lisibilité et l'organisation de votre contenu.

2.2.2 Créer votre première page HTML

Maintenant que vous êtes familiarisé avec la structure de base, commençons le processus de création d'une page HTML simple. En suivant les étapes détaillées ci-dessous, vous obtiendrez une compréhension plus approfondie de la façon de concevoir et de construire des pages web en utilisant le HTML.

1. Commencez par créer un nouveau fichier avec l'extension .html. Ce fichier servira de base pour votre page web.

2. Ouvrez le fichier nouvellement créé dans un éditeur de texte ou dans un environnement de développement intégré (IDE) de votre choix. Cela vous permettra de saisir et de modifier le code HTML.

3. Commencez par ajouter les balises HTML nécessaires pour définir la structure de votre page. Les balises les plus importantes à inclure sont les balises **<html>**, **<head>** et **<body>**. Ces balises fournissent le cadre de base pour votre page web.

4. Dans la section **<head>**, incluez la balise **<title>** pour spécifier le titre de votre page web. Ce titre s'affichera dans la barre de titre ou l'onglet du navigateur.

5. Dans la section **<body>**, commencez à ajouter le contenu que vous souhaitez afficher sur votre page web. Cela peut inclure des titres, des paragraphes, des images, des liens et plus encore.

6. Au fur et à mesure que vous ajoutez du contenu, utilisez les balises HTML appropriées pour structurer et formater le texte. Par exemple, vous pouvez utiliser les balises **<h1>** à **<h6>** pour des titres de différentes tailles, la balise **<p>** pour les paragraphes et la balise **<a>** pour les liens.

7. N'oubliez pas de sauvegarder fréquemment vos modifications pendant que vous travaillez sur votre page web. Cela évitera la perte de progression en cas de problèmes ou d'interruptions inattendues.

8. Une fois que vous avez fini d'ajouter le contenu et la mise en forme souhaités, enregistrez le fichier et ouvrez-le dans un navigateur web pour voir à quoi il ressemble. Apportez les ajustements nécessaires pour obtenir l'apparence et la fonctionnalité souhaitées.

En suivant ces étapes, vous pourrez créer avec succès une page HTML simple. N'oubliez pas de pratiquer et d'expérimenter avec différentes balises et éléments HTML pour améliorer encore davantage votre page web.

Pour avoir une expérience pratique, nous utiliserons et développerons l'exemple précédent en ajoutant plus d'éléments :

```html
<!DOCTYPE html>
<html lang="en">
<head>
    <meta charset="UTF-8">
    <title>Welcome to My Website</title>
</head>
<body>
    <header>
        <h1>Welcome to My World!</h1>
    </header>
    <nav>
        <ul>
            <li><a href="#">Home</a></li>
```

```
            <li><a href="#">About Me</a></li>
            <li><a href="#">Contact</a></li>
        </ul>
    </nav>
    <article>
        <h2>About This Site</h2>
        <p>This website is a personal project to share my journey in learning web
development.</p>
    </article>
    <footer>
        <p>Contact us at email@example.com</p>
    </footer>
</body>
</html>
```

Dans cet exemple, nous avons introduit quelques éléments supplémentaires pour donner une structure au contenu :

- **<header>** : Cet élément est utilisé pour définir le contenu introductif ou les liens de navigation. Il se trouve généralement en haut de la page web et aide les utilisateurs à avoir une vue d'ensemble du contenu.

- **<nav>** : Cet élément est utilisé pour désigner les liens de navigation qui aident les utilisateurs à se déplacer dans la page web. Il fournit un moyen pratique pour les utilisateurs de naviguer vers différentes sections ou pages du site web.

- **<ul>** et **<li>** : Ces éléments sont utilisés pour créer une liste non ordonnée pour le menu de navigation. L'élément **<ul>** représente la liste elle-même, tandis que les éléments **<li>** représentent les éléments individuels de la liste. Cette structure permet une organisation et une présentation faciles des options du menu.

- **<article>** : Cet élément est utilisé pour spécifier un contenu indépendant et autonome au sein d'une page web. Il est souvent utilisé pour les articles de blog, les articles de presse ou tout autre contenu pouvant se suffire à lui-même et fournir des informations significatives aux utilisateurs.

- **<footer>** : Cet élément représente le pied de page du document, qui se trouve généralement en bas de la page web. Il contient des informations importantes sur l'auteur, les détails des droits d'auteur et les coordonnées. Le pied de page fournit un moyen pour les utilisateurs d'obtenir des informations supplémentaires ou de contacter le propriétaire du site web si nécessaire.

Décomposition complète du code :

Déclaration DOCTYPE et HTML :

- **<!DOCTYPE html>** : Cette ligne indique au navigateur qu'il s'agit d'un document HTML.

- **<html lang="fr">** : Cela définit la langue du contenu comme étant le français.

Section de l'en-tête :

- **<head>** : Cette section contient des informations sur le site web qui ne sont pas affichées directement, comme son titre et l'encodage des caractères.
  - **<meta charset="UTF-8">** : Cela spécifie l'encodage des caractères utilisé, assurant l'affichage correct des caractères.
  - **<title>Bienvenue sur Mon Site Web</title>** : Cela définit le titre qui apparaît dans la barre de titre ou l'onglet du navigateur.

Section du corps :

- **<body>** : Cette section contient le contenu visible du site web, ce que les utilisateurs voient et avec lequel ils interagissent.
  - **<header>** : Cette section affiche généralement le nom du site web ou le logo.
    - **<h1>Bienvenue dans Mon Monde !</h1>** : Cela crée un en-tête avec le texte « Bienvenue dans Mon Monde ! ».
  - **<nav>** : Cette section représente la barre de navigation, permettant aux utilisateurs d'accéder facilement à différentes pages.
    - **<ul>** : Cela crée une liste non ordonnée pour les liens de navigation.
      - **<li>** : Chaque balise **<li>** représente un élément de navigation unique.
        - **<a href="#">** : Cela crée un lien, et l'attribut **href** spécifie la page de destination (actuellement un espace réservé **#**).
          - Le texte à l'intérieur des balises **<a>** définit l'étiquette du lien, comme « Accueil », « À propos de moi » et « Contact ».
  - **<article>** : Cette section contient généralement le contenu principal de la page.
    - **<h2>À propos de ce site</h2>** : Cela crée un sous-titre avec le texte « À propos de ce site ».
    - **<p>Ce site web est un projet personnel pour partager mon parcours dans l'apprentissage du développement web.</p>** : Ce paragraphe explique l'objectif du site web.
  - **<footer>** : Cette section contient généralement des informations sur le propriétaire du site web ou les coordonnées.

- **<p>Contactez-nous à email@example.com</p>** : Cela affiche l'adresse e-mail de contact (remplacez-la par votre véritable e-mail).

Rappelez-vous :

- Ceci est un exemple basique et vous pouvez ajouter davantage de sections, personnaliser le contenu et styliser les éléments pour créer votre propre site web unique.

- Les attributs **href** dans les liens de navigation utilisent actuellement **#**, qui est un espace réservé et ne renverra pas vers de vraies pages. Remplacez-les par les URL réelles des pages de votre site web.

En résumé

La structure de base d'une page HTML est comme une toile vierge, attendant votre touche créative pour donner vie au web. En comprenant et en utilisant les divers éléments qui composent une page HTML, vous pourrez non seulement organiser votre contenu de manière logique et attrayante, mais aussi libérer votre créativité.

Lorsque vous commencerez à explorer les blocs de construction du HTML, vous découvrirez les possibilités infinies qu'ils offrent pour exprimer vos idées uniques. Au fur et à mesure que vous vous familiariserez avec ces éléments, vous acquerrez la capacité de les combiner et de les styliser d'innombrables façons, permettant à votre imagination de s'envoler et à vos projets web de se démarquer véritablement de la foule.

2.2.3 Inclure CSS et JavaScript dans votre HTML

Alors que la structure de base d'une page HTML établit les fondations, l'incorporation de CSS (feuilles de style en cascade) et de JavaScript ajoute respectivement du style et de l'interactivité. En plus d'améliorer l'esthétique et la fonctionnalité d'un site web, CSS vous permet de personnaliser les couleurs, les polices et les mises en page de différents éléments de votre page web. En utilisant les propriétés et les sélecteurs CSS, vous pouvez créer un design visuellement attrayant qui s'aligne avec votre marque ou l'esthétique souhaitée.

D'autre part, JavaScript vous permet de donner vie à votre site web en ajoutant de l'interactivité et des fonctions dynamiques. Avec JavaScript, vous pouvez créer des formulaires interactifs qui valident les entrées de l'utilisateur, implémenter des curseurs et des carrousels pour afficher des images ou du contenu, et même construire des applications web complexes.

En comprenant comment inclure du code JavaScript dans votre document HTML et utiliser sa vaste bibliothèque de fonctions et de plugins, vous pouvez créer une expérience utilisateur plus engageante et faire en sorte que votre site web se démarque de la concurrence.

Par conséquent, il est crucial d'avoir une solide compréhension de la façon d'incorporer CSS et JavaScript dans votre document HTML. En maîtrisant ces outils essentiels de développement web, vous pouvez débloquer tout le potentiel de vos sites web et créer des expériences en ligne immersives pour vos utilisateurs.

2.2.4 Comprendre les chemins dans le développement web

Lorsque vous êtes en train de construire un site web, il est important de considérer les diverses ressources qui doivent être liées. Ces ressources peuvent inclure des images, des feuilles de style, des scripts ou d'autres pages web. Pour lier correctement ces ressources, vous avez deux options : les chemins relatifs ou les chemins absolus. Comprendre la différence entre ces deux types de chemins est crucial pour garantir que les ressources de votre site web se chargent correctement et que votre site web fonctionne sans problème.

Les chemins relatifs sont des chemins qui sont spécifiés par rapport à l'emplacement actuel de la page web. Cela signifie que lorsque vous utilisez un chemin relatif, le navigateur recherchera la ressource en partant de l'emplacement actuel de la page web. Les chemins relatifs sont souvent utilisés lorsque la ressource que vous souhaitez lier se trouve dans le même site web ou dans un sous-répertoire de la page web actuelle.

D'autre part, les chemins absolus sont des chemins qui sont spécifiés avec l'URL complète ou le chemin de fichier vers la ressource. Cela signifie que lorsque vous utilisez un chemin absolu, le navigateur accédera directement à la ressource en utilisant l'URL ou le chemin de fichier spécifié. Les chemins absolus sont généralement utilisés lorsque la ressource que vous souhaitez lier se trouve sur un site web différent ou dans une structure de répertoire complètement différente.

En comprenant la différence entre les chemins relatifs et absolus, vous pouvez lier vos ressources de site web avec confiance et précision. Cela garantira que votre site web fonctionne comme prévu et que toutes les ressources nécessaires se chargent correctement. N'oubliez pas de choisir le type de chemin approprié en fonction de l'emplacement de la ressource que vous souhaitez lier, et testez toujours vos liens pour vous assurer qu'ils fonctionnent correctement.

Liens absolus

Un lien absolu est un type de lien hypertexte qui fournit l'URL complète vers une ressource. Il inclut le protocole, tel que **http://** ou **https://**, le nom de domaine et le chemin vers la ressource. Ce type de lien est particulièrement utile lorsque vous souhaitez créer une connexion vers des sites web externes ou accéder à des ressources spécifiques sur le web.

En plus de son utilité pour se connecter à des sites web externes, un lien absolu offre également l'avantage de fournir un chemin clair et direct vers l'emplacement ou le contenu souhaité. Cela garantit que les utilisateurs peuvent facilement naviguer et trouver les informations qu'ils recherchent, améliorant ainsi leur expérience de navigation globale.

En utilisant des liens absolus, vous pouvez guider sans effort les utilisateurs vers la ressource exacte dont ils ont besoin, ce qui conduit à une expérience de navigation plus fluide et pratique.

Exemple :

```
<a href="<https://www.example.com/page.html>">Visit Example Page</a>
```

En este ejemplo particular, el enlace a **page.html** es un enlace absoluto, lo que significa que se dirige a la ubicación precisa en Internet, independientemente de la ubicación actual del documento. Este enlace absoluto garantiza que el usuario sea llevado directamente a la página web prevista, sin importar la ubicación actual de la página web o cualquier cambio potencial en la estructura de archivos.

Enlaces Relativos

Los enlaces relativos son un tipo de hipervínculo que dirige a los usuarios a un archivo ubicado dentro del mismo sitio web. Estos enlaces tienen una ruta que es relativa a la ubicación actual del documento. Se utilizan principalmente para establecer conexiones con archivos locales, lo que los hace particularmente útiles para facilitar la navegación entre páginas dentro de su sitio web.

Además, los enlaces relativos pueden emplearse para acceder a diversos recursos como imágenes, hojas de estilo o scripts, mejorando así la funcionalidad general y el atractivo visual de su sitio.

Mismo Directorio: Si el recurso está ubicado en el mismo directorio que el documento actual, simplemente debe proporcionar el nombre del archivo. Además, es importante asegurarse de que el archivo esté referenciado correctamente dentro del documento para mantener una integración fluida y evitar posibles problemas.

```
<a href="about.html">About Us</a>
```

Subdirectorios: Si el recurso está ubicado dentro de un subdirectorio, necesitarías especificar primero el nombre del directorio, seguido por el nombre del archivo. Esto es importante porque ayuda a organizar y categorizar archivos dentro de una estructura de directorios más grande, facilitando la localización y el acceso a recursos específicos. Al incluir la información del subdirectorio, proporcionas contexto y claridad adicionales, asegurando que se identifique y utilice el recurso correcto.

```
<a href="images/photo.jpg">View Photo</a>
```

Directorio Padre: Para acceder a un recurso en el directorio padre del documento actual, utiliza **../** para retroceder un nivel de directorio. Esto te permite navegar a un directorio de nivel superior y acceder a archivos o recursos ubicados allí. Al utilizar **../**, puedes moverte fácilmente un nivel de directorio hacia arriba y acceder a archivos que no están directamente ubicados dentro del directorio actual. Esto es especialmente útil cuando organizas tus archivos y recursos en una estructura jerárquica, ya que proporciona una forma conveniente de hacer referencia y acceder a archivos en diferentes directorios. ¡Así que recuerda usar **../** siempre que necesites acceder a un recurso en el directorio padre!

```
<a href="../index.html">Home</a>
```

Directorio Raíz: Al crear una ruta, puedes comenzar con **/** para indicar que deseas enlazar desde el directorio raíz del sitio. Esto significa que el enlace será relativo a la raíz, facilitando la referencia a recursos que siempre se encuentran en el mismo lugar, sin importar en qué directorio se encuentre el documento actual. Esto puede ser especialmente útil cuando tienes recursos que se comparten en diferentes páginas o secciones de tu sitio, ya que te permite mantener la consistencia y actualizar fácilmente los enlaces si la ubicación del recurso cambia.

```
<a href="/contact.html">Contact</a>
```

Consejos para Usar Enlaces Relativos y Absolutos

- **Utiliza enlaces absolutos** para recursos en sitios externos o cuando necesites especificar la URL exacta. Los enlaces absolutos son esenciales cuando deseas dirigir a los usuarios a páginas web específicas fuera de tu propio sitio.

- **Utiliza enlaces relativos** para la navegación interna del sitio y para acceder a recursos locales dentro de tu propio sitio. Al utilizar enlaces relativos, puedes asegurarte de que tu sitio sea fácilmente mantenible, incluso si cambia el nombre de dominio o se traslada el sitio a un servidor diferente.

- **La consistencia es clave**. Es crucial mantener un estilo consistente de enlaces en todo tu sitio. Al hacerlo, puedes minimizar errores y hacer que tu código sea más manejable a largo plazo. La consistencia también ayuda a los usuarios a navegar por tu sitio sin esfuerzo y proporciona una experiencia de usuario cohesiva.

- **Considera la accesibilidad**. Al crear enlaces, ten en cuenta la accesibilidad de tu sitio web. Asegúrate de que el texto de tus enlaces sea descriptivo y significativo, lo que facilita que los usuarios con discapacidades o tecnologías de asistencia comprendan el propósito del enlace.

- **Prueba y valida tus enlaces**. Antes de lanzar tu sitio web, asegúrate de probar y validar a fondo todos tus enlaces. Verifica la presencia de enlaces rotos o incorrectos para evitar frustrar a tus usuarios y dañar la credibilidad de tu sitio.

Entender cómo usar enlaces relativos y absolutos es fundamental para los desarrolladores web. Asegura que la navegación de tu sitio web sea robusta, que tus recursos estén enlazados correctamente y que tu sitio sea más mantenible con el tiempo.

A medida que practiques la construcción y enlazado de páginas web, te sentirás más cómodo con estos conceptos, haciendo que tu proceso de desarrollo web sea más fluido y eficiente. Recuerda, la ruta que elijas no solo conecta recursos, sino que también refleja tu estrategia organizativa para la estructura de tu sitio web.

Dans cet exemple particulier, le lien vers **page.html** est un lien absolu, ce qui signifie qu'il pointe vers l'emplacement précis sur Internet, indépendamment de l'emplacement actuel du document. Ce lien absolu garantit que l'utilisateur est dirigé directement vers la page web prévue, quelle que soit l'emplacement actuel de la page web ou tout changement potentiel dans la structure des fichiers.

Liens Relatifs

Les liens relatifs sont un type de lien hypertexte qui dirige les utilisateurs vers un fichier situé dans le même site web. Ces liens ont un chemin qui est relatif à l'emplacement actuel du document. Ils sont principalement utilisés pour établir des connexions avec des fichiers locaux, ce qui les rend particulièrement utiles pour faciliter la navigation entre les pages de votre site web.

De plus, les liens relatifs peuvent être utilisés pour accéder à diverses ressources telles que des images, des feuilles de style ou des scripts, améliorant ainsi la fonctionnalité globale et l'attrait visuel de votre site.

Même Répertoire : Si la ressource est située dans le même répertoire que le document actuel, vous devez simplement fournir le nom du fichier. De plus, il est important de s'assurer que le fichier est référencé correctement dans le document pour maintenir une intégration fluide et éviter d'éventuels problèmes.

```
<a href="about.html">About Us</a>
```

Sous-répertoires : Si la ressource est située dans un sous-répertoire, vous devrez d'abord spécifier le nom du répertoire, suivi du nom du fichier. Ceci est important car cela aide à organiser et catégoriser les fichiers au sein d'une structure de répertoires plus large, facilitant la localisation et l'accès à des ressources spécifiques. En incluant l'information du sous-répertoire, vous fournissez un contexte et une clarté supplémentaires, vous assurant que la ressource correcte est identifiée et utilisée.

```
<a href="images/photo.jpg">View Photo</a>
```

Répertoire Parent : Pour accéder à une ressource dans le répertoire parent du document actuel, utilisez **../** pour reculer d'un niveau de répertoire. Cela vous permet de naviguer vers un répertoire de niveau supérieur et d'accéder aux fichiers ou ressources qui s'y trouvent. En utilisant **../**, vous pouvez facilement remonter d'un niveau de répertoire et accéder à des fichiers qui ne sont pas directement situés dans le répertoire actuel. Ceci est particulièrement utile lorsque vous organisez vos fichiers et ressources dans une structure hiérarchique, car cela fournit un moyen pratique de référencer et d'accéder aux fichiers dans différents répertoires. Alors n'oubliez pas d'utiliser **../** chaque fois que vous devez accéder à une ressource dans le répertoire parent !

```
<a href="../index.html">Home</a>
```

Répertoire Racine : Lors de la création d'un chemin, vous pouvez commencer par **/** pour indiquer que vous souhaitez créer un lien depuis le répertoire racine du site. Cela signifie que le lien sera relatif à la racine, facilitant la référence à des ressources qui se trouvent toujours au même endroit, quel que soit le répertoire dans lequel se trouve le document actuel. Ceci peut être particulièrement utile lorsque vous avez des ressources partagées sur différentes pages ou sections de votre site, car cela vous permet de maintenir la cohérence et de mettre facilement à jour les liens si l'emplacement de la ressource change.

```
<a href="/contact.html">Contact</a>
```

Conseils pour Utiliser les Liens Relatifs et Absolus

- **Utilisez des liens absolus** pour les ressources sur des sites externes ou lorsque vous devez spécifier l'URL exacte. Les liens absolus sont essentiels lorsque vous souhaitez diriger les utilisateurs vers des pages web spécifiques en dehors de votre propre site.

- **Utilisez des liens relatifs** pour la navigation interne du site et pour accéder aux ressources locales au sein de votre propre site. En utilisant des liens relatifs, vous pouvez vous assurer que votre site est facilement maintenable, même si le nom de domaine change ou si le site est déplacé vers un serveur différent.

- **La cohérence est la clé**. Il est crucial de maintenir un style de liens cohérent sur tout votre site. Ce faisant, vous pouvez minimiser les erreurs et rendre votre code plus gérable à long terme. La cohérence aide également les utilisateurs à naviguer sur votre site sans effort et offre une expérience utilisateur harmonieuse.

- **Pensez à l'accessibilité**. Lors de la création de liens, tenez compte de l'accessibilité de votre site web. Assurez-vous que le texte de vos liens est descriptif et significatif, ce qui facilite la compréhension de l'objectif du lien pour les utilisateurs ayant des handicaps ou utilisant des technologies d'assistance.

- **Testez et validez vos liens**. Avant de lancer votre site web, assurez-vous de tester et de valider minutieusement tous vos liens. Vérifiez la présence de liens brisés ou incorrects pour éviter de frustrer vos utilisateurs et de nuire à la crédibilité de votre site.

Comprendre comment utiliser les liens relatifs et absolus est fondamental pour les développeurs web. Cela garantit que la navigation de votre site web est robuste, que vos ressources sont correctement liées et que votre site est plus maintenable au fil du temps.

Au fur et à mesure que vous pratiquerez la construction et la liaison de pages web, vous vous sentirez plus à l'aise avec ces concepts, rendant votre processus de développement web plus fluide et efficace. N'oubliez pas, le chemin que vous choisissez ne fait pas que connecter des ressources, mais reflète également votre stratégie organisationnelle pour la structure de votre site web.

2.2.5 Lier une Feuille de Style CSS

Le CSS, également connu sous le nom de feuilles de style en cascade, est un composant essentiel dans le monde de la conception web. Il joue un rôle fondamental dans l'amélioration de l'apparence générale et du style de votre page web. En incorporant le CSS dans votre site web, vous pouvez libérer votre créativité et créer des designs et des mises en page visuellement attrayants qui captivent votre audience.

L'une des façons d'exploiter la puissance du CSS est de lier un fichier CSS externe à votre document HTML. Cela peut être facilement réalisé en ajoutant la balise **<link>** à l'intérieur de la section **<head>** de votre fichier HTML. Cette simple étape vous permet de séparer les définitions de style du contenu HTML, ce qui résulte en une structure de code plus organisée et maintenable.

Comme vous l'apprendrez dans le prochain chapitre, le CSS offre une vaste gamme d'options de style, vous permettant de personnaliser divers éléments de votre page web. De la modification des polices et des couleurs à l'ajustement des marges et des mises en page, le CSS vous donne la liberté de créer une expérience utilisateur distinctive et captivante.

De plus, le CSS offre l'avantage de la réutilisation. Une fois que vous avez défini un style ou une mise en page spécifique en utilisant le CSS, vous pouvez l'appliquer à plusieurs éléments ou pages sur l'ensemble de votre site web. Cela permet non seulement d'économiser du temps et des efforts, mais garantit également la cohérence du design sur l'ensemble de votre site.

Le CSS est un outil précieux tant pour les designers web que pour les développeurs. Il améliore non seulement l'attrait visuel de votre site web, mais il améliore également sa fonctionnalité et l'expérience utilisateur. Alors, que vous soyez débutant ou professionnel expérimenté, maîtriser le CSS est essentiel pour créer des pages web impressionnantes et percutantes.

```
<head>
    <meta charset="UTF-8">
    <title>Welcome to My Website</title>
    <link rel="stylesheet" href="styles.css">
</head>
```

Cette balise indique au navigateur de récupérer et d'appliquer les styles définis dans « styles.css » à votre page web.

Détail du code :

- **<head>** : Cette section contient des informations sur la page web qui ne sont pas affichées directement, comme son titre et l'encodage des caractères.

- **<meta charset="UTF-8">** : Cela garantit l'affichage correct des caractères en définissant l'encodage de caractères utilisé dans la page. UTF-8 prend en charge une variété de caractères couramment utilisés dans le monde entier.

- **<title>Bienvenue sur mon site web</title>** : Cela définit le titre qui apparaît dans l'onglet du navigateur et dans les résultats de recherche.

- **<link rel="stylesheet" href="styles.css">** : Cette ligne lie un fichier de feuille de style externe appelé « styles.css » au document HTML.

Que fait le lien ?

- Les feuilles de style contiennent du code de feuilles de style en cascade (CSS) qui définit l'apparence visuelle de votre site web.

- En liant ce fichier, vous pouvez séparer les informations de style du code HTML, améliorant ainsi l'organisation et la maintenabilité.

Comment fonctionne-t-il ?

- L'attribut **rel="stylesheet"** spécifie que le fichier lié contient des informations de style.

- L'attribut **href="styles.css"** indique au navigateur où trouver le fichier de feuille de style. Dans ce cas, on suppose qu'il se trouve dans le même dossier que le document HTML.

Avantages d'utiliser des feuilles de style externes :

- **Séparation du code :** Maintient le HTML propre et concentré sur le contenu, tandis que le CSS gère le style.

- **Réutilisabilité :** Les styles peuvent être appliqués à plusieurs pages en liant la même feuille de style.

- **Maintenabilité :** Il est plus facile de mettre à jour et de gérer les styles sur l'ensemble de votre site web.

N'oubliez pas :

- Remplacez « styles.css » par le nom réel de votre feuille de style.

- Assurez-vous que le fichier de feuille de style se trouve dans le même dossier que votre document HTML ou ajustez le chemin en conséquence.

- Vous pouvez lier plusieurs feuilles de style à un seul document HTML pour des besoins de styles plus complexes.

2.2.5 Ajout de JavaScript

JavaScript est un langage de programmation extrêmement puissant et polyvalent qui joue un rôle vital et indispensable dans l'amélioration de la fonctionnalité, de l'interactivité et de l'expérience utilisateur globale de vos pages web. En incorporant JavaScript dans votre contenu HTML statique, vous avez la capacité de lui donner vie et de le transformer en une plateforme plus dynamique et engageante.

Il existe plusieurs méthodes pour inclure JavaScript dans vos pages web, et l'une des approches les plus courantes consiste à lier un fichier JavaScript externe. Cela peut être facilement réalisé en utilisant la balise **<script>**, qui est généralement placée juste avant la balise de fermeture **</body>** dans le document HTML. Cet emplacement stratégique garantit que le contenu HTML se charge en premier, permettant à la page de s'afficher de manière fluide et efficace, avant que le code JavaScript ne soit exécuté. Par conséquent, les utilisateurs peuvent profiter d'une expérience de navigation fluide et ininterrompue, libre de tout retard ou interruption causé par l'exécution de JavaScript.

Incorporer JavaScript dans vos pages web ouvre un monde de possibilités et vous permet de créer des éléments dynamiques et interactifs, tels que des formulaires interactifs, des carrousels d'images et des mises à jour de données en temps réel. Avec JavaScript, vous pouvez facilement manipuler le contenu de vos pages web, répondre aux actions de l'utilisateur et modifier dynamiquement l'apparence et le comportement de votre site web.

JavaScript est un outil inestimable que tout développeur web devrait utiliser pour améliorer ses pages web. Sa polyvalence, sa puissance et sa capacité à donner vie au contenu HTML statique en font un composant essentiel pour créer des expériences en ligne captivantes et engageantes.

Exemple :

```
<body>
    <!-- Your HTML content here -->

    <script src="script.js"></script>
</body>
```

Cette approche maintient la structure de votre HTML propre et sépare les préoccupations de contenu (HTML), de style (CSS) et de fonctionnalité (JavaScript).

2.2.6 Le Rôle des Balises Meta

Les balises meta dans la section **<head>** fournissent des informations essentielles sur votre page web aux navigateurs et aux moteurs de recherche. En plus de la balise meta charset que nous avons déjà abordée, il existe plusieurs autres balises meta qui jouent des rôles importants dans l'optimisation de votre page web.

L'une de ces balises meta que vous devriez considérer est la balise meta viewport. Cette balise meta viewport est particulièrement cruciale pour le design responsive. Elle vous permet d'avoir plus de contrôle sur la façon dont votre page web s'affiche sur différents appareils et tailles d'écran. En utilisant efficacement la balise meta viewport, vous pouvez vous assurer que votre page web s'affiche et fonctionne correctement sur une large gamme d'appareils, y compris les ordinateurs de bureau, les portables, les tablettes et les smartphones.

Disposer d'une balise meta viewport bien optimisée peut considérablement améliorer l'expérience utilisateur de votre site web. Elle permet à votre page web de s'adapter et de se redimensionner pour s'ajuster à l'écran de l'appareil sur lequel elle est consultée. Cela signifie que les utilisateurs auront une expérience cohérente et agréable, qu'ils utilisent un grand écran d'ordinateur de bureau ou un petit écran de smartphone.

Bien que la balise meta charset soit importante, elle n'est qu'une pièce du puzzle. N'oubliez pas de considérer et de mettre en œuvre également la balise meta viewport pour optimiser votre page web pour différents appareils et tailles d'écran.

```
<meta name="viewport" content="width=device-width, initial-scale=1.0">
```

Cette balise garantit que votre page s'adapte correctement sur différents appareils, un élément indispensable pour un design compatible avec les appareils mobiles.

2.2.7 Normes et Pratiques du Document HTML

Suivre les normes et les meilleures pratiques HTML est crucial pour garantir que vos pages web soient accessibles, efficaces et compatibles avec une large gamme de navigateurs et d'appareils. Voici quelques conseils supplémentaires à garder à l'esprit :

- **Validez votre HTML** : Il est fortement recommandé d'utiliser des outils comme le Service de Validation du Balisage du W3C pour vérifier minutieusement vos documents HTML à la recherche d'erreurs ou de problèmes de conformité. De cette façon, vous pouvez vous assurer que votre code est bien formé et respecte les normes établies.

- **Balisage Sémantique** : Il est important d'utiliser les éléments HTML d'une manière qui s'aligne avec leur signification sémantique prévue. Par exemple, vous devez utiliser l'élément **<section>** pour définir des sections distinctes de contenu et l'élément **<aside>** pour les barres latérales ou les informations complémentaires. Cette pratique améliore non seulement l'accessibilité de vos pages web, mais elle améliore également leur potentiel d'optimisation pour les moteurs de recherche (SEO).

- **Commentaires** : Envisagez d'utiliser des commentaires pour fournir du contexte et des informations supplémentaires dans votre code HTML. En ajoutant des commentaires, vous pouvez efficacement annoter votre document, facilitant ainsi la compréhension de la structure et de l'objectif de diverses parties de votre code, tant pour vous que pour les autres.

- **Optimisation** : Un autre aspect qui mérite d'être mentionné est l'optimisation de votre HTML. En optimisant votre code, vous pouvez améliorer les performances et la vitesse de chargement de vos pages web, ce qui se traduit par une meilleure expérience utilisateur.

Exemple d'un commentaire dans un fichier HTML :

```
<!-- This is a comment in HTML -->
```

Avec ces perspectives, vous avez maintenant une compréhension complète de la structure de base d'une page HTML et comment elle peut être améliorée avec CSS et JavaScript pour le style et l'interactivité. Rappelez-vous, le parcours d'apprentissage du développement web est continu.

Chaque étape s'appuie sur la précédente, et chaque nouvelle compétence que vous acquérez ouvre davantage de possibilités pour la créativité et l'innovation. Restez curieux, pratiquez régulièrement et n'hésitez pas à expérimenter avec de nouvelles idées. Le monde du développement web est vaste et passionnant, et vous ne faites que commencer.

2.3 Comprendre les Balises, Éléments et Attributs

Alors que nous poursuivons notre expédition passionnante à travers le royaume captivant du développement web, il est d'une importance capitale d'approfondir les piliers fondamentaux du HTML : les balises, les éléments et les attributs. Ces composants fondamentaux servent de base même pour construire des pages web impressionnantes, vous permettant de structurer méticuleusement le contenu, d'insuffler des styles captivants et d'intégrer sans effort des fonctionnalités captivantes.

Pour comprendre pleinement l'importance de ces éléments fondamentaux, il est essentiel de les explorer en détail. En acquérant une compréhension complète de la façon dont les balises, les éléments et les attributs fonctionnent ensemble, vous pourrez libérer votre créativité et tirer le meilleur parti de vos pages web. Avec la connaissance de ces concepts vitaux, vous serez pleinement équipé pour élaborer des pages web méticuleusement qui non seulement respirent la précision et la créativité, mais offrent également une expérience utilisateur incomparable.

Alors, embarquons dans une exploration détaillée de chacun de ces éléments cruciaux. Nous approfondirons les balises, en comprenant leur rôle dans la définition de la structure et de la hiérarchie d'une page web. Ensuite, nous passerons aux éléments, en explorant comment ils nous permettent d'ajouter du contenu et de définir la signification de différentes sections. Enfin, nous discuterons des attributs, qui nous permettent de personnaliser et d'améliorer la fonctionnalité de nos pages web. Tout au long de ce voyage, nous emploierons des exemples clairs qui élucideront brillamment les rôles individuels de ces éléments et comment ils interagissent de manière synergique entre eux.

À la fin de cette exploration, vous aurez les connaissances et les compétences pour créer des pages web fascinantes qui captiveront et attireront les utilisateurs au quotidien. Alors commençons et débloquons le véritable potentiel du HTML !

2.3.1 Balises HTML

Les balises HTML sont une partie essentielle de la syntaxe HTML. Elles sont utilisées pour identifier et catégoriser différents types de contenu au sein d'une page web, et fournissent des instructions au navigateur web sur la façon d'afficher ce contenu. Les balises HTML sont entourées de chevrons (**< >**), et la plupart d'entre elles viennent par paires.

Une paire de balises HTML se compose d'une balise d'ouverture et d'une balise de fermeture, avec une barre oblique (**/**) précédant le nom de la balise dans la balise de fermeture. Cet appariement garantit que le navigateur web comprend où commence et se termine un élément particulier, permettant la représentation appropriée du contenu.

En utilisant efficacement les balises HTML, les développeurs web peuvent créer des pages web structurées et bien organisées qui sont facilement interprétées par les navigateurs et accessibles aux utilisateurs.

Par exemple, un paragraphe est enveloppé dans **<p>** (balise d'ouverture) et **</p>** (balise de fermeture) :

```
<p>This is a paragraph.</p>
```

Cependant, comme mentionné précédemment, il convient de noter qu'en HTML, il existe certaines balises qui sont auto-fermantes, ce qui signifie qu'elles ne nécessitent pas de balise de fermeture. Ces balises auto-fermantes sont couramment utilisées pour incorporer des images, insérer des sauts de ligne et incorporer d'autres éléments autonomes dans une page web.

En utilisant efficacement ces balises auto-fermantes, les développeurs web peuvent améliorer l'attrait visuel et la fonctionnalité de leurs sites web.

Exemple :

```
<img src="image.jpg" alt="A descriptive text for the image">
<br>
```

2.3.2 Éléments HTML

Un élément HTML fait référence à tout, de la balise d'ouverture à la balise de fermeture, y compris le contenu entre les deux. Il est important de comprendre que les éléments jouent un rôle crucial dans la structuration et la présentation des informations sur une page web.

L'élément indique au navigateur quelque chose à propos de l'information qui se trouve entre ses balises d'ouverture et de fermeture. Il sert de moyen de définir l'objectif et la signification du contenu inclus. Par exemple, dans l'élément de paragraphe suivant, la balise d'ouverture **<p>**, le contenu "Ceci est un paragraphe." et la balise de fermeture **</p>** constituent ensemble l'élément de paragraphe, qui est utilisé pour indiquer que le texte inclus est un paragraphe qui doit être affiché comme tel sur la page web.

En utilisant des éléments, les développeurs web peuvent créer des pages web bien structurées et sémantiquement significatives qui sont plus faciles à comprendre et à naviguer. Ainsi, la prochaine fois que vous verrez un élément HTML, rappelez-vous qu'il ne s'agit pas seulement d'une balise, mais d'un outil puissant pour organiser et présenter du contenu sur le web.

Exemple :

```
<p>This is a paragraph.</p>
```

Les éléments peuvent également être imbriqués dans d'autres éléments, ce qui permet des structures de documents complexes :

```
<div>
    <p>This paragraph is inside a div element.</p>
</div>
```

Explication du code :

<div> est un élément HTML qui représente une division au sein de votre page web. Pensez-y comme un conteneur qui regroupe du contenu connexe ensemble. Dans ce cas :

- **<div>** : Cette balise marque le début de la division.

- **<p>** : Cette balise crée un élément de paragraphe pour contenir le texte.

   - « Ce paragraphe est à l'intérieur d'un élément div. » : Ceci est le texte réel qui s'affiche dans le paragraphe.

- **</div>** : Cette balise marque la fin de la division.

Ainsi, ce code crée une section sur votre page web qui contient un seul paragraphe avec le texte « Ce paragraphe est à l'intérieur d'un élément div. ».

Pourquoi utiliser **<div>** ?

- Regroupement de contenu : Il vous permet de regrouper visuellement et logiquement des éléments connexes sur votre page.

- Stylisation : Vous pouvez appliquer des styles (comme la couleur de fond, le remplissage, les bordures) spécifiquement au contenu à l'intérieur du **<div>**, créant ainsi des sections distinctes.

- Contrôle de la mise en page : En imbriquant des éléments **<div>**, vous pouvez obtenir des mises en page plus complexes sur votre page web.

Points clés à retenir :

- **div** est un conteneur générique, donc sa signification dépend du contenu qu'il contient et des styles appliqués.

- Utilisez des noms de classe clairs et descriptifs (dans l'attribut **class**) pour identifier différentes sections **<div>** pour une meilleure organisation et stylisation.

- Envisagez d'utiliser des éléments sémantiques plus spécifiques comme **article**, **header**, **footer**, etc., lorsque le **<div>** représente un type de section bien défini.

2.3.3 Attributs HTML

Les attributs jouent un rôle crucial dans les éléments car ils fournissent des détails supplémentaires importants. Ils sont systématiquement inclus dans la balise d'ouverture et suivent un format de paire nom/valeur comme **nom="valeur"**.

En tirant parti des attributs, les éléments peuvent être enrichis de diverses propriétés qui servent différents objectifs. Ces propriétés peuvent inclure l'indication de la source d'une image, la spécification de la destination d'un lien ou la fourniture d'instructions pour la stylisation et la présentation.

Par exemple, dans le cas d'un élément image, les attributs non seulement spécifient le chemin vers le fichier image mais offrent également un texte alternatif pour améliorer l'accessibilité :

```
<img src="logo.png" alt="Website Logo">
```

- L'attribut **src** (source) est utilisé pour spécifier l'emplacement de l'image, comme le chemin du fichier ou l'URL.

- L'attribut **alt** (texte alternatif) est important pour des raisons d'accessibilité, car il fournit une description textuelle de l'image pour les utilisateurs qui ne peuvent pas la voir, comme ceux qui utilisent des lecteurs d'écran ou qui ont des déficiences visuelles.

Les attributs peuvent également être utilisés pour établir des ID et des classes, qui sont essentiels pour la stylisation et le scripting :

```
<p id="intro" class="highlight">This is an introductory paragraph.</p>
```

- L'attribut **id** attribue un identifiant unique à l'élément, ce qui permet la manipulation ciblée via CSS ou JavaScript. Cet identifiant sert de moyen d'identifier de manière unique l'élément et de le différencier des autres éléments de la page.

- D'autre part, l'attribut **class** aide à regrouper plusieurs éléments sous un même nom de classe. Cela facilite la stylisation ou le scripting de plusieurs éléments à la fois. En attribuant le même nom de classe à différents éléments, vous pouvez appliquer les mêmes styles ou scripts à tous simultanément.

Comprendre l'interaction entre les balises HTML, les éléments et les attributs est fondamental dans le développement web. Ces composants vous permettent de structurer le contenu, d'améliorer l'accessibilité et de styliser vos pages web de manière efficace. À mesure que vous vous familiariserez davantage avec diverses balises HTML et leurs attributs, vous acquerrez la capacité de créer des sites web plus complexes, fonctionnels et visuellement attrayants.

2.3.4 Attributs Globaux

HTML fournit une large gamme d'attributs globaux qui peuvent être appliqués à presque tous les éléments HTML. Ces attributs non seulement améliorent la fonctionnalité et l'apparence de vos pages web, mais contribuent également à les rendre plus attrayantes, interactives et faciles à utiliser. En exploitant ces attributs, vous pouvez personnaliser le comportement et les caractéristiques des éléments, garantissant ainsi une expérience plus personnalisée et adaptée pour les visiteurs de votre site web.

Avec la flexibilité et la polyvalence qu'offrent ces attributs globaux, vous avez le pouvoir de créer des pages web dynamiques et immersives qui répondent aux besoins et préférences variés de votre audience. Ainsi, que ce soit pour ajouter de l'interactivité, améliorer l'accessibilité ou optimiser l'expérience utilisateur globale, les attributs globaux en HTML sont une ressource précieuse qui vous permet de porter vos compétences en développement web vers de nouveaux sommets.

- L'attribut **title** est une fonctionnalité précieuse qui fournit aux utilisateurs des informations supplémentaires sur un élément lorsqu'ils passent le curseur dessus. Cet attribut pratique améliore l'expérience utilisateur en leur permettant d'obtenir plus de contexte ou de détails sur l'élément sans avoir à cliquer ou interagir davantage. Il peut être particulièrement utile dans des situations où le contenu de l'élément peut être tronqué ou abrégé et nécessite une clarification supplémentaire. En utilisant l'attribut **title**, les développeurs web peuvent s'assurer que leurs utilisateurs ont accès à des informations pertinentes et peuvent prendre des décisions éclairées sans confusion ni approximation.

```
<p title="More Info">Hover over this text to see a tooltip.</p>
```

- L'attribut **tabindex** est un attribut utile qui vous permet de contrôler l'ordre de tabulation des éléments sur une page web lors de la navigation à l'aide du clavier. En spécifiant l'attribut **tabindex**, vous pouvez vous assurer que les utilisateurs peuvent se déplacer à travers les éléments dans un ordre logique et facile à suivre, améliorant l'accessibilité et l'utilisabilité de votre site web. Cet attribut est particulièrement important pour les utilisateurs qui dépendent de la navigation au clavier, comme ceux ayant des handicaps moteurs ou des déficiences visuelles. Avec l'attribut **tabindex**, vous pouvez créer une expérience de navigation fluide et intuitive pour tous les utilisateurs, améliorant l'expérience utilisateur globale et la satisfaction.

```
<a href="#" tabindex="1">First Link</a>
```

- L'attribut **lang** est utilisé pour spécifier la langue du contenu dans un élément. Il joue un rôle crucial dans l'amélioration de l'accessibilité et l'optimisation des résultats de recherche dans les moteurs de recherche. En déclarant la langue appropriée, vous vous assurez que les utilisateurs ayant différentes préférences linguistiques peuvent comprendre et interagir avec votre contenu de manière efficace. De plus, les moteurs de recherche s'appuient sur cet attribut pour mieux indexer et afficher vos pages web dans les résultats de recherche pertinents. Par conséquent, il est essentiel d'utiliser l'attribut **lang** correctement et de manière cohérente sur l'ensemble de votre site web pour améliorer son accessibilité et sa visibilité globale.

```
<p lang="en">Hello, world!</p>
```

- Attribut data- : *Une fonctionnalité utile de l'attribut data-* est qu'il vous permet de stocker des données personnalisées qui sont spécifiques à la page ou à l'application sur laquelle vous travaillez. Cela peut être particulièrement utile lorsque vous devez stocker des informations supplémentaires ou des métadonnées qui ne sont pas visibles pour l'utilisateur mais sont essentielles pour la fonctionnalité de votre page ou application.

```
<article id="article" data-author="John Doe" data-published="2020-01-01">
  Custom data attributes are powerful.
</article>
```

2.3.5 L'Importance d'un HTML Bien Formé

Écrire un HTML bien formé est crucial pour garantir que vos pages web soient interprétées correctement par les navigateurs web et accessibles aux utilisateurs. Voici quelques conseils pour maintenir un HTML bien formé :

- **Imbrication Correcte des Éléments** : Un aspect important à prendre en compte lorsque vous travaillez avec HTML est de vous assurer que vos éléments HTML sont correctement imbriqués les uns dans les autres. Cela signifie que si vous ouvrez un élément à l'intérieur d'un autre élément, vous devez également le fermer à l'intérieur de cet élément. En suivant cette pratique, vous pouvez maintenir une structure HTML bien organisée qui est facile à comprendre et à parcourir.

- **Fermer Toutes les Balises** : Bien que certaines balises soient auto-fermantes, il est fortement recommandé de fermer toutes les autres balises avec leur balise de fermeture correspondante. Cette pratique aide à éliminer les problèmes ou erreurs potentiels dans le rendu de votre code HTML. En vous assurant que toutes les balises sont fermées correctement, vous pouvez garantir que votre page web s'affichera comme prévu sans aucun comportement inattendu.

- **Utiliser des Minuscules** : Une autre bonne pratique dans le codage HTML est d'écrire les balises et les attributs en minuscules, même si HTML5 n'est pas sensible à la casse. Cela favorise non seulement la cohérence, mais améliore également la lisibilité de votre code. En utilisant systématiquement des minuscules dans vos éléments et attributs

HTML, vous pouvez rendre votre code plus gérable et plus facile à maintenir à long terme.

2.3.6 Éléments Sémantiques de HTML5

HTML5, lancé en 2014, a introduit une variété de nouveaux éléments sémantiques qui ont considérablement amélioré la façon dont le contenu web est structuré et présenté. Ces éléments, tels que **<header>**, **<footer>**, **<section>**, **<article>**, **<aside>** et **<nav>**, entre autres, fournissent une structure plus claire et plus significative à vos documents web.

En incorporant ces éléments sémantiques dans votre code HTML, vous améliorez non seulement l'accessibilité de votre contenu web, mais vous renforcez également ses capacités d'optimisation pour les moteurs de recherche (SEO). L'utilisation appropriée d'éléments sémantiques aide les moteurs de recherche à mieux comprendre le contenu et le contexte de vos pages web, ce qui conduit à une meilleure visibilité et un meilleur classement dans les résultats de recherche. De plus, ces éléments contribuent à l'expérience utilisateur globale en facilitant la navigation et la compréhension des informations sur votre site web.

L'introduction d'éléments sémantiques dans HTML5 a révolutionné la façon dont les sites web sont conçus et optimisés. En tirant parti de ces éléments de manière efficace, les développeurs web peuvent créer des sites web plus accessibles, conviviaux et adaptés aux moteurs de recherche.

En résumé

Dans cette section exhaustive, nous avons examiné en profondeur les principes fondamentaux du HTML, en explorant de manière approfondie l'interaction complexe et fascinante entre les balises, les éléments et les attributs qui constituent la base de pages web dynamiques et visuellement captivantes.

En comprenant profondément ces concepts clés et en les appliquant avec habileté, vous serez non seulement capable de créer du contenu web visuellement attrayant, mais aussi hautement accessible et engageant pour un large éventail d'utilisateurs. Il convient de souligner que le processus d'apprentissage du HTML est un voyage continu et enrichissant qui offre des possibilités infinies pour la créativité et la croissance.

2.4 Exercices Pratiques : Créer une Page HTML de Base avec des Paragraphes, des En-têtes et des Liens

Il est temps de mettre en pratique vos nouvelles connaissances ! Cet exercice est conçu pour vous aider à créer une structure de base mais fondamentale d'une page HTML, en intégrant des paragraphes, des en-têtes et des liens. En accomplissant cette tâche, vous renforcerez votre compréhension des éléments HTML et de la façon dont ils fonctionnent ensemble pour former le squelette d'une page web. Plongez-vous dans cet exercice avec enthousiasme et envie d'apprendre, rappelez-vous, chaque grand développeur web a commencé avec une seule ligne de code.

Description de l'Exercice

Vous allez créer un document HTML simple qui comprendra un en-tête pour introduire le sujet, quelques paragraphes pour fournir des informations et des liens vers des sites web externes pour des lectures complémentaires. Cet exercice consolidera votre compréhension de la syntaxe de base du HTML et démontrera comment différents éléments interagissent au sein d'une page web.

Étape 1 : Configurez votre Document HTML

Commencez par créer un nouveau fichier appelé **index.html**. Ouvrez-le dans votre éditeur de texte préféré. Commencez par la structure de base d'un document HTML :

```
<!DOCTYPE html>
<html lang="en">
<head>
    <meta charset="UTF-8">
    <title>My First HTML Page</title>
</head>
<body>

</body>
</html>
```

Étape 2 : Ajouter un En-tête

À l'intérieur du **<body>**, commencez par ajouter un en-tête principal (**<h1>**) qui servira de titre à votre contenu. Il devrait être quelque chose de simple mais descriptif de ce dont traite votre page :

```
<h1>Welcome to My Web Development Journey</h1>
```

Étape 3 : Inclure des Paragraphes

Sous l'en-tête, ajoutez quelques paragraphes (**<p>**) pour développer votre sujet. C'est ici que vous partagez des informations ou des réflexions liées à l'en-tête. N'hésitez pas à être créatif et à écrire sur les raisons de votre intérêt pour le développement web ou ce que vous espérez accomplir :

```
<p>I've always been fascinated by technology and how it shapes our world. Web
development, in particular, caught my attention because it combines creativity with
logic.</p>
<p>My goal is to learn how to build beautiful and functional websites. This journey
is just beginning, and I'm excited about the possibilities ahead.</p>
```

Étape 4 : Insérer des Liens

Enfin, incorporez quelques liens (**<a>**) qui pointent vers des ressources ou des sites web que vous trouvez inspirants ou utiles pour apprendre le développement web. Utilisez l'attribut **href** pour spécifier l'URL de destination du lien et n'oubliez pas d'ajouter une brève description pour chaque lien :

```
<p>Here are some resources I find helpful:</p>
<ul>
    <li><a   href="<https://developer.mozilla.org/en-US/docs/Learn>">MDN   Web   Docs:
Learning Area</a></li>
    <li><a        href="<https://www.w3schools.com/>">W3Schools        Online        Web
Tutorials</a></li>
    <li><a href="<https://web.dev/>">web.dev by Google</a></li>
</ul>
```

Nous avons utilisé une liste non ordonnée (**<ul>**) avec des éléments de liste (**<li>**) pour organiser les liens de manière ordonnée. Cela rend non seulement l'information plus accessible, mais vous initie également à l'utilisation des listes en HTML.

Conclusion

Félicitations ! Vous venez de créer une page HTML basique équipée d'en-têtes, de paragraphes et de liens. Cet exercice vous a donné une introduction pratique à la structuration de contenu avec HTML, une compétence essentielle pour tout développeur web. Au fur et à mesure que vous continuerez à apprendre et à construire, rappelez-vous que l'expérimentation et la pratique sont vos meilleurs outils pour progresser. Continuez à explorer les vastes possibilités du HTML et profitez de chaque étape de votre parcours dans le développement web.

2.5 Projet : Créer une Page de Biographie Personnelle

Félicitations pour avoir complété le dernier exercice et atteint cette étape passionnante de votre parcours de développement web ! Il est maintenant temps d'appliquer les connaissances et les compétences que vous avez acquises jusqu'à présent à un projet créatif et personnel : construire votre propre page de biographie.

Ce projet est une opportunité fantastique de vous présenter au monde, de mettre en valeur vos compétences HTML nouvellement acquises et de franchir une étape importante dans votre parcours de développement web. Concentrons-nous sur ce projet avec enthousiasme, créativité et avec la compréhension qu'il s'agit d'un reflet de vous-même et de votre parcours.

Description du Projet

Votre tâche consiste à créer une page de biographie personnelle en utilisant HTML. Cette page devrait vous présenter, partager un peu sur vos centres d'intérêt ou votre expérience professionnelle, et peut-être esquisser vos objectifs. Nous intégrerons divers éléments tels que des en-têtes, des paragraphes, des images et des liens pour construire une page web complète et attrayante.

Étape 1 : Planifiez votre Contenu

Avant de vous plonger dans le code, prenez un moment pour planifier le contenu de votre page de biographie. Que voulez-vous que les gens sachent sur vous ? Vous pourriez inclure :

- Une brève introduction

- Votre expérience professionnelle ou vos réalisations éducatives

- Quelques centres d'intérêt personnels ou passe-temps

- Vos aspirations dans le développement web

- Des informations de contact ou des liens vers vos profils sur les réseaux sociaux

Étape 2 : Créez la Structure de Base

Commencez par créer un nouveau fichier HTML appelé **bio.html**. Ouvrez-le dans votre éditeur de texte et établissez la structure de base d'un document HTML :

```
<!DOCTYPE html>
<html lang="en">
<head>
    <meta charset="UTF-8">
    <title>Your Name - Personal Bio</title>
</head>
<body>

</body>
</html>
```

Étape 3 : Ajouter du Contenu à votre Page de Biographie

Maintenant, commencez à remplir le corps de votre document avec le contenu que vous avez planifié. Commencez par un en-tête principal (**<h1>**) qui inclut votre nom, suivi de sous-titres (**<h2>**, **<h3>**) et de paragraphes (**<p>**) pour chaque section de votre biographie.

```
<h1>Your Name</h1>
<h2>About Me</h2>
<p>Here, write a short paragraph introducing yourself. Mention your background, what
you do, and any interesting facts about you.</p>
<h2>My Interests</h2>
<p>Describe your hobbies or interests. What do you enjoy doing in your free time?</p>
<h2>My Goals</h2>
<p>Share your aspirations, especially those related to web development. What do you
hope to achieve?</p>
```

Étape 4 : Incorporer des Images et des Liens

Améliorez votre page de biographie en ajoutant une photo de profil et des liens vers vos profils sur les réseaux sociaux ou vos projets personnels. Utilisez la balise **<img>** pour les images, en vous assurant d'inclure l'attribut **alt** pour l'accessibilité :

```
<img src="path-to-your-image.jpg" alt="A picture of me">
```

Pour les liens, utilisez la balise **<a>**, en définissant l'attribut **href** avec l'URL de votre profil sur les réseaux sociaux ou de votre projet :

```
<p>Connect                with               me              on            <a
href="<https://www.linkedin.com/in/yourprofile>">LinkedIn</a>.</p>
```

Étape 5 : Personnaliser votre Page

N'hésitez pas à ajouter tout élément supplémentaire qui, selon vous, améliorerait votre page de biographie, comme des listes (**<ul>**, **<ol>**), des citations (**<blockquote>**), ou toute autre chose qui reflète votre personnalité et votre parcours.

Conclusion

En complétant ce projet, vous avez franchi une étape importante dans votre parcours de développement web, passant de la théorie à la pratique. Votre page de biographie personnelle n'est pas seulement une tâche ; c'est un témoignage de votre croissance et un phare de votre potentiel futur dans le domaine du développement web. Rappelez-vous, le parcours d'apprentissage et de croissance ne se termine jamais vraiment. Continuez à expérimenter, à explorer et à élargir vos compétences. Chaque ligne de code que vous écrivez est un pas vers la réalisation de vos rêves dans le monde numérique.

Résumé du Chapitre 2

Félicitations pour avoir complété ce chapitre fondamental sur le HTML ! Vous avez entrepris un voyage remarquable dans le monde du développement web, en commençant par les bases de la création de contenu web. Ce chapitre visait à vous fournir une compréhension solide du HTML, la pierre angulaire du web. Prenons un moment pour réfléchir aux concepts clés et aux compétences que vous avez acquis, qui sont des fondations essentielles pour tout développeur web en herbe.

Comprendre le HTML

Nous avons commencé en explorant ce qu'est le HTML : le Langage de Balisage HyperTexte. Ce n'est pas n'importe quel langage, mais le langage de balisage standard pour les documents conçus pour être affichés dans un navigateur web. Le HTML nous permet de structurer l'information sur le web, en définissant le contenu tel que les en-têtes, les paragraphes, les liens, les images et bien plus encore. Reconnaître le rôle du HTML comme squelette d'une page web est crucial, et vous avez appris à identifier et à utiliser diverses balises HTML pour baliser efficacement le contenu.

L'Anatomie d'un Document HTML

Vous avez appris la structure de base d'un document HTML, qui inclut la déclaration de doctype, les éléments **<html>**, **<head>**, et **<body>**. Cette structure sert de modèle pour chaque page web que vous créez, garantissant que votre contenu est organisé et s'affiche correctement dans les navigateurs. Nous avons discuté de l'importance de la section **<head>** pour contenir les métainformations sur votre document et de la section **<body>** pour héberger le contenu visible par les utilisateurs.

Éléments HTML Principaux

Ce chapitre vous a présenté les éléments HTML principaux tels que les en-têtes, les paragraphes, les liens et les images. Chaque élément a un but spécifique et contribue à la structure et à la fonctionnalité globale de vos pages web. Vous vous êtes exercé à utiliser ces éléments, en comprenant leur syntaxe et en voyant de vos propres yeux comment ils sont rendus dans un navigateur web.

Balises, Éléments et Attributs

En approfondissant, nous avons exploré la différence entre les balises, les éléments et les attributs. Vous avez vu comment les balises d'ouverture et de fermeture définissent un élément et comment les attributs fournissent des informations supplémentaires sur le comportement et l'apparence des éléments. Cette compréhension est fondamentale à mesure que vous continuez à développer des pages web plus complexes.

Pratique Concrète

À travers des exercices et un projet, vous avez appliqué ce que vous avez appris en créant une page HTML de base et une page de biographie personnelle. Ces expériences pratiques ont renforcé votre compréhension du HTML et ont fourni une plateforme pour l'expérimentation et la créativité. Construire ces pages à partir de zéro vous a permis de voir les résultats immédiats de votre travail, une étape encourageante dans votre parcours d'apprentissage.

Pour Aller Plus Loin

En clôturant ce chapitre, rappelez-vous qu'apprendre le HTML n'est que le début. Le monde du développement web est vaste et en constante évolution, avec d'infinies opportunités de croissance et de créativité. Les compétences que vous avez commencé à développer ici forment la base sur laquelle vous apprendrez des technologies plus avancées comme le CSS et le JavaScript, ce qui vous permettra de créer des expériences web interactives et dynamiques.

Continuez à pratiquer, explorez de nouveaux éléments et lancez-vous des défis avec de nouveaux projets. Le voyage du débutant au développeur compétent est un chemin d'apprentissage continu, d'expérimentation et de découverte. Embrassez le processus et savourez chaque étape de votre aventure dans le développement web.

Chapitre 3 : Introduction à CSS

Bienvenue au Chapitre 3, où nous nous lancerons dans un voyage passionnant et enrichissant vers le vaste et captivant monde de la conception web. Dans ce chapitre, nous plongerons dans le royaume fascinant de la conception web en explorant la magie et les merveilles de CSS, ou Feuilles de Style en Cascade. CSS est un outil puissant et transformateur qui joue un rôle fondamental dans l'amélioration de l'apparence et de l'esthétique du contenu web.

Tout comme HTML fournit la structure fondamentale et la base d'une page web, CSS agit comme un catalyseur, vous permettant de libérer votre créativité sans limites et de transformer votre site web en un chef-d'œuvre visuellement captivant. En exploitant l'immense pouvoir de CSS, vous pourrez donner vie à vos pages web, en les imprégnant d'un éblouissant éventail de couleurs, de formes et d'améliorations visuelles qui laisseront sans aucun doute une impression profonde et durable sur vos visiteurs.

Tout au long de ce chapitre, nous approfondirons les aspects essentiels de CSS, en explorant sa syntaxe, ses capacités et son intégration parfaite avec HTML. En acquérant une compréhension solide et complète des concepts de base derrière CSS, vous serez équipé des outils et des connaissances nécessaires pour créer des designs web impressionnants et innovants qui reflètent vraiment votre vision et votre style uniques.

Alors, embarquons ensemble dans ce voyage passionnant et enrichissant, armés du même enthousiasme et de la même curiosité qui nous ont poussés à travers le royaume de HTML. Préparez-vous à plonger dans un monde de possibilités infinies pendant que vous peignez vos pages web avec des couleurs vibrantes, leur insufflez style et élégance et, en fin de compte, transformez vos créations en d'impressionnants chefs-d'œuvre numériques.

3.1 Qu'est-ce que CSS ?

CSS, qui signifie Feuilles de Style en Cascade, est un composant essentiel du développement web. Il joue un rôle crucial dans la détermination de la façon dont les éléments HTML doivent être présentés dans divers médias, y compris les écrans, le papier et plus encore. En utilisant CSS, vous pouvez contrôler efficacement la mise en page de plusieurs pages web simultanément, vous faisant économiser un temps et des efforts précieux.

Ce langage puissant vous permet d'appliquer une large gamme de styles aux éléments HTML, englobant des aspects tels que les couleurs, les polices, l'espacement, le positionnement et de nombreuses autres propriétés, qui améliorent toutes considérablement la présentation globale de votre contenu web.

De plus, CSS offre une formidable polyvalence. D'une part, il peut être utilisé pour le style de texte de base, vous permettant de modifier la couleur et la taille des en-têtes, des liens et d'autres éléments textuels dans vos documents.

D'autre part, CSS vous permet de créer des mises en page complexes, allant de simples empilements de blocs à des compositions élaborées avec des éléments en position fixe. En outre, CSS facilite la mise en œuvre d'effets captivants tels que les animations et les transitions, permettant à vos pages web de prendre vie. De plus, CSS offre la flexibilité d'adapter les styles de votre contenu à différents appareils et tailles d'écran, assurant un attrait visuel optimal sur diverses plateformes.

CSS est un outil indispensable pour les développeurs web, offrant de vastes capacités pour transformer l'apparence et la mise en page des pages web. En exploitant le pouvoir de CSS, vous pouvez libérer votre créativité et offrir des expériences web convaincantes à votre public.

3.1.1 Ajouter CSS à HTML

Il existe plusieurs méthodes principales pour appliquer CSS à HTML. Celles-ci incluent les styles en ligne, les feuilles de style internes et les feuilles de style externes. Chacune de ces méthodes a ses propres avantages et cas d'utilisation.

Les styles en ligne impliquent d'ajouter directement du code CSS dans les balises HTML. Cela permet un style rapide et spécifique d'éléments individuels. Cependant, cela peut devenir difficile à gérer et à maintenir s'il y a de nombreux éléments à styliser.

D'autre part, les feuilles de style internes impliquent de placer le code CSS dans les balises **<style>** dans la section **<head>** du document HTML. Cela permet le style de plusieurs éléments dans le même fichier HTML. Cela offre une meilleure organisation et séparation des préoccupations par rapport aux styles en ligne.

Les feuilles de style externes sont une option populaire pour les projets plus importants. Avec cette approche, le code CSS est placé dans un fichier séparé avec l'extension .css. Ce fichier est ensuite lié au document HTML à l'aide de la balise **<link>**. Les feuilles de style externes offrent l'avantage de la réutilisabilité, car la même feuille de style peut être appliquée à plusieurs fichiers HTML. Elles facilitent également la maintenance, car les modifications de style peuvent être effectuées dans un seul endroit central.

CSS peut être appliqué à HTML via des styles en ligne, des feuilles de style internes et des feuilles de style externes. Chaque approche a ses propres forces et convient à différents scénarios. Il est important de choisir la méthode qui correspond le mieux aux exigences et à la complexité de votre projet.

Styles en ligne

Les règles CSS sont appliquées directement dans la balise d'ouverture d'un élément HTML en utilisant l'attribut **style**. Cette approche offre un moyen rapide et direct de styliser des éléments individuels en HTML. Cependant, ce n'est peut-être pas le meilleur choix pour styliser plusieurs éléments ou maintenir des sites web plus grands avec des exigences de style complexes. Dans de tels cas, l'utilisation de fichiers CSS externes ou de frameworks CSS peut offrir plus de flexibilité, d'évolutivité et de facilité de maintenance.

En séparant les définitions de style du balisage HTML, les fichiers CSS externes permettent un style cohérent sur plusieurs pages et éléments. Les frameworks CSS, quant à eux, fournissent des styles prédéfinis et des grilles de mise en page qui peuvent accélérer considérablement le processus de développement.

Ils offrent également des capacités de design réactif, ce qui facilite la création de sites web qui s'adaptent à différentes tailles d'écran et appareils. Par conséquent, lorsque vous travaillez sur des projets nécessitant un style étendu ou impliquant plusieurs pages, il est généralement recommandé d'utiliser des fichiers CSS externes ou des frameworks CSS plutôt que de se fier uniquement aux styles en ligne.

Exemple :

```
<p style="color: blue;">This text is blue.</p>
```

Décomposition du code :

HTML :

- **<p>** : Ceci est un élément HTML qui définit un paragraphe.

- « Ce texte est en bleu. » : Ceci est le contenu textuel réel qui s'affiche à l'intérieur du paragraphe.

CSS :

- **style="color: blue;"** : Ceci est un attribut de style en ligne ajouté à l'élément **<p>**. Il utilise du code CSS pour définir comment le paragraphe doit être affiché.

    o **color** : Ceci est une propriété CSS qui contrôle la couleur du texte de l'élément.

    o « blue » : Ceci est la valeur assignée à la propriété **color**, spécifiant que le texte doit s'afficher en couleur bleue.

Alors, que fait le code ?

- Ce code combine un élément HTML avec des styles CSS en ligne.

- Le texte à l'intérieur de l'élément **<p>** s'affichera en couleur bleue en raison du style **color: blue;** appliqué.

Feuille de style interne

Les règles CSS sont généralement placées à l'intérieur d'un élément **<style>** dans la section **<head>** du document HTML. Cette approche est couramment utilisée lorsque les styles sont spécifiques à une seule page. Cependant, il est important de noter que l'utilisation de feuilles de style internes peut entraîner des documents HTML plus volumineux et plus complexes.

D'autre part, si plusieurs pages du site web nécessitent les mêmes styles, il serait plus efficace et plus facile à maintenir d'utiliser une feuille de style externe. En créant une feuille de style séparée et en la liant à toutes les pages, on peut garantir la cohérence et simplifier le processus de développement.

Par conséquent, il est crucial d'examiner attentivement les exigences et la portée du projet avant de décider d'utiliser une feuille de style interne ou externe. Cette décision peut avoir un impact considérable sur les performances globales et la maintenabilité du site web.

Exemple :

```
<head>
<style>
    p { color: red; }
</style>
</head>
<body>
    <p>This text is red.</p>
</body>
```

Décomposition du code :

Section Head :

- **<head>** : Cette section contient des informations sur la page web qui ne sont pas affichées directement, comme les titres et les styles.

- **<style>** : Cette balise marque le début d'une section qui contient du code CSS intégré.

Styles CSS :

- **p { color: red; }** : Il s'agit d'une règle CSS qui définit comment les éléments HTML de type **<p>** doivent être stylisés.

    - **p** : Ce sélecteur cible tous les éléments **<p>** de la page.

    - **{ }** : Ces accolades renferment le bloc de déclaration qui contient les propriétés de style spécifiques.

    - **color: red;** : Cette paire propriété-valeur définit le **color** des éléments sélectionnés sur « rouge ».

Section Body :

- **<body>** : Cette section contient le contenu visible du site web.

- **<p>This text is red.</p>** : Cela crée un élément de paragraphe avec le texte « This text is red. ».

Application du Style :

- Le bloc **<style>** à l'intérieur de **<head>** définit la règle CSS qui établit la propriété **color** de tous les éléments **<p>** en rouge.

- Lorsque le navigateur rencontre un élément **<p>** dans le **<body>**, il vérifie les styles définis dans la section **<style>** et applique la règle pertinente (dans ce cas, rendre le texte rouge).

Feuille de Style Externe

Les règles CSS sont généralement stockées dans un fichier séparé, souvent avec une extension de fichier **.css**, puis liées depuis le document HTML. Cette méthode est largement utilisée et considérée comme la manière la plus efficace d'appliquer des styles aux pages web. En utilisant une feuille de style externe, les développeurs web peuvent facilement mettre en œuvre des modifications de conception cohérentes sur de nombreuses pages au sein d'un site web.

Cette approche permet une meilleure organisation et maintenance du code. Elle permet aux développeurs de gérer et de mettre à jour facilement les styles dans un emplacement centralisé, ce qui aboutit à un flux de travail plus efficace. De plus, cette méthode favorise la réutilisation des styles, car la même feuille de style peut être liée depuis plusieurs documents HTML, économisant ainsi temps et efforts.

L'utilisation d'une feuille de style externe fournit une solution évolutive et flexible pour appliquer des styles à plusieurs pages dans l'ensemble d'un site web. Cette méthodologie améliore non seulement l'attrait esthétique global, mais contribue également à un processus de développement plus agile et efficace.

Exemple :

```
<head>
    <link rel="stylesheet" href="styles.css">
</head>
Dans styles.css :
p {
    color: green;
}
```

Cette méthode externe favorise la réutilisation et la maintenabilité, devenant ainsi la manière privilégiée d'appliquer CSS pour la plupart des projets de développement web.

Décomposition du code :

HTML :

- **<head>** : Cette section contient des informations sur la page web qui ne sont pas affichées directement, comme les titres et les styles.

- **<link rel="stylesheet" href="styles.css">** : Cette ligne lie un fichier de feuille de style externe appelé "styles.css" au document HTML.

Feuille de Style Externe (**styles.css**) :

- **p {** : Cette ligne définit une règle CSS qui cible tous les éléments **<p>** de la page.

  - **color: green;** : Cela définit la propriété **color** de ces éléments sur "vert", ce qui signifie que tous les paragraphes s'afficheront en couleur verte.

Comment cela fonctionne :

1. Lorsque le navigateur charge le document HTML, il lit la balise **<link>** dans la section **<head>**.

2. Ensuite, il recherche le fichier de feuille de style "styles.css" depuis l'emplacement spécifié.

3. Une fois la feuille de style chargée, le navigateur analyse les règles CSS qu'elle contient.

4. Lorsque le navigateur rencontre un élément **<p>** dans le document HTML, il vérifie les styles chargés et applique la règle pertinente, dans ce cas, définir la couleur du texte en vert.

Avantages de l'utilisation d'une feuille de style externe :

- Séparation du code : Maintient le HTML propre et concentré sur le contenu, tandis que le CSS gère le stylisme dans un fichier séparé.

- Réutilisation : La même règle de style peut être appliquée à plusieurs paragraphes dans tout votre site web.

- Maintenabilité : Il est plus facile de mettre à jour et de gérer les styles dans tout votre site web à partir d'un emplacement centralisé.

3.1.2 La Puissance de CSS

CSS est un outil incroyablement puissant qui vous donne la capacité d'avoir un contrôle complet sur la conception de plusieurs pages web, le tout en utilisant seulement une feuille de style. Cela signifie que vous pouvez facilement modifier le schéma de couleurs de l'ensemble de votre site web simplement en effectuant quelques modifications dans un seul fichier CSS.

De plus, CSS offre une fonctionnalité incroyable connue sous le nom de design responsive, qui garantit que vos pages web peuvent s'ajuster et s'adapter automatiquement pour s'adapter parfaitement à n'importe quel appareil, qu'il s'agisse d'un grand moniteur de bureau ou d'un petit téléphone mobile.

En utilisant CSS, vous avez le pouvoir de créer un site web visuellement époustouflant et facile à utiliser qui non seulement a une belle apparence quelle que soit la taille ou l'orientation de l'écran, mais qui offre également une expérience de navigation fluide pour vos utilisateurs. Avec CSS, les possibilités de conception et de personnalisation de votre site web sont pratiquement infinies, vous permettant de mettre en valeur votre créativité et d'offrir une présence en ligne exceptionnelle.

CSS, qui signifie Feuilles de Style en Cascade, est un outil exceptionnellement puissant dans l'arsenal du développeur web. Il offre la capacité de contrôler l'apparence visuelle des pages web et joue un rôle crucial dans la création de sites web professionnels et visuellement attrayants. En comprenant et en maîtrisant CSS, les développeurs web peuvent considérablement améliorer leur capacité à créer des sites web qui non seulement ont l'air "jolis", mais qui communiquent également efficacement et offrent une expérience utilisateur améliorée grâce à une conception soignée.

À mesure que nous approfondissons le sujet de CSS dans ce chapitre, il est important de garder à l'esprit que l'objectif n'est pas seulement de rendre les pages web esthétiquement agréables. Cela va au-delà. CSS donne aux développeurs web les moyens de communiquer des idées, des émotions et des informations de manière efficace à travers des designs soigneusement conçus, la typographie, les couleurs et les éléments visuels. En exploitant la puissance de CSS, les développeurs web ont la capacité de façonner le web en quelque chose de vraiment beau, accessible et engageant.

Par conséquent, poursuivons notre voyage passionnant dans le monde du développement web, armés de la connaissance que CSS est un outil puissant qui nous permet de transformer le web en une expérience immersive et captivante pour les utilisateurs.

Maintenant, pour garantir une base complète en CSS, développons quelques aspects supplémentaires qui sont fondamentaux pour comprendre et utiliser CSS de manière efficace. Ces connaissances amélioreront votre capacité à styliser des pages web et prépareront le terrain pour des techniques de conception plus avancées.

3.1.3 Syntaxe et Sélecteurs CSS

Comprendre la syntaxe CSS et le rôle des sélecteurs est crucial dans le développement web. Il est de la plus haute importance de comprendre le concept qu'un ensemble de règles CSS se compose de deux composants principaux : un sélecteur et un bloc de déclaration.

Le sélecteur détermine à quels éléments HTML l'ensemble de règles sera appliqué. Il joue un rôle fondamental dans la définition de la portée des règles de style. D'autre part, le bloc de déclaration contient les propriétés de stylisation spécifiques et les valeurs qui seront attribuées à ces éléments. C'est là que la magie opère, car cela vous permet de personnaliser l'apparence de votre page web.

Avoir une compréhension solide de ces concepts fondamentaux n'est pas seulement vital, mais ouvre également la voie à la création de pages web visuellement attrayantes et bien structurées.

En maîtrisant la syntaxe et les sélecteurs CSS, vous obtenez le pouvoir de transformer vos conceptions en réalité et d'offrir une expérience utilisateur exceptionnelle.

Exemple :

```
selector {
    property: value;
}
```

- **Sélecteur** est utilisé pour cibler l'élément HTML spécifique auquel vous souhaitez appliquer des styles. Il vous permet de sélectionner des éléments en fonction de leur nom de balise, classe ou ID.

- **Bloc de déclaration** est une section au sein de CSS qui contient une ou plusieurs déclarations. Chaque déclaration consiste en une propriété et sa valeur correspondante, séparées par un point-virgule.

- **Propriété** fait référence à l'attribut de style spécifique que vous souhaitez modifier. Elle détermine quel aspect de l'apparence de l'élément vous souhaitez changer, comme sa couleur, sa taille de police ou son remplissage.

- **Valeur** représente le paramètre souhaité pour la propriété. Elle définit la ou les valeurs spécifiques que vous souhaitez attribuer à la propriété sélectionnée, comme un code de couleur spécifique ou une taille numérique.

Par exemple :

```
p {
    color: navy;
    font-size: 16px;
}
```

Cette règle CSS définit la couleur du texte de tous les éléments **<p>** en bleu marine et leur taille de police à 16 pixels.

3.1.4 Types de Sélecteurs CSS

CSS fournit une large gamme de sélecteurs qui peuvent être utilisés pour cibler des éléments de manières spécifiques. Ces sélecteurs incluent :

Sélecteurs de type

Ces sélecteurs ciblent des éléments en fonction de leur nom de balise, comme **p**, **h1**, et similaires. Les sélecteurs de type sont l'un des blocs fondamentaux de CSS. En utilisant des sélecteurs de type, vous pouvez facilement appliquer des styles à des types spécifiques d'éléments sur l'ensemble de votre page web.

Cela permet un stylisme cohérent et aide à maintenir un design uniforme. Que vous souhaitiez changer la taille de police de tous les paragraphes ou appliquer une couleur spécifique à tous les titres, les sélecteurs de type facilitent le ciblage et le stylisme des éléments en fonction de leur nom de balise.

Exemple :

Les sélecteurs de type ciblent des éléments HTML par leur nom de balise. Ils appliquent des styles à tous les éléments de ce type dans le document.

```css
p {
    color: green;
}
```

Dans cet exemple, tous les éléments **<p>** (paragraphes) de la page web auront la couleur verte.

Sélecteurs de classe (.nomClasse)

Ces sélecteurs sont utilisés pour cibler des éléments qui ont un attribut de classe spécifique qui leur est assigné. Les sélecteurs de classe sont un moyen puissant de styliser et de manipuler des éléments en CSS. En utilisant des sélecteurs de classe, vous pouvez appliquer des styles à plusieurs éléments qui partagent la même classe, ce qui facilite le maintien et la mise à jour du stylisme sur votre site web.

De plus, les sélecteurs de classe peuvent être combinés avec d'autres sélecteurs pour créer des styles plus spécifiques et ciblés. Par conséquent, lorsque vous souhaitez appliquer des styles à des éléments en fonction de leur attribut de classe, vous pouvez compter sur les sélecteurs de classe pour faire le travail de manière efficace et efficiente.

Exemple :

Les sélecteurs de classe ciblent des éléments par leur attribut **class**. Ils sont préfixés par un point (.) et vous permettent de styliser un groupe spécifique d'éléments sur votre page web.

```html
<p class="highlight">This text is highlighted.</p>
.highlight {
    background-color: yellow;
}
```

Cette règle CSS applique un fond jaune à tout élément avec la **class="highlight"**, ce qui est utile pour styliser des éléments qui partagent une caractéristique commune.

Sélecteurs d'ID (#nomid)

Ces sélecteurs sont utilisés pour cibler spécifiquement des éléments par leur attribut d'ID unique. Les sélecteurs d'ID fournissent un moyen simple et efficace de sélectionner et de styliser des éléments individuels sur une page web. En attribuant un ID unique à un élément, vous pouvez le faire ressortir et lui appliquer des styles personnalisés.

Cela améliore non seulement l'attrait visuel de vos pages web, mais permet également une conception plus personnalisée et adaptée. Avec les sélecteurs d'ID, vous avez la flexibilité de contrôler et de personnaliser divers aspects de vos pages web, tels que les styles de police, les couleurs, les tailles et le positionnement.

En exploitant la puissance des sélecteurs d'ID, vous pouvez créer des pages web visuellement impressionnantes et hautement attrayantes qui laissent une impression durable sur votre public.

Exemple :

Les sélecteurs d'ID ciblent des éléments par leur attribut **id**. Ils sont préfixés par un symbole dièse (**#**) et sont utilisés pour styliser des éléments qui sont uniques dans le document.

```
<div id="header">This is the header.</div>
#header {
    background-color: blue;
    color: white;
}
```

Cette règle CSS définit la couleur de fond de l'élément avec **id="header"** en bleu et sa couleur de texte en blanc. N'oubliez pas que chaque ID doit être unique au sein d'une page.

Sélecteurs d'attributs

Les sélecteurs d'attributs sont une fonctionnalité puissante en CSS. Ils vous permettent de cibler des éléments en fonction de la présence ou de la valeur d'un attribut spécifique. Avec les sélecteurs d'attributs, vous avez la flexibilité de sélectionner des éléments qui répondent à certains critères, améliorant le contrôle et la personnalisation de vos pages web. En utilisant la syntaxe **[attr=value]**, vous pouvez cibler précisément des éléments qui ont une valeur d'attribut spécifique. Cela offre un large éventail de possibilités pour styliser et manipuler des éléments dans votre code CSS.

De plus, les sélecteurs d'attributs offrent une grande polyvalence en CSS. Ils vous permettent de styliser et de modifier des éléments sans effort en les sélectionnant selon leurs attributs. Cette fonctionnalité élargit le potentiel de votre code CSS et vous permet de créer des pages web uniques et dynamiques. En utilisant des sélecteurs d'attributs, vous pouvez facilement appliquer différents styles à des éléments avec des valeurs d'attribut spécifiques, ce qui permet des possibilités infinies de personnalisation. Ce niveau de contrôle et de précision améliore l'esthétique globale et l'expérience utilisateur de votre site web.

En outre, les sélecteurs d'attributs fournissent un moyen pratique de manipuler des éléments en CSS. En ciblant des éléments avec des valeurs d'attribut spécifiques, vous pouvez modifier sans effort leurs propriétés et comportements. Cela ouvre d'innombrables opportunités pour créer des pages web interactives et attrayantes. Que vous souhaitiez changer la couleur de certains éléments, les masquer ou les afficher selon leurs attributs, ou même animer leurs transitions, les sélecteurs d'attributs vous fournissent les outils pour réaliser ces effets de manière fluide.

Exemple :

Les sélecteurs d'attributs ciblent des éléments en fonction de la présence ou de la valeur d'un attribut donné. Ils sont polyvalents et peuvent être utilisés à diverses fins.

```
<input type="button" value="Click Me">
input[type="button"] {
    background-color: navy;
    color: white;
}
```

Ce sélecteur cible tous les éléments **<input>** avec une valeur d'attribut **type** de "button", en appliquant un fond bleu marine et une couleur de texte blanc.

Chaque type de sélecteur a son propre objectif unique, permettant des stratégies de stylisation précises et flexibles. En utilisant ces sélecteurs de manière efficace, vous pouvez personnaliser l'apparence de vos pages web pour répondre à vos exigences de conception spécifiques.

3.1.5 La Cascade, l'Héritage et la Spécificité

CSS signifie Feuilles de Style en Cascade pour une raison. La cascade, ainsi que l'héritage et la spécificité, sont des concepts qui déterminent comment les styles sont appliqués et quels styles ont la priorité lorsque des conflits surviennent.

- **Cascade** se réfère à la manière dont les règles CSS sont appliquées à un élément, avec plusieurs règles affectant potentiellement le même élément.

- **Héritage** signifie que certaines propriétés de style des éléments parents sont héritées par leurs éléments enfants à moins qu'elles ne soient remplacées.

- **Spécificité** est une mesure du degré de spécificité d'un sélecteur, déterminant quelle règle de style s'applique si plusieurs règles ciblent le même élément. En général, les sélecteurs d'ID ont la spécificité la plus élevée, suivis des sélecteurs de classe puis des sélecteurs de type.

3.1.6 Combinaison de Sélecteurs pour la Précision

CSS offre la capacité de combiner des sélecteurs, ce qui vous permet de cibler des éléments avec une plus grande précision et d'élargir vos options de stylisation.

Il existe plusieurs façons de combiner des sélecteurs en CSS pour obtenir un ciblage plus précis :

- **Sélecteur descendant** (en utilisant un espace) sélectionne tous les éléments qui sont des descendants d'un élément spécifique.

- **Sélecteur enfant** (en utilisant le symbole **>**) cible uniquement les enfants directs d'un élément.

- **Sélecteur de frère adjacent** (en utilisant le symbole **+**) sélectionne un élément qui suit immédiatement un autre élément spécifique.

- **Sélecteur de frère général** (en utilisant le symbole **~**) cible tous les frères d'un élément qui viennent après lui.

En utilisant ces combinaisons de sélecteurs, vous pouvez affiner votre stylisation CSS et l'appliquer à des éléments spécifiques au sein de votre page web, améliorant la conception globale et l'expérience utilisateur.

Sélecteur Descendant

Cette méthode cible tous les éléments qui sont des descendants d'un élément spécifié, plutôt que seulement ses enfants directs. Cela signifie qu'elle s'appliquera également à tout élément imbriqué dans l'élément spécifié. Ce faisant, elle permet une sélection et une manipulation plus complètes des éléments au sein de la structure du document.

Exemple :

```
div p {
    color: red;
}
```

Cette règle s'applique aux éléments **<p>** qui se trouvent n'importe où à l'intérieur d'un **<div>**, en définissant leur couleur de texte en rouge.

Sélecteur d'enfant

Cible les enfants directs d'un élément en utilisant le sélecteur ">". Ce sélecteur vous permet de cibler spécifiquement les éléments qui sont des enfants immédiats d'un autre élément, sans sélectionner les petits-enfants ou autres descendants. En utilisant le sélecteur ">", vous pouvez appliquer des styles ou effectuer des actions sur des éléments qui sont directement imbriqués dans un élément parent, ce qui fournit un contrôle plus précis sur votre ciblage CSS ou JavaScript.

Exemple :

```
ul > li {
    font-weight: bold;
}
```

Cette règle met en gras uniquement les enfants directs **<li>** d'un **<ul>**, et non les éléments **<li>** imbriqués plus profondément.

Sélecteur de frère adjacent

Cible un élément qui est immédiatement précédé par un élément spécifique. Cela vous permet de sélectionner et de styliser des éléments en fonction de leur relation avec d'autres éléments dans la structure HTML. En utilisant ce sélecteur CSS, vous pouvez appliquer différents styles ou comportements aux éléments selon leur position relative par rapport aux autres éléments de la page.

Cela peut être utile dans des situations où vous souhaitez styliser un élément spécifique uniquement lorsqu'il est précédé d'un certain élément. Cela fournit un moyen puissant de manipuler et de contrôler l'apparence et le comportement de vos pages web.

Exemple :

```css
h2 + p {
    margin-top: 0;
}
```

Cette règle supprime la marge supérieure d'un élément **<p>** qui suit directement un **<h2>**.

Sélecteur de frère général

Cible tous les frères d'un élément qui le suivent. Cela signifie que tout élément qui vient après l'élément spécifié et partage le même parent sera sélectionné. Il s'agit d'une fonctionnalité utile en CSS qui vous permet d'appliquer des styles à plusieurs éléments à la fois, facilitant le contrôle de l'apparence et de la mise en page de votre page web.

Exemple :

```css
h2 ~ p {
    color: navy;
}
```

Cette règle définit la couleur de texte de tous les éléments **<p>** qui sont des frères d'un **<h2>** et qui viennent après lui en bleu marine.

En résumé

Au fur et à mesure que vous vous plongez plus profondément dans le monde de CSS, vous découvrirez son immense potentiel pour créer des conceptions web visuellement captivantes, facilement accessibles et hautement réactives. Cette puissante capacité de sélectionner et de styliser des éléments avec précision est une révolution dans le domaine du développement web. Il est important de se rappeler que CSS offre non seulement de la flexibilité, mais aussi la liberté de libérer votre créativité.

Pour obtenir une compréhension complète de CSS, il est crucial d'expérimenter avec divers sélecteurs, propriétés et valeurs. Ce faisant, vous verrez de première main comment ces éléments impactent l'apparence des pages web.

Avec une pratique dédiée, vous maîtriserez l'art de créer des sites web esthétiquement attrayants et contemporains qui se démarquent vraiment dans le vaste paysage en ligne. N'hésitez pas à continuer d'explorer, d'apprendre et de mettre en œuvre vos nouvelles connaissances. Votre voyage passionnant dans le monde de CSS vient tout juste de commencer !

3.2 Comment CSS Fonctionne avec HTML

Maintenant que vous avez acquis une compréhension complète de ce qu'est CSS et des divers types de sélecteurs qu'il offre, explorons plus en profondeur la relation complexe entre CSS et HTML. Cette puissante synergie entre les deux langages est ce qui donne vraiment vie au web, élevant des documents simples en pages web magnifiquement conçues et esthétiquement plaisantes.

En vous plongeant dans la mécanique de la façon dont CSS interagit avec HTML, vous acquerrez l'expertise nécessaire pour créer des sites web visuellement captivants et bien organisés. Dans les sections suivantes, nous approfondirons cette relation symbiotique, en vous fournissant des explications claires et des exemples pratiques qui vous permettront de mettre en œuvre ces concepts fondamentaux dans vos propres projets web.

3.2.1 Styles en ligne

L'une des façons les plus simples et directes d'appliquer CSS à HTML est par l'utilisation de styles en ligne. Cette méthode implique d'ajouter l'attribut **style** directement à un élément HTML, ce qui vous permet de définir des styles spécifiques uniquement pour cet élément. Elle offre un moyen rapide et pratique d'appliquer des styles, en particulier pour les petits changements isolés que vous souhaitez apporter à des éléments individuels.

Cependant, il est important de noter que les styles en ligne présentent certaines limitations en termes d'évolutivité et de maintenabilité. Étant donné que les styles sont directement intégrés dans les éléments HTML, il peut devenir fastidieux et chronophage d'apporter des modifications ou d'appliquer les mêmes styles à plusieurs éléments. Cela peut entraîner un manque de cohérence et rendre difficile la gestion et la mise à jour de vos styles à long terme.

Bien que les styles en ligne puissent être utiles pour des corrections rapides et de petits ajustements, il est généralement recommandé d'utiliser des feuilles de style externes ou des styles internes dans les balises **<style>** pour les projets plus importants ou lorsque vous devez appliquer des styles à plusieurs éléments. Cela permet une meilleure organisation, une réutilisation et une maintenance plus facile de votre code CSS.

Exemple :

```
<p style="color: red; font-size: 20px;">This is a red paragraph with a larger font size.</p>
```

Dans cet exemple, l'élément **\<p>** est stylisé directement dans le HTML, changeant sa couleur et sa taille de police. Cependant, pour les projets plus importants ou lors de la stylisation de plusieurs éléments, les styles en ligne deviennent moins efficaces.

3.2.2 Feuille de Style Interne

Une feuille de style interne est placée à l'intérieur de la section **\<head>** d'un document HTML, en utilisant la balise **\<style>**. Cette approche est utile pour les styles qui sont spécifiques à une seule page, en gardant tout le contenu dans le fichier HTML.

De plus, en utilisant une feuille de style interne, les développeurs ont la flexibilité de définir et de personnaliser divers styles pour différents éléments et classes dans la page web. Cela permet une conception plus personnalisée et cohérente.

En outre, l'utilisation d'une feuille de style interne favorise l'organisation et la maintenance du code. Avec tous les styles définis dans le fichier HTML lui-même, il devient plus facile de localiser et de modifier les styles lorsque nécessaire, en particulier pour les projets à petite échelle.

Une feuille de style interne peut améliorer l'efficacité de chargement de la page web. Étant donné que les styles sont inclus dans le fichier HTML lui-même, il n'est pas nécessaire d'effectuer des requêtes HTTP supplémentaires pour des feuilles de style externes. Cela peut conduire à des temps de chargement plus rapides, en particulier pour les pages avec des styles limités ou des tailles de fichier plus petites.

En conclusion, l'utilisation d'une feuille de style interne offre plusieurs avantages, notamment des styles localisés, une meilleure personnalisation de la conception, une organisation du code simplifiée et des améliorations potentielles des performances.

Exemple :

```
<head>
    <style>
        body {
            background-color: lightgrey;
        }
        h1 {
            color: navy;
        }
        p {
            color: green;
        }
    </style>
</head>
```

Avec une feuille de style interne, vous pouvez styliser plusieurs éléments sur toute votre page sans répéter les styles pour chaque instance, ce qui rend votre code plus propre et organisé que les styles en ligne.

Explication du code :

Ce fragment de code utilise du CSS intégré dans la section **<head>** pour définir des styles pour trois éléments HTML différents :

1. **<body>** :

   o **background-color: lightgrey;** : Cela définit la couleur d'arrière-plan de toute la page web sur une teinte gris clair.

2. **<h1>** :

   o **color: navy;** : Cela définit la couleur de tous les éléments de titre **<h1>** (la plus grande taille de titre) sur bleu marine.

3. **<p>** :

   o **color: green;** : Cela définit la couleur de tous les éléments de paragraphe **<p>** sur vert.

Comment cela fonctionne :

1. Chaque bloc **{...}** définit une règle CSS unique qui cible un élément spécifique en utilisant son nom de balise (par exemple, **body**, **h1**, **p**).

2. À l'intérieur de chaque bloc, les paires propriété-valeur définissent comment ces éléments doivent être stylisés. Dans ce cas, les propriétés sont **background-color** et **color**, respectivement.

3. Lorsque le navigateur affiche la page web, il applique ces styles aux éléments correspondants dans tout le document HTML.

Avantages du CSS intégré (dans ce cas spécifique) :

- Manière simple d'établir des styles de base : pour les petits projets ou les modifications rapides, les styles intégrés peuvent être pratiques.

Cependant, gardez à l'esprit :

- Maintenance limitée : gérer les styles sur plusieurs pages HTML en utilisant du CSS intégré peut devenir fastidieux et difficile à maintenir.

- Problèmes de réutilisation : les styles définis de manière intégrée ne peuvent pas être facilement réutilisés dans différentes parties de votre site web.

- Séparation des préoccupations : mélanger le contenu (HTML) et la présentation (CSS) dans le même fichier de code peut le rendre moins organisé et plus difficile à gérer.

3.2.3 Feuille de Style Externe

L'une des façons les plus efficaces de connecter CSS et HTML est par l'utilisation d'une feuille de style externe. En créant un fichier CSS séparé (par exemple, **styles.css**) et en le liant à votre document HTML dans la section **<head>** en utilisant l'élément **<link>**, vous pouvez atteindre un haut niveau de flexibilité et de contrôle sur le style de votre site web.

Cette approche est largement recommandée pour la conception de sites web car elle permet une séparation claire entre le contenu et la présentation. En séparant ces deux aspects, vos projets deviennent plus organisés et plus faciles à maintenir et à mettre à jour à long terme.

De plus, l'utilisation d'une feuille de style externe offre plusieurs avantages. Premièrement, elle favorise la réutilisation des styles dans plusieurs documents HTML. Au lieu de dupliquer les mêmes styles dans chaque fichier HTML, vous pouvez simplement faire référence à la feuille de style externe, économisant ainsi du temps et des efforts. Deuxièmement, elle améliore la collaboration entre les membres de l'équipe. Avec un fichier CSS séparé, différents membres peuvent travailler sur les aspects de conception et de style du site web simultanément, sans interférer avec le contenu. Cela favorise un travail d'équipe efficace et rationalise le processus de développement.

Une feuille de style externe permet une personnalisation et une modification faciles. Si vous souhaitez changer l'apparence de votre site web, vous pouvez simplement effectuer des mises à jour dans le fichier CSS et les modifications seront appliquées à tous les documents HTML qui y sont liés. Cela élimine la nécessité de mettre à jour manuellement chaque fichier HTML, rendant le processus de maintenance beaucoup plus pratique.

Utiliser une feuille de style externe est une pratique recommandée pour connecter CSS et HTML. Non seulement elle offre flexibilité et contrôle sur le style de votre site web, mais elle favorise également l'organisation, la réutilisation, la collaboration et la personnalisation facile. En adoptant cette approche, vous pouvez créer des sites web bien conçus et facilement maintenables.

Exemple :

```
<head>
    <link rel="stylesheet" href="styles.css">
</head>
Dans styles.css :
body {
    background-color: #f8f8f8;
}
h1 {
    color: #333;
}
p {
    font-size: 16px;
}
```

Cette séparation entre HTML et CSS favorise la réutilisation et la maintenabilité, particulièrement bénéfique pour les sites web de grande taille ou lorsque la même feuille de style est utilisée sur plusieurs pages.

Décomposition du code :

Cet extrait de code utilise une feuille de style externe pour définir des styles de base pour divers éléments de votre site web. Voici une décomposition :

HTML :

- **<head>** : Cette section contient des informations sur la page web qui ne sont pas affichées directement, comme les titres et les styles.

- **<link rel="stylesheet" href="styles.css">** : Cette ligne relie un fichier de feuille de style externe appelé "styles.css" au document HTML. Cela indique au navigateur de chercher les instructions de style dans ce fichier.

Feuille de Style Externe (**styles.css**) :

- Chaque bloc définit une règle CSS qui cible un élément spécifique de la page :
  - **body { ... }** : Cela cible l'arrière-plan de toute la page.
  - **h1 { ... }** : Cela cible tous les éléments d'en-tête **<h1>** (la plus grande taille d'en-tête).
  - **p { ... }** : Cela cible tous les éléments de paragraphe **<p>**.

- À l'intérieur de chaque bloc, les paires propriété-valeur définissent comment ces éléments doivent être stylisés :
  - **background-color: #f8f8f8;** : Cela définit la couleur d'arrière-plan de toute la page sur une teinte gris clair en utilisant un code hexadécimal.
  - **color: #333;** : Cela définit la couleur de tous les en-têtes **<h1>** sur une teinte gris foncé en utilisant un code hexadécimal.
  - **font-size: 16px;** : Cela définit la taille de police de tous les paragraphes **<p>** à 16 pixels.

Comment cela fonctionne :

1. Lorsque le navigateur charge le document HTML, il lit la balise **<link>** dans la section **<head>**.

2. Ensuite, le navigateur récupère le fichier de feuille de style "styles.css" depuis l'emplacement spécifié.

3. Une fois la feuille de style chargée, le navigateur analyse les règles CSS qu'elle contient.

4. Au fur et à mesure que le navigateur rencontre différents éléments (**body**, **h1**, **p**) dans le document HTML, il vérifie les styles chargés et applique la règle pertinente, personnalisant l'apparence visuelle de chaque élément.

Avantages d'utiliser une feuille de style externe :

- Séparation du code : Garde le HTML propre et axé sur le contenu, tandis que le CSS gère le style dans un fichier séparé.

- Réutilisation : Les mêmes styles peuvent être appliqués à plusieurs éléments dans tout votre site web.

- Maintenabilité : Il est plus facile de mettre à jour et de gérer les styles dans tout votre site web en un seul endroit central.

Notes supplémentaires :

- Utiliser des codes hexadécimaux comme **#f8f8f8** et **#333** pour les couleurs est une pratique courante. Vous pouvez trouver différents codes de couleur en ligne ou utiliser des outils pour les générer.

- Ceci est un exemple de base, et vous pouvez ajouter beaucoup plus de styles à votre feuille de style pour personnaliser l'apparence et la convivialité de votre site web.

3.2.4 La Cascade en CSS

Un concept fondamental pour comprendre comment CSS fonctionne avec HTML est la cascade. La cascade, également connue sous le nom d'ordre de cascade, est un processus crucial utilisé par le navigateur pour déterminer quels styles s'appliquent à un élément.

Ce processus devient essentiel lorsqu'il existe plusieurs règles qui pourraient potentiellement s'appliquer au même élément. En suivant un ensemble de règles, la cascade résout les conflits et garantit un style cohérent. Il est important de noter que la cascade fonctionne en fonction de la spécificité des sélecteurs utilisés dans les règles CSS. Plus un sélecteur est spécifique, plus sa priorité est élevée dans la cascade. Cela signifie que s'il y a des styles conflictuels, le navigateur donnera la priorité à la règle avec le sélecteur le plus spécifique.

De plus, l'ordre dans lequel les règles CSS sont déclarées joue également un rôle dans la cascade. Le navigateur lit et applique les styles de haut en bas, de sorte que les styles déclarés plus tard dans la feuille de style remplaceront les styles déclarés précédemment. Comprendre la cascade est essentiel pour les développeurs et concepteurs web, car elle leur permet de créer des feuilles de style efficaces et performantes qui aboutissent à l'apparence visuelle souhaitée de la page web.

En maîtrisant la cascade, les développeurs peuvent s'assurer que leurs styles s'appliquent de manière cohérente sur différents éléments et atteindre la hiérarchie souhaitée de styles.

Plongeons dans les règles de la cascade et explorons-les plus en détail :

Importance de la Source

Le navigateur considère différentes sources de styles dans un ordre spécifique, et chaque source a son propre niveau d'importance. Premièrement, il applique les styles par défaut fournis par le navigateur, qui servent de point de départ pour la page web. Ensuite, il prend en compte tout style défini par l'utilisateur qui remplace les styles par défaut, permettant aux utilisateurs de personnaliser l'apparence des pages web selon leurs préférences.

Après cela, il applique les styles définis par l'auteur de la page web, garantissant que la conception et le design prévus se reflètent. Enfin, le navigateur prend en compte tout style marqué comme important, qui a la plus haute priorité dans la cascade et remplace tout autre style. Cet ordre hiérarchique de sources garantit que les styles sont appliqués de manière logique et contrôlée.

Spécificité

Un autre aspect important de la cascade est la spécificité, qui détermine la priorité des styles conflictuels. Les sélecteurs avec une spécificité plus élevée remplacent les sélecteurs avec une spécificité plus faible. La spécificité est déterminée par la combinaison de sélecteurs utilisés pour cibler un élément. En d'autres termes, plus un sélecteur est spécifique, plus sa priorité est élevée dans la cascade.

Cela permet aux développeurs de cibler des éléments spécifiques ou des groupes d'éléments et d'appliquer des styles en conséquence. En comprenant comment fonctionne la spécificité, vous pouvez contrôler efficacement l'apparence d'éléments individuels et vous assurer que vos styles souhaités s'appliquent de manière cohérente.

Ordre d'Apparition

Lorsque deux règles ont la même spécificité, l'ordre dans lequel elles apparaissent dans la feuille de style devient crucial. La règle qui apparaît plus tard dans la feuille de style aura la priorité sur la précédente. Cela signifie que si des styles conflictuels sont définis pour le même élément avec la même spécificité, le style défini en dernier sera appliqué. Cet ordre d'apparition dans la feuille de style donne aux développeurs la capacité d'ajuster les styles et de faire des ajustements précis lorsque nécessaire.

Avoir une compréhension approfondie de la cascade et de ses divers aspects garantit que vous pouvez styliser des éléments avec confiance, même dans des situations complexes. En sachant comment fonctionne la cascade en termes d'importance de la source, de spécificité et d'ordre d'apparition, vous pouvez prédire quelles règles s'appliqueront à un élément et créer des styles cohérents et fiables qui répondent à vos exigences de conception. Cette connaissance vous permet de libérer votre créativité et de créer des pages web visuellement attrayantes et faciles à utiliser.

En résumé

Le pouvoir du CSS réside dans sa capacité à transformer la nature statique et structurelle du HTML en expériences web dynamiques et visuellement attrayantes. En maîtrisant les différentes façons d'intégrer le CSS avec le HTML, que ce soit en ligne, via des feuilles de style internes ou externes, vous obtenez le contrôle sur l'apparence et la convivialité de vos sites web.

N'oubliez pas, l'objectif d'utiliser le CSS avec le HTML n'est pas seulement de rendre les pages attrayantes, mais aussi d'améliorer l'utilisabilité, l'accessibilité et l'expérience utilisateur globale. Au fur et à mesure que vous continuez à explorer et à appliquer ces techniques de style, vous développerez une plus grande appréciation pour l'art et la science de la conception web. Continuez à expérimenter, à apprendre et à créer ; le voyage à travers le CSS est aussi gratifiant que coloré.

3.3 Syntaxe de Base du CSS

Alors que nous poursuivons notre exploration du CSS, il est crucial d'obtenir une compréhension complète de la syntaxe fondamentale qui sert de blocs de construction pour styliser les pages web. La syntaxe du CSS n'est pas seulement directe, mais aussi immensément influente, vous donnant la capacité d'établir des règles qui dictent l'apparence de divers éléments.

Dans cette section, nous décortiquerons méticuleusement les composants complexes de la syntaxe CSS en utilisant une approche conviviale et accessible. De plus, nous présenterons des exemples illustratifs qui solidifieront sans aucun doute votre compréhension de ces concepts.

Embarquez dans ce voyage éducatif enrichissant avec nous, équipé d'une curiosité insatiable et d'une passion inébranlable pour créer des pages web visuellement époustouflantes.

3.3.1 Comprendre les Règles CSS

À sa base, une règle CSS est composée de deux parties principales : un sélecteur et un bloc de déclaration.

Sélecteur

Ce composant crucial spécifie l'élément ou les éléments HTML auxquels la règle sera appliquée. Cela peut être aussi simple que de spécifier le nom de l'élément, comme "div" ou "p". Alternativement, cela peut être plus complexe et spécifique en utilisant des sélecteurs de classe, qui ciblent les éléments avec un attribut de classe spécifique, ou des sélecteurs d'ID, qui ciblent un élément unique avec un attribut d'ID spécifique.

D'autres types de sélecteurs, tels que les sélecteurs d'attributs, les sélecteurs de pseudo-classes et les sélecteurs de pseudo-éléments, peuvent également être utilisés pour appliquer des styles à des éléments spécifiques en fonction de leurs attributs ou états. La flexibilité des sélecteurs permet un ciblage précis et une personnalisation des styles au sein d'un document HTML, ce qui fait du CSS un outil puissant pour la conception et le développement web.

Bloc de Déclaration

Enfermé entre des accolades **{}**, ce bloc contient une ou plusieurs déclarations qui sont séparées par des points-virgules **;**. Chaque déclaration consiste en une propriété et une valeur, qui ensemble définissent le style qui sera appliqué.

En CSS, le bloc de déclaration est un composant essentiel qui permet aux développeurs de définir plusieurs styles pour les éléments HTML. En enfermant les déclarations dans des accolades, il fournit une structure claire et organisée pour spécifier plusieurs styles à la fois.

De plus, le point-virgule agit comme un délimiteur, séparant chaque déclaration au sein du bloc. Cela permet une lisibilité et une maintenance faciles du code, car les développeurs peuvent identifier et modifier facilement les déclarations individuelles sans affecter les autres.

Chaque déclaration au sein du bloc se compose d'une propriété et d'une valeur correspondante. La propriété représente l'attribut de style spécifique qui est modifié, comme **color**, **font-size** ou **background-image**. La valeur, quant à elle, définit la valeur souhaitée pour la propriété, comme **rouge**, **14px** ou **url('image.jpg')**.

Lorsqu'elles sont combinées, la propriété et la valeur travaillent en harmonie pour définir le style qui sera appliqué à l'élément HTML sélectionné. Par exemple, une déclaration de **color: bleu;** au sein du bloc de déclaration établirait la couleur du texte de l'élément en bleu.

Le bloc de déclaration est un concept fondamental en CSS qui joue un rôle crucial dans la définition des styles pour les éléments HTML. En comprenant sa structure et ses composants, les développeurs peuvent appliquer des styles efficacement pour créer des pages web visuellement attrayantes et engageantes.

En plus de ces aspects fondamentaux, il est important de noter que les règles CSS jouent un rôle vital dans le développement et la conception web. Elles permettent aux développeurs et aux concepteurs d'exercer un contrôle précis sur la présentation et le style des éléments HTML, ce qui se traduit par des sites web visuellement attrayants et faciles à utiliser. En manipulant les sélecteurs et les blocs de déclaration, on peut obtenir une grande variété d'effets et personnaliser l'apparence des pages web selon des exigences et des préférences spécifiques.

3.3.2 Anatomie d'une Déclaration CSS

Chaque déclaration au sein du bloc de déclaration suit un format simple : une propriété et une valeur, séparées par deux points **:**.

Voici quelques exemples de propriétés que vous pouvez utiliser dans l'attribut de style :

Couleur

Cette propriété vous permet de changer la couleur d'un élément. En manipulant la propriété **color**, vous avez la flexibilité de choisir parmi une large gamme de couleurs qui peuvent améliorer l'attrait visuel de votre site web ou application.

Vous pouvez spécifier les couleurs en utilisant des mots-clés comme **red** (rouge), **blue** (bleu) et **green** (vert), ou vous pouvez utiliser des valeurs hexadécimales comme **#FF0000**, **#00FF00** et **#0000FF**. La capacité de personnaliser les couleurs vous permet de créer des designs visuellement impressionnants qui capturent l'attention de vos utilisateurs et transmettent le message souhaité de manière efficace.

Que vous souhaitiez créer une atmosphère vibrante et énergique avec des couleurs vives et éclatantes ou établir une ambiance plus tranquille et apaisante avec des tons doux et atténués, la propriété **color** vous permet de donner vie à votre vision créative.

Taille de police

Cette propriété vous permet d'ajuster la taille de la police utilisée dans un élément. En changeant la taille de la police, vous pouvez améliorer l'apparence visuelle et la lisibilité de votre contenu. La taille de police peut être spécifiée en utilisant diverses unités, y compris les pixels (**px**), les ems (**em**) ou les points (**pt**).

Il est important de noter que le choix de la taille de police peut affecter considérablement la conception globale et l'expérience utilisateur de votre site web ou document. Par conséquent, il est recommandé de considérer soigneusement la taille de police appropriée qui convient le mieux à votre contenu et à votre public cible.

Marge

Cette propriété vous permet d'avoir un contrôle précis sur l'espace qui entoure un élément. Elle est particulièrement utile lorsque vous devez ajuster la marge, qui est l'espace à l'extérieur des bordures d'un élément. En utilisant la propriété **margin**, vous avez la flexibilité de spécifier la quantité exacte d'espace que vous souhaitez ajouter ou supprimer autour d'un élément.

Cela vous donne la liberté d'ajuster l'espacement selon vos exigences spécifiques. De plus, la propriété **margin** vous offre diverses options d'unités de mesure, comme les pixels (**px**), les ems (**em**) ou les pourcentages (**%**), ce qui vous permet d'atteindre le niveau de précision souhaité dans votre conception.

Ce ne sont là que quelques exemples des propriétés que vous pouvez utiliser en CSS pour changer le style d'un élément. Expérimentez avec différentes valeurs pour obtenir l'effet visuel souhaité !

La structure de syntaxe ressemble à ceci :

```
selector {
    property: value;
}
```

Exemple : Styliser le Texte de Paragraphe

Nous appliquerons ces connaissances avec un exemple pratique. Imaginons que nous travaillons sur un site web et que nous voulons améliorer l'apparence visuelle du texte. Supposons que nous souhaitions styliser tout le texte de paragraphe (**<p>**) sur une page pour qu'il ait une couleur gris foncé et une taille de police de 16 pixels. De cette manière, nous pouvons créer une expérience utilisateur plus attrayante et captivante.

Ce simple ajustement peut faire une différence significative dans la conception générale et la lisibilité du site web. Avec la couleur et la taille de police choisies, le texte se démarquera et sera plus facile à lire, offrant une expérience de navigation agréable pour les utilisateurs. Par conséquent, la prochaine fois que vous travaillez sur un projet web, pensez à considérer l'impact du style du texte et comment il peut influencer positivement l'expérience utilisateur globale.

```css
p {
    color: darkgray;
    font-size: 16px;
}
```

Dans cet exemple :

Ce fragment de code est une règle CSS qui définit le style pour tous les éléments **<p>** (paragraphes) dans une page web. Voici une explication détaillée :

Sélecteur :

- **p** : Cela cible tous les éléments de type **<p>**, ce qui signifie que tous les paragraphes de la page seront affectés par cette règle.

Propriétés et Valeurs :

- **color: darkgray;** : Cela définit la couleur du texte des paragraphes sur "darkgray". Cette couleur peut être représentée de plusieurs façons :
    - Par nom : "darkgray" est un nom de couleur reconnu en CSS.
    - Par code hexadécimal : Vous pouvez également utiliser un code hexadécimal comme "#a9a9a9" pour "darkgray".
    - Par valeurs RVB : Moins fréquemment, vous pouvez spécifier la couleur en utilisant ses composantes rouge, vert et bleu (par exemple, **rgb(169, 169, 169)**).
- **font-size: 16px;** : Cela définit la taille de police des paragraphes à 16 pixels. Différentes unités comme "rem" ou "em" peuvent être utilisées pour des tailles de police relatives.

Effet Global :

Ce code garantit que tous les paragraphes de la page web auront une couleur de texte "darkgray" et une taille de police de 16 pixels.

Points à retenir :

- Il s'agit d'une règle unique, et vous pouvez avoir de nombreuses règles de ce type dans une feuille de style pour styliser différents éléments.
- Vous pouvez combiner plusieurs propriétés et valeurs au sein d'une seule règle séparées par des points-virgules.

- Les styles en ligne comme cet exemple sont moins privilégiés que l'utilisation de feuilles de style externes pour une meilleure organisation et maintenance.

3.3.3 Combiner Plusieurs Sélecteurs

CSS fournit une méthode simple et efficace pour appliquer le même style à plusieurs sélecteurs. En utilisant une virgule pour séparer chaque sélecteur, vous pouvez facilement cibler et styliser plusieurs éléments simultanément.

Cette approche s'avère extrêmement bénéfique pour obtenir un design visuel cohérent et uniforme sur différents éléments d'une page web, garantissant ainsi une expérience utilisateur unifiée et harmonieuse. De plus, en utilisant cette technique, les développeurs web peuvent gagner du temps et des efforts en évitant le besoin d'écrire des styles répétitifs pour chaque élément individuel.

Au lieu de cela, ils peuvent définir le style souhaité une fois et l'appliquer à plusieurs éléments avec une seule ligne de code. Cela rationalise non seulement le processus de développement, mais permet également une maintenance et des mises à jour faciles à l'avenir. Dans l'ensemble, la capacité d'appliquer le même style à plusieurs sélecteurs en CSS est une fonctionnalité clé qui améliore la productivité et favorise une expérience utilisateur fluide sur le web.

Exemple :

```
h1, h2, h3 {
    color: navy;
    font-family: Arial, sans-serif;
}
```

Cette règle applique la même couleur et le même type de police à tous les éléments **<h1>**, **<h2>** et **<h3>**, assurant une apparence unifiée pour ces en-têtes.

Détail du code :

Ce fragment de code est une règle CSS unique qui définit les styles pour plusieurs éléments d'en-tête dans une page web. Voici un détail :

Sélecteur :

- **h1, h2, h3** : Cela cible trois éléments d'en-tête différents dans une liste séparée par des virgules : **<h1>**, **<h2>** et **<h3>**. Cela signifie que le style sera appliqué simultanément à tous les en-têtes de ces tailles.

Propriétés et Valeurs :

- **color: navy;** : Cela définit la couleur du texte des en-têtes sélectionnés sur "navy".

- **font-family: Arial, sans-serif;** : Cela définit la famille de polices pour les en-têtes. Elle spécifie deux options :

- o **Arial** : C'est la police préférée, mais si elle n'est pas disponible sur le système de l'utilisateur,

- o **sans-serif** : Une police alternative de la famille "sans-serif" sera utilisée.

Effet Global :

Ce code garantit que tous les en-têtes **<h1>**, **<h2>** et **<h3>** de la page web auront une couleur de texte "navy" et utiliseront la police "Arial", avec "sans-serif" comme alternative.

Points à retenir :

- Il s'agit d'une règle unique, et vous pouvez avoir de nombreuses règles de ce type dans une feuille de style pour styliser différents éléments.

- Vous pouvez combiner plusieurs propriétés et valeurs au sein d'une seule règle séparées par des points-virgules.

- Ce code spécifique choisit "Arial" comme police préférée, mais vous pouvez explorer d'autres familles de polices et options selon vos préférences de conception.

- L'utilisation de familles de polices génériques comme "sans-serif" est utile pour une meilleure compatibilité avec les navigateurs lorsque la police spécifique peut ne pas être disponible sur tous les systèmes.

3.3.4 Regroupement de Déclarations

En CSS, un seul sélecteur peut avoir plusieurs déclarations, ce qui signifie que vous pouvez appliquer une variété de styles au même élément. Cela offre de la flexibilité et permet la personnalisation. Par exemple, vous pouvez utiliser un seul sélecteur pour spécifier les propriétés de police, de couleur et d'arrière-plan pour un élément d'en-tête, vous donnant un contrôle complet sur son apparence.

En regroupant les déclarations liées ensemble sous un seul sélecteur, vous éliminez non seulement la répétition, mais vous améliorez également la lisibilité et la maintenabilité de votre feuille de style. Ce système d'organisation vous permet de localiser et d'apporter des modifications à des styles spécifiques facilement lorsque nécessaire, rationalisant votre flux de travail et économisant du temps.

Exemple :

```
body {
    background-color: #f0f0f2;
    margin: 0;
    padding: 0;
    font-family: "Segoe UI", Tahoma, Geneva, Verdana, sans-serif;
}
```

Cette règle définit plusieurs propriétés de style pour l'élément **<body>**, donnant à la page un arrière-plan clair, supprimant les marges et les espacements par défaut, et établissant une famille de polices agréable.

Détail du code :

Ce fragment de code est une règle CSS qui stylise l'ensemble de l'élément **body** d'une page web, affectant plusieurs aspects de son apparence :

Propriétés et Valeurs :

- **background-color: #f0f0f2;** : Cela définit la couleur d'arrière-plan de toute la page sur une teinte gris clair, en utilisant un code hexadécimal pour la couleur.

- **margin: 0;** : Cela supprime toute marge par défaut autour de l'élément **body**, garantissant que le contenu commence directement au bord de la fenêtre du navigateur.

- **padding: 0;** : Cela supprime tout espacement par défaut à l'intérieur de l'élément **body**, rapprochant le contenu des bords s'il y avait des marges.

- **font-family: "Segoe UI", Tahoma, Geneva, Verdana, sans-serif;** : Cela définit la famille de polices utilisée pour tout le texte à l'intérieur du **body**, spécifiant un ordre de préférence :

  - **"Segoe UI"** : Si disponible, cette police spécifique sera utilisée.

  - **Tahoma, Geneva, Verdana** : Si "Segoe UI" n'est pas disponible, ces polices seront essayées dans l'ordre indiqué.

  - **sans-serif** : Si aucune des précédentes n'est disponible, une police "sans-serif" générique sera utilisée comme alternative.

Effet global :

Ce code crée un aspect épuré et moderne pour la page web en établissant une couleur d'arrière-plan subtile, en supprimant les marges et espacements inutiles et en spécifiant une famille de polices préférée avec des alternatives pour une meilleure compatibilité.

Points à retenir :

- Cette règle s'applique à l'ensemble du **body**, donc les styles définis ici affectent tout le contenu de la page à moins qu'ils ne soient remplacés par des règles plus spécifiques pour d'autres éléments.

- Ajuster le code hexadécimal peut changer la couleur d'arrière-plan selon votre préférence.

- Envisagez d'utiliser les unités **rem** ou **em** au lieu de pixels pour les marges et espacements pour une meilleure réactivité sur différentes tailles d'écran.

- Explorez différentes familles de polices et combinaisons pour trouver le style qui correspond le mieux au design de votre site web.

En résumé :

Comprendre la syntaxe de base de CSS, c'est comme apprendre les notes en musique ou les coups de pinceau en peinture : c'est le vocabulaire essentiel à partir duquel vous pouvez commencer à créer. En maîtrisant les sélecteurs, propriétés et valeurs, vous êtes équipé pour commencer à exprimer votre vision du design sur le web. Rappelez-vous, la beauté de CSS réside dans l'expérimentation et l'itération.

Au-delà des concepts fondamentaux, explorer le vaste paysage des propriétés CSS ouvre un monde de possibilités créatives. De l'ajustement des couleurs et polices au positionnement des éléments et à l'ajout d'animations, l'éventail d'options est vaste. N'ayez pas peur d'essayer de nouvelles combinaisons et techniques pour obtenir les effets visuels souhaités.

De plus, il est important de souligner que chaque ligne de code que vous écrivez contribue à votre croissance en tant que designer web compétent. Chaque projet présente une opportunité d'affiner vos compétences et de découvrir de nouvelles approches. En pratiquant et en apprenant continuellement, vous deviendrez plus habile à traduire vos idées en pages web convaincantes.

Enfin, bien que l'expertise technique soit cruciale, il est tout aussi important d'apprécier le processus créatif consistant à donner vie à vos pages web. Savourez l'artisanat du design, embrassez les défis et laissez votre imagination s'épanouir. Avec CSS comme outil, les possibilités sont infinies.

Continuez à pratiquer, continuez à apprendre et, surtout, continuez à apprécier le voyage créatif consistant à donner vie à vos pages web.

3.4 Exercices : Stylisez votre page de biographie avec du CSS de base

Félicitations d'avoir atteint ce moment crucial où vous passez de la création de la structure de vos pages web avec HTML à leur donner vie avec CSS ! Dans cet exercice, vous prendrez la page de biographie personnelle que vous avez créée et vous la remplirez de style, de personnalité et de lisibilité grâce à du CSS simple mais percutant.

Plongez dans cet exercice avec un esprit de créativité et d'exploration, en vous rappelant que la meilleure façon d'apprendre est de faire. Nous nous concentrerons sur le changement des couleurs et des polices, aspects fondamentaux du CSS qui peuvent améliorer considérablement l'attrait visuel de votre page web.

Description de l'exercice

Vous appliquerez du CSS à la page de biographie que vous avez créée précédemment. L'objectif est de modifier les couleurs et les polices du texte pour refléter votre style ou le message que vous souhaitez transmettre à travers votre biographie. Cet exercice non seulement solidifiera votre compréhension de la syntaxe CSS, mais démontrera également le pouvoir du style dans le développement web.

Étape 1 : Créez une feuille de styles externe

Créez un nouveau fichier appelé **style.css** dans le même répertoire que votre page de biographie (**bio.html**). Utiliser une feuille de styles externe est une bonne pratique qui maintient vos styles séparés de votre HTML, rendant votre code plus propre et maintenable.

Étape 2 : Liez la feuille de styles à votre HTML

Dans la section **<head>** de votre fichier **bio.html**, ajoutez un lien vers le fichier **style.css** :

```
<link rel="stylesheet" href="style.css">
```

Cette ligne de code indique au navigateur d'appliquer les styles définis dans **style.css** aux éléments dans **bio.html**.

Étape 3 : Changez les couleurs du texte

Ouvrez **style.css** et commencez par changer la couleur du texte de vos en-têtes et paragraphes. Choisissez des couleurs qui se complètent et améliorent la lisibilité. Vous pouvez utiliser des noms de couleurs, des codes HEX ou des valeurs RGB.

```
body {
    color: #333; /* Dark grey for body text */
}

h1 {
    color: #0066cc; /* Blue for the main heading */
}

p {
    color: #666; /* Lighter grey for paragraphs */
}
```

Étape 4 : Changez les polices

Ensuite, spécifiez les familles de polices pour votre texte. C'est une bonne pratique de fournir des polices alternatives en énumérant des noms de polices de remplacement, en terminant par un nom de famille générique.

```
body {
    font-family: 'Arial', sans-serif;
}
```

```
h1 {
    font-family: 'Georgia', serif;
}
```

Cette règle CSS applique la police Arial au texte du corps et Georgia au titre principal. Si la première option n'est pas disponible, le navigateur essaiera la suivante dans la liste.

Bonus : Ajoutez des styles personnalisés

N'hésitez pas à ajouter des styles supplémentaires pour personnaliser davantage votre page de biographie. Vous pourriez envisager de changer la couleur d'arrière-plan du corps ou d'ajouter des styles aux liens pour qu'ils se démarquent :

```
body {
    background-color: #f8f8f8;
}

a:link {
    color: #0077cc;
}

a:hover {
    color: #004499;
}
```

Cette étape supplémentaire introduit une couleur de fond pour la page et différentes couleurs pour les liens, selon leur état (**:link** pour les liens normaux, **:hover** lorsque la souris les survole).

Conclusion

En complétant cet exercice, vous avez franchi une étape importante dans votre parcours en tant que développeur web. Vous avez vu de vos propres yeux comment CSS peut transformer un simple document HTML en une page web stylisée et visuellement attrayante. N'oubliez pas que l'apprentissage de CSS est un processus d'exploration et d'expérimentation continue.

Au fur et à mesure que vous vous familiariserez davantage avec ces styles de base, vous serez prêt à explorer des propriétés et techniques CSS plus avancées. Continuez à pratiquer, restez curieux et profitez du processus créatif de conception de vos pages web. Votre page de biographie personnelle n'est que le début de ce que vous pouvez accomplir avec HTML et CSS !

3.5 Projet : Améliorez la Page de Biographie Personnelle avec CSS

En vous appuyant sur la structure que vous avez établie avec votre page de biographie personnelle, il est temps d'élever son design et de la rendre vraiment vôtre grâce au pouvoir de

CSS. Ce projet vous guidera pour améliorer votre page, en vous concentrant non seulement sur l'esthétique, mais aussi sur la création d'une expérience plus engageante et conviviale. Lançons-nous dans cet effort créatif avec enthousiasme, en gardant à l'esprit que chaque ligne de CSS que vous écrivez n'ajoute pas seulement de la beauté à votre page, mais met également votre histoire personnelle et votre parcours en avant.

Objectifs du Projet

L'objectif de ce projet est d'appliquer des techniques CSS plus avancées pour améliorer la mise en page, la typographie et l'attrait visuel général de votre page de biographie. Vous incorporerez des éléments tels que des polices personnalisées, des couleurs ou des images de fond, et même des transitions ou des animations pour faire ressortir votre page.

Étape 1 : Définissez un Schéma de Couleurs et une Typographie

Commencez par choisir un schéma de couleurs et une typographie qui reflètent votre personnalité ou votre marque professionnelle. Utilisez des outils comme Adobe Color ou Google Fonts pour trouver des combinaisons qui fonctionnent bien ensemble.

Par exemple, vous pourriez choisir une palette de couleurs douces et complémentaires et une paire de polices qui équilibrent la lisibilité avec le caractère.

```
:root {
    --primary-color: #5D1049; /* A rich, deep purple */
    --accent-color: #F2B705; /* A vibrant yellow */
}

body {
    font-family: 'Open Sans', sans-serif;
    color: var(--primary-color);
    background-color: #F2F2F2;
}

h1, h2 {
    font-family: 'Merriweather', serif;
    color: var(--accent-color);}
```

Étape 2 : Stylisez l'en-tête et la navigation

Si votre page de biographie comprend un en-tête ou une barre de navigation, stylisez ces éléments pour qu'ils soient accrocheurs et fonctionnels. Envisagez d'utiliser votre couleur d'accentuation pour les liens de navigation et d'ajouter un effet de survol pour une meilleure interaction avec l'utilisateur.

```
header {
    background-color: var(--primary-color);
    color: white;
    padding: 20px 0;
    text-align: center;
```

```
}

nav a {
    color: white;
    text-decoration: none;
    margin: 0 15px;
    transition: color 0.3s ease;
}

nav a:hover {
    color: var(--accent-color);
}
```

Étape 3 : Améliorez les sections de contenu

Appliquez des styles aux différentes sections de votre biographie pour les rendre distinctes et plus faciles à lire. Utilisez des couleurs d'arrière-plan, des bordures ou des espacements pour séparer visuellement les sections.

```
section {
    border-bottom: 2px solid var(--primary-color);
    padding: 40px 0;
}

article {
    max-width: 800px;
    margin: 0 auto;
    text-align: justify;
}
```

Étape 4 : Ajoutez des Éléments Visuels

Incorporez des éléments visuels tels que des images ou des icônes pour ajouter de l'intérêt et de la personnalité à votre page. Assurez-vous que ces éléments complètent le contenu et mettent en valeur l'histoire que vous racontez.

```
.profile-image {
    border-radius: 50%;
    display: block;
    margin: 0 auto;
    width: 150px;
    height: 150px;
}

.skills-icon {
    display: inline-block;
    margin-right: 10px;
    width: 30px;
    height: 30px;
}
```

Étape 5 : Design Responsive

Pour vous assurer que votre page de biographie soit superbe sur tous les appareils, rendez le design responsive. Cela peut être réalisé en utilisant des media queries pour ajuster les styles en fonction de la largeur du viewport. Ne vous inquiétez pas si vous ne comprenez pas encore complètement les media queries, car nous approfondirons le design responsive dans les prochains chapitres. Cependant, il sera intéressant pour vous de commencer à voir comment le design d'un site web peut changer en utilisant ces instructions.

```css
@media (max-width: 768px) {
    body {
        font-size: 14px;
    }

    nav a {
        margin: 0 10px;
    }

    .profile-image {
        width: 100px;
        height: 100px;
    }
}
```

Conclusion

En complétant ce projet, vous avez non seulement amélioré l'attrait visuel de votre page de biographie, mais vous avez également amélioré sa convivialité et son accessibilité. Ce voyage à travers CSS vous a montré le pouvoir transformateur du style et comment il peut transmettre votre personnalité et votre histoire de manière plus efficace. N'oubliez pas que la conception web est un processus itératif. Continuez à perfectionner, expérimenter et apprendre au fur et à mesure que vous grandissez en tant que développeur web. Votre page de biographie est un document vivant de votre parcours : laissez-la évoluer et s'épanouir avec vous.

Résumé du Chapitre 3

Dans ce chapitre éclairant sur CSS, nous avons entrepris un voyage transformateur, explorant comment les Feuilles de Style en Cascade apportent structure et beauté au web. Notre exploration a commencé par les fondamentaux, en comprenant ce qu'est CSS et son rôle essentiel dans la conception web.

Au fur et à mesure de notre progression, nous nous sommes plongés dans la syntaxe qui sous-tend CSS, apprenant à créer des règles qui définissent la présentation des éléments HTML dans les pages web. Ce chapitre a été conçu non seulement pour vous présenter les bases de CSS, mais aussi pour vous donner les compétences nécessaires pour commencer à styliser des pages web avec confiance et créativité.

Points Clés à Retenir

- **Qu'est-ce que CSS ?** : Nous avons commencé notre voyage en définissant CSS et sa fonction dans le développement web. CSS signifie Feuilles de Style en Cascade, et il est utilisé pour styliser la présentation visuelle des pages web. Il nous permet de séparer le contenu de la mise en page, ce qui conduit à des bases de code plus flexibles et maintenables.

- **Syntaxe et Sélecteurs CSS** : Comprendre la syntaxe a été notre prochaine étape. Nous avons appris que les règles CSS sont composées de sélecteurs et de blocs de déclaration, où des propriétés sont assignées à des valeurs qui dictent comment les éléments doivent apparaître. Nous avons exploré divers sélecteurs, notamment les sélecteurs de type, de classe et d'ID, chacun servant un objectif unique dans la sélection d'éléments HTML à styliser.

- **Comment CSS fonctionne avec HTML** : Nous avons examiné comment CSS et HTML travaillent ensemble pour créer la structure et la mise en page des pages web. À travers les styles en ligne, les feuilles de style internes et les feuilles de style externes, nous avons vu comment CSS peut être appliqué aux documents HTML, en soulignant l'importance et l'efficacité des feuilles de style externes pour les projets plus importants.

- **Syntaxe de Base de CSS** : En nous appuyant sur notre connaissance des sélecteurs, nous nous sommes plongés plus profondément dans la syntaxe de CSS. Nous avons créé des blocs de déclaration avec plusieurs propriétés et valeurs, apprenant à styliser les éléments de manière précise et réfléchie. Cette section a consolidé notre compréhension de la façon d'écrire du CSS efficace.

- **Application Pratique** : À travers des exercices et un projet complet, nous avons appliqué nos connaissances en stylisant une page de biographie personnelle. Ces applications pratiques nous ont permis d'expérimenter avec des changements de couleurs, de polices et la mise en œuvre de techniques de conception plus avancées, améliorant à la fois l'attrait visuel et la convivialité de la page.

- **Amélioration des Pages Web** : Le projet visant à améliorer une page de biographie personnelle avec CSS a été l'aboutissement des leçons apprises tout au long du chapitre. Nous nous sommes aventurés en territoire plus avancé, incorporant des principes de conception responsive, des polices personnalisées et des schémas de couleurs soignés pour créer des pages web attrayantes et professionnelles.

Regard vers l'Avenir

En clôturant ce chapitre, il est clair que CSS est un outil puissant dans la boîte à outils du développeur web. C'est le langage qui donne vie aux pages web, les transformant de simples documents texte en expériences vibrantes et engageantes. Le voyage depuis la compréhension des sélecteurs de base jusqu'à l'application de techniques de stylisation avancées est à la fois stimulant et gratifiant.

Rappelez-vous, la maîtrise de CSS est un voyage, pas une destination. Le paysage de la conception web est en constante évolution, avec de nouvelles propriétés, techniques et meilleures pratiques qui émergent régulièrement. Restez curieux, continuez à expérimenter avec les styles et cherchez toujours à améliorer l'expérience utilisateur à travers vos conceptions. Les compétences que vous avez commencé à développer dans ce chapitre posent les bases pour des sujets CSS plus avancés et, en fin de compte, pour devenir un concepteur web compétent.

Embrassez avec enthousiasme le voyage qui vous attend. Le monde de la conception web est vaste et plein de possibilités. Votre capacité à créer des pages web belles, fonctionnelles et accessibles grandira avec chaque ligne de code que vous écrivez. Continuez à apprendre, continuez à coder et laissez votre créativité briller à travers votre travail.

Quiz Partie I

Félicitations pour avoir terminé la Partie I de votre parcours dans le développement web ! Cet examen est conçu pour tester votre compréhension des concepts fondamentaux couverts dans les chapitres sur Internet, HTML et CSS. Prenez votre temps, réfléchissez à chaque question et utilisez-le comme une opportunité pour renforcer vos connaissances.

Question 1

Que signifie HTML ?

A) HyperText Markup Language

B) Hyperlink and Text Markup Language

C) HyperTool Markup Language

D) Aucune des réponses ci-dessus

Question 2

Quelle balise HTML est utilisée pour définir un paragraphe ?

A) **<paragraph>**

B) **<p>**

C) **<text>**

D) **<para>**

Question 3

Le CSS est utilisé pour...

A) structurer le contenu de la page web.

B) styliser le contenu de la page web.

C) créer uniquement des animations avancées.

D) stocker des données pour les pages web.

Question 4

Laquelle des options suivantes N'est PAS une façon valide d'inclure du CSS dans un document HTML ?

A) Styles en ligne

B) Feuille de style externe

C) Feuille de style interne

D) Style de serveur externe

Question 5

Comment spécifie-t-on une couleur d'arrière-plan en CSS ?

A) **bg-color: #FFFFFF;**

B) **background-color: #FFFFFF;**

C) **color: background #FFFFFF;**

D) **color-background: #FFFFFF;**

Question 6

L'élément **<link>** doit être placé à l'intérieur de...

A) la section **<body>**.

B) la section **<head>**.

C) en haut du document HTML, avant la balise **<html>**.

D) en bas du document HTML, après la balise **</html>**.

Question 7

Quelle propriété CSS est utilisée pour changer la couleur du texte d'un élément ?

A) **font-color**

B) **text-color**

C) **color**

D) **background-color**

Question 8

À quoi fait référence le sélecteur CSS suivant ? **#navbar**

A) Tous les éléments avec la classe **navbar**

B) L'élément avec l'id **navbar**

C) Tous les éléments **<navbar>**

D) Tous les éléments où **navbar** fait partie du nom de la classe

Question 9

Comment pouvez-vous créer une liste qui énumère ses éléments avec des carrés ?

A) **list-style-type: square;**

B) **list-type: square;**

C) **ul-type: square;**

D) **list: square;**

Question 10

Quel est le but d'utiliser **<!DOCTYPE html>** au début d'un document HTML ?

A) Lie le document HTML au fichier CSS.

B) Assure que le document peut être lu par les anciens navigateurs.

C) Déclare le type de document et la version de HTML.

D) Commente le contenu du document.

Corrigé des Réponses

1. A) HyperText Markup Language

2. B) **<p>**

3. B) styliser le contenu de la page web.

4. D) Style de serveur externe

5. B) **background-color: #FFFFFF;**

6. B) la section **<head>**.

7. C) **color**

8. B) L'élément avec l'id **navbar**

9. A) **list-style-type: square;**

10. C) Déclare le type de document et la version de HTML.

Prenez un moment pour réviser les questions et réfléchir à vos réponses. Cet examen est une étape supplémentaire dans votre parcours d'apprentissage, vous aidant à évaluer votre compréhension et les domaines dans lesquels vous pourriez avoir besoin de réviser ou d'explorer davantage. Continuez à apprendre, continuez à expérimenter et, surtout, continuez à profiter du chemin pour devenir un développeur web !

Partie II : Blocs de construction des pages web

Chapitre 4 : Travailler avec le texte et les listes

Bienvenue dans la partie II de notre voyage dans le développement web, où nous plongeons dans les blocs de construction des pages web. Cette section de notre guide est conçue pour approfondir votre compréhension de HTML et CSS, en se concentrant sur des concepts plus avancés qui vous permettront de créer un contenu web riche et bien structuré.

Nous explorerons comment organiser efficacement le texte, utiliser des listes pour des informations structurées, intégrer des médias et utiliser des formulaires pour interagir avec les utilisateurs. Poursuivons notre exploration avec curiosité et créativité, en nous appuyant sur les fondations que nous avons établies dans la partie I.

Dans ce chapitre, nous portons notre attention sur les éléments centraux qui constituent la majeure partie du contenu web : le texte et les listes. Comprendre comment structurer le texte et organiser les listes en HTML est essentiel pour créer des pages web lisibles, accessibles et attrayantes.

Des titres et paragraphes aux listes ordonnées et non ordonnées, ces éléments sont les composants de base du contenu web. Embarquons dans ce chapitre avec l'envie d'apprendre et prêts à appliquer ces nouvelles compétences à nos projets de développement web.

4.1 Structurer le texte en HTML

Le contenu textuel est l'aspect fondamental et essentiel de la plupart des pages web. Il joue un rôle vital dans la transmission d'informations précieuses, captive les lecteurs avec des récits engageants et les motive à agir. Dans le domaine du développement web, HTML, le langage de balisage responsable de la construction des pages web, offre une vaste gamme d'éléments méticuleusement conçus pour organiser et afficher le texte de manière visuellement agréable et percutante.

De plus, ces éléments améliorent non seulement l'attrait visuel, mais contribuent également de manière significative à la richesse sémantique et à l'accessibilité du contenu. Dans les sections suivantes, nous explorerons en profondeur les éléments textuels clés présents en HTML et discuterons des stratégies efficaces pour exploiter pleinement leur potentiel.

4.1.1 Titres

HTML fournit un moyen pratique de structurer et d'organiser le contenu sur une page web. L'une de ses caractéristiques clés est la capacité de définir des titres en utilisant six niveaux différents, **<h1>** à **<h6>**. Ces niveaux de titre vous permettent d'établir une hiérarchie claire d'informations, facilitant la navigation et la compréhension de votre contenu par les lecteurs.

En haut de la hiérarchie se trouve le titre **<h1>**, qui est généralement utilisé pour le titre principal d'une page. Ce niveau de titre a la plus grande importance et doit refléter avec précision le sujet général ou l'objectif de la page web. À mesure que nous descendons dans la hiérarchie, l'importance des titres diminue, **<h6>** étant le moins significatif.

En utilisant ces niveaux de titre de manière efficace, vous pouvez améliorer la lisibilité et l'accessibilité de votre page web. Cela aide non seulement les moteurs de recherche à comprendre la structure de votre contenu, mais fournit également une expérience logique et organisée pour vos utilisateurs.

Ainsi, la prochaine fois que vous créez une page web, n'oubliez pas d'exploiter la puissance des titres HTML pour établir une hiérarchie claire et bien structurée d'informations.

Exemple :

```
<h1>Main Title of the Page</h1>
<h2>Section Heading</h2>
<h3>Subsection Heading</h3>
<!-- Continue through to <h6> as needed -->
```

Utilisez des titres pour structurer votre contenu de manière logique, facilitant la compréhension de l'organisation de vos informations par les lecteurs et les moteurs de recherche.

4.1.2 Paragraphes

L'élément **<p>** représente un paragraphe de texte. Les paragraphes sont des éléments de niveau bloc qui fournissent structure et organisation au contenu. Ils commencent automatiquement sur une nouvelle ligne et occupent toute la largeur disponible, garantissant la lisibilité et la séparation visuelle entre différentes sections de texte.

En utilisant des paragraphes, les concepteurs web et créateurs de contenu peuvent créer des documents bien structurés et faciles à lire, permettant aux utilisateurs de consommer l'information de manière plus efficace. De plus, les paragraphes peuvent être formatés et stylisés pour améliorer l'attrait visuel général du contenu, le rendant plus attrayant et visuellement agréable pour l'audience.

Exemple :

```
<p>This is a paragraph of text. It introduces a block of information that is distinct
from other blocks.</p>
```

Pour améliorer la lisibilité, gardez les paragraphes concis et concentrés sur un seul sujet ou une seule idée.

4.1.3 Emphase et importance forte

Pour donner de l'emphase au texte, vous pouvez utiliser l'élément **<em>**. Cet élément est couramment affiché sous forme de texte en italique et sert à mettre en évidence des mots ou des phrases importantes. De même, pour le texte qui a une importance forte, vous pouvez utiliser l'élément **<strong>**.

Cet élément est généralement affiché sous forme de texte en gras et est utilisé pour transmettre une signification importante. Il est important de noter que ces éléments ne modifient pas seulement l'apparence visuelle du texte, mais fournissent également une signification sémantique, rendant le contenu plus accessible aux lecteurs d'écran et améliorant l'expérience utilisateur globale.

Exemple :

```
<p>The <em>italicized text</em> is used to denote emphasis, while <strong>bold text</strong> indicates strong importance.</p>
```

4.1.4 Sauts de ligne et règles horizontales

Utilisez l'élément **
** pour insérer un saut de ligne dans un paragraphe, permettant une meilleure lisibilité et séparation visuelle du contenu. Cela peut être particulièrement utile lors de la présentation de listes, d'adresses ou de strophes de poésie.

De plus, vous pouvez utiliser l'élément **<hr>** pour créer une séparation thématique entre les paragraphes. Cette règle horizontale ajoute non seulement de la structure à votre document, mais fournit également une indication visuelle claire de la transition entre différentes sections ou thèmes.

En incorporant ces éléments HTML dans votre document, vous pouvez améliorer sa conception et son organisation générales, le rendant plus attrayant et convivial pour vos lecteurs.

Exemple :

```
<p>This is the first line.<br>This is the second line.</p>
<hr>
<p>This paragraph follows a thematic break.</p>
```

Comprendre comment structurer le texte en HTML n'est pas seulement important, mais aussi crucial pour créer un contenu web efficace et accessible. En utilisant divers éléments tels que les titres, les paragraphes, l'emphase et les séparations thématiques de manière appropriée, vous pouvez guider vos lecteurs à travers votre contenu de manière significative et engageante. Il est essentiel de pratiquer et d'appliquer ces éléments de manière cohérente pour s'assurer que vos pages web sont bien organisées, visuellement attrayantes et offrent une expérience utilisateur exceptionnelle.

Au fur et à mesure que vous acquérez plus d'expérience et que vous vous sentez plus à l'aise avec la structuration du texte, vous remarquerez qu'il vous devient plus facile de communiquer clairement vos idées et concepts. Cela conduira finalement à créer une expérience positive et agréable pour les utilisateurs de votre site web. Alors, continuons à explorer et à appliquer ces compétences fondamentales tandis que nous progressons dans notre passionnant voyage de développement web.

Maintenant, pour enrichir encore davantage votre compréhension et garantir une compréhension globale de la structuration du texte, plongeons dans quelques aspects supplémentaires qui jouent des rôles fondamentaux dans la création de contenu web engageant et accessible.

4.1.5 Blockquote pour les citations

Lorsque vous devez inclure des citations plus longues qui s'étendent sur plusieurs lignes dans votre document, il est fortement recommandé d'utiliser l'élément **<blockquote>**. Cet élément a une signification sémantique qui indique clairement que le texte contenu est une citation étendue, souvent extraite d'une autre source.

L'utilisation de l'attribut **cite** dans l'élément **<blockquote>** vous permet de fournir une attribution appropriée et de spécifier la source précise de la citation. Cette pratique accorde non seulement du crédit à l'auteur original ou à la publication, mais améliore également la crédibilité et la fiabilité de votre propre travail.

En incorporant des citations plus longues avec l'élément **<blockquote>** et en utilisant l'attribut **cite** pour une attribution appropriée, vous pouvez enrichir votre document avec des idées et des perspectives précieuses de sources externes. Cela ajoute non seulement de la profondeur et de la richesse à votre contenu, mais démontre également votre recherche et votre compréhension du sujet.

N'oubliez pas que l'incorporation de citations plus longues doit être faite de manière réfléchie et avec un but, en s'assurant qu'elles s'intègrent parfaitement avec votre propre écriture et contribuent au flux général et à la cohérence de votre document.

Exemple :

```
<blockquote cite="<http://example.com>">
    <p>This is a blockquote example, which is used to indicate a section of text quoted
from another source.</p>
</blockquote>
```

Inclure l'URL source (lorsqu'elle est disponible) améliore la signification sémantique et l'accessibilité du contenu.

4.1.6 L'Élément <pre> pour le Texte Préformaté

Lorsque vous devez afficher du texte exactement tel qu'il est écrit dans le fichier HTML, y compris les espaces et les sauts de ligne, l'élément **<pre>** est le choix idéal. Cet élément est vivement recommandé pour les situations où la préservation du format original est cruciale, comme lors de la présentation de fragments de code ou de l'affichage de la structure d'un poème.

En utilisant l'élément **<pre>**, vous pouvez vous assurer que le texte est rendu exactement comme prévu, avec tous les espaces et sauts de ligne originaux reproduits fidèlement. Cela peut considérablement améliorer la lisibilité et la compréhension du texte affiché, facilitant la compréhension et l'interprétation du contenu par l'audience.

Donc, que vous soyez un développeur souhaitant afficher votre code ou un poète désirant présenter vos vers avec précision, l'élément **<pre>** est un outil précieux dans votre arsenal HTML.

Exemple :

```
<pre>
function sayHello() {
    console.log("Hello, world!");
}
</pre>
```

L'élément **<pre>** respecte à la fois les espaces blancs et les sauts de ligne, ce qui le rend parfait pour le contenu où le formatage est crucial pour sa compréhension.

4.1.7 Utilisation des listes pour le texte structuré

Bien que nous approfondissions davantage le sujet des listes dans les sections suivantes, il est important de souligner l'immense importance et la valeur que les listes ont en tant qu'outil fondamental pour structurer le texte sur le web.

Les listes servent de composant vital dans l'organisation et la présentation efficace de l'information, améliorant énormément la lisibilité et la compréhension pour les utilisateurs. En employant des listes bien structurées, vous pouvez catégoriser et afficher les données de manière efficace, facilitant l'assimilation du contenu par les utilisateurs sans effort.

Cela favorise non seulement une expérience utilisateur fluide, mais contribue également à l'engagement et à la satisfaction générale de l'utilisateur sur la plateforme web.

Types de listes :

- **Listes ordonnées (<ol>)** sont utilisées pour les éléments qui suivent une séquence spécifique. Elles sont couramment utilisées lors de la présentation d'instructions étape par étape ou d'une séquence chronologique d'événements. Les listes ordonnées fournissent une structure claire et organisée au contenu, facilitant le suivi pour les lecteurs.

- **Listes non ordonnées (<ul>)** sont pour les éléments qui ne nécessitent pas un ordre particulier. Elles sont souvent utilisées pour présenter une collection d'informations connexes ou un ensemble d'options. Les listes non ordonnées offrent de la flexibilité et peuvent être utilisées pour mettre en évidence des points clés ou présenter plusieurs options sans impliquer un ordre spécifique d'importance.

Exemple :

```
<ol>
    <li>First step</li>
    <li>Second step</li>
    <li>Third step</li>
</ol>

<ul>
    <li>Apples</li>
    <li>Oranges</li>
    <li>Bananas</li>
</ul>
```

4.1.8 HTML Sémantique pour l'Accessibilité

Lors de la structuration du texte, considérez toujours l'accessibilité de votre contenu. Il est crucial de garder à l'esprit que tous les utilisateurs ne consomment pas le contenu de la même manière. En utilisant des éléments HTML sémantiques tels que **<article>**, **<section>**, **<aside>** et **<nav>**, vous pouvez non seulement organiser votre contenu de manière logique, mais aussi améliorer considérablement l'expérience utilisateur globale.

Ces éléments fournissent une signification supplémentaire à votre contenu et le rendent plus navigable et compréhensible, en particulier pour les utilisateurs qui dépendent de technologies d'assistance. De plus, en incorporant ces éléments sémantiques, vous pouvez vous assurer que votre contenu est inclusif et accessible à un large éventail d'utilisateurs, favorisant ainsi un accès et une compréhension équitables pour tous. Cette approche inclusive aide non seulement les utilisateurs en situation de handicap, mais bénéficie également à ceux qui préfèrent des formes alternatives de consommation de contenu ou ont différents styles d'apprentissage.

De plus, l'utilisation d'éléments sémantiques peut améliorer l'optimisation pour les moteurs de recherche (SEO) de votre site web. Les moteurs de recherche s'appuient sur la structure et l'organisation de votre contenu pour le comprendre et le classer correctement. En utilisant des éléments sémantiques, vous fournissez des signaux clairs aux moteurs de recherche sur le but et la hiérarchie de votre contenu, ce qui peut avoir un impact positif sur la visibilité et le classement de recherche de votre site web.

Incorporer des éléments HTML sémantiques dans votre contenu améliore non seulement l'accessibilité, mais bénéficie également à l'optimisation pour les moteurs de recherche et s'adresse à un large éventail d'utilisateurs. En priorisant l'accessibilité et l'inclusivité, vous pouvez créer une meilleure expérience utilisateur et vous assurer que votre contenu atteint un public plus large.

4.2 Création de Listes

Dans la section précédente, nous avons brièvement discuté de l'utilisation des listes, mais approfondissons maintenant davantage ce sujet. Les listes sont incroyablement importantes dans le domaine du développement web, car elles fournissent un moyen structuré et organisé de présenter l'information aux utilisateurs. Cela facilite la tâche des utilisateurs pour parcourir et comprendre le contenu d'une page web.

Les listes peuvent être utilisées dans divers scénarios, comme décrire les étapes d'un tutoriel, afficher des articles en vente ou présenter une série de points. En utilisant des listes, vous pouvez organiser efficacement votre contenu de manière logique et accessible. Dans cette section, nous explorerons les différents types de listes disponibles en HTML et apprendrons comment les créer. Ce faisant, vous pourrez enrichir vos pages web avec un contenu structuré et significatif.

Alors, plongez dans ce sujet avec un esprit ouvert et une volonté d'apprendre comment utiliser efficacement les listes pour améliorer l'organisation et la présentation de votre contenu web. Préparez-vous à faire passer vos compétences en développement web au niveau supérieur !

4.2.1 Listes Non Ordonnées

Les listes non ordonnées (**<ul>**) sont un moyen pratique d'organiser l'information qui ne nécessite pas d'ordre spécifique. Elles sont généralement affichées avec des puces, qui mettent visuellement en évidence chaque élément. Ce format rend les listes non ordonnées parfaites pour catégoriser et regrouper des éléments connexes sans nécessiter un ordre spécifique.

En utilisant des listes non ordonnées, vous pouvez facilement présenter une collection d'idées, de concepts ou de tâches de manière claire et organisée. Que vous créiez une simple liste de tâches ou que vous décriviez les points clés d'une présentation, les listes non ordonnées offrent flexibilité et clarté pour présenter l'information de manière efficace.

Exemple :

```
<ul>
    <li>Coffee</li>
    <li>Tea</li>
    <li>Milk</li>
</ul>
```

Ce code crée une liste simple de boissons sans impliquer aucune hiérarchie ou ordre. Les listes non ordonnées sont polyvalentes et peuvent être utilisées pour un large éventail de contenu, des éléments de menu aux caractéristiques d'un produit.

4.2.2 Listes Ordonnées

Les listes ordonnées (**<ol>**) sont utilisées lorsque l'ordre des éléments est significatif. Cela signifie que les éléments de la liste ont une séquence ou une priorité spécifique. L'utilisation d'une liste ordonnée aide à transmettre clairement l'importance ou l'ordre des éléments.

De plus, la numérotation de chaque élément dans la liste fournit une indication visuelle au lecteur sur la séquence des éléments. Par conséquent, lors de la création d'une liste où l'ordre importe, il est recommandé d'utiliser une liste ordonnée pour s'assurer que les idées clés sont présentées de manière logique et organisée.

Exemple :

```
<ol>
    <li>Wake up</li>
    <li>Brush teeth</li>
    <li>Have breakfast</li>
</ol>
```

Cet exemple décrit une routine matinale dans un ordre séquentiel. Les listes ordonnées sont parfaites pour les recettes, les guides étape par étape ou tout contenu où l'ordre de l'information est important.

4.2.3 Listes Imbriquées

Les listes non ordonnées et ordonnées peuvent être imbriquées les unes dans les autres pour créer une hiérarchie ou des sous-niveaux d'information. Cette fonctionnalité permet l'organisation d'informations complexes en plusieurs couches, fournissant une représentation plus détaillée et complète.

De plus, l'utilisation de listes imbriquées permet non seulement la catégorisation et la classification de l'information en plusieurs sous-groupes, mais améliore également la clarté et la compréhension de la structure globale et des relations au sein du contenu.

Cela signifie que les personnes peuvent facilement identifier et distinguer entre différentes sections, ce qui résulte en une compréhension plus complète et perspicace du sujet en question.

Exemple :

```
<ul>
    <li>Fruits
        <ul>
            <li>Apples</li>
```

```
            <li>Bananas</li>
        </ul>
    </li>
    <li>Vegetables
        <ol>
            <li>Carrots</li>
            <li>Broccoli</li>
        </ol>
    </li>
</ul>
```

Dans cette liste imbriquée, les fruits et légumes sont catégorisés avec leurs éléments respectifs. L'imbrication peut être aussi profonde que nécessaire, mais il est essentiel de maintenir la clarté et d'éviter des structures excessivement compliquées.

4.2.4 Listes de Description

Les listes de description (**<dl>**) sont un type d'élément HTML légèrement différent des listes non ordonnées et ordonnées. Elles sont conçues spécifiquement pour associer des termes avec leurs descriptions correspondantes, ce qui les rend particulièrement utiles pour créer des glossaires, fournir des définitions ou présenter tout type de contenu qui nécessite d'associer une information avec son explication correspondante.

L'un des principaux avantages de l'utilisation des listes de description est qu'elles permettent une présentation claire et organisée de l'information. En regroupant visuellement les termes et leurs descriptions ensemble, il devient plus facile pour les lecteurs de comprendre rapidement le sens et le contexte de chaque terme.

De plus, les listes de description offrent de la flexibilité en termes de format et de style. Les termes et les descriptions peuvent être personnalisés en utilisant CSS pour correspondre au design et à la disposition du site web ou du document. Cela permet une présentation cohérente et visuellement attrayante de l'information.

En outre, les listes de description peuvent également être utilisées pour créer des structures hiérarchiques en les imbriquant dans d'autres éléments HTML. Cela permet la création de contenu plus complexe et structuré, comme des glossaires imbriqués ou des définitions à plusieurs niveaux.

Les listes de description fournissent un outil puissant pour présenter l'information de manière concise et compréhensible. Que ce soit pour créer un glossaire, définir des termes ou fournir des explications, l'utilisation de listes de description peut améliorer considérablement la clarté et la lisibilité de votre contenu.

Exemple :

```
<dl>
    <dt>HTML</dt>
```

```
    <dd>Hypertext Markup Language - The standard markup language for creating web
pages.</dd>
    <dt>CSS</dt>
    <dd>Cascading Style Sheets - A stylesheet language used to describe the
presentation of a document written in HTML.</dd>
</dl>
```

Ce code crée une liste de description avec des termes (HTML, CSS) et leurs descriptions respectives, offrant une manière claire et concise de présenter des paires d'informations liées.

Les listes sont un élément essentiel en HTML, fournissant un moyen de structurer le contenu de manière logique et accessible. Que vous utilisiez des listes non ordonnées, ordonnées, imbriquées ou de description, la clé est de choisir le type qui convient le mieux au contenu que vous présentez.

N'oubliez pas, l'objectif de l'utilisation des listes est d'améliorer la lisibilité et l'organisation de vos pages web, en rendant l'information facile à assimiler et à exploiter pour les utilisateurs. Au fur et à mesure que vous continuez à construire et à concevoir des pages web, expérimentez avec ces différents types de listes pour trouver des moyens créatifs de transmettre l'information de manière efficace. Votre parcours dans le développement web ne consiste pas seulement à coder ; il s'agit de créer des expériences significatives pour vos utilisateurs.

4.3 Exercices : Créer une Page de Recettes avec du Texte Structuré et des Listes

En vous lançant dans cet exercice, vous êtes sur le point de combiner l'art de la cuisine avec la science du développement web. Nous allons créer une page de recettes qui non seulement partage les étapes pour réaliser un plat délicieux, mais qui permet également de pratiquer la structuration du texte et des listes en HTML. Cet exercice est une occasion parfaite d'appliquer ce que vous avez appris sur les listes HTML et le formatage de texte de manière amusante et pratique. Alors, mettons notre toque de chef en même temps que notre casquette de développeur et commençons !

Aperçu de l'Exercice

Votre tâche est de créer une page HTML qui décrit une recette de votre choix. La page doit inclure le nom de la recette, une brève description, les ingrédients et les instructions étape par étape. Nous utiliserons divers éléments HTML pour structurer ces informations de manière claire et attrayante.

Étape 1 : Configurez votre Document HTML

Commencez par créer un nouveau fichier appelé **receta.html**. Ouvrez-le dans votre éditeur de texte et établissez la structure de base d'un document HTML :

```
<!DOCTYPE html>
<html lang="en">
<head>
    <meta charset="UTF-8">
    <title>Delicious Pancake Recipe</title>
</head>
<body>

</body>
</html>
```

Remplacez « Délicieuse Recette de Crêpes » par le nom de votre recette.

Étape 2 : Ajoutez le Titre et la Description de la Recette

À l'intérieur du **<body>**, commencez par une balise **<h1>** pour le nom de votre recette. Faites-la suivre d'un paragraphe **<p>** qui décrit ce qui rend cette recette spéciale ou fournit un peu de contexte. C'est votre opportunité d'attirer vos lecteurs.

```
<h1>Delicious Pancake Recipe</h1>
<p>This pancake recipe is perfect for weekend breakfasts. It's easy to make and sure
to be a hit with the family!</p>
```

Étape 3 : Énumérez les Ingrédients

Utilisez une liste non ordonnée **<ul>** pour énumérer les ingrédients nécessaires pour votre recette. Les ingrédients n'ont pas besoin d'être dans un ordre spécifique, mais doivent être clairs et précis.

```
<h2>Ingredients</h2>
<ul>
    <li>1 cup all-purpose flour</li>
    <li>2 tablespoons sugar</li>
    <li>1 tablespoon baking powder</li>
    <li>1/2 teaspoon salt</li>
    <li>1 cup milk</li>
    <li>1 egg</li>
    <li>2 tablespoons melted butter</li>
</ul>
```

Étape 4 : Décrivez les Étapes

Pour les étapes ou instructions, une liste ordonnée **<ol>** est plus appropriée puisque l'ordre des opérations est crucial dans les recettes.

```
<h2>Instructions</h2>
<ol>
    <li>Whisk together the flour, sugar, baking powder, and salt in a large bowl.</li>
    <li>In another bowl, beat the milk, egg, and melted butter.</li>
```

```
    <li>Pour the wet ingredients into the dry ingredients and stir until just
combined.</li>
    <li>Heat a lightly oiled griddle over medium-high heat. Pour or scoop the batter
onto the griddle.</li>
    <li>Cook until pancakes are golden brown on both sides. Serve hot.</li>
</ol>
```

Étape 5 : Ajouter des Suggestions de Service

Terminez votre page de recette par une section pour les suggestions de service, en utilisant un paragraphe ou un autre élément approprié. C'est ici que vous pouvez être créatif et suggérer des accompagnements qui complètent votre plat.

```
<h2>Serving Suggestions</h2>
<p>Enjoy these fluffy pancakes with your favorite syrup, fresh berries, or a dollop
of whipped cream. For a savory twist, top with crispy bacon strips.</p>
```

Conclusion

Félicitations ! Vous venez de créer une page de recette structurée et informative en utilisant HTML. Cet exercice vous a permis de pratiquer l'organisation du contenu avec des en-têtes, des paragraphes et des listes, améliorant à la fois la lisibilité et l'accessibilité de votre page web.

Au fur et à mesure que vous continuez à explorer le développement web, rappelez-vous que ces compétences fondamentales sont les ingrédients du succès. Continuez à expérimenter avec différents éléments et structures pour trouver la recette parfaite pour vos projets web. Bon appétit et bon codage !

4.4 Projet : Construire une Page d'Article de Blog

Bienvenue dans un projet qui non seulement mettra au défi vos compétences en HTML, mais inspirera également votre créativité et vos talents narratifs. Dans ce projet, vous allez créer une page d'article de blog : un espace sur le web où vous pouvez partager vos pensées, idées ou histoires sur un sujet qui vous intéresse. Élaborer une page d'article de blog est une excellente façon de pratiquer la structuration du contenu, d'améliorer la lisibilité et de rendre vos idées accessibles et attrayantes pour les lecteurs. Concentrons-nous sur ce projet avec enthousiasme et l'intention de créer une page dont vous serez fier de partager.

Aperçu du Projet

Votre objectif est de construire une page HTML pour un seul article de blog. Cette page doit inclure un titre, la date de publication, le contenu principal de l'article de blog divisé en sections ou paragraphes, et une section de commentaires à la fin. Vous utiliserez divers éléments HTML pour structurer ces composants de manière efficace.

Étape 1 : Définir la Structure de Base

Commencez par créer un nouveau fichier appelé **article-de-blog.html**. Ouvrez-le dans votre éditeur de texte et configurez la structure fondamentale d'un document HTML :

```
<!DOCTYPE html>
<html lang="en">
<head>
    <meta charset="UTF-8">
    <title>Your Blog Post Title Here</title>
</head>
<body>

</body>
</html>
```

Complétez le **<title>** avec le titre de votre article de blog.

Étape 2 : Créer le Titre et les Métadonnées

Au début du **<body>**, utilisez une balise **<h1>** pour le titre de votre article de blog. Ensuite, ajoutez une balise **<p>** qui inclut la date de publication, avec un style qui la distingue clairement comme métadonnées sur l'article.

```
<h1>Exploring the Beauty of Nature</h1>
<p class="pub-date">Published on: July 20, 2024</p>
```

Étape 3 : Écrire le Contenu de votre Article de Blog

Le corps de votre article de blog est l'endroit où vous partagerez vos pensées ou informations. Utilisez des en-têtes (**<h2>**, **<h3>**, etc.) pour diviser votre contenu en sections. Utilisez des paragraphes (**<p>**) pour structurer votre texte, le rendant facile à lire.

```
<section>
    <h2>A Journey into the Wild</h2>
    <p>The beauty of nature is unparalleled. From the towering mountains to the vast
oceans, every landscape tells a story.</p>
    <!-- Add more sections and paragraphs as needed -->
</section>
```

Étape 4 : Incorporer des Images

Les images peuvent considérablement améliorer votre article de blog, en ajoutant un intérêt visuel et en complétant votre contenu écrit. Utilisez la balise **<img>** pour inclure des images dans votre article. N'oubliez pas d'utiliser l'attribut **alt** pour décrire l'image pour l'accessibilité.

```
<img src="path-to-your-image.jpg" alt="A breathtaking view of the mountains">
```

Étape 5 : Ajouter une Section de Commentaires

Enfin, à la fin de votre article de blog, créez une section pour les commentaires. Cela peut être un simple espace réservé où iraient les commentaires, illustrant comment vous structureriez cette partie de la page.

```
<section class="comments">
    <h2>Comments</h2>
    <p>No comments yet. Be the first to share your thoughts!</p>
</section>
```

Conclusion

Félicitations pour avoir complété votre page d'article de blog ! Ce projet vous a permis d'appliquer et de pratiquer la structuration d'une variété de types de contenu, du texte et des en-têtes aux images. Chaque élément que vous avez utilisé contribue à la lisibilité et à l'attrait général de votre page, en faisant un lieu accueillant pour que les lecteurs interagissent avec vos idées.

Rappelez-vous, les meilleurs articles de blog sont ceux qui reflètent votre voix et votre perspective uniques. À mesure que vous continuez à développer vos compétences en développement web, continuez à explorer des façons d'insuffler votre personnalité dans vos projets. Votre page d'article de blog n'est pas seulement une démonstration de vos compétences techniques, mais aussi un reflet de votre créativité et de votre passion. Continuez à écrire, continuez à coder et continuez à partager vos histoires avec le monde.

Résumé du Chapitre 4

En concluant le Chapitre 4 de notre voyage dans les Blocs de Construction des Pages Web, nous avons approfondi l'art et la science de la structuration du texte et de la création de listes en HTML. Ce chapitre a été conçu pour vous équiper des outils et connaissances essentiels pour organiser et présenter du contenu de manière efficace sur le web. À travers des explications détaillées, des exemples pratiques et des exercices engageants, nous avons exploré les multiples façons dont le texte et les listes peuvent être utilisés pour améliorer la lisibilité, l'accessibilité et l'engagement des utilisateurs sur vos pages web.

Idées Clés du Chapitre

- **Structuration du Texte en HTML** : Nous avons commencé par comprendre comment utiliser efficacement les éléments de texte HTML, tels que les paragraphes (**<p>**), les en-têtes (**<h1>** à **<h6>**), l'emphase (**<em>**), et l'importance forte (**<strong>**). Ces éléments sont fondamentaux pour créer une hiérarchie claire et une emphase au sein de votre contenu, le rendant plus digeste et attrayant pour votre public.

- **Création de Listes** : Les listes sont indispensables dans le développement web pour organiser l'information de manière logique et claire. Nous avons couvert les listes non ordonnées (**<ul>**), les listes ordonnées (**<ol>**), et les listes de définitions (**<dl>**), chacune servant des objectifs distincts — de la définition d'étapes dans une procédure à la catégorisation d'informations et à la définition de termes. L'utilisation appropriée des listes contribue significativement à la structure et au flux de votre contenu.

- **Formatage Avancé du Texte** : Des éléments supplémentaires comme les citations en bloc (**<blockquote>**) pour les citations, le texte préformaté (**<pre>**) pour les fragments de code ou la poésie, et les sauts de ligne (**
) et règles horizontales (<hr>**) pour l'espacement et la séparation, offrent un contrôle supplémentaire sur la façon dont votre contenu est présenté. Ces éléments permettent un formatage de texte nuancé qui améliore l'aspect narratif de vos pages web.

- **Exercices et Projet** : À travers des exercices pratiques, incluant la création d'une page de recettes et d'une page d'article de blog, vous avez eu l'opportunité d'appliquer ce que vous avez appris dans un contexte pratique. Ces exercices ont non seulement consolidé votre compréhension de la structuration du texte et des listes, mais ont également encouragé la créativité et l'expression personnelle dans le développement web.

L'Importance de la Structure Sémantique

L'un des thèmes principaux de ce chapitre est l'importance de la structure sémantique dans le développement web. En utilisant les éléments HTML conformément à leur objectif prévu, vous vous assurez que votre contenu est non seulement visuellement attrayant, mais également accessible à tous les utilisateurs, y compris ceux qui utilisent des technologies d'assistance. Le HTML sémantique forme l'épine dorsale de pages web conviviales pour le référencement et conviviales pour l'utilisateur, soulignant le rôle des développeurs web dans la création d'expériences numériques inclusives et accessibles.

Conclusion

En concluant ce chapitre, rappelez-vous que les compétences que vous avez acquises ici forment la base sur laquelle se construisent des tâches de développement web plus complexes. Structurer le texte et les listes peut sembler des compétences de base, mais elles sont vitales pour communiquer efficacement des informations et des idées sur le web. Continuez à pratiquer et à expérimenter avec ces éléments, en explorant de nouvelles façons d'améliorer la présentation et l'organisation de votre contenu.

En regardant vers l'avenir, le voyage à travers le développement web est rempli de possibilités infinies pour la créativité et l'innovation. Au fur et à mesure que vous progressez, gardez avec vous la compréhension que la façon dont vous structurez et présentez le contenu peut avoir un impact profond sur la manière dont vos utilisateurs le reçoivent et le comprennent. Continuez à apprendre, continuez à explorer et, plus important encore, continuez à créer en gardant l'utilisateur à l'esprit. Votre voyage dans le développement web est un chemin vers la création de pages web significatives, engageantes et accessibles qui résonnent avec les utilisateurs du monde entier.

Chapitre 5 : Ajouter des Images et des Liens

Bienvenue dans le chapitre 5 exhaustif, où nous visons à élargir considérablement notre arsenal pour le développement web. Dans ce chapitre, nous plongerons dans le monde fascinant de l'enrichissement des pages web par l'utilisation d'images et de liens. Ces éléments - images et liens - ne sont pas simplement des compléments, ils sont absolument fondamentaux pour l'essence même du web. Ils ajoutent des couches de profondeur et d'interactivité à votre contenu, créant une expérience utilisateur plus dynamique et attrayante.

Les images et les liens ont le pouvoir de transmettre des informations complexes de manière rapide et efficace, ils ont la capacité d'améliorer la narration en ajoutant des stimuli visuels, et peuvent connecter sans problème votre site au monde plus vaste du web. Cela rend non seulement votre site plus informatif, mais aussi plus attrayant, plus intéressant et beaucoup plus immersif qu'il ne le serait autrement.

Par conséquent, ce chapitre a un objectif clair : vous guider, étape par étape, à travers le processus d'incorporation de ces éléments indispensables dans vos pages web. L'objectif est de le faire d'une manière qui améliore non seulement l'expérience utilisateur, mais aussi l'attrait visuel et esthétique général de votre site.

Alors, plongeons dans ces sujets avec un esprit ouvert, nourri par notre curiosité et notre créativité. Nous sommes impatients d'apprendre et enthousiastes à l'idée de découvrir comment utiliser efficacement les images et les liens pour donner vie à nos pages web, pour en faire plus qu'un simple texte sur un écran, mais plutôt une pièce vibrante, attrayante et interactive du web.

5.1 Intégrer des Images

Les images sont une partie intégrante de la conception de sites web, ayant le pouvoir d'améliorer substantiellement l'expérience du visiteur. Elles remplissent de multiples fonctions, notamment briser les sections longues de texte, fournir des illustrations visuelles de concepts et établir le ton ou l'ambiance générale d'un site web. L'utilisation judicieuse des images peut transformer une page ennuyeuse et chargée de texte en une expérience attrayante et conviviale pour l'utilisateur.

L'impact des images sur un site web va au-delà de l'esthétique. Intégrer correctement des images dans votre site garantit que vos pages web ne sont pas seulement visuellement attrayantes, mais aussi accessibles à tous les utilisateurs, y compris ceux qui utilisent des technologies d'assistance pour naviguer sur internet.

Dans cette section, nous entrerons dans les détails de l'utilisation de la balise **<img>**, un outil essentiel dans le codage HTML, pour ajouter des images à vos pages web. Cela impliquera une discussion détaillée sur le processus d'intégration d'images, ainsi que le partage des meilleures pratiques pour optimiser vos images afin de vous assurer qu'elles se chargent rapidement et ne ralentissent pas votre site.

De plus, nous couvrirons également des considérations importantes pour l'accessibilité, en veillant à ce que vos images et, par conséquent, votre site web, puissent être appréciés par un large éventail de publics. Cela comprend des conseils sur la façon de rédiger un texte alternatif efficace pour vos images, un facteur critique pour améliorer l'accessibilité de votre site.

5.1.1 L'Élément <img>

L'élément **<img>** est une balise unique et auto-fermante en HTML, utilisée pour intégrer des images dans une page HTML. C'est une partie critique pour créer une page web vibrante et dynamique. Cet élément nécessite au moins un attribut obligatoire : **src** (source).

L'attribut **src** est essentiel car il spécifie le chemin ou l'URL de l'image que vous souhaitez afficher sur votre page web. Sans lui, l'image ne peut pas être affichée. Un autre attribut important à inclure lors de l'utilisation de la balise **<img>** est l'attribut **alt** (texte alternatif).

L'attribut **alt** joue un rôle crucial dans l'accessibilité du site web, en fournissant une description du contenu de l'image. Cette description peut être lue à voix haute pour les utilisateurs malvoyants ou affichée à la place de l'image si elle ne peut pas être chargée. Par conséquent, l'attribut **alt** augmente la convivialité et l'accessibilité de votre site web, le rendant plus facile à utiliser pour l'utilisateur.

Exemple :

```
<img src="path/to/your-image.jpg" alt="A descriptive text about the image">
```

5.1.2 Choisir le Format d'Image Approprié

Sélectionner le format d'image approprié pour votre site web est d'une importance capitale, non seulement pour maintenir la qualité des images, mais aussi pour améliorer les performances de votre site web. Les formats les plus couramment utilisés sur internet aujourd'hui sont JPEG, PNG et SVG, chacun avec ses caractéristiques et utilisations uniques.

- **JPEG** : Ce format est principalement utilisé pour les photographies et les images contenant des dégradés. JPEG, ou Joint Photographic Experts Group, est une méthode de compression avec perte, ce qui signifie qu'il réduit la taille du fichier en éliminant certaines informations de l'image. La capacité de compression importante des JPEG est un atout clé car elle contribue à des temps de chargement de page plus rapides, améliorant ainsi l'expérience utilisateur globale.

- **PNG** : Abréviation de Portable Network Graphics, ce format est idéal pour les images nécessitant de la transparence ou celles avec des bords nets, comme les logos ou les icônes. Les PNG prennent en charge la compression sans perte, ce qui signifie qu'ils maintiennent la qualité de l'image même après compression. Cependant, il convient de noter que les PNG ont généralement une taille de fichier plus importante par rapport aux JPEG, ce qui peut affecter les temps de chargement de la page.

- **SVG** : Abréviation de Scalable Vector Graphics, les SVG sont principalement utilisés pour les graphiques vectoriels. Contrairement aux JPEG et PNG, les SVG ne sont pas basés sur des pixels. Cela signifie qu'ils sont évolutifs sans perte de qualité, ce qui les rend parfaits pour des éléments comme les icônes et les logos qui doivent maintenir leur netteté à différentes tailles. De plus, les SVG peuvent être manipulés avec CSS, permettant un plus grand contrôle sur l'apparence de l'image.

5.1.3 Optimisation des Images

L'optimisation des images utilisées sur votre site web est une étape cruciale pour améliorer le temps de chargement et les performances globales de votre site web. Cela peut considérablement améliorer l'expérience utilisateur, maintenir les visiteurs sur votre site plus longtemps et potentiellement augmenter les conversions. Voici quelques conseils pratiques pour vous aider à commencer :

- **Redimensionner les images** : L'une des façons les plus simples d'optimiser vos images est de vous assurer qu'elles ne sont pas plus grandes que nécessaire. Si vos images ne sont destinées qu'à être affichées dans une petite taille, il n'est pas nécessaire qu'elles occupent une grande quantité de données. Il est important de redimensionner vos images pour qu'elles correspondent à leur taille d'affichage prévue sur votre site.

- **Compresser les images** : Une autre méthode efficace pour optimiser les images est de les compresser. Cela peut réduire considérablement leur taille de fichier sans compromettre la qualité perçue de l'image. Il existe de nombreux outils en ligne et logiciels disponibles qui peuvent vous aider à compresser vos images tout en maintenant leur qualité.

- **Utiliser des images adaptatives** : Pour améliorer encore les performances de votre site web sur différentes tailles d'écran, envisagez d'implémenter des images adaptatives. Vous pouvez le faire avec l'attribut **srcset**, qui vous permet de spécifier différents fichiers d'image pour différentes résolutions d'écran. Cela signifie que le navigateur peut télécharger la version la plus appropriée de l'image en fonction de l'appareil de l'utilisateur, économisant des données et améliorant les temps de chargement.

Exemple :

```
<img src="path/to/your-image.jpg"
     srcset="path/to/your-image-480w.jpg 480w,
             path/to/your-image-800w.jpg 800w"
     sizes="(max-width: 600px) 480px,
            800px"
     alt="A descriptive text about the image">
```

5.1.4 Chargement Différé des Images

À l'ère moderne, où les pages web deviennent de plus en plus lourdes en images, le temps de chargement d'une page web peut avoir un effet profond sur l'expérience utilisateur. À mesure que la quantité d'images sur une page augmente, le temps de chargement augmente également, ce qui peut souvent résulter en une expérience utilisateur moins satisfaisante.

Pour combattre ce problème, l'une des pratiques courantes dans le développement web moderne est l'utilisation d'une technique connue sous le nom de « chargement différé » ou « lazy loading ». La fonction principale de cette technique est de retarder le chargement des images qui ne sont pas immédiatement visibles à l'écran jusqu'au moment où elles sont sur le point d'entrer dans la vue. Cette technique est particulièrement bénéfique pour améliorer les temps de chargement d'une page, améliorant ainsi l'expérience utilisateur globale.

De plus, le chargement différé contribue également à réduire l'utilisation de la bande passante pour les utilisateurs. Cela est particulièrement utile pour les utilisateurs avec des forfaits de données limités, car cela aide à préserver leurs données.

La mise en œuvre du chargement différé peut être réalisée en utilisant l'attribut **loading** dans vos balises **<img>**. En attribuant la valeur **lazy** à cet attribut, vous indiquez au navigateur de reporter le chargement des images jusqu'à ce qu'elles soient sur le point d'entrer dans la vue. Cet ajout simple à vos balises **<img>** peut considérablement améliorer les performances de votre page web, conduisant à une expérience utilisateur améliorée.

Exemple :

```
<img src="path/to/your-image.jpg" alt="Descriptive text" loading="lazy">
```

5.1.5 Élément Picture pour la Direction Artistique

L'élément **<picture>** est un outil incroyablement puissant dans l'arsenal du HTML. Il fonctionne en conjonction avec les éléments **<source>** pour fournir plusieurs variations d'une seule image, chacune optimisée pour une variété de situations d'affichage. Cette approche unique de livraison d'images est souvent appelée « direction artistique ».

Lorsque les développeurs exploitent la puissance de ces éléments conjointement, ils peuvent servir des versions distinctes de la même image. Chaque itération est spécifiquement recadrée ou agrandie pour s'adapter à la taille d'écran unique du dispositif d'affichage, qu'il s'agisse d'un grand moniteur de bureau, d'un ordinateur portable de taille moyenne, d'une tablette plus petite ou même d'un smartphone compact. Cela garantit que, quel que soit l'appareil utilisé pour accéder au contenu, la partie la plus significative et importante de l'image reste clairement visible pour l'utilisateur.

Cette capacité dynamique de modifier l'affichage des images pour s'adapter à différents scénarios amplifie considérablement l'expérience utilisateur globale. Elle garantit que votre site web ou application est non seulement plus accessible, mais aussi plus agréable à utiliser sur une large gamme d'appareils.

Elle apporte un niveau d'adaptabilité et de réactivité qui est essentiel dans le monde multi-appareils dans lequel nous vivons aujourd'hui. Cette technique d'utilisation des éléments **<picture>** et **<source>** peut être un changement radical dans la création de sites web et d'applications visuellement attrayants et conviviaux.

Exemple :

```
<picture>
  <source media="(min-width: 650px)" srcset="path/to/large-image.jpg">
  <source media="(min-width: 465px)" srcset="path/to/medium-image.jpg">
  <img src="path/to/default-image.jpg" alt="Descriptive text">
</picture>
```

5.1.6 Fournir des Alternatives Textuelles pour les Images Complexes

L'attribut **alt** est un outil utile pour fournir des descriptions de base pour les images. Cependant, il a ses limites, en particulier lorsqu'il s'agit d'éléments visuels plus complexes. Par exemple, lorsqu'il s'agit d'images complexes comme des graphiques, des diagrammes ou des illustrations détaillées, un simple attribut **alt** peut ne pas être suffisant. Ces types d'éléments visuels contiennent souvent une grande quantité d'informations qui ne peuvent pas être facilement condensées dans une brève description de texte alternatif.

Dans ces cas, il est considéré comme une bonne pratique de fournir une description plus complète ailleurs sur votre page. Par exemple, vous pourriez inclure une légende détaillée sous l'image ou fournir un paragraphe de texte dans votre contenu qui discute de l'image en profondeur. Alternativement, vous pourriez également envisager de créer un lien vers une page séparée dédiée à la description de l'image en question. Cette page pourrait être entièrement consacrée à fournir une analyse complète de l'image complexe, en veillant à ce qu'aucun détail ne soit négligé.

Lorsque vous optez pour cette approche, assurez-vous de faire référence à cette description détaillée près de l'image. Cela peut être fait directement dans la légende de l'image ou dans le texte **alt** lui-même. Cette dernière option est particulièrement utile pour ceux qui peuvent ne pas voir immédiatement l'image et bénéficieraient d'une description rapide de son contenu. En faisant cela, vous pouvez garantir que tous vos utilisateurs, quelle que soit la façon dont ils accèdent à votre contenu, reçoivent les informations nécessaires pour le comprendre pleinement.

5.1.7 Légendes d'Images avec <figcaption>

Lorsque vous êtes profondément engagé dans la création d'un document et que vous vous trouvez dans un scénario où il est nécessaire d'incorporer une légende ou une description concise directement sous un composant visuel, comme une image, les éléments HTML **<figure>** et **<figcaption>** s'avèrent être des outils inestimables dans votre arsenal de codage.

L'élément **<figure>** est spécifiquement désigné pour marquer une image ou une photographie dans le contexte du document. Sa fonction principale est d'encapsuler l'image dans un conteneur qui l'identifie clairement comme une figure distincte, la séparant du texte environnant.

Après avoir utilisé l'élément **<figure>**, entre en jeu l'élément **<figcaption>**. Cet élément est employé pour fournir le texte d'accompagnement qui est destiné à servir de légende éclairante pour l'image. Cette légende peut fournir des informations supplémentaires à vos lecteurs, leur offrant une compréhension plus profonde du contexte ou du contenu de l'image.

Ensemble, ces deux éléments facilitent un moyen structuré, sémantique et accessible d'incorporer des images dans les documents HTML. Ils permettent une expérience utilisateur plus riche et complète, contribuant de manière significative à la lisibilité et à l'interprétabilité globale du document.

Exemple :

```
<figure>
  <img src="path/to/your-image.jpg" alt="Descriptive text">
  <figcaption>This is a caption describing the above image.</figcaption>
</figure>
```

Maîtriser l'utilisation des images dans le développement web n'améliore pas seulement l'attrait esthétique de vos pages web, mais joue également un rôle crucial dans l'amélioration de l'accessibilité et de l'expérience utilisateur. En mettant en œuvre le chargement différé, en utilisant l'élément **<picture>** pour la direction artistique, en fournissant des descriptions détaillées pour les images complexes et en incluant des légendes avec **<figcaption>**, vous pouvez créer un contenu web riche, accessible et attrayant. N'oubliez pas que l'objectif est d'utiliser les images de manière réfléchie et intentionnelle, en améliorant votre message sans compromettre les performances ou l'accessibilité. À mesure que vous continuerez à expérimenter avec ces techniques, vous découvrirez de nouvelles façons de raconter des histoires visuellement et de vous connecter plus efficacement avec votre public.

5.2 Création de Liens Internes et Externes

Les liens sont un aspect fondamental du web, servant de fils complexes qui relient les pages individuelles au sein d'un même site web et qui établissent également des ponts vers d'autres sites web, créant ainsi la vaste et toujours changeante tapisserie qui constitue Internet.

Acquérir une compréhension approfondie de la manière de construire des liens internes et externes est une compétence fondamentale dans le domaine du développement web, car elle permet aux utilisateurs de naviguer dans le labyrinthe du contenu en ligne avec aisance et fluidité. Dans cette section exhaustive, nous explorerons comment utiliser l'élément **<a>** (ancre) pour créer ces liens essentiels, améliorant ainsi l'interconnexion et la cohésion de votre contenu web.

Embarquez dans cette plongée approfondie dans le sujet, armé de l'intention non seulement de rendre nos pages web plus conviviales et faciles à naviguer, mais aussi de nous assurer qu'elles sont plus intégrées de manière fluide avec la communauté web plus large et mondiale. Ce faisant, nous pouvons contribuer à l'expansion et à la diversification continues de l'univers numérique.

5.2.1 Liens Externes

Les liens externes, qui sont un composant crucial de toute page web, pointent vers une page sur un site web différent. Ils remplissent plusieurs fonctions vitales : non seulement ils sont essentiels pour citer des sources, un aspect fondamental pour créer du contenu fiable et digne de confiance, mais ils jouent également un rôle dans la recommandation de lectures supplémentaires.

Cela permet à l'utilisateur d'approfondir un sujet particulier, améliorant sa compréhension et ses connaissances. De plus, les liens externes sont instrumentaux pour se connecter avec la communauté web plus large, favorisant un sentiment d'interconnexion et d'information partagée.

Pour créer un lien externe, vous utilisez l'élément **<a>**. Cet élément HTML, lorsqu'il est utilisé correctement, fournit le mécanisme pour lier votre page web à une autre. L'attribut **href**, qui est utilisé conjointement avec l'élément **<a>**, spécifie l'URL complète de la page vers laquelle vous souhaitez créer un lien. Cela constitue la destination du lien, dirigeant l'utilisateur vers la page web souhaitée lorsqu'il clique sur le lien associé.

Exemple :

```
<a href="<<https://www.example.com>>">Visit Example</a>
```

Lorsque vous ajoutez des liens externes à votre site web, c'est une bonne pratique d'informer vos utilisateurs qu'en cliquant sur ces liens, ils seront redirigés vers un site web complètement différent. Cela peut se faire de plusieurs façons. L'une d'entre elles consiste à indiquer visuellement sur la page web que le lien est externe, peut-être par l'utilisation d'une icône ou d'une couleur de texte différente.

Une autre méthode, assez courante, consiste à utiliser l'attribut **target="_blank"** dans le HTML du lien. Cet attribut fait en sorte que le lien s'ouvre dans un nouvel onglet ou une nouvelle fenêtre du navigateur, empêchant l'utilisateur de naviguer hors de votre site dans l'onglet actuel.

Cependant, l'utilisation de **target="_blank"** n'est pas exempte de problèmes potentiels. Pour des raisons liées à la fois à la sécurité et aux performances, il est recommandé que lors de l'utilisation de **target="_blank"**, vous incluiez également les attributs **rel="noopener noreferrer"** dans le HTML de votre lien.

L'attribut **rel="noopener"** empêche la nouvelle page d'accéder à l'objet fenêtre de la page d'origine, ce qui peut protéger votre site contre d'éventuelles attaques. Pendant ce temps, l'attribut **rel="noreferrer"** empêche la nouvelle page de savoir d'où provient le trafic, contribuant ainsi à protéger la vie privée de l'utilisateur.

Par conséquent, en utilisant ces attributs ensemble, vous pouvez maintenir la sécurité de votre site web tout en protégeant la vie privée de vos utilisateurs, tout en leur offrant la commodité d'ouvrir des liens externes dans de nouveaux onglets ou fenêtres.

Exemple :

```
<a href="<<https://www.example.com>>" target="_blank" rel="noopener noreferrer">Visit
Example (opens in a new tab)</a>
```

5.2.2 Liens Internes

Les liens internes, qui sont des outils essentiels dans la conception web, servent à connecter des pages au sein du même site web. Ils jouent un rôle vital dans l'amélioration de l'expérience utilisateur en fournissant un système de navigation simple et intuitif dans tout votre site web, ce qui encourage à son tour les utilisateurs à explorer davantage de contenu.

Pour créer des liens internes de manière efficace, on utilise l'élément HTML **<a>**. Cet élément, lorsqu'il est combiné avec l'attribut **href**, forme l'épine dorsale de la liaison interne en pointant directement vers le chemin du fichier auquel vous souhaitez créer un lien, créant ainsi un pont entre les pages.

Le processus de création de liens internes diffère légèrement selon l'emplacement des pages que vous liez. Si les pages se trouvent dans le même répertoire, la création d'un lien interne est relativement simple. Il suffit d'utiliser le nom du fichier dans l'attribut **href**. Cependant, si les pages sont situées dans différents répertoires, vous devez spécifier le chemin relatif au fichier actuel dans l'attribut **href**. Cela garantit que le lien pointe correctement vers l'emplacement souhaité, indépendamment de la structure de répertoires de votre site web.

Exemple :

```
<a href="about.html">About Us</a>
```

Pour créer un lien vers des sections spécifiques au sein de la même page, utilisez un sélecteur d'ID. Tout d'abord, attribuez un attribut **id** à l'élément vers lequel vous souhaitez créer un lien :

```
<h2 id="section1">Section 1</h2>
```

Ensuite, créez un lien en utilisant l'attribut **href** avec un dièse (**#**) suivi de l'ID de l'élément :

```
<a href="#section1">Jump to Section 1</a>
```

Cela crée un « lien de saut » qui conduit instantanément l'utilisateur à la section spécifiée de la page, améliorant la navigation et l'expérience utilisateur.

5.2.3 Meilleures Pratiques pour l'Accessibilité des Liens

Texte de Lien Descriptif pour une Meilleure Accessibilité de l'Utilisateur

Dans le domaine de l'interface utilisateur et de la conception web, l'utilisation d'un texte clair et descriptif pour les liens de votre site web est un aspect fondamental qui doit recevoir l'importance qu'il mérite. La raison en est qu'il contribue de manière significative à une expérience numérique plus conviviale et accessible pour votre public.

L'utilisation de phrases génériques et vagues comme « cliquez ici » ou « en savoir plus » est une pratique qui doit être consciemment évitée. Le problème avec ces phrases est qu'elles ne fournissent pas à l'utilisateur d'informations pertinentes sur la destination vers laquelle ils seraient dirigés en cliquant sur le lien. Ce manque de contexte peut causer de la confusion et de la frustration, ce qui conduit finalement à une expérience utilisateur sous-optimale.

Au lieu de cela, la pratique recommandée consiste à envisager l'utilisation de phrases qui décrivent succinctement le contenu vers lequel l'utilisateur sera dirigé en cliquant sur le lien. Cette pratique offre non seulement à l'utilisateur une idée claire de ce à quoi s'attendre, mais améliore également la navigabilité générale de votre site web, ce qui conduit à une expérience utilisateur améliorée.

Navigation au Clavier

La navigation au clavier est un aspect crucial de l'accessibilité web, en particulier pour les utilisateurs qui dépendent principalement de leur clavier comme outil principal pour l'interaction avec le site web. Pour ces utilisateurs, pouvoir accéder à tous les liens et naviguer sur le site web de manière logique et fluide uniquement avec leur clavier n'est pas seulement une commodité, mais une nécessité.

Ceci est particulièrement important pour les utilisateurs ayant des handicaps de mobilité qui peuvent ne pas être en mesure d'utiliser une souris ou d'autres dispositifs de pointage. Pour eux, la navigation au clavier offre un moyen alternatif et accessible de naviguer sur Internet.

Pour garantir cela, il est essentiel d'incorporer l'accessibilité du clavier dans la conception du site web. Cela implique de s'assurer que tous les liens, boutons, formulaires et autres éléments interactifs sur le site web peuvent être accessibles et activés en utilisant uniquement le clavier.

Heureusement, cette capacité est intrinsèquement prise en charge par les éléments **<a>**, qui sont généralement utilisés pour créer des hyperliens sur les sites web. En utilisant correctement ces éléments, nous pouvons créer un environnement plus inclusif et accessible pour tous les utilisateurs, en veillant à ce qu'ils puissent naviguer et interagir avec le site web de manière efficace, indépendamment de leurs capacités physiques.

Titres de Liens et leur Importance

Dans le domaine de la conception et du développement web, l'utilisation de l'attribut **title** peut générer des améliorations significatives dans l'expérience utilisateur, bien qu'il ne soit pas toujours considéré comme un élément obligatoire à inclure. Cet attribut peut être employé pour fournir un contexte supplémentaire et précieux pour un hyperlien, enrichissant la compréhension de l'utilisateur sur ce qu'implique le lien.

L'attribut **title** s'avère particulièrement utile pour les utilisateurs qui peuvent avoir besoin d'une couche supplémentaire d'informations pour comprendre pleinement l'objectif du lien. Il agit comme une aide pour apporter de la clarté sur la destination vers laquelle l'utilisateur sera dirigé en interagissant avec le lien.

Cependant, il est essentiel de trouver un équilibre lors de l'utilisation de l'attribut **title**. Bien qu'il puisse être un outil très utile pour clarifier l'objectif du lien, il est crucial de s'assurer que le texte du lien lui-même soit suffisamment descriptif par lui-même. Se fier uniquement à l'attribut **title** pour expliquer l'objectif du lien n'est pas une pratique recommandée.

Cela est principalement dû au fait que la visibilité et la présentation de l'attribut **title** peuvent ne pas être cohérentes dans toutes les technologies d'assistance. Par conséquent, une dépendance excessive à l'attribut **title** pourrait potentiellement conduire à une situation où certains utilisateurs seraient exclus de l'accès au contexte et au contenu complet du lien.

En conclusion, lorsqu'il est utilisé correctement et en conjonction avec un texte de lien bien rédigé, l'attribut **title** peut améliorer considérablement la compréhension et l'expérience de navigation de l'utilisateur sur une page web. Cependant, le texte du lien doit toujours être auto-explicatif pour garantir l'inclusivité et l'accessibilité pour tous les utilisateurs.

5.2.4 Utilisation des Liens « mailto »

Les liens « mailto » servent d'outil essentiel pour améliorer l'expérience utilisateur sur une page web en offrant un moyen rapide et pratique permettant aux utilisateurs d'envoyer un courriel à une adresse électronique spécifiée directement depuis la page qu'ils consultent.

Cette fonctionnalité s'avère particulièrement bénéfique lorsqu'elle est intégrée dans les pages de contact, les sections de service client ou tout autre espace où vous souhaitez offrir un canal de communication direct et immédiat à vos utilisateurs.

Pour créer un lien « mailto », le processus est assez simple : utilisez simplement l'attribut **href** dans votre code de langage de balisage hypertexte (HTML). Ensuite, ajoutez **mailto:** suivi directement de l'adresse électronique souhaitée. Cette approche directe de la communication peut améliorer considérablement l'engagement et la satisfaction de l'utilisateur en offrant un moyen fluide permettant aux utilisateurs de communiquer sans avoir à quitter la page ou à ouvrir un client de messagerie distinct.

Exemple :

```
<a href="mailto:example@example.com">Email Us</a>
```

Vous pouvez également préremplir la ligne d'objet ou le corps du courriel en ajoutant des paramètres au lien « mailto » :

```
<a
href="mailto:example@example.com?subject=Feedback&body=I%20would%20like%20to%20share
%20some%20feedback">Email Us with Feedback</a>
```

5.2.5 Liens vers des Documents ou des Téléchargements

L'utilisation des hyperliens ne se limite pas uniquement au domaine des pages web. En effet, ils s'avèrent être un outil polyvalent et essentiel pour connecter les utilisateurs à une grande variété de ressources téléchargeables, telles que des documents PDF, des fichiers Word et une multitude d'autres formats de fichiers divers. Cette flexibilité peut être particulièrement avantageuse lorsque vous souhaitez fournir des informations supplémentaires, plus approfondies ou des ressources complémentaires aux utilisateurs, auxquelles ils peuvent accéder facilement et commodément.

Lors de la création d'un lien vers un fichier que vos utilisateurs peuvent télécharger, il est largement considéré comme une bonne pratique de leur fournir une attente claire et sans ambiguïté concernant ce qu'ils s'apprêtent à télécharger. Cela peut être accompli soit en rendant le texte du lien lui-même descriptif et informatif, soit par l'incorporation d'une icône représentant visuellement le type de fichier ou l'action correspondante.

De telles pratiques contribuent de manière significative à créer une expérience conviviale pour l'utilisateur, en évitant toute surprise indésirable. Cela garantit que les utilisateurs se sentent bien informés, en sécurité et en contrôle pendant qu'ils naviguent dans votre contenu, améliorant ainsi leur expérience et leur satisfaction globales.

Exemple :

```
<a href="path/to/resource.pdf" download>Download Our PDF Guide</a>
```

L'attribut **download** suggère au navigateur de télécharger la ressource liée plutôt que d'y naviguer. Cependant, son comportement peut varier selon les différents navigateurs et est généralement plus fiable pour les URL de même origine.

5.2.6 Amélioration des Liens avec CSS

Dans les prochains chapitres, nous explorerons CSS de manière plus détaillée. Il est impératif de comprendre qu'adopter la pratique de styliser les liens avec CSS peut améliorer considérablement l'expérience utilisateur et l'attrait esthétique général de votre site web. L'un des principaux avantages de l'intégration de CSS dans les liens de votre site web est qu'il vous permet de concevoir une interface plus attrayante et conviviale, ce qui peut stimuler l'interaction avec votre contenu.

La puissance de CSS réside dans sa flexibilité et sa capacité à affecter de nombreux aspects différents de l'apparence d'un site web. Un aspect crucial de cela est la capacité de styliser les liens dans différents états. Cela s'accomplit grâce à l'utilisation de pseudo-classes CSS, un type unique de sélecteur qui vous permet de définir des styles pour des états spécifiques d'un élément.

En ce qui concerne les liens, ces états peuvent inclure **:link**, une pseudo-classe qui vous permet de styliser les liens qui n'ont pas encore été visités ; **:visited**, une pseudo-classe utilisée pour styliser les liens sur lesquels l'utilisateur a déjà cliqué ; **:hover**, une pseudo-classe utilisée pour styliser les liens lorsque le curseur de la souris est positionné dessus ; **:active**, une pseudo-classe utilisée pour styliser les liens au moment où l'on clique dessus ; et **:focus**, une pseudo-classe utilisée pour styliser les liens lorsqu'ils sont la cible d'une entrée au clavier ou de commandes vocales.

En comprenant solidement ces pseudo-classes et comment les exploiter efficacement, vous pouvez améliorer énormément la fonctionnalité et l'attrait visuel de votre site web. Cela vous permet de créer une expérience utilisateur plus interactive et une interface plus visuellement attrayante qui peut encourager les visiteurs à interagir de manière plus active avec votre contenu.

Exemple :

```css
a:link {
    color: blue; /* Unvisited link */
}
a:visited {
    color: purple; /* Visited link */
}
a:hover {
    color: red; /* Mouse over link */
}
a:active {
    color: yellow; /* Selected link */
}
```

Ces styles peuvent aider les utilisateurs à distinguer entre les liens visités et non visités, et fournir un retour visuel lors de l'interaction avec les liens.

5.2.7 Considérations d'accessibilité pour les liens

Assurer l'accessibilité de vos liens est un aspect absolument crucial de la conception web. Cela implique non seulement l'utilisation de texte descriptif pour les liens, mais également plusieurs autres aspects qui peuvent contribuer à une expérience plus inclusive et conviviale.

Tout d'abord, parlons des **Styles de focus** : Il est important de s'assurer que les liens actifs aient des styles de focus visibles. Cela aide énormément dans la navigation au clavier, permettant aux utilisateurs de voir clairement où ils se trouvent sur la page. Cela peut être facilement réalisé en stylisant la pseudo-classe **:focus**.

Deuxièmement, il est essentiel d'éviter toute surprise de « Nouvelle fenêtre ». Si vous choisissez d'utiliser **target="_blank"** dans votre code pour ouvrir des liens dans un nouvel onglet, assurez-vous toujours d'en informer l'utilisateur. Cela peut être fait soit par le texte du lien, soit visuellement, comme avec une icône. Cette pratique n'est pas seulement conviviale, mais aide également les utilisateurs à garder le contrôle sur leur expérience de navigation. C'est particulièrement vital pour l'accessibilité, garantissant que tous les utilisateurs, quelles que soient leurs capacités, puissent naviguer sur votre site avec aisance et confiance.

Les liens sont une partie fondamentale de la nature interconnectée du web, offrant des chemins permettant aux utilisateurs d'explorer et d'interagir avec le contenu. En incorporant soigneusement des liens internes et externes, des liens de messagerie électronique et des ressources téléchargeables dans vos pages web, et en les stylisant pour la visibilité et l'accessibilité, vous créez un site web plus navigable, attrayant et convivial.

Rappelez-vous, l'objectif ultime de l'utilisation des liens est d'améliorer le parcours de l'utilisateur sur votre site, en les guidant sans problème à travers votre contenu et au-delà. Continuez à expérimenter avec ces techniques pour découvrir les façons les plus efficaces d'intégrer des liens dans vos projets de développement web.

5.3 Exercices : Ajouter des images et des liens à votre page d'articles de blog

Améliorer votre page d'articles de blog avec des images et des liens enrichit non seulement le contenu, mais améliore également considérablement l'expérience du lecteur. En intégrant des éléments visuels et des connexions vers des ressources supplémentaires ou du contenu connexe, vous pouvez créer un article plus engageant et informatif. Cet exercice vous invite à réviser votre page d'articles de blog et à ajouter ces éléments cruciaux, en pratiquant les compétences que vous avez apprises dans ce chapitre. Procédons avec un sens de l'exploration et de la créativité, dans le but de rendre votre article de blog aussi captivant et convivial que possible.

Résumé de l'exercice

Pour cet exercice, vous ajouterez à la fois des images et des liens à la page d'articles de blog que vous avez créée précédemment. Nous incorporerons une image vedette pour représenter visuellement le sujet de l'article, intégrerons des images supplémentaires pour compléter le contenu et insérerons des liens internes et externes pour améliorer la compréhension et l'engagement du lecteur.

Étape 1 : Ajouter une image vedette

Commencez par ajouter une image vedette en haut de votre article de blog. Cette image doit être pertinente par rapport au sujet de votre article et conçue pour attirer l'attention du lecteur.

```
<img  src="path/to/featured-image.jpg"  alt="Descriptive  text  about  the  image"
class="featured-image">
```

N'oubliez pas de fournir un attribut **alt** pour l'accessibilité et assurez-vous que les utilisateurs qui ne peuvent pas voir l'image comprennent toujours son contenu ou sa fonction.

Étape 2 : Intégrer des images dans l'article

Au fur et à mesure que vous décomposez votre article en sections ou paragraphes, recherchez des occasions d'intégrer des images qui complètent le texte. Qu'il s'agisse d'une photo, d'une infographie ou d'un diagramme, les images pertinentes peuvent aider à illustrer vos propos et à maintenir l'engagement du lecteur.

```
<p>Here's an interesting point about our topic...</p>
<img  src="path/to/related-image.jpg"  alt="Further  explanation  of  the  point"
class="inline-image">
```

Placez les images soigneusement tout au long de votre article pour soutenir votre contenu sans submerger le texte.

Étape 3 : Insérer des liens internes

Les liens internes sont excellents pour maintenir l'engagement des lecteurs avec votre site. Créez des liens vers des articles connexes, votre page de biographie ou tout autre contenu interne pertinent. Cela améliore non seulement la navigation, mais encourage également les lecteurs à explorer davantage votre site web.

```
<p>If  you  enjoyed  this  post,  you  might  also  like  <a  href="path/to/related-
post.html">this related article</a>.</p>
```

Utilisez un texte de lien descriptif qui informe le lecteur de la destination du lien, en évitant les phrases vagues comme « cliquez ici ».

Étape 4 : Ajouter des liens externes

Les liens externes peuvent fournir un contexte supplémentaire ou des sources pour votre information. Lors de la création de liens externes, choisissez des sources fiables et assurez-vous que les liens s'ouvrent dans un nouvel onglet pour garder les lecteurs sur votre site.

```
<p>For more detailed information, check out <a href="<<https://www.example.com>>"
target="_blank" rel="noopener noreferrer">this comprehensive guide</a>.</p>
```

Cette pratique confère de la crédibilité à votre contenu et offre aux lecteurs des options de lecture supplémentaires sans quitter votre blog.

Étape 5 : Révision et test

Après avoir ajouté des images et des liens, révisez votre article de blog pour vous assurer que tous les éléments sont correctement implémentés et améliorent efficacement le contenu. Testez les liens pour vous assurer qu'ils mènent aux destinations prévues et que toutes les images se chargent correctement.

Conclusion

En complétant cet exercice, vous avez fait des progrès significatifs pour rendre votre article de blog plus attrayant visuellement et informatif. Intégrer efficacement des images et des liens peut transformer un simple article textuel en une expérience multimédia riche et engageante. Rappelez-vous, la clé d'un article de blog réussi ne réside pas seulement dans la qualité de l'écriture, mais aussi dans la façon dont vous présentez et soutenez votre contenu avec des éléments visuels et interactifs. Continuez à pratiquer ces compétences et continuez à explorer des moyens d'améliorer vos pages web, faisant de chaque article une occasion de captiver et d'informer votre public.

5.4 Projet : Créer une Page de Galerie de Photos

En entreprenant ce projet, vous êtes prêt à appliquer les précieuses compétences que vous avez acquises dans le Chapitre 5 sur la façon d'ajouter des images et des liens pour créer une page de galerie de photos visuellement attrayante. Cette tâche combine des connaissances techniques avec votre vision créative, donnant lieu à une page qui présente de belles images de manière organisée et accessible. Concentrons-nous sur ce projet avec enthousiasme et un œil pour le design, en créant une galerie qui non seulement présente des images, mais raconte également une histoire ou transmet un thème.

Description du Projet

Votre objectif est de concevoir une page de galerie de photos qui présente une collection d'images disposées de manière esthétique. La galerie doit être facile à naviguer, adaptable à différentes tailles d'écran et accessible à tous les utilisateurs. Vous emploierez une combinaison de HTML et CSS pour obtenir un design qui soit attrayant et fonctionnel.

Étape 1 : Planifier la Disposition de votre Galerie

Avant de vous plonger dans le code, décidez de la disposition de votre galerie. Réfléchissez au nombre d'images que vous souhaitez afficher et à la manière dont elles doivent être organisées. Les dispositions en grille sont populaires pour les galeries de photos car elles offrent un aspect propre et structuré, mais n'hésitez pas à faire preuve de créativité avec votre design.

Étape 2 : Configurer la Structure HTML

Créez un nouveau fichier HTML pour votre page de galerie. Commencez par la structure de base, puis ajoutez un conteneur **\<div\>** pour maintenir votre galerie. Dans ce conteneur, utilisez des balises **\<img\>** pour chaque photo. Pour maintenir l'accessibilité, n'oubliez pas d'inclure un texte **alt** significatif pour chaque image.

```html
<!DOCTYPE html>
<html lang="en">
<head>
    <meta charset="UTF-8">
    <title>Photo Gallery</title>
</head>
<body>
    <div class="photo-gallery">
        <img src="path/to/photo1.jpg" alt="Description of photo 1">
        <img src="path/to/photo2.jpg" alt="Description of photo 2">
        <!-- Add more images as needed -->
    </div>
</body>
</html>
```

Étape 3 : Styliser votre Galerie avec CSS

Maintenant, donnez vie à votre galerie avec CSS. Utilisez la classe **.photo-gallery** pour appliquer des styles généraux au conteneur de la galerie, comme la largeur ou le remplissage. Ensuite, stylisez les éléments **\<img\>** pour déterminer comment les photos individuelles apparaissent. Pour une disposition en grille, vous pourriez utiliser CSS Grid ou Flexbox :

```css
.photo-gallery {
    display: grid;
    grid-template-columns: repeat(auto-fit, minmax(250px, 1fr));
    gap: 15px;
    padding: 20px;
}

.photo-gallery img {
    width: 100%;
    height: auto;
```

```
    object-fit: cover; /* This ensures photos cover the grid item area without
distorting their aspect ratio */
}
```

Étape 4 : Rendre votre Galerie Responsive

Assurez-vous que votre galerie de photos soit superbe sur tous les appareils en la rendant responsive. Le CSS fourni précédemment utilise **grid-template-columns** avec **auto-fit** et **minmax()**, ce qui aide à créer une disposition en grille flexible qui s'ajuste en fonction de la taille de l'écran. Testez votre galerie sur divers appareils et ajustez selon les besoins.

Étape 5 : Améliorer l'Accessibilité

L'accessibilité est cruciale. Vous avez déjà inclus du texte **alt** pour les images, mais envisagez également d'ajouter une navigation au clavier pour tout élément interactif et assurez-vous que votre galerie soit navigable avec des lecteurs d'écran. Utilisez du HTML sémantique dans la mesure du possible et testez votre galerie avec des outils d'accessibilité pour identifier et corriger tout problème.

Conclusion

Félicitations pour avoir complété votre page de galerie de photos ! Ce projet montre non seulement votre capacité à travailler avec des images et des liens, mais aussi votre capacité à créer du contenu web responsive et accessible. Une galerie bien conçue ne présente pas seulement des images, mais améliore également l'expérience utilisateur grâce à un design et une navigation soignés. À mesure que vous continuez à explorer le développement web, rappelez-vous que des projets comme celui-ci vous permettent de combiner des compétences techniques avec une expression créative, ce qui donne lieu à des pages web uniques et percutantes. Continuez à expérimenter avec différentes dispositions, styles et fonctionnalités pour découvrir de nouvelles façons de présenter du contenu et d'attirer les spectateurs.

Résumé du Chapitre 5

Le Chapitre 5 a été un voyage à travers les aspects visuels et interconnectés du développement web, en nous concentrant sur l'intégration d'images et de liens dans les pages web. À travers une exploration détaillée et des exercices pratiques, nous avons déverrouillé le potentiel de ces éléments pour transformer et enrichir notre contenu web, le rendant plus attrayant, informatif et navigable. Ce chapitre n'a pas seulement fourni les connaissances techniques pour intégrer des images et créer des liens, mais a également souligné l'importance d'une conception réfléchie et des considérations d'accessibilité. Revoyons les idées clés et les leçons de ce chapitre.

Le Pouvoir des Images

Nous avons commencé par une analyse approfondie de l'intégration d'images en utilisant l'élément **<img>**, soulignant l'importance du contenu visuel pour capter l'attention et transmettre des informations. Nous avons exploré différents formats d'image (JPEG, PNG, SVG) et discuté de leurs cas d'utilisation appropriés, des photographies aux icônes. Un accent significatif a été mis sur les techniques d'optimisation d'images, y compris le redimensionnement, la compression et les images responsives utilisant les attributs **srcset** et **sizes**, pour garantir que nos pages web se chargent rapidement et efficacement sans sacrifier la qualité.

Le concept de chargement paresseux a été introduit comme une stratégie pour améliorer les performances, et l'élément **<picture>** a été couvert comme un moyen de fournir une direction artistique. À travers ces discussions, nous avons renforcé l'idée que l'utilisation efficace des images va au-delà de la simple décoration, servant à améliorer l'expérience utilisateur et l'accessibilité du contenu web.

Créer des Connexions Significatives avec des Liens

Le chapitre a progressé vers le rôle intégral des liens dans le tissage de la vaste toile du web. Nous avons examiné comment créer des liens internes pour favoriser une navigation facile au sein d'un site web et des liens externes pour nous connecter au monde numérique plus large. Une attention particulière a été accordée pour rendre les liens accessibles et conviviaux, incluant l'utilisation de texte de lien descriptif et l'implémentation de l'attribut **target="_blank"** de manière responsable avec **rel="noopener noreferrer"** pour la sécurité.

Les liens mailto ont été introduits comme une méthode pour ajouter une fonctionnalité de courrier électronique directement dans une page, et nous avons discuté de la façon de créer des liens vers des ressources téléchargeables, élargissant encore davantage les façons dont nous pouvons nous connecter et apporter de la valeur à nos utilisateurs.

Améliorer les Pages Web avec des Exercices Pratiques

Le chapitre a culminé dans des exercices pratiques destinés à appliquer les concepts appris. Les participants ont été guidés dans l'ajout d'images et de liens à une page d'article de blog, renforçant l'importance de ces éléments dans la création de contenu riche et engageant. À travers ces exercices, nous avons pratiqué non seulement les aspects techniques du développement web, mais aussi la pensée créative et stratégique derrière une conception web efficace.

Conclusion

En concluant le Chapitre 5, il est clair que les images et les liens ne sont pas de simples ornements, mais des composants fondamentaux qui contribuent à la nature dynamique du web. Ce sont des outils à notre disposition pour créer des récits convaincants, faciliter l'exploration et connecter des idées. Ce chapitre a posé les fondations pour que vous continuiez à explorer et à innover dans la façon dont vous intégrez des images et des liens dans vos projets web. Rappelez-vous, les pages web les plus efficaces sont celles qui combinent des compétences techniques avec une conception réfléchie et une considération de l'utilisateur. Continuez à expérimenter, à apprendre et à repousser les limites de ce que vous pouvez créer.

Chapitre 6 : Structurer les Pages Web

Bienvenue au Chapitre 6, une exploration passionnante intitulée « Structurer les Pages Web », où nous nous penchons sur les aspects architecturaux du développement web, un composant fondamental qui influence fortement la fonctionnalité et l'attrait esthétique des sites web. Ce chapitre est consacré à l'exploration approfondie des principes fondamentaux qui guident l'organisation et la conception des pages web. Ces principes assurent la création de sites web qui ne sont pas seulement visuellement attrayants, mais aussi fonctionnels, faciles à utiliser et intuitifs pour les visiteurs de tous niveaux de compétence.

Nous nous lançons dans un voyage éclairant tout au long de ce chapitre, au cours duquel nous découvrirons l'importance profonde du modèle de boîte, un concept fondamental qui constitue la base de la conception CSS. Nous explorerons également la vaste puissance de Flexbox et Grid de CSS, des outils modernes qui ont révolutionné la gestion de la mise en page avec leur flexibilité et leur facilité d'utilisation. Un autre sujet clé que nous explorerons est l'importance du HTML sémantique, un aspect crucial pour établir l'accessibilité et le référencement SEO d'un site web. Le HTML sémantique garantit que notre contenu web n'est pas seulement lisible par les machines, mais aussi significatif et accessible à tous les utilisateurs, y compris ceux qui dépendent de technologies d'assistance.

Alors, abordons ces sujets avec un esprit ouvert, un désir d'apprendre et un engagement fort à développer des pages web qui se distinguent par leur clarté, leur cohérence et leur capacité de réponse. Notre objectif est de concevoir des sites web qui non seulement ont belle apparence, mais fournissent également une excellente expérience utilisateur, favorisant l'engagement et facilitant le flux d'informations sans accroc. Commençons ce fascinant voyage de découverte et d'apprentissage !

6.1 Comprendre le Modèle de Boîte

Au cœur même de la conception des feuilles de style en cascade (CSS) se trouve le modèle de boîte. Ce concept fondamental joue un rôle clé dans la façon dont les éléments HTML sont représentés et organisés sur la page web. C'est une partie essentielle de la conception et du développement web, et comprendre ses complexités est fondamental pour quiconque souhaite avoir le contrôle sur l'apparence des sites web.

Le modèle de boîte est essentiellement une boîte rectangulaire qui enveloppe les éléments HTML, et se compose de plusieurs couches qui incluent la marge, la bordure, le rembourrage et la zone de contenu réelle. Chacune de ces couches joue un rôle unique dans la façon dont les éléments sont affichés et interagissent entre eux sur la page.

Comprendre le modèle de boîte n'est pas seulement crucial pour contrôler ces aspects, mais fournit également une base pour des concepts CSS plus avancés, tels que le positionnement et le flottement des éléments. En maîtrisant le modèle de boîte, vous pouvez vous assurer que vos mises en page web sont cohérentes et se comportent comme prévu sur différents navigateurs et appareils.

Maintenant, plongeons dans les composants du modèle de boîte. Nous les décomposerons un par un et examinerons comment chacun influence la conception et la disposition des pages web. Cela nous fournira une compréhension claire de la façon dont ils travaillent ensemble pour créer une mise en page web cohésive et visuellement attrayante.

6.1.1 Les Composants du Modèle de Boîte

Le modèle de boîte, un concept fondamental en conception et développement web, se compose de quatre composants critiques qui englobent chaque élément HTML :

Contenu

Dans le contexte du modèle de boîte, le contenu représente la section centrale où sont affichés une variété de médias, y compris, mais sans s'y limiter, du texte ou des images. Cette zone est fondamentale car elle contient l'information ou les éléments principaux avec lesquels un utilisateur interagit lorsqu'il visite une page web.

La taille de cette zone de contenu n'est pas rigide ou fixe ; au contraire, elle est flexible et peut être manipulée pour s'adapter aux besoins de la mise en page. Grâce à l'application de propriétés telles que la largeur et la hauteur, les développeurs ont le pouvoir de contrôler et d'ajuster la conception de la zone de contenu. Cette flexibilité est cruciale car elle permet aux développeurs de créer des mises en page réactives qui s'adaptent à différentes tailles d'écran et appareils, assurant ainsi une expérience utilisateur optimale.

En résumé, la zone de contenu, étant le cœur du modèle de boîte, joue un rôle critique dans le développement web, offrant un espace où le contenu est affiché et l'opportunité d'adapter la mise en page selon des exigences spécifiques.

Rembourrage

En conception et développement web, le rembourrage se réfère à la quantité d'espace qui existe entre le contenu réel et sa bordure. Cet espace ou zone, souvent laissé en blanc ou rempli d'une couleur ou d'un motif, sert à augmenter la zone qui entoure le contenu à l'intérieur d'un élément HTML spécifique, influençant ainsi sa taille totale et parfois même sa forme.

Cet espace ne sert pas seulement un objectif fonctionnel, comme rendre le contenu à l'intérieur de l'élément plus lisible ou facile à utiliser en évitant qu'il ne touche la bordure, mais joue également un rôle significatif dans l'aspect esthétique et visuel d'une page web. C'est une partie critique du concept du modèle de boîte CSS, qui est un principe fondamental dans la conception web qui affecte la mise en page et l'apparence de la page.

Le rembourrage aide à créer des mises en page visuellement attrayantes, équilibrées et bien espacées en fournissant l'« espace de respiration » nécessaire autour du contenu. Il aide à séparer le contenu de ses éléments environnants, le faisant ressortir ou simplement rendant la page plus facile et confortable à lire et à naviguer.

Par conséquent, comprendre et utiliser efficacement le rembourrage est crucial pour tout concepteur ou développeur web qui vise à créer des pages web qui ne sont pas seulement fonctionnelles et faciles à utiliser, mais aussi visuellement attrayantes et engageantes.

Bordure

La bordure est un composant crucial de la conception d'une page web, agissant comme la couche extérieure qui encapsule le rembourrage (s'il est présent) et le contenu réel. Cette bordure, qui définit le bord d'un élément, possède une multitude d'options de style qui peuvent être manipulées selon les désirs du concepteur. Les concepteurs ont la liberté d'expérimenter avec diverses largeurs, leur permettant de rendre la bordure aussi fine ou épaisse qu'ils le souhaitent.

De plus, il existe un large spectre de couleurs disponibles à l'usage, offrant l'opportunité d'aligner la bordure avec le schéma de couleurs général de la page web ou de l'utiliser comme un outil pour mettre en évidence certains éléments et attirer l'attention du spectateur. Le style de la bordure est un autre élément qui peut être personnalisé : elle peut être solide, pointillée, discontinue, double, rainurée, crête, en relief, incrustée ou en saillie.

Ce haut degré de personnalisation qu'offre la bordure permet aux concepteurs de l'utiliser non seulement comme un composant structurel, mais aussi comme un outil pour améliorer l'attrait esthétique de la page web. Elle peut être utilisée pour mettre en évidence certains éléments, guider l'œil du spectateur ou contribuer à un thème ou style visuel spécifique. En essence, bien qu'elle paraisse simple, la bordure est un outil puissant dans l'arsenal d'un concepteur pour créer des pages web visuellement attrayantes et efficaces.

Marge

Dans le domaine du CSS et de la conception web, la marge joue un rôle significatif en tant que partie du modèle de boîte. Elle représente la couche la plus externe, servant de zone tampon qui existe entre la bordure de l'élément et tout autre élément environnant dans la même mise en page.

La marge ne contribue pas directement à la taille de l'élément lui-même. Cela la distingue du rembourrage, qui est un autre aspect crucial du modèle de boîte qui affecte la taille de l'élément. Cependant, la marge a un impact indirect mais substantiel sur la présentation générale d'une page web. Sa fonction principale est de contrôler la position de l'élément sur la page par rapport aux autres éléments.

Ce pouvoir de positionnement de la marge est fondamental pour atteindre la mise en page souhaitée dans le développement de sites web. Il permet aux développeurs d'ajuster la distance entre différents éléments, assurant que la présentation visuelle de la page web ne soit pas encombrée et que chaque élément ait suffisamment d'espace pour se démarquer. Par conséquent, bien qu'elle puisse sembler un détail mineur, la marge est une partie essentielle pour créer une mise en page de page web efficace et visuellement attrayante.

6.1.2 Visualisation du Modèle de Boîte

Maintenant, plongeons dans une explication plus détaillée de la façon dont ces composants essentiels interagissent entre eux :

```
Margin
Border
Padding
Content
```

Ces quatre éléments constituent les blocs de construction de toute mise en page en CSS. Chacun d'eux joue un rôle unique dans la façon dont le contenu est présenté et interagit avec les éléments qui l'entourent. Voici leur fonction :

- La Marge est l'espace qui sépare l'élément des autres qui l'entourent. C'est la couche la plus externe que vous pouvez contrôler.

- La Bordure est la ligne immédiate qui enveloppe le Rembourrage et le Contenu.

- Le Rembourrage est l'espace qui amortit le Contenu de la Bordure. Il donne de l'espace pour respirer à votre contenu.

- Le Contenu, bien sûr, est l'information principale ou l'élément que vous souhaitez afficher. Il peut s'agir de texte, d'image, de vidéo, etc.

Pour contrôler ces propriétés en CSS, vous pourriez utiliser une déclaration de style comme celle-ci :

```
.box {
    width: 300px; /* This sets the Width of the content area */
    padding: 20px; /* This gives a Space between the content and border */
    border: 5px solid black; /* This is the Border surrounding the padding */
    margin: 10px; /* This is the Space between the border and other elements around
it */
}
```

Il s'agit d'une méthode simple mais efficace pour contrôler comment un élément interagit avec les éléments qui l'entourent et comment il présente son contenu.

6.1.3 Le Modèle de Boîte en Action

Maintenant, plongeons-nous dans une application pratique du concept du modèle de boîte. Imaginez un instant que vous êtes chargé de créer un composant de carte, peut-être pour une page de profil d'utilisateur sur une plateforme de réseaux sociaux ou un site de réseautage professionnel. Ce composant de carte afficherait des informations pertinentes sur l'utilisateur, et votre tâche est de le concevoir et de le formater de manière attrayante et fonctionnelle.

Exemple :

```
<div class="profile-card">
    <img src="profile-picture.jpg" alt="Profile Picture" style="width:100%;">
    <div class="info">
        <h2>Jane Doe</h2>
        <p>Web Developer</p>
    </div>
</div>
Pour styliser ce composant en utilisant le modèle de boîte :
.profile-card {
    width: 250px;
    border: 2px solid #007BFF;
    padding: 15px;
    margin: 20px auto; /* Centering the card */
}

.info {
    padding: 10px;
    border-top: 1px solid #ccc; /* Separating image from text */
}
```

Dans cet exemple, l'élément **.profile-card** est stylisé avec un rembourrage spécifique, une bordure et une marge pour s'assurer que le contenu est bien présenté et visuellement séparé des autres éléments de la page. La section **.info** utilise en outre un rembourrage et une bordure supérieure pour séparer proprement le texte de l'image située au-dessus.

Comprendre le modèle de boîte est essentiel pour maîtriser le CSS et structurer efficacement les pages web. Il vous permet de contrôler l'espacement, la bordure et la disposition des éléments, ce qui conduit à des conceptions plus précises et flexibles.

Maintenant, explorons quelques considérations et conseils supplémentaires qui sont cruciaux lors du travail avec le modèle de boîte CSS. Ces connaissances vous aideront à affiner vos conceptions et à aborder les défis courants que vous pourriez rencontrer.

6.1.4 Propriété Box-Sizing

L'une des propriétés les plus critiques en CSS qui a une relation directe avec le modèle de boîte est la propriété **box-sizing**. Cette propriété en particulier joue un rôle crucial dans la détermination de la façon dont la largeur et la hauteur des différents éléments sont calculées.

Dans la configuration par défaut, les éléments utilisent **box-sizing: content-box**. Ce que cela implique, c'est que la largeur et la hauteur des éléments ne couvrent que la zone de contenu. Tout rembourrage supplémentaire et toute bordure sont ajoutés en plus de cela, contribuant à la taille totale de l'élément. Cette méthode peut souvent rendre le travail de conception précis un peu plus difficile que nécessaire, car elle nécessite des calculs supplémentaires pour s'assurer que l'élément s'ajuste correctement dans son conteneur parent.

Pour atténuer ce problème et simplifier le processus de création de dispositions, il existe une configuration alternative que vous pouvez utiliser, qui est **box-sizing: border-box**. Lorsque cette configuration est appliquée, elle modifie la façon dont la largeur et la hauteur des éléments sont calculées. Au lieu de ne couvrir que la zone de contenu, ces dimensions incluent désormais à la fois le rembourrage et la bordure. Cette modification rend la taille totale de l'élément plus prévisible et beaucoup plus facile à contrôler, ce qui peut considérablement accélérer le processus de création de la disposition.

Exemple :

```
/* Apply border-box to all elements */
* {
    box-sizing: border-box;
}
```

Appliquer **border-box** de manière globale peut simplifier votre CSS et rendre vos conceptions plus intuitives à travailler.

6.1.5 Fusion des Marges

Lorsque deux éléments sont empilés verticalement dans une page web ou dans une disposition, comme deux paragraphes, et que leurs marges verticales entrent en contact l'une avec l'autre, un phénomène unique connu sous le nom de « fusion des marges » peut se produire.

Cette situation entraîne la fusion des deux marges en une seule marge consolidée. C'est une caractéristique distinctive des marges verticales, qui les différencie de leurs homologues horizontaux. Cette fusion ou « effondrement » ne se produit pas avec les marges horizontales.

Obtenir une compréhension complète de ce qu'implique la fusion des marges est fondamental pour toute personne cherchant à obtenir un contrôle précis sur l'espacement des éléments dans ses conceptions de disposition. La connaissance permet un meilleur contrôle et une meilleure manipulation des espaces entre différents éléments, assurant un attrait visuel et une lisibilité optimale.

Dans certains scénarios, vous pourriez avoir besoin d'employer d'autres outils ou techniques de conception, comme le rembourrage ou les bordures, pour éviter la survenue de la fusion des marges. Cela pourrait être nécessaire lorsque vous recherchez un effet esthétique différent dans votre conception et que la fusion des marges perturberait ou interférerait avec ce résultat souhaité.

6.1.6 Gestion du Débordement

Une partie intégrante du modèle de boîte en CSS qui nécessite de l'attention est la gestion du contenu lorsqu'il dépasse les limites de son conteneur. Cette situation est généralement appelée débordement. Le débordement peut souvent compliquer la conception s'il n'est pas géré correctement, mais CSS fournit une propriété conçue spécifiquement pour gérer ce scénario.

La propriété **overflow**, un outil essentiel dans la boîte à outils d'un développeur, offre la capacité de dicter comment le contenu excédentaire doit être traité ou affiché. Elle fournit un niveau de contrôle qui peut être crucial lors du traitement de conceptions réactives, où la quantité de contenu et l'espace disponible peuvent varier considérablement.

Cette propriété peut être manipulée en utilisant une variété de valeurs différentes, chacune offrant une manière unique de gérer le débordement. Ces valeurs incluent **visible**, **hidden**, **scroll** et **auto**.

La valeur **visible**, comme son nom l'indique, permet au contenu excédentaire de s'étendre en dehors de son conteneur. Cela peut être utile dans certains scénarios, mais cela risque également de perturber la disposition générale de la page.

D'autre part, la valeur **hidden** travaille pour empêcher l'affichage de tout contenu supplémentaire. Elle coupe efficacement tout contenu qui dépasse le bord du conteneur, assurant qu'il n'interfère pas avec le reste de la disposition.

La valeur **scroll** introduit des barres de défilement dans le conteneur. Celles-ci sont affichées indépendamment de l'existence ou non d'un débordement, fournissant une apparence et une sensation cohérentes mais potentiellement trompeuses pour les utilisateurs s'il n'y a pas de débordement à faire défiler.

Enfin, la valeur **auto** se comporte de manière plus réactive. Elle introduit des barres de défilement uniquement lorsque le contenu dépasse les limites de son conteneur. Cela fournit un aspect épuré et minimaliste lorsqu'il n'y a pas de débordement, mais permet aux utilisateurs de naviguer dans tout le contenu lorsqu'il y en a.

Par exemple, pour ajouter des barres de défilement à un élément lorsque son contenu déborde :

```css
.overflow-container {
    width: 100%;
    height: 150px;
    overflow: auto; /* Adds scrollbars if content overflows */
}
```

Ceci est particulièrement utile dans les scénarios où vous souhaitez limiter la taille d'un élément tout en rendant l'intégralité de son contenu accessible à l'utilisateur.

6.1.7 Accessibilité et le Modèle de Boîte

Le modèle de boîte est une partie essentielle de la conception de sites web qui affecte principalement la mise en page visuelle, mais qui a également des implications significatives pour l'accessibilité. Il est vital de s'assurer que tous les éléments interactifs, tels que les boutons ou les liens, disposent d'un rembourrage suffisant pour qu'ils soient facilement cliquables. Cela améliore l'utilisabilité pour tous les utilisateurs, mais est particulièrement bénéfique pour les personnes qui peuvent avoir des difficultés avec le contrôle moteur.

De plus, lorsque vous utilisez des bordures pour transmettre des informations, comme l'utilisation de différentes couleurs pour indiquer divers états d'entrée de formulaire, il est impératif d'utiliser également des étiquettes de texte ou des icônes descriptives. Cette modalité duale de communication garantit que l'information est accessible à tous les utilisateurs, y compris ceux ayant des déficiences visuelles ou ceux utilisant des technologies d'assistance comme les lecteurs d'écran.

De cette manière, tout en vous concentrant sur l'esthétique et la conception de votre site web, vous le rendez également plus inclusif et facile à utiliser, répondant aux besoins d'un large éventail d'utilisateurs ayant des besoins et des capacités diverses. Par conséquent, lors de la mise en œuvre du modèle de boîte dans votre conception, considérez toujours son impact tant sur la présentation visuelle que sur l'accessibilité.

Le modèle de boîte est une pierre angulaire de la conception CSS, offrant un cadre pour comprendre comment les éléments sont dimensionnés et espacés sur le web. En maîtrisant des propriétés comme **box-sizing**, en abordant des défis tels que la fusion des marges et le débordement, et en tenant compte de l'accessibilité dans vos conceptions, vous pouvez créer des mises en page précises, flexibles et faciles à utiliser.

6.2 Utilisation des Divs et des Spans

Dans le monde expansif et dynamique du développement web, les éléments **<div>** et **<span>** occupent une position unique et importante. Ils peuvent être considérés comme les couteaux suisses de HTML : des outils polyvalents, adaptables et indispensables que tout développeur web devrait avoir dans son arsenal.

La fonction principale de ces éléments est de regrouper d'autres éléments ensemble. Cela peut être pour une multitude de raisons, comme à des fins de style avec l'utilisation de feuilles de style en cascade (CSS), ou pour la manipulation de diverses parties du document avec l'utilisation de JavaScript.

À première vue, ces éléments peuvent sembler simples et directs. Cependant, une compréhension plus approfondie et une maîtrise des **<div>** et **<span>** peuvent améliorer considérablement la structure, la lisibilité et l'esthétique générale de vos pages web. En apprenant à utiliser ces éléments de manière efficace et efficiente, vous pouvez apporter non seulement de l'organisation mais aussi du style et de l'élégance à votre contenu.

Alors, embarquons dans un voyage pour explorer ces éléments en détail. Avec une approche bienveillante et claire, nous approfondirons les subtilités des **\<div\>** et **\<span\>**, en mettant en lumière leurs capacités et leurs utilisations potentielles. Cette exploration vous fournira certainement les connaissances et les compétences nécessaires pour élever votre pratique de développement web et créer des pages web attrayantes, bien structurées et esthétiquement plaisantes.

6.2.1 L'élément \<div\>

L'élément **\<div\>**, un composant fondamental en HTML, sert de conteneur de niveau bloc. Sa fonction principale est de consolider plusieurs éléments HTML en un groupe singulier. Cette consolidation permet aux développeurs web d'appliquer des styles CSS ou de déclencher des actions JavaScript sur ces éléments regroupés comme une unité cohésive, améliorant ainsi l'efficacité et la cohérence de la conception web.

Une caractéristique des éléments **\<div\>** est leur nature de niveau bloc. Cela signifie qu'ils commencent naturellement sur une nouvelle ligne au sein de la page web, occupant toute la largeur disponible. Cela leur permet de s'étendre autant que possible dans la direction horizontale, fournissant une toile ample pour que les concepteurs et développeurs web puissent travailler.

Pour illustrer l'utilisation pratique d'un **\<div\>**, considérez l'exemple de la création d'une barre latérale pour un blog. Une barre latérale typique pourrait englober une variété de contenu, comme une brève biographie de l'auteur, une liste d'entrées récentes du blog et un répertoire de catégories de publications.

Avec l'aide de l'élément **\<div\>**, chacune de ces sections de contenu peut être regroupée. Ce regroupement facilite la gestion et le style de la barre latérale dans son ensemble, améliorant l'interface utilisateur et l'expérience générale du blog.

Exemple :

```
<div class="sidebar">
    <div class="author-bio">
        <h3>About the Author</h3>
        <p>...</p>
    </div>
    <div class="recent-posts">
        <h3>Recent Posts</h3>
        <ul>...</ul>
    </div>
    <div class="categories">
        <h3>Categories</h3>
        <ul>...</ul>
    </div>
```

```
</div>
```

Dans cet exemple, chaque section de la barre latérale est enveloppée dans un **<div>**, ce qui facilite l'application de styles spécifiques ou de scripts à ces sections. Le **<div class="sidebar">** externe regroupe le tout en une unité logique, qui peut être stylisée pour apparaître différemment de la zone de contenu principale.

6.2.2 L'élément <span>

L'élément **<span>** sert d'outil hautement polyvalent en HTML. Fonctionnant comme un conteneur en ligne, son objectif principal est de regrouper une portion de texte ou d'éléments en ligne. Cela est particulièrement utile pour la stylisation, car il permet de manipuler une partie spécifique du texte sans affecter le reste du document.

Contrairement à l'élément **<div>**, **<span>** ne se déplace pas automatiquement vers une nouvelle ligne. Au contraire, il n'occupe que la largeur nécessaire pour le contenu qu'il encapsule. Cette flexibilité dans la gestion de la largeur fait de **<span>** un choix idéal pour styliser des segments de texte au sein d'un paragraphe. De plus, il réalise cela sans interrompre le flux général du document, assurant que l'uniformité du texte ne soit pas brisée.

Disons, par exemple, que vous souhaitez attirer l'attention du lecteur sur une partie spécifique d'un paragraphe. Il pourrait s'agir d'un terme ou d'une phrase clé qui est crucial pour comprendre le reste du contenu. Dans ce cas, un élément **<span>** peut être utilisé pour mettre en évidence efficacement la partie sélectionnée du texte, attirant l'attention sur celle-ci sans interrompre la cohésion du paragraphe.

Exemple :

```
<p>In web development, the term <span class="highlight">"semantic HTML"</span> refers
to the practice of using HTML elements for their given purpose, enhancing the content's
meaning and accessibility.</p>
```

Ici, le **<span class="highlight">** enveloppe « HTML sémantique », ce qui vous permet d'appliquer des styles distincts, comme une couleur différente ou une graisse de police distincte, à cette partie du texte sans affecter le reste du paragraphe.

6.2.3 Meilleures Pratiques pour Utiliser les <div> et les <span>

- **Usage Sémantique** : L'un des aspects cruciaux du développement web est l'utilisation judicieuse des **<div>** et des **<span>**, qui sont remarquablement flexibles. Cependant, il est important d'envisager l'utilisation d'éléments plus sémantiquement appropriés comme **<article>**, **<section>**, **<header>**, **<footer>**, et autres. Ces éléments sémantiques jouent un rôle fondamental dans l'amélioration de l'accessibilité et de l'optimisation pour les moteurs de recherche (SEO) en fournissant davantage d'informations sur la structure de votre contenu, le rendant ainsi facilement compréhensible pour les moteurs de recherche et les technologies d'assistance.

- **Minimiser la Divite** : Un piège courant dans le développement web est la « Divite », l'utilisation excessive d'éléments **<div>** qui résulte en des structures HTML inutilement compliquées. Il est recommandé d'utiliser les **<div>** de manière intelligente, en ne les déployant que lorsqu'un élément plus sémantique n'est pas approprié. De cette façon, vous pouvez maintenir une structure HTML propre et facile à naviguer.

- **Stylisation avec CSS** : C'est une bonne pratique de tirer parti des classes et des ID CSS pour appliquer des styles à vos **<div>** et **<span>**. Cette approche garantit non seulement que votre HTML reste propre, mais impose également une séparation saine entre le contenu et la présentation. Ce faisant, vous pouvez maintenir l'intégrité de votre contenu tout en effectuant des ajustements stylistiques, garantissant ainsi que l'attrait visuel de votre site web ne compromette pas sa fonctionnalité ou son accessibilité.

Les éléments **<div>** et **<span>** sont fondamentaux pour créer du contenu web bien structuré et stylisé. En comprenant et en utilisant ces éléments de manière efficace, vous pouvez créer des pages web qui sont à la fois visuellement attrayantes et organisées. À mesure que vous continuez à construire et à styliser vos projets web, souvenez-vous de l'importance de choisir le bon élément pour la tâche en question, en visant la clarté, l'accessibilité et la beauté dans vos conceptions. Continuez à explorer les vastes possibilités qu'offrent ces éléments et profitez du processus de donner vie à vos visions créatives sur le web.

6.2.4 Flexbox et Grid CSS avec les Éléments <div>

Bien que les éléments **<div>** fonctionnent comme des conteneurs hautement adaptables dans le domaine du codage HTML, leur véritable potentiel est libéré lorsqu'ils sont intégrés avec les modes de mise en page CSS, comme Flexbox et Grid.

Ces outils ont un pouvoir significatif et offrent une variété de méthodes plus sophistiquées pour organiser les éléments **<div>**, ainsi que d'autres composants sur votre page web. La combinaison de ces éléments offre un niveau sans précédent de flexibilité et de contrôle sur les mises en page complexes.

Cela vous permet de manipuler la mise en page de votre page web de manières qui étaient auparavant difficiles ou même impossibles, révolutionnant effectivement votre approche de la conception de la disposition des pages web.

Flexbox

Flexbox, également connu sous le nom de Module de Boîte Flexible, est un outil idéal pour créer des mises en page unidimensionnelles, que ce soit dans une rangée horizontale ou dans une colonne verticale. Il offre une manière puissante d'aligner et de distribuer l'espace entre les éléments dans un conteneur, même lorsque leur taille est inconnue ou dynamique.

Cette caractéristique rend Flexbox hautement précieux lorsqu'il s'agit d'adapter des mises en page à différentes tailles d'écran, un problème courant dans la conception web réactive. Sa nature flexible permet une conception plus facile et moins de code, ce qui en fait un choix populaire parmi les développeurs web.

Exemple :

```
.flex-container {
    display: flex;
    justify-content: space-between;
    align-items: center;
}
```

Cet exemple transforme un **<div>** en un conteneur flex, organisant ses éléments enfants en une rangée avec de l'espace entre eux et en les alignant verticalement au centre.

Grid

Le système de grille, un outil très utile dans le monde du design, est méticuleusement conçu pour s'adapter spécifiquement aux mises en page bidimensionnelles, englobant à la fois les lignes et les colonnes. Ce système ingénieusement conçu sert de colonne vertébrale de la flexibilité, permettant aux designers de créer des mises en page complexes et multiformes avec facilité.

Avec le système de grille, on peut créer des zones au sein de la mise en page qui varient énormément en taille et en positionnement, ce qui en fait un outil polyvalent pour toute boîte à outils de designer. Que vous travailliez sur un petit projet ou sur une mise en page à grande échelle, le système de grille permet la création d'une mise en page harmonieuse et équilibrée.

Idéal pour les mises en page nécessitant une organisation complexe et un placement précis, le système de grille offre une solution incroyablement robuste et complète pour tout scénario de planification de design détaillé. En employant le système de grille, les designers peuvent mettre de l'ordre dans le chaos, créant des mises en page esthétiquement agréables qui sont à la fois fonctionnelles et attrayantes.

Exemple :

```
.grid-container {
    display: grid;
    grid-template-columns: 1fr 2fr;
    gap: 10px;
}
```

Ici, un **<div>** est stylisé comme un conteneur de grille avec deux colonnes de largeurs différentes, séparées par un espace.

6.2.5 Considérations de Design Réactif

Lorsqu'il s'agit de structurer votre page web en utilisant des éléments **<div>**, il est vital de tenir compte de l'adaptabilité de votre design à différentes tailles d'écran. À l'ère moderne, où les gens accèdent à Internet depuis une grande variété d'appareils avec différentes tailles d'écran, l'importance d'un design réactif ne peut être exagérée.

Un design réactif garantit non seulement que votre contenu conserve une apparence esthétiquement agréable, mais aussi qu'il reste fonctionnel et facile à utiliser sur tous les appareils.

- Il est recommandé d'utiliser des unités relatives comme les pourcentages ou **em** lors de la définition des largeurs et des marges. C'est parce que ces unités sont évolutives et s'adaptent en fonction de la taille de l'écran ou de l'élément parent, contrairement aux unités fixes comme les **px**, qui ne changent pas avec la taille de l'écran, ce qui pourrait provoquer des problèmes de mise en page sur des écrans plus petits ou plus grands.

- Une autre stratégie clé est l'utilisation de requêtes média. Celles-ci sont un outil puissant qui vous permet d'ajuster vos styles en fonction de la taille de la fenêtre d'affichage. Avec les requêtes média, vous pouvez appliquer différents styles pour différents appareils, garantissant ainsi que votre design reste visuellement attrayant et facile à utiliser, quelle que soit la taille de l'écran sur lequel il est visualisé.

- Enfin, mais non des moindres, il est crucial de tester vos designs sur divers appareils. Cette étape garantit que votre design est polyvalent et peut s'adapter facilement à différentes tailles d'écran. C'est une chose de concevoir un design réactif, mais c'en est une toute autre de s'assurer qu'il fonctionne comme prévu dans la pratique. En testant vos designs sur une variété d'appareils, vous pouvez identifier et résoudre tout problème potentiel avant qu'il n'affecte vos utilisateurs.

6.2.6 Améliorations de l'Accessibilité

Bien que les éléments **<div>** et **<span>** soient intrinsèquement neutres en termes de sémantique, ils peuvent être rendus plus accessibles en prenant certaines mesures :

- La première mesure implique l'utilisation de rôles et d'attributs ARIA. Ceux-ci doivent être utilisés le cas échéant pour définir le rôle spécifique des éléments. Par exemple, vous pouvez attribuer **role="navigation"** à un élément **<div>** qui est utilisé pour la navigation. Cela aide les technologies d'assistance à comprendre le but de l'élément, améliorant ainsi l'expérience pour les utilisateurs qui dépendent de telles technologies.

- Deuxièmement, il est important d'assurer la navigabilité au clavier. Ceci est particulièrement important pour les éléments interactifs créés avec **<div>** et **<span>**. Tous les utilisateurs ne peuvent pas ou ne préfèrent pas utiliser une souris, et ces utilisateurs devraient pouvoir naviguer et interagir avec tous les éléments en utilisant uniquement leur clavier.

- Enfin, vous devez fournir des styles de focus pour les éléments qui peuvent recevoir le focus. Cela améliore l'utilisabilité pour les utilisateurs du clavier, car cela rend immédiatement évident quel élément a le focus à un moment donné. Cela peut être fait via CSS, et il est recommandé de rendre les styles de focus distincts et très visibles.

En mettant en œuvre ces étapes, vous pouvez améliorer considérablement l'accessibilité de vos éléments **<div>** et **<span>**, rendant votre site web ou application plus inclusif pour tous les utilisateurs.

6.2.7 L'Importance du Code Propre

En conclusion, bien que les éléments **<div>** et **<span>** soient des outils extrêmement bénéfiques et polyvalents dans le domaine du codage, on doit toujours rechercher un code propre, durable et facile à maintenir :

- Évitez l'imbrication inutile et excessive de **<div>**s. Cette pratique peut conduire à la création de structures de code complexes qui peuvent s'avérer difficiles à maintenir et à modifier à l'avenir. Gardez votre code aussi simple et clair que possible.

- Utilisez les **<span>**s avec discrétion dans le contenu textuel. Cet élément, bien qu'utile, peut interrompre le flux et la lisibilité de votre texte s'il est utilisé de manière excessive ou incorrecte. Soyez judicieux dans l'utilisation des **<span>**s pour vous assurer que votre texte reste facile à lire et à comprendre.

- Faites-en une pratique régulière de refactoriser votre code. Ce processus implique de revoir votre code pour améliorer sa structure globale sans changer son comportement externe. Au fur et à mesure que vous approfondissez votre compréhension du HTML sémantique au fil du temps, vous pouvez remplacer les **<div>**s et **<span>**s non sémantiques par des éléments HTML5 plus appropriés. Cette pratique aide non seulement à améliorer la lisibilité de votre code, mais aussi son efficacité.

Les éléments **<div>** et **<span>** sont fondamentaux pour le développement web, offrant des possibilités infinies pour structurer et styliser le contenu. En maîtrisant ces éléments et en employant les meilleures pratiques en matière de design, de réactivité, d'accessibilité et de propreté du code, vous pouvez créer des pages web qui ne sont pas seulement visuellement attrayantes, mais aussi robustes et faciles à utiliser.

6.3 Mise en Œuvre de la Navigation

La navigation, en tant qu'aspect intégral et fondamental de l'expérience utilisateur dans le design web, joue un rôle crucial dans la direction des visiteurs à travers le vaste paysage de votre site avec facilité et efficacité.

Un système de navigation qui a été mis en œuvre et exécuté avec soin améliore non seulement considérablement l'utilisabilité de votre site, mais contribue également à l'attrait esthétique général, élevant ainsi l'expérience utilisateur. Dans cette section complète et détaillée, nous approfondirons les techniques et les considérations impliquées dans la création d'un système de navigation intuitif, accessible et visuellement attrayant pour vos pages web.

Nous vous encourageons à vous lancer dans ce voyage avec patience, un œil attentif aux détails et un engagement envers l'excellence, en veillant à ce que chaque visiteur, quelle que soit sa connaissance technique, puisse naviguer sur notre site avec une facilité absolue et un effort minimal. De cette manière, nous pouvons créer un environnement accueillant et facile à utiliser qui répond à une large gamme de préférences et de besoins des utilisateurs.

6.3.1 Comprendre la Structure de Navigation

La pierre angulaire d'un système de navigation méticuleusement conçu et bien élaboré repose fermement sur la structure fondamentale sur laquelle il est construit. En général, cette structure fondamentale est généralement composée d'un menu principal primaire, qui dans certains cas pourrait être complété davantage par un ou plusieurs sous-menus ou barres latérales supplémentaires.

La décision d'inclure ces composants supplémentaires dépend en grande partie de la complexité et de l'ampleur du site en question. En d'autres termes, plus le site est complexe et étendu, plus la probabilité d'avoir besoin d'aides à la navigation supplémentaires pour aider les utilisateurs dans leur parcours sur le site est grande.

L'objectif principal de cette configuration architecturale, dans ses termes les plus basiques, est d'organiser et de disposer le contenu du site de la manière la plus logique, intuitive et facile à utiliser possible. En adhérant à ce principe, il devient beaucoup plus facile pour les utilisateurs de localiser les informations spécifiques qu'ils recherchent de manière efficace et efficiente.

Cette approche conviviale de la conception du site améliore non seulement de manière significative l'expérience utilisateur, mais améliore également la fonctionnalité globale du site. Elle le fait en rendant le site web plus navigable et en réduisant le temps et l'effort requis par les utilisateurs pour trouver et accéder aux informations dont ils ont besoin. En conséquence, le site web devient plus accessible et facile à utiliser, améliorant ainsi son utilisabilité et son efficacité globales.

6.3.2 Créer une Barre de Navigation de Base

Une barre de navigation de base, qui est l'un des composants clés dans la conception d'un site web convivial, peut être mise en œuvre avec succès en utilisant une simple liste non ordonnée (**<ul>**). Cette liste est placée à l'intérieur d'un élément de navigation (**<nav>**). L'élément **<nav>** est un élément sémantique HTML conçu spécifiquement pour contenir des liens de navigation.

En utilisant cet élément, on indique clairement à la fois à l'utilisateur et au navigateur web que la liste qu'il contient sert d'outil de navigation principal du site. Ceci est particulièrement bénéfique à des fins d'accessibilité, car cela aide les technologies d'assistance comme les lecteurs d'écran à comprendre la structure de votre site web, le rendant plus inclusif et facile à utiliser.

Exemple :

```
<nav>
    <ul class="navbar">
        <li><a href="index.html">Home</a></li>
        <li><a href="about.html">About Us</a></li>
        <li><a href="services.html">Services</a></li>
        <li><a href="contact.html">Contact</a></li>
    </ul>
</nav>
```

Dans cet exemple, chaque élément de liste (**<li>**) contient un lien (**<a>**) vers une page du site, créant une barre de navigation simple et linéaire.

6.3.3 Styliser la Barre de Navigation

Les feuilles de style en cascade, communément appelées CSS, sont un outil puissant qui peut rehausser l'attrait visuel d'une liste basique, la transformant en une barre de navigation attrayante et facile à utiliser. Ce langage dynamique et polyvalent offre une vaste gamme d'options pour styliser les éléments d'une page web.

Par exemple, si vous souhaitez changer l'orientation de votre barre de navigation en horizontal plutôt qu'en vertical, CSS vous offre la flexibilité nécessaire pour le faire. De plus, il vous permet également d'améliorer l'aspect esthétique général de la barre de navigation. Voici un exemple simple, mais efficace, de la façon dont vous pouvez utiliser CSS pour styliser une barre de navigation horizontale et améliorer considérablement son apparence.

Exemple :

```
.navbar {
    list-style-type: none;
    margin: 0;
    padding: 0;
    overflow: hidden;
    background-color: #333;
}

.navbar li {
    float: left;
}

.navbar li a {
    display: block;
    color: white;
    text-align: center;
```

```
    padding: 14px 16px;
    text-decoration: none;
}

.navbar li a:hover {
    background-color: #ddd;
    color: black;
}
```

Ce code CSS supprime le style de liste par défaut, positionne les éléments horizontalement en utilisant **float: left**, et stylise les liens pour créer un aspect cohérent. La pseudo-classe **:hover** ajoute un indice visuel lorsque les utilisateurs passent le curseur sur un élément de navigation, améliorant l'utilisabilité.

6.3.4 Rendre la Navigation Accessible

L'accessibilité est un facteur crucial dans la conception d'un site web convivial. Elle garantit que tous les utilisateurs, y compris ceux qui dépendent de technologies d'assistance comme les lecteurs d'écran ou la navigation au clavier, puissent utiliser la navigation de votre site de manière efficace et efficiente :

- **L'Importance d'Utiliser le HTML Sémantique** : Le HTML sémantique joue un rôle essentiel dans l'amélioration de l'accessibilité de votre site web. Un bon point de départ est l'utilisation de l'élément **<nav>**, qui est spécifiquement conçu pour contenir des liens de navigation. Vous devez structurer votre navigation de manière logique et compréhensible, même sans l'aide visuelle du CSS.

- **La Navigation au Clavier et son Importance** : La navigation au clavier est un aspect essentiel de l'accessibilité. Il est important de s'assurer que tous les liens de votre navigation puissent être accessibles et activés en utilisant uniquement le clavier. Cela rend votre site web plus facile à utiliser pour ceux qui ne peuvent pas utiliser une souris ou préfèrent la navigation au clavier.

- **Le Rôle des Balises ARIA dans l'Amélioration de la Navigation** : Les balises ARIA sont un autre outil à votre disposition pour améliorer l'accessibilité de votre site. Elles fournissent un contexte supplémentaire pour les éléments de navigation, ce qui est particulièrement bénéfique si votre site contient plusieurs blocs de navigation. L'utilisation de balises ARIA peut aider les utilisateurs de lecteurs d'écran à comprendre la fonction et le but de chaque élément de navigation, améliorant ainsi l'expérience utilisateur globale.

Exemple :

```
<nav aria-label="Main navigation">
    <!-- Navigation items -->
</nav>
```

6.3.5 Navigation Responsive

À l'ère moderne, alors que l'utilisation des appareils mobiles continue de croître et que de plus en plus d'utilisateurs accèdent au web depuis leurs smartphones et tablettes, il est devenu de plus en plus essentiel de s'assurer que la navigation de votre site web soit responsive.

Cette capacité de réponse est un composant clé pour fournir une expérience utilisateur fluide sur tous les appareils. Une méthode courante pour y parvenir consiste à transformer votre barre de navigation standard en un menu « hamburger » plus adapté aux appareils mobiles lorsque le site est consulté sur des écrans plus petits. Cette icône de menu compacte, généralement représentée par trois lignes horizontales empilées, est devenue un symbole standard pour les menus dans les interfaces mobiles.

La mise en œuvre de cette fonctionnalité implique généralement l'utilisation de requêtes média et de JavaScript ou CSS, qui sont utilisés pour afficher et masquer dynamiquement le menu en fonction de la taille de l'écran de l'utilisateur. Ce faisant, vous pouvez vous assurer que votre site web reste facile à utiliser et navigable, quel que soit l'appareil utilisé pour y accéder.

Exemple :

```css
@media screen and (max-width: 600px) {
    .navbar li {
        float: none;
    }
    /* Additional styles to transform navigation for mobile */
}
```

Mettre en œuvre une navigation efficace dans vos pages web est crucial pour offrir une expérience utilisateur positive. En structurant soigneusement vos éléments de navigation, en les stylisant pour qu'ils soient visuellement attrayants, en garantissant l'accessibilité et en les adaptant aux appareils mobiles, vous pouvez créer un système de navigation qui guide les utilisateurs de manière fluide à travers votre site. N'oubliez pas que la navigation n'est pas seulement une exigence fonctionnelle, c'est une opportunité d'améliorer l'utilisabilité et l'esthétique de vos projets web.

Maintenant, pour fournir une compréhension plus complète et nous assurer que vos structures de navigation soient efficaces et attrayantes, approfondissons quelques considérations supplémentaires et conseils avancés.

6.3.6 Utilisation de Menus Déroulants pour une Navigation Complexe

Pour les sites web qui contiennent une quantité importante de contenu, les menus déroulants servent d'outil efficace pour organiser les liens de navigation en catégories hiérarchiques. Cette disposition rend non seulement la navigation plus épurée, mais aussi plus intuitive pour l'utilisateur final.

Ce faisant, le site web devient plus facile à utiliser et son contenu plus accessible, améliorant l'expérience utilisateur globale et son engagement. Cependant, la mise en œuvre de menus déroulants n'est généralement pas un processus simple. Elle implique souvent l'ajout de davantage de HTML et CSS.

Le HTML est utilisé pour structurer les menus et sous-menus, tandis que le CSS est utilisé pour styliser et positionner ces éléments afin de s'assurer qu'ils s'alignent avec l'esthétique générale et la conception du site. Dans certains cas, il peut également être nécessaire d'utiliser JavaScript à des fins d'interactivité, comme faire apparaître ou disparaître les menus déroulants lorsque l'utilisateur survole ou clique sur un lien de navigation spécifique.

Exemple :

```
<nav>
  <ul class="navbar">
    <li><a href="#">Services</a>
      <ul class="dropdown">
        <li><a href="#">Web Design</a></li>
        <li><a href="#">Hosting</a></li>
        <li><a href="#">SEO</a></li>
      </ul>
    </li>
    <!-- More navbar items -->
  </ul>
</nav>
```

En CSS, on styliserait la classe **.dropdown** pour masquer le sous-menu par défaut et l'afficher au survol ou au clic, selon l'interaction souhaitée.

6.3.7 Menus Déroulants Accessibles

Les menus déroulants, lorsqu'ils sont correctement implémentés, peuvent considérablement améliorer l'expérience de navigation sur un site web en organisant et en fournissant un accès rapide aux différentes pages du site. Cependant, il est absolument crucial de s'assurer que ces menus déroulants soient accessibles à tous les utilisateurs, quelle que soit la manière dont ils interagissent avec le site.

Par exemple, certains utilisateurs peuvent préférer ou avoir besoin de naviguer sur le site en utilisant les commandes du clavier plutôt qu'une souris ou un écran tactile. Dans ce cas, il est essentiel que vos menus déroulants soient conçus pour accommoder la navigation au clavier. Cela implique de garantir que tous les éléments du menu soient accessibles via la touche Tab et que les touches fléchées puissent être utilisées pour naviguer à l'intérieur du menu déroulant.

De plus, il est nécessaire de s'assurer que les utilisateurs de lecteurs d'écran, qui dépendent de descriptions audio du contenu à l'écran, puissent comprendre et interagir avec la structure du menu déroulant. C'est là qu'interviennent les spécifications ARIA (Accessible Rich Internet

Applications). En utilisant des attributs et des rôles ARIA appropriés, vous pouvez communiquer la présence et l'état des menus déroulants aux technologies d'assistance.

Par exemple, l'attribut **aria-haspopup** peut être utilisé pour indiquer la présence d'un menu déroulant, tandis que l'attribut **aria-expanded** peut être utilisé pour communiquer si le menu déroulant est actuellement développé ou replié. Ces attributs fournissent des informations cruciales aux utilisateurs de lecteurs d'écran, les aidant à comprendre la structure du menu et à naviguer sur le site avec facilité.

En conclusion, bien que les menus déroulants puissent être un outil puissant pour améliorer la navigation sur un site web, il est vital de s'assurer qu'ils soient accessibles à tous les utilisateurs. Cela implique des considérations de conception soigneuses et l'utilisation d'attributs ARIA spécifiques pour communiquer des informations sur le menu aux technologies d'assistance.

6.3.8 Navigation Fixe

Les barres de navigation fixes, une caractéristique courante dans la conception web moderne, sont conçues pour rester verrouillées en haut de la fenêtre d'affichage pendant que l'utilisateur fait défiler la page vers le bas. Cette approche innovante garantit que les liens de navigation sont toujours accessibles depuis n'importe quel endroit de la page, peu importe jusqu'où l'utilisateur a fait défiler. Cela élimine le besoin pour l'utilisateur de devoir faire défiler laborieusement vers le haut de la page pour accéder aux liens de navigation, offrant ainsi une expérience de navigation plus fluide et conviviale.

La mise en œuvre de barres de navigation fixes peut être réalisée par l'utilisation de feuilles de style en cascade (CSS). La propriété spécifique utilisée en CSS pour créer cet effet est **position: sticky;**. En appliquant cette propriété à l'élément **<nav>** dans la structure HTML du site web, vous pouvez vous assurer que la barre de navigation reste fixe en haut de la fenêtre d'affichage pendant toute l'interaction de l'utilisateur avec le site, améliorant considérablement l'expérience utilisateur en fournissant un accès constant et facile aux liens de navigation clés du site.

Exemple :

```
.navbar {
  position: -webkit-sticky; /* Safari */
  position: sticky;
  top: 0;
  z-index: 1000;
}
```

6.3.9 Modèles de Navigation Mobile

Lors de la conception pour les plateformes mobiles, il est crucial de réfléchir attentivement au modèle de navigation le plus efficace et convivial pour votre site web. Les modèles de navigation traditionnels, comme le populaire menu « hamburger », ont été un élément de base dans de nombreuses conceptions mobiles. Cependant, il vaut la peine d'envisager d'autres modèles innovants et efficaces.

Par exemple, le modèle « priorité+ », qui met l'accent sur l'affichage avant tout des éléments de navigation principaux, tout en repliant les éléments secondaires sous un lien « Plus », peut simplifier l'expérience utilisateur en facilitant la navigation sur le site.

De plus, la mise en œuvre d'une barre d'onglets pour les liens de navigation clés peut offrir aux utilisateurs un accès plus direct et immédiat au contenu sur les écrans plus petits. Il s'agit de comprendre votre public et ses besoins, puis de concevoir la structure de votre navigation pour qu'elle soit aussi intuitive et accessible que possible.

6.3.10 Tests et Retours d'Expérience

Dans les étapes finales du développement, il est absolument crucial de tester minutieusement la structure de votre navigation sur divers appareils et avec de vrais utilisateurs. Cette phase de test est inestimable car elle sert de test décisif pour voir dans quelle mesure votre conception se traduit dans l'utilisation réelle.

Obtenir les commentaires de vrais utilisateurs peut révéler des aperçus sur la façon dont votre navigation est utilisée, et peut mettre en évidence des améliorations potentielles que vous n'avez peut-être pas envisagées. Les retours d'expérience des utilisateurs sont un outil essentiel pour améliorer l'utilisabilité car ils proviennent directement des personnes qui utiliseront votre conception.

En plus des retours d'expérience des utilisateurs, il existe également plusieurs outils disponibles qui peuvent fournir des données quantitatives sur la structure de votre navigation. Les outils de cartes thermiques et d'analyse peuvent vous donner une image claire des éléments de navigation les plus fréquemment utilisés par les utilisateurs. Ces données peuvent servir de guide pour les efforts d'optimisation, vous aidant à comprendre quelles parties de votre navigation fonctionnent bien et quelles parties pourraient nécessiter plus d'attention.

De cette manière, tester la structure de votre navigation et recueillir les retours d'expérience des utilisateurs, conjointement avec l'utilisation d'outils de cartes thermiques et d'analyse, vous permet d'affiner votre conception et de vous assurer qu'elle soit aussi conviviale et efficace que possible.

Une navigation efficace est une combinaison d'une structure claire, d'une conception soignée, de considérations d'accessibilité et de réactivité. En explorant des techniques avancées comme les menus déroulants, en garantissant l'accessibilité, en mettant en œuvre une navigation fixe pour la commodité et en adaptant votre navigation pour les appareils mobiles, vous pouvez améliorer considérablement l'expérience utilisateur. N'oubliez pas que la navigation doit guider les utilisateurs à travers votre site de manière fluide, rendant la découverte de contenu intuitive et engageante. Itérez continuellement sur la conception de votre navigation en fonction des commentaires des utilisateurs et de l'analyse pour répondre aux besoins et aux attentes de votre public.

6.4 Exercices : Structurez votre Page de Biographie avec Navigation et Sections

Félicitations d'être arrivé à cet exercice pratique où vous appliquerez vos nouvelles connaissances sur la structuration de pages web, la mise en œuvre de la navigation et l'organisation du contenu en sections cohérentes ! Cet exercice est conçu pour affiner vos compétences dans la création d'une page de biographie qui soit non seulement informative, mais aussi facile à naviguer et visuellement attrayante. Concentrons-nous sur cette tâche avec créativité et un œil aiguisé pour les détails, dans le but d'élaborer une page de biographie qui présente efficacement votre parcours professionnel et vos intérêts.

Description de l'Exercice

Pour cet exercice, vous améliorerez votre page de biographie existante en ajoutant une barre de navigation et en divisant le contenu en sections distinctes. Cela améliorera non seulement la structure générale de la page, mais aussi l'expérience utilisateur en fournissant un accès rapide aux différentes parties de la page.

Étape 1 : Ajouter une Barre de Navigation

Commencez par créer une barre de navigation simple en haut de votre page de biographie. Cette barre de navigation doit inclure des liens vers les principales sections de votre page, telles que « À propos de moi », « Mon Travail », « Projets » et « Contact ».

```
<nav>
    <ul class="navbar">
        <li><a href="#about">About Me</a></li>
        <li><a href="#work">My Work</a></li>
        <li><a href="#projects">Projects</a></li>
        <li><a href="#contact">Contact</a></li>
    </ul>
</nav>
```

Stylisez votre barre de navigation avec CSS pour vous assurer qu'elle soit visuellement distinctive et s'aligne avec la conception générale de votre page de biographie.

Étape 2 : Organisez le Contenu en Sections

Ensuite, structurez le contenu principal de votre page de biographie en sections. Chaque section doit correspondre à un lien dans votre barre de navigation. Utilisez l'élément **<section>** pour définir sémantiquement ces parties de votre contenu, et attribuez à chaque section un **id** qui correspond aux liens dans votre barre de navigation.

```
<section id="about">
    <h2>About Me</h2>
    <p>...</p>
```

```
</section>

<section id="work">
    <h2>My Work</h2>
    <p>...</p>
</section>

<section id="projects">
    <h2>Projects</h2>
    <p>...</p>
</section>

<section id="contact">
    <h2>Contact</h2>
    <p>...</p>
</section>
```

Étape 3 : Stylisez Vos Sections

Avec CSS, donnez à chaque section un style distinctif qui s'accorde avec le thème général de votre page de biographie. Envisagez d'utiliser différentes couleurs d'arrière-plan, bordures ou marges intérieures pour séparer visuellement chaque section des autres.

```
section {
    padding: 20px;
    margin-bottom: 20px;
    border-bottom: 1px solid #ccc;
}

/* Example of styling specific sections differently */
#contact {
    background-color: #f0f0f0;
}
```

Étape 4 : Améliorez l'Utilisabilité de la Navigation

Assurez-vous que votre barre de navigation soit facile à utiliser et accessible. Envisagez de faire en sorte que la barre de navigation reste « collée » en haut de la fenêtre lors du défilement vers le bas, afin que les utilisateurs puissent facilement basculer entre les sections sans avoir à remonter en haut de la page.

```
.navbar {
    position: sticky;
    top: 0;
    background-color: #333;
    padding: 10px 0;
    margin: 0;
    list-style-type: none;
    text-align: center;
}
```

Conclusion

En complétant cet exercice, vous avez franchi des étapes significatives vers la création d'une page de biographie qui n'est pas seulement informative, mais aussi facile à naviguer et visuellement attrayante. La mise en œuvre d'une navigation structurée et de sections bien définies améliore l'accessibilité et l'expérience utilisateur de votre page, facilitant la découverte de votre personne et de votre travail par les visiteurs. N'oubliez pas, la clé d'une conception web efficace réside dans l'organisation soignée et la navigation claire et centrée sur l'utilisateur. Continuez à pratiquer ces principes et à explorer des façons créatives d'améliorer la structure et la présentation de vos projets web.

6.5 Projet : Construire une Structure de Site Web Simple avec une Page d'Accueil, une Page À Propos et une Page de Contact

Ce projet rassemble les concepts couverts dans le Chapitre 6 pour créer une structure de base pour un site web. En construisant un site web avec une page d'accueil, une page à propos et une page de contact, vous pratiquerez l'organisation du contenu, la mise en œuvre de la navigation et la structuration de pages web de manière efficace. Ce projet pratique est une étape vers la maîtrise du développement web, car il encapsule le processus de construction d'une structure de site cohérente qui offre une expérience utilisateur fluide. Embarquons-nous dans ce projet en mettant l'accent sur la clarté, l'utilisabilité et l'attrait esthétique, dans le but de construire un site web informatif et facile à naviguer !

Aperçu du Projet

Votre objectif est de créer un site web simple mais fonctionnel qui comprend trois pages clés :

- **Page d'Accueil** : La page d'accueil qui souhaite la bienvenue aux visiteurs et les présente au site web.

- **Page À Propos** : Une page qui fournit des informations générales sur vous, votre équipe ou votre projet.

- **Page de Contact** : Une page avec des informations sur la façon dont les visiteurs peuvent vous contacter.

Chaque page doit être reliée par une barre de navigation cohérente, garantissant que les utilisateurs peuvent se déplacer facilement d'une section du site à l'autre.

Étape 1 : Structurez Vos Pages

Commencez par créer trois fichiers HTML séparés : **index.html** (Accueil), **about.html** (À Propos) et **contact.html** (Contact). Établissez la structure de base pour chaque page, incluant les éléments **<doctype>**, **<html>**, **<head>** et **<body>**.

Pour chaque page, ajoutez un élément **<header>** contenant une barre de navigation avec des liens vers les trois pages. Utilisez les éléments **<nav>** et **<ul>** pour structurer votre barre de navigation :

```
<header>
    <nav>
        <ul>
            <li><a href="index.html">Home</a></li>
            <li><a href="about.html">About</a></li>
            <li><a href="contact.html">Contact</a></li>
        </ul>
    </nav>
</header>
```

Étape 2 : Ajoutez du Contenu à Chaque Page

Remplissez chaque page avec du contenu pertinent :

- **Page d'Accueil** : Présentez l'objectif du site web. Ajoutez un message de bienvenue ou une brève introduction sur ce que les visiteurs peuvent s'attendre à trouver.

- **Page À Propos** : Fournissez des informations détaillées sur l'objectif du site, votre mission ou des informations générales sur vous-même ou votre équipe.

- **Page de Contact** : Incluez des coordonnées telles qu'une adresse e-mail, un numéro de téléphone ou un formulaire de contact. Vous pouvez également ajouter une adresse physique ou des liens vers des profils de réseaux sociaux.

Exemple :

Page d'Accueil (index.html)

La page d'accueil sert d'entrée à votre site web, offrant aux visiteurs une compréhension claire de ce dont traite le site et de ce qu'ils peuvent y trouver.

```
<!DOCTYPE html>
<html lang="en">
<head>
    <meta charset="UTF-8">
    <title>Welcome to My Website</title>
    <link rel="stylesheet" href="styles.css">
</head>
<body>
    <header>
        <nav>
            <ul>
                <li><a href="index.html">Home</a></li>
                <li><a href="about.html">About</a></li>
                <li><a href="contact.html">Contact</a></li>
            </ul>
        </nav>
```

```
    </header>
    <main>
        <h1>Welcome to My Personal Website</h1>
        <p>This is the place where I share my passions, projects, and ideas.</p>
        <section id="featured-content">
            <h2>Featured Projects</h2>
            <p>Discover some of my latest work that showcases my skills and
interests.</p>
            <!-- Placeholder for project links or thumbnails -->
        </section>
        <section id="latest-blog-posts">
            <h2>Latest Blog Posts</h2>
            <p>Read my thoughts on current trends, personal insights, and more.</p>
            <!-- Placeholder for blog post links or summaries -->
        </section>
    </main>
    <footer>
        <p>Copyright © Your Name. All rights reserved.</p>
    </footer>
</body>
</html>
```

Page À Propos (about.html)

La page À Propos offre un regard plus approfondi sur qui vous êtes, votre parcours et ce qui vous motive. C'est une occasion de vous connecter avec vos visiteurs à un niveau personnel.

```
<!DOCTYPE html>
<html lang="en">
<head>
    <meta charset="UTF-8">
    <title>About Me</title>
    <link rel="stylesheet" href="styles.css">
</head>
<body>
    <header>
        <nav>
            <ul>
                <li><a href="index.html">Home</a></li>
                <li><a href="about.html">About</a></li>
                <li><a href="contact.html">Contact</a></li>
            </ul>
        </nav>
    </header>
    <main>
        <h1>About Me</h1>
        <p>I'm a web developer with a passion for creating beautiful and functional
websites. Here's a bit more about my journey and what I do.</p>
        <section id="my-journey">
            <h2>My Journey</h2>
```

```
            <p>Share your personal or professional journey, significant milestones,
or experiences that have shaped you.</p>
        </section>
        <section id="my-skills">
            <h2>My Skills</h2>
            <p>Detail your skills, areas of expertise, and any relevant achievements
or certifications.</p>
        </section>
    </main>
    <footer>
        <p>Connect with me on [social media links].</p>
    </footer>
</body>
</html>
```

Page de Contact (contact.html)

La page de Contact est cruciale pour permettre aux visiteurs de vous contacter. Elle peut inclure votre adresse e-mail, un formulaire de contact, des liens vers les réseaux sociaux ou d'autres informations de contact.

```
<!DOCTYPE html>
<html lang="en">
<head>
    <meta charset="UTF-8">
    <title>Contact Me</title>
    <link rel="stylesheet" href="styles.css">
</head>
<body>
    <header>
        <nav>
            <ul>
                <li><a href="index.html">Home</a></li>
                <li><a href="about.html">About</a></li>
                <li><a href="contact.html">Contact</a></li>
            </ul>
        </nav>
    </header>
    <main>
        <h1>Contact Me</h1>
        <p>Interested in working together or have a question? I'd love to hear from
you.</p>
        <section id="contact-form">
            <h2>Send a Message</h2>
            <form action="#" method="post">
                <label for="name">Your Name:</label>
                <input type="text" id="name" name="name" required>
                <label for="email">Your Email:</label>
                <input type="email" id="email" name="email" required>
                <label for="message">Message
```

```
:</label>
                <textarea id="message" name="message" required></textarea>
                <button type="submit">Send</button>
            </form>
        </section>
        <section id="other-contact-methods">
            <h2>Other Ways to Connect</h2>
            <p>Email: your.email@example.com</p>
            <p>LinkedIn: [LinkedIn Profile]</p>
            <!-- Additional contact info -->
        </section>
    </main>
    <footer>
        <p>Looking forward to connecting with you!</p>
    </footer>
</body>
</html>
```

En complétant ce projet, vous avez créé une structure de site web simple mais complète qui comprend une page d'accueil, une page À Propos et une page de contact, reliées entre elles par une navigation cohérente. Ce projet renforce non seulement vos compétences en HTML et CSS, mais souligne également l'importance d'une conception de page réfléchie, d'une navigation claire et d'une organisation du contenu. Au fur et à mesure que vous continuez à développer et à perfectionner vos compétences en développement web, rappelez-vous la valeur d'un site web bien structuré pour créer une expérience utilisateur positive. Continuez à explorer de nouvelles façons d'améliorer la conception et la fonctionnalité de votre site et appréciez le processus créatif consistant à donner vie à vos projets web.

Étape 3 : Stylisez votre Site Web

Utilisez CSS pour styliser votre site web, en assurant la cohérence sur toutes les pages. Vous pouvez inclure le CSS directement dans chaque fichier HTML à l'intérieur de balises **<style>** ou, de préférence, créer un lien vers un fichier CSS externe en utilisant l'élément **<link>** dans la section **<head>** de chaque document HTML.

Concentrez-vous sur la stylisation de la barre de navigation pour qu'elle soit visuellement attrayante et facile à utiliser. De plus, appliquez des styles généraux à votre contenu pour améliorer la lisibilité et l'aspect général :

```
body {
    font-family: Arial, sans-serif;
    line-height: 1.6;
}

nav ul {
    list-style-type: none;
    padding: 0;
}
```

```
nav ul li {
    display: inline;
    margin-right: 20px;
}

a {
    text-decoration: none;
    color: #333;
}

a:hover {
    color: #007bff;
}
```

Étape 4 : Assurer la Réactivité et l'Accessibilité

Assurez-vous que votre site web soit accessible et réactif. Testez votre site sur différents appareils et tailles d'écran, en ajustant votre CSS au besoin en utilisant des requêtes média pour garantir une bonne expérience utilisateur quel que soit l'appareil. De plus, vérifiez que votre site soit accessible en vous assurant que tous les éléments interactifs sont navigables au clavier et en fournissant un texte alternatif pour les images.

Conclusion

En terminant ce projet, vous avez franchi une étape importante dans votre parcours de développement web. Vous avez construit un site web simple comportant plusieurs pages, reliées par un système de navigation cohérent. Cette expérience renforce l'importance de la structure, de la navigation et de l'organisation du contenu dans la création d'expériences web efficaces. Continuez à perfectionner vos compétences, à explorer de nouvelles techniques de conception et de développement, et rappelez-vous que les meilleurs sites web sont ceux qui servent leurs utilisateurs avec clarté, fonctionnalité et attrait esthétique.

Résumé du Chapitre 6

Dans le Chapitre 6, « Structurer les Pages Web », nous nous sommes lancés dans un voyage exhaustif à travers les aspects fondamentaux de l'organisation et de la mise en page du contenu sur le web. Ce chapitre a servi de pont entre les concepts de base du HTML et du CSS et les concepts plus complexes de conception et de mise en page web. En nous concentrant sur le modèle de boîte, les éléments polyvalents **<div>** et **<span>**, et les principes de navigation, nous avons posé les bases pour créer des pages web qui ne sont pas seulement visuellement attrayantes, mais aussi robustes et faciles à utiliser. Récapitulons les leçons vitales et les connaissances que nous avons découvertes dans ce chapitre.

Comprendre le Modèle de Boîte

Notre exploration a commencé avec le modèle de boîte, un concept fondamental en CSS qui dicte comment les éléments sont rendus sur la page. Nous avons approfondi les quatre composants clés du modèle de boîte : contenu, rembourrage, bordure et marge. Comprendre comment ces éléments interagissent permet aux développeurs web de contrôler avec précision la conception et l'espacement du contenu, en garantissant que les pages web paraissent cohérentes sur différents navigateurs et appareils. Nous avons souligné l'importance de la propriété **box-sizing**, qui simplifie la conception de la mise en page en modifiant la façon dont le modèle de boîte calcule la taille totale d'un élément.

Adopter les <div> et les <span>

Ensuite, nous avons examiné le rôle des éléments **<div>** et **<span>** dans la structuration du contenu web. En tant que conteneurs non sémantiques, ces éléments sont inestimables pour regrouper le contenu à des fins de style ou de script. Nous avons exploré comment les **<div>**, en tant qu'éléments de niveau bloc, sont idéaux pour créer des blocs structurels plus grands au sein d'une page, tandis que les **<span>**, en tant qu'éléments en ligne, sont parfaits pour styliser des segments plus petits de texte ou de contenu sans interrompre le flux du document. À travers des exemples pratiques, nous avons démontré comment ces éléments peuvent être exploités pour améliorer l'organisation et la présentation des pages web.

Mise en Œuvre de la Navigation

Enfin, nous avons abordé l'aspect critique de la navigation, un composant clé de l'expérience utilisateur. Les systèmes de navigation efficaces guident les utilisateurs à travers le contenu d'un site web, permettant un accès facile à l'information. Nous avons couvert la création de barres de navigation de base en utilisant des listes HTML à l'intérieur de l'élément **<nav>** et avons discuté des techniques de stylisation pour rendre la navigation intuitive et visuellement intégrée à la conception globale du site. De plus, nous avons abordé des sujets avancés tels que les menus déroulants, la navigation fixe et la conception responsive, soulignant l'importance de l'accessibilité et de la conception centrée sur l'utilisateur dans la création de sites web navigables.

Conclusion

Le Chapitre 6 vous a fourni les outils et les connaissances nécessaires pour structurer efficacement les pages web, en mettant l'accent sur l'importance de la conception, de l'organisation et de la navigabilité. À mesure que nous avons conclu ce chapitre avec des exercices pratiques, vous avez eu l'occasion d'appliquer ce que vous avez appris en améliorant une page de biographie avec une navigation réfléchie et des sections de contenu structurées. Ces exercices ont souligné l'importance de planifier et de mettre en œuvre des structures de pages web qui répondent à la fois à l'attrait esthétique et à l'expérience utilisateur.

À mesure que vous progressez dans votre parcours de développement web, rappelez-vous que les principes couverts dans ce chapitre forment l'épine dorsale de la conception web efficace. Le modèle de boîte, l'utilisation stratégique des **<div>** et des **<span>**, et la mise en œuvre de systèmes de navigation cohérents sont des compétences fondamentales qui vous serviront dans tous vos projets futurs. Continuez à expérimenter avec ces concepts, adoptez les meilleures pratiques d'accessibilité et de conception responsive, et continuez à affiner votre approche pour structurer les pages web. Votre objectif doit toujours être de créer des sites web qui ne sont pas seulement beaux, mais aussi accessibles, intuitifs et agréables pour tous les utilisateurs.

Quiz Partie II

Félicitations pour avoir terminé la Partie II de votre parcours dans le développement web ! Ce questionnaire est conçu pour évaluer votre compréhension des concepts clés abordés dans les chapitres sur le travail avec le texte et les listes, l'ajout d'images et de liens, et la structuration de pages web. Prenez votre temps, réfléchissez à ce que vous avez appris et profitez de cette opportunité pour consolider vos connaissances.

Question 1 : Listes HTML

Quel élément HTML est utilisé pour créer une liste non ordonnée ?

A) **<ul>**

B) **<ol>**

C) **<li>**

D) **<list>**

Question 2 : L'Élément <img>

Quel attribut est obligatoire pour un élément **<img>** ?

A) **src**

B) **alt**

C) **href**

D) **title**

Question 3 : Créer des Hyperliens

Quel élément HTML est utilisé pour définir un hyperlien ?

A) **<link>**

B) **<a>**

C) **<href>**

D) **<nav>**

Question 4 : Le Modèle de Boîte

Lequel des éléments suivants ne fait PAS partie du modèle de boîte CSS ?

A) Marge

B) Espacement interne (Padding)

C) Contenu

D) Couleur d'arrière-plan (Background-color)

Question 5 : Utilisation de <div> et <span>

Quelle est la principale différence entre un élément **<div>** et un élément **<span>** ?

A) **<div>** est utilisé pour les images, **<span>** pour le texte

B) **<div>** est un élément de niveau bloc, **<span>** est un élément en ligne

C) **<div>** prend en charge les styles, **<span>** non

D) Il n'y a pas de différence

Question 6 : Design Responsive

Quelle propriété CSS est couramment utilisée pour créer des mises en page qui s'adaptent à différentes tailles d'écran ?

A) **display: adaptive;**

B) **@media**

C) **layout: responsive;**

D) **flex-wrap**

Question 7 : Barre de Navigation

Pour créer une barre de navigation qui renvoie vers différentes sections du site web, quelle combinaison d'éléments HTML est couramment utilisée ?

A) **<nav>** et **<ul>**

B) **<header>** et **<footer>**

C) **<links>** et **<buttons>**

D) **<div>** et **<span>**

Question 8 : Accessibilité dans le Développement Web

Fournir un texte alternatif pour les images est important pour :

A) Améliorer la vitesse du site web

B) Le référencement (SEO)

C) Les utilisateurs qui utilisent des lecteurs d'écran

D) Redimensionner l'image

Question 9 : Styliser les Listes

Comment pouvez-vous supprimer les puces par défaut d'une liste non ordonnée ?

A) **list-style-type: none;**

B) **list-bullets: off;**

C) **bullet-style: no-bullets;**

D) **list-decoration: none;**

Question 10 : Implémenter une Navigation Fixe (Sticky Navigation)

Quelle propriété CSS fait qu'un élément reste collé en haut de la page lors du défilement ?

A) **position: fixed;**

B) **position: sticky;**

C) **overflow: scroll;**

D) **display: sticky;**

Corrigé des Réponses

1. A) **<ul>**

2. A) **src**

3. B) **<a>**

4. D) Couleur d'arrière-plan (Background-color)

5. B) **<div>** est un élément de niveau bloc, **<span>** est un élément en ligne

6. B) **@media**

7. A) **<nav>** et **<ul>**

8. C) Les utilisateurs qui utilisent des lecteurs d'écran

9. A) **list-style-type: none;**

10. B) **position: sticky;**

Réfléchissez à vos réponses et envisagez de revisiter tout sujet que vous avez trouvé difficile. Ce questionnaire ne mesure pas seulement vos connaissances, mais vous encourage également à approfondir votre compréhension des principes du développement web. Continuez à apprendre, à pratiquer et à explorer le vaste monde du design et du développement web !

Partie III : HTML et CSS Avancés

Chapitre 7 : Stylisation avancée avec CSS

Bienvenue dans la Partie III de notre exploration exhaustive des aspects les plus profonds et complexes du développement web, alors que nous plongeons dans les subtilités du HTML et CSS avancés. Cette partie de notre guide est dédiée à l'élargissement de votre répertoire de compétences en vous présentant des techniques et concepts plus raffinés. Ceux-ci peuvent considérablement améliorer la conception, la disposition et l'interactivité de vos projets web, les rendant plus attrayants et conviviaux.

À mesure que nous nous immergeons plus profondément dans le monde des stratégies de style avancées, des animations sophistiquées, des principes du design réactif et du monde illimité au-delà, notre objectif ultime est de vous équiper complètement avec toutes les compétences nécessaires. Cela vous permettra de créer des sites web complexes, réactifs et visuellement époustouflants qui captivent et engagent les utilisateurs. Embarquons dans cette phase passionnante de notre parcours éducatif armés d'une curiosité insatiable, d'une créativité abondante et d'un esprit ouvert, prêts à relever les défis et saisir les opportunités que présente le domaine du développement web avancé.

Le Chapitre 7 de notre guide vous emmène à travers les complexités du style CSS avancé. Il s'intéresse aux aspects les plus élaborés de CSS qui offrent une plus grande portée pour la créativité et la précision dans le style des pages web. De la navigation dans le monde des sélecteurs avancés à la maîtrise des détails complexes du modèle de boîte CSS, et de l'exploitation de la puissance des animations et transitions à la création d'effets visuels uniques, ce chapitre a été conçu dans le but d'élever vos compétences CSS à un niveau incomparable.

En acquérant une compréhension solide et en appliquant ces techniques avancées, vous serez bien équipé pour créer des expériences utilisateur plus raffinées, dynamiques et attrayantes. Nous commencerons notre voyage vers les profondeurs du design CSS avancé en donnant un aperçu complet de l'une de ses bases les plus importantes : les sélecteurs avancés.

7.1 Sélecteurs avancés

Les sélecteurs CSS sont les outils essentiels par lesquels nous identifions des éléments spécifiques sur une page web pour leur appliquer des styles. Ils servent de pont entre le contenu HTML et le style CSS, nous permettant de manipuler la façon dont les éléments apparaissent sur la page web. Bien que les sélecteurs de base, tels que les sélecteurs d'élément, d'ID et de classe, nous offrent une quantité raisonnable de puissance et de flexibilité, les sélecteurs avancés portent nos capacités de stylisation au niveau supérieur, ouvrant un vaste monde de possibilités pour la stylisation avec une spécificité et une efficacité accrues.

Dans cette section exhaustive, nous approfondirons certains de ces sélecteurs avancés qui peuvent améliorer considérablement notre maîtrise de CSS. Ceux-ci incluent les sélecteurs d'attributs, les pseudo-classes et les pseudo-éléments. Les sélecteurs d'attributs nous permettent de sélectionner des éléments en fonction de leurs attributs et valeurs d'attributs, fournissant un niveau de détail qui n'est pas possible avec les sélecteurs de base. Les pseudo-classes, quant à elles, nous permettent d'appliquer des styles aux éléments en fonction de leur état, comme s'ils sont survolés ou s'ils ont été cliqués.

Enfin, mais certainement pas des moindres, les pseudo-éléments nous offrent l'opportunité de styliser certaines parties d'un élément, comme la première lettre ou ligne, avant, après et même la sélection de texte. En exploitant la puissance de ces sélecteurs avancés, nous pouvons appliquer des styles aux éléments en fonction d'un large éventail de critères, y compris leur état, structure et attributs, ce qui résulte en une expérience utilisateur plus dynamique et engageante. Rejoignez-nous alors que nous nous lançons dans ce voyage pour explorer tout le potentiel des sélecteurs CSS.

7.1.1 Sélecteurs d'attributs

Les sélecteurs d'attributs en CSS servent d'outil puissant qui vous offre la flexibilité de mettre en œuvre des styles sur des éléments HTML en fonction de leurs attributs ou des valeurs de ces attributs. Cette caractéristique spécifique ouvre un nouveau niveau de sélection et de stylisation d'éléments, vous libérant des limitations de dépendre uniquement des sélecteurs de classe ou d'ID.

L'utilisation de sélecteurs d'attributs en CSS améliore non seulement l'efficacité de votre code, mais favorise également des pratiques de codage plus propres. Elle élimine le besoin d'ajouter des classes ou ID inutiles au HTML, réduisant ainsi la possibilité d'encombrement du code. À long terme, cela conduit à un code plus maintenable et compréhensible qui est plus facile à travailler, en particulier dans les projets plus importants.

Exemple :

```css
/* Selects any input element where the type attribute is set to 'text' */
input[type="text"] {
    border: 1px solid #ccc;
    padding: 5px;
}

/* Selects any element with a 'data-category' attribute containing the value 'news'
*/
[data-category~="news"] {
    background-color: #f0f0f0;
}
```

7.1.2 Pseudo-classes

Les pseudo-classes en CSS représentent une fonctionnalité puissante qui offre aux développeurs la capacité d'appliquer des styles spécifiques aux éléments en fonction de leur état actuel ou de leur relation avec d'autres éléments au sein du même document.

Cette fonctionnalité est incroyablement bénéfique pour améliorer l'interactivité et l'expérience utilisateur globale de vos pages web. En utilisant des pseudo-classes, les développeurs peuvent créer un environnement web plus dynamique et attrayant qui répond à la saisie de l'utilisateur en temps réel.

L'une des pseudo-classes les plus couramment utilisées est **:hover**, qui permet des changements dans le style d'un élément lorsque le curseur de la souris est positionné au-dessus de celui-ci. Cela peut être utilisé pour mettre en évidence des éléments interactifs ou fournir un retour visuel à l'utilisateur.

Une autre pseudo-classe fréquemment utilisée est **:focus**. Cela applique un style spécifique à un élément lorsqu'il est en focus, généralement lorsqu'un utilisateur clique ou tabule dans un champ de saisie. Cela peut être utilisé pour attirer l'attention sur l'élément actif, améliorant l'accessibilité et l'utilisabilité.

La pseudo-classe **:nth-child** offre la capacité de styliser des éléments enfants spécifiques au sein d'un élément parent. Cela est particulièrement utile pour créer des couleurs de lignes alternées dans des tableaux ou mettre en évidence des éléments spécifiques dans une liste.

Enfin, la pseudo-classe **:not()** est une pseudo-classe de négation qui correspond à un élément qui n'est pas représenté par l'argument. Cela peut être utilisé pour appliquer des styles à tous les éléments sauf un spécifique, offrant un haut niveau de contrôle et de flexibilité dans le style.

Ces pseudo-classes ne sont que quelques exemples des nombreuses façons dont les développeurs peuvent exploiter la puissance de CSS pour créer un contenu web plus dynamique, réactif et interactif.

Exemple :

```css
/* Styles links on hover */
a:hover {
    color: #007bff;
}

/* Styles the first paragraph within any article */
article p:first-child {
    font-weight: bold;
}

/* Styles input fields on focus, excluding those of type 'checkbox' */
input:focus:not([type="checkbox"]) {
    box-shadow: 0 0 5px #5b9dd9;
}
```

7.1.3 Pseudo-éléments

Les pseudo-éléments sont une fonctionnalité incroyablement précieuse des Feuilles de Style en Cascade (CSS), qui fournit aux développeurs un outil puissant pour styliser des parties spécifiques d'un élément de manière hautement ciblée. Cela améliore la flexibilité et la polyvalence de CSS.

L'un des exemples les plus couramment utilisés de ces pseudo-éléments sont les sélecteurs **::before** et **::after**. Ces outils permettent l'insertion de contenu soit avant soit après le contenu principal d'un élément, créant des opportunités pour des effets stylistiques additionnels et des ornements visuels.

Ajoutant encore plus à l'utilité des pseudo-éléments, il y a les sélecteurs **::first-line** et **::first-letter**. Ces pseudo-éléments spécifiques ont la capacité unique d'exercer un contrôle sur la première ligne ou la première lettre d'un bloc de texte, respectivement. Cela permet aux développeurs d'introduire des effets de style uniques, comme des lettrines ou des traitements de texte de première ligne distinctifs, pour améliorer l'attrait visuel du contenu.

En résumé, ces pseudo-éléments, en permettant un contrôle précis sur différentes parties d'un élément, offrent une grande flexibilité et un potentiel considérable en termes de gestion de l'esthétique du contenu web. Ils sont sans aucun doute un outil indispensable dans la boîte à outils du concepteur web moderne.

Exemple :

```css
/* Adds quotation marks before and after blockquotes */
blockquote::before,
blockquote::after {
    content: '"';
    font-weight: bold;
}

/* Styles the first line of paragraphs within articles */
article p::first-line {
    font-size: 1.2em;
}
```

Les sélecteurs avancés offrent un moyen puissant d'affiner votre style CSS, permettant des designs plus dynamiques, réactifs et sophistiqués. En maîtrisant ces sélecteurs, vous obtenez un meilleur contrôle sur comment et quand les styles sont appliqués, ce qui vous permet de créer des pages web plus nuancées et visuellement attrayantes. Pour vous assurer d'avoir une compréhension complète, plongeons dans quelques sélecteurs plus complexes et conseils qui peuvent affiner davantage vos capacités de style et améliorer vos projets web.

7.1.4 Combinateurs en CSS

Les combinateurs représentent un aspect supplémentaire et complexe de CSS qui accorde aux développeurs la capacité de cibler des éléments avec une plus grande précision. Cette précision repose sur les relations de ces éléments au sein de la structure hiérarchique du document.

En obtenant une compréhension globale du fonctionnement des combinateurs, vous avez le potentiel d'améliorer considérablement à la fois la spécificité et l'efficacité de vos sélecteurs CSS. Cette compréhension vous permet d'écrire un code plus propre et plus efficace, ce qui conduit à de meilleures performances du site web et à une expérience utilisateur plus fluide.

Sélecteur descendant

Ce combinateur sélectionne tous les éléments qui sont des descendants d'un élément spécifié. Le Sélecteur Descendant est un outil puissant au sein de CSS qui permet la sélection de tous les éléments qui sont descendants d'un élément spécifié en particulier.

Cela signifie qu'il ne cible pas seulement les enfants directs, mais aussi tout élément imbriqué au sein de l'élément spécifié. Le Sélecteur Descendant fournit un niveau de granularité et de contrôle qui en fait un outil essentiel dans le style et la mise en page de pages web.

Exemple :

```
article p {
    color: darkslategray; /* Styles all <p> elements within <article> */
}
```

Sélecteur d'enfant (>)

Dans le monde des Feuilles de Style en Cascade (CSS), un outil se distingue comme particulièrement essentiel. Cet outil est un sélecteur qui cible spécifiquement uniquement les enfants directs d'un élément donné. Ce faisant, il fournit un moyen puissant et efficace de distinguer et de styliser les éléments enfants d'une manière qui est distincte de leurs éléments parents ou de leurs frères et sœurs.

Ce n'est pas simplement un sélecteur simple ; c'est plutôt un outil hautement puissant qui offre aux concepteurs et développeurs web un contrôle beaucoup plus fin sur la conception et la disposition de leurs pages web. En utilisant ce sélecteur, ils peuvent s'assurer que chaque élément de la page est présenté de la manière la plus optimale et visuellement attrayante. En essence, ce sélecteur d'enfant direct est un pilier de la conception web efficace et attrayante.

Exemple :

```
div > p {
    margin-left: 20px; /* Styles only <p> elements that are direct children of <div>
*/
}
```

Sélecteur de Frère Adjacent (+)

Le signe plus (+) en CSS est un outil incroyablement bénéfique qui est souvent utilisé par les développeurs pour rationaliser leur processus de stylisation. C'est un combinateur qui vous permet de sélectionner et d'appliquer des styles à un élément HTML qui est immédiatement précédé par un élément spécifique dans l'arbre du document. Cette fonctionnalité peut s'avérer très utile dans une variété de situations, en particulier lorsque vous souhaitez cibler un élément spécifique qui suit directement un autre élément particulier dans la structure du document.

Ce sélecteur unique fournit une méthode pour appliquer des styles uniques à un élément, le tout sans avoir besoin d'ajouter des classes ou identificateurs supplémentaires à votre HTML. L'avantage de cette approche est qu'elle peut aider à maintenir votre code propre et efficace, tout en vous permettant d'atteindre les résultats de conception spécifiques que vous recherchez.

Par exemple, si vous vouliez styliser un paragraphe qui suit directement un en-tête, le sélecteur + serait votre option de choix. En résumé, le sélecteur plus (+) en CSS est un outil puissant qui peut aider les développeurs à créer des styles plus efficaces et performants, tout en maintenant leur HTML propre et organisé. C'est une connaissance essentielle pour quiconque cherche à maîtriser CSS.

Exemple :

```
h2 + p {
    font-weight: bold; /* Styles a <p> element only if it directly follows an <h2> */
}
```

Sélecteur de frères généraux (~)

Le Sélecteur de Frères Généraux, représenté par le symbole tilde (~), est un outil remarquablement puissant dans le monde des Feuilles de Style en Cascade (CSS). Il a la capacité de sélectionner tous les éléments qui sont frères d'un élément spécifié. En termes plus spécifiques, il cible chaque élément frère qui vient après l'élément spécifié au sein de l'arbre du document.

Ce type de sélecteur est incroyablement utile pour plusieurs raisons. L'un des principaux avantages est qu'il vous permet d'appliquer des styles à plusieurs éléments simultanément sans avoir besoin de sélectionner chacun individuellement. Cela peut économiser une quantité significative de temps et d'efforts, en particulier lorsque vous travaillez avec des documents complexes comportant de nombreux éléments.

Avec le Sélecteur de Frères Généraux, CSS devient un outil plus efficace et rationalisé. Il offre aux développeurs une plus grande flexibilité et un meilleur contrôle sur leurs conceptions web, permettant des produits finaux plus complexes et soignés.

Exemple :

```
h2 ~ p {
    border-top: 1px solid #ccc; /* Styles all <p> elements that are siblings of an
<h2> */
}
```

7.1.5 Utilisation de la Pseudo-classe :not() pour les Exclusions

La pseudo-classe **:not()** représente une fonctionnalité puissante et incroyablement utile dans le langage des Feuilles de Style en Cascade (CSS), un outil fondamental avec lequel tout développeur web devrait être familiarisé. Cette fonction permet aux développeurs d'appliquer des styles spécifiques à une large gamme d'éléments, en excluant uniquement ceux qui correspondent au critère défini à l'intérieur de la fonction **:not()** elle-même.

L'inclusion de cette fonctionnalité dans CSS a le potentiel de simplifier considérablement votre code CSS. Elle réduit le besoin d'écrire des lignes de code superflues pour annuler des styles, ce qui rend votre code plus efficace et votre flux de travail plus rationalisé. Au lieu de devoir écrire plusieurs lignes de code, souvent confuses, pour modifier le style d'autres éléments, la pseudo-classe **:not()** fournit une méthode plus efficace et simplifiée pour exclure un élément spécifique d'une règle de style.

En utilisant la pseudo-classe **:not()**, les développeurs peuvent contrôler les styles appliqués aux éléments de manière plus précise, réduisant considérablement la complexité et la longueur de leur code CSS. Cela peut rendre le code plus facile à lire et à comprendre, ce qui est particulièrement bénéfique lors du travail sur de grands projets ou lors de la collaboration avec d'autres développeurs. Cela peut également aider à réduire les erreurs, car il y a moins de code à déboguer.

En résumé, la pseudo-classe **:not()** est un outil hautement efficace qui, lorsqu'il est utilisé correctement, peut contribuer à un code CSS plus lisible, maintenable et efficace. C'est un témoignage de la puissance et de la flexibilité de CSS, et un excellent exemple de la façon dont le langage évolue continuellement pour répondre aux besoins du développement web moderne.

Exemple :

```
/* Styles all buttons except those with the class 'disabled' */
button:not(.disabled) {
    cursor: pointer;
    opacity: 1;
}

/* Styles all inputs except checkboxes */
input:not([type="checkbox"]) {
    border: 1px solid #aaa;
}
```

7.1.6 Considérations de Performance

Dans le vaste monde de la conception web, les sélecteurs avancés se dressent comme des outils puissants pour la stylisation, permettant aux développeurs de donner vie à leur vision créative à l'écran. Bien que ces sélecteurs soient indéniablement puissants, il est crucial d'exercer de la prudence lors de leur utilisation. Cela est particulièrement vrai lorsqu'on travaille avec des structures de Modèle d'Objet de Document (DOM) grandes ou complexes, où des problèmes de performance peuvent survenir.

Voici quelques stratégies clés à garder à l'esprit :

- Privilégiez l'utilisation de sélecteurs de classe et d'ID autant que possible. Ces types de sélecteurs sont traités plus rapidement par les navigateurs par rapport aux sélecteurs d'attribut, pseudo-classes et pseudo-éléments. Cela peut considérablement accélérer le processus de rendu, conduisant à une expérience utilisateur plus fluide.

- Limitez l'utilisation de sélecteurs universels (*) et de chaînes complexes de sélecteurs enfant et descendant. Ceux-ci peuvent imposer une lourde charge sur le processus de rendu du navigateur, entraînant des temps de chargement plus lents. Cherchez toujours des opportunités de simplifier l'utilisation de vos sélecteurs pour maximiser l'efficacité.

- Portez une attention particulière à la spécificité de vos sélecteurs. Utiliser des sélecteurs trop spécifiques peut rendre vos Feuilles de Style en Cascade (CSS) plus difficiles à maintenir. Cela peut également compliquer la surcharge de styles lorsque nécessaire, ce qui pourrait limiter votre flexibilité lors de modifications de conception. Trouver un équilibre dans la spécificité des sélecteurs est essentiel pour maintenir une feuille de style gérable et adaptable.

Les sélecteurs CSS avancés déverrouillent un nouveau niveau de précision et d'efficacité dans la stylisation, vous permettant de créer des pages web sophistiquées, réactives et dynamiques. En maîtrisant ces sélecteurs et en comprenant leurs cas d'utilisation appropriés, vous pouvez améliorer l'expérience utilisateur et l'attrait esthétique de vos sites. Rappelez-vous, la clé d'un CSS efficace ne réside pas seulement dans la connaissance des sélecteurs à utiliser, mais aussi dans la structuration de vos feuilles de style d'une manière maintenable et évolutive.

7.2 Travailler avec les Polices et les Icônes

Dans le domaine expansif et en constante évolution de la conception web, le choix des polices et l'utilisation des icônes sont deux éléments qui peuvent impacter significativement la lisibilité, l'accessibilité et l'apparence esthétique de votre site web. Ces détails apparemment mineurs jouent un rôle crucial dans la façon dont les utilisateurs perçoivent et interagissent avec votre contenu.

Cette section vise à servir de guide complet, vous guidant à travers le processus complexe de sélection et d'implémentation des polices et des icônes de la manière la plus efficace. Notre objectif est d'améliorer l'expérience utilisateur globale de vos projets web.

Nous vous encourageons à aborder ce sujet avec enthousiasme et un œil attentif pour le design. Au fur et à mesure que nous plongeons dans le monde de la typographie et de l'iconographie, nous explorerons des stratégies et des techniques sur la façon de rendre votre contenu non seulement visuellement attrayant, mais aussi convivial et expressif.

À la fin de ce guide, nous espérons vous équiper des connaissances et des outils nécessaires pour créer un design convaincant et intuitif, qui capture l'essence de votre marque tout en priorisant l'expérience utilisateur et l'accessibilité.

7.2.1 Choix et Implémentation des Polices Web

Choisir la bonne police est une partie intégrante de la conception web. La bonne police peut non seulement communiquer efficacement l'ambiance et le ton de votre site web, mais aussi améliorer votre design global et augmenter considérablement la lisibilité. Cette importance est reconnue dans la flexibilité des polices web, qui vous permettent de vous libérer des contraintes des polices par défaut préinstallées sur les appareils des utilisateurs. Avec les polices web, vous obtenez accès à une large variété de caractères typographiques, ouvrant un monde de possibilités pour garantir que votre site web reflète véritablement votre vision.

Tirer Parti des Services de Polices Web

Il existe plusieurs services en ligne, comme Google Fonts (fonts.google.com), qui fournissent une bibliothèque complète de polices gratuites disponibles immédiatement pour vos projets web. Ces services sont conçus en tenant compte de la facilité d'intégration, vous permettant d'élargir considérablement vos options de design sans avoir à vous soucier des problèmes de compatibilité ou de licences.

Pour utiliser une police de Google, par exemple, tout ce que vous devez faire est de sélectionner la police souhaitée depuis le site web de Google Fonts. Une fois sélectionnée, vous pouvez facilement l'incorporer dans votre projet en incluant l'élément **<link>** fourni dans la section **<head>** de votre document HTML. Alternativement, vous pouvez importer le CSS directement dans votre feuille de style.

Cette simplicité et facilité d'utilisation font des services de polices web un outil précieux pour les concepteurs web, leur permettant d'élever leurs designs et de créer des expériences web véritablement captivantes.

Exemple :

```
<link
href="<https://fonts.googleapis.com/css2?family=Open+Sans:wght@400;700&display=swap>
" rel="stylesheet">
body {
    font-family: 'Open Sans', sans-serif;
```

```
}
```

Définition des Piles de Polices

Lorsque vous définissez des piles de polices, il est toujours essentiel de définir des polices de secours dans la propriété **font-family** de votre CSS. Il s'agit d'une étape critique dans la conception web qui aide à garantir que votre texte reste lisible, même dans des situations où la police web ne se charge pas pour une raison quelconque, comme des problèmes de réseau ou des problèmes de compatibilité.

Pour définir une pile de polices, vous commencez par votre police préférée, qui est la police spécifique que vous aimeriez utiliser dans un scénario idéal. Après votre police préférée, vous devez énumérer des polices système similaires. Les polices système sont celles qui sont les plus susceptibles d'être présentes sur le système de l'utilisateur et seront utilisées si la police préférée ne peut pas être chargée.

Enfin, vous devez terminer votre pile de polices avec une famille de polices générique. Une famille de polices générique est un dernier recours qui inclut la catégorie la plus large de polices, comme 'serif' ou 'sans-serif', qui sera utilisée si aucune des autres polices ne peut être chargée. N'oubliez pas, l'objectif est de maintenir la lisibilité et l'attrait esthétique de votre contenu web quelles que soient les circonstances.

Exemple :

```css
body {
    font-family: 'Roboto', Arial, sans-serif;
}
```

7.2.2 Incorporation d'Icônes

Les icônes jouent un rôle inestimable dans l'amélioration de l'attrait visuel et de la fonctionnalité d'un site web. Ce sont des outils puissants qui non seulement améliorent la facilité de navigation, mais contribuent également à une utilisation économique de l'espace. Elles ont le pouvoir de transformer l'esthétique de votre site web, en lui donnant un aspect professionnel et attrayant.

Les icônes peuvent être employées à de multiples fins. Elles peuvent être utilisées pour indiquer diverses actions, pour symboliser différents concepts ou pour mettre en évidence des points clés. Leur polyvalence leur permet d'être une partie importante de la stratégie de conception d'un site web, améliorant l'expérience utilisateur et l'engagement.

Polices d'Icônes

Une façon d'intégrer des icônes dans votre site web est par l'utilisation de polices d'icônes. Font Awesome (https://fontawesome.com) est un exemple d'un tel outil. Il fournit une variété d'icônes vectorielles évolutives. La beauté de ces icônes réside dans leur flexibilité : elles peuvent être stylisées et personnalisées en utilisant CSS pour correspondre parfaitement au thème et au style de votre site web.

Pour incorporer Font Awesome dans votre site web, vous devriez inclure son lien CDN dans votre HTML. Une fois cela fait, ajouter des icônes est aussi simple que d'utiliser l'élément **<i>** ou **<span>** avec les noms de classe pertinents. De cette manière, vous pouvez ajouter et styliser des icônes sans effort, améliorant le langage visuel de votre site web.

Exemple :

```
<link      rel="stylesheet"      href="<https://cdnjs.cloudflare.com/ajax/libs/font-
awesome/5.15.4/css/all.min.css>">
<i class="fas fa-check-circle"></i> Task completed
```

Icônes SVG

Les icônes SVG, ou Graphiques Vectoriels Évolutifs, offrent un avantage incomparable en termes de clarté et de netteté des images. Quelle que soit la taille à laquelle elles sont affichées, ces icônes maintiennent leur qualité haute définition, garantissant qu'elles paraissent toujours nettes et propres. C'est un avantage notable qui les distingue des images matricielles, qui peuvent souffrir de pixelisation et de manque de netteté lors du redimensionnement, en particulier lorsqu'elles sont agrandies.

Un autre avantage significatif des icônes SVG est leur évolutivité. Elles peuvent être redimensionnées à n'importe quelle dimension sans aucun impact sur leur qualité ou leur clarté, ce qui n'est pas le cas avec les images matricielles. Même lorsque les tailles de fichier sont considérablement importantes, la qualité des images reste uniformément élevée. De plus, les icônes SVG peuvent être intégrées directement dans votre code HTML.

Cette fonctionnalité permet un style et une interaction faciles, les rendant incroyablement faciles à utiliser. Elle permet également plus de flexibilité et de contrôle sur les icônes, car elles peuvent être facilement manipulées avec CSS et JavaScript. Par conséquent, les icônes SVG offrent une combinaison de qualité, d'évolutivité et de facilité d'utilisation, ce qui en fait un excellent choix pour la conception web et graphique.

Exemple :

```
<svg      width="24"      height="24"      viewBox="0      0      24      24"      fill="none"
xmlns="<http://www.w3.org/2000/svg>">
    <path d="M5 1215 5L20 7" stroke="#333" stroke-width="2" stroke-linecap="round"
stroke-linejoin="round"/>
</svg>
```

7.2.3 Meilleures Pratiques pour les Polices et les Icônes

- **Accessibilité** : Il est crucial de maintenir la lisibilité et l'accessibilité de votre texte lors de l'implémentation de polices et d'icônes personnalisées. Les icônes ne doivent pas être utilisées sans texte d'accompagnement à moins que leur signification ne soit extrêmement claire. Si nécessaire, complétez les icônes avec un texte alternatif ou des étiquettes pour vous assurer qu'elles sont comprises par tous les utilisateurs, en particulier ceux qui dépendent de lecteurs d'écran pour la navigation. L'accessibilité ne doit jamais être compromise par des choix de design esthétique.

- **Performance** : La performance est un facteur clé à considérer lors de l'ajout de polices et d'icônes à votre site. En inclure trop peut provoquer des problèmes de performance, faisant que votre site se charge lentement et frustrant potentiellement vos utilisateurs. Pour atténuer cela, envisagez de sous-ensembler vos polices pour inclure uniquement les caractères nécessaires. De plus, utiliser des sprites SVG pour les icônes peut aider à réduire les requêtes HTTP, optimisant ainsi la performance de votre site.

- **Cohérence** : L'utilisation cohérente de polices et d'icônes sur votre site web est fondamentale pour créer une identité de marque cohésive et une expérience utilisateur fluide. Les éléments de design cohérents rendent votre site plus attrayant visuellement et plus facile à naviguer, renforçant l'image et l'identité de votre marque. Par conséquent, il est important de maintenir la cohérence dans votre choix de polices et d'icônes sur l'ensemble de votre site web.

Travailler efficacement avec les polices et les icônes peut améliorer considérablement l'attrait visuel et l'utilisabilité de vos pages web. En sélectionnant soigneusement des polices qui s'alignent avec le ton de votre site et en utilisant des icônes pour compléter et clarifier votre contenu, vous créez une expérience utilisateur plus engageante et intuitive.

Maintenant, pour vous assurer d'être complètement équipé pour améliorer vos projets web avec ces éléments, examinons quelques considérations supplémentaires qui peuvent élever encore davantage l'efficacité de vos choix de polices et d'icônes.

7.2.4 Typographie dans le Design Adaptatif

Dans le domaine du design et du développement web, le processus d'incorporation de polices dans vos pages web revêt une importance vitale. Il devient crucial de considérer comment ces polices sélectionnées s'adapteront et répondront à une variété de tailles d'écran et de résolutions. Ce concept, une pierre angulaire du design web moderne, est connu sous le nom de design adaptatif.

Le design adaptatif est une approche critique qui joue un rôle fondamental pour s'assurer que votre contenu en ligne reste accessible et facile à utiliser sur une large variété d'appareils. Ces appareils vont des ordinateurs de bureau avec de grands moniteurs aux ordinateurs portables avec des écrans plus petits, des tablettes qui offrent la commodité tactile et des téléphones mobiles utilisés en déplacement.

Pour atteindre ce niveau de fluidité, les développeurs web ont souvent recours à des unités relatives telles que **em**, **rem**, ou unités de viewport (**vw**, **vh**). Ces unités permettent l'ajustement dynamique des tailles de police en relation directe avec les caractéristiques de l'appareil d'affichage. Cela contraste fortement avec l'utilisation d'unités fixes (**px**), qui restent statiques et invariables, indépendamment de la taille ou de la résolution de l'appareil utilisé.

em :

- **Relatif à :** La taille de police de l'élément parent, qui sert de point de référence. Si la taille de police du parent change, la taille de l'élément enfant s'ajustera proportionnellement, maintenant la relation entre les deux.

- **Exemple :** Considérez un scénario où l'élément de paragraphe a une taille de police de 16px. Si la taille de police du paragraphe est définie à 1.5em, cela signifie que le texte du paragraphe sera 1,5 fois plus grand que celui de son parent. Cela donne 24px (calculé en multipliant 16px * 1,5). C'est une façon simple et efficace de créer une hiérarchie de taille et un intérêt visuel dans votre design.

- **Cas d'usage :** Cette approche est particulièrement utile pour établir des tailles de police relatives au sein d'une section ou d'un composant spécifique. Dans les cas où vous voulez que les éléments s'ajustent proportionnellement les uns aux autres, utiliser 'em' peut être un outil puissant. C'est une façon de maintenir l'harmonie visuelle et la cohérence entre différents éléments.

- **Inconvénient :** Un problème potentiel avec cette méthode est que les changements de taille de police peuvent se propager à travers les éléments imbriqués. Cela pourrait potentiellement conduire à des conséquences non désirées si la hiérarchie d'imbrication est complexe ou n'est pas clairement définie. Il faut faire attention pour gérer la hiérarchie de manière efficace et prévenir des résultats inattendus.

rem :

- **Relatif à :** L'unité 'rem' en CSS est relative à la taille de police de l'élément racine du document, qui est généralement la balise **<html>**. Elle fournit un point de référence pour calculer la taille de police des autres éléments dans le document.

- **Exemple :** Pour illustrer, si l'élément **<html>** a une taille de police de 16px, et que vous définissez la taille de police d'un en-tête à 2rem, la taille de police de l'en-tête sera le double de la taille de la police de base. Cela résulte en une taille de police de 32px pour l'en-tête (16px * 2).

- **Cas d'usage :** L'unité 'rem' est particulièrement utile pour créer une taille de police de base cohérente sur l'ensemble du site web, permettant des ajustements globaux faciles. Tout changement dans la taille de police racine se reflétera proportionnellement dans tous les éléments utilisant l'unité 'rem'. C'est une fonctionnalité puissante qui permet des ajustements de design efficaces et cohésifs.

- **Bénéfice :** L'un des principaux bénéfices de l'utilisation des unités 'rem' est le contrôle amélioré qu'elle offre sur l'échelle de police générale par rapport à l'unité 'em'. Ceci est particulièrement précieux dans les designs profondément imbriqués où l'unité 'em' peut provoquer une croissance exponentielle de la taille de police. Avec 'rem', vous pouvez maintenir un système de typographie prévisible et gérable sur l'ensemble de votre site web.

Unités de Viewport (vw, vh) :

- **Relatif à :** Le terme 'relatif à' fait référence à la façon dont les dimensions du viewport sont déterminées. Le viewport, dans ce contexte, est la fenêtre du navigateur de l'utilisateur. Il représente la zone de l'écran où la page web est visible pour l'utilisateur.

- **vw :** L'unité 'vw' signifie largeur du viewport. Quand nous disons 1vw, cela signifie qu'elle est égale à 1 % de la largeur du viewport. Cette unité nous permet de dimensionner les éléments en relation avec la largeur de l'écran de l'utilisateur.

- **vh :** De manière similaire, 'vh' signifie hauteur du viewport. 1vh est équivalent à 1 % de la hauteur du viewport. Cette unité permet de dimensionner les éléments en relation avec la hauteur de l'écran de l'utilisateur.

- **Exemple :** Pour illustrer, si vous définissez la taille d'un en-tête à 3vw, alors la taille de l'en-tête sera de 3 % de la largeur du viewport. Cela signifie que la taille de l'en-tête s'ajustera dynamiquement selon la taille de l'écran de l'utilisateur, créant un design flexible et adaptable.

- **Cas d'usage :** Utiliser les unités vw et vh peut être extrêmement bénéfique pour créer des designs fluides où les éléments sur la page s'ajustent proportionnellement à la taille du viewport. Ceci est particulièrement avantageux pour le design responsive, où vous désirez que certains éléments sur la page s'adaptent et paraissent bien sur des écrans très larges ou très hauts.

- **Inconvénient :** Cependant, il faut faire preuve de prudence, car l'utilisation extensive d'unités vw/vh peut mener à des designs moins prévisibles sur certains appareils, en particulier ceux avec des rapports d'aspect non conventionnels. Les tailles des éléments peuvent paraître déformées sur ces écrans, ce qui affecte l'esthétique de votre page web.

Choisir la bonne unité relative dans le design web est une décision cruciale qui dépend des besoins spécifiques de votre design. Voici un guide général auquel vous pouvez vous référer lors de cette décision :

- L'utilisation de 'em' est recommandée pour le dimensionnement relatif au sein d'une section ou d'un composant spécifique du site. Cette unité est particulièrement utile lorsque vous désirez maintenir une relation de taille cohérente au sein d'un élément, ce qui en fait un choix idéal pour le design modulaire.

- 'Rem' doit être utilisé pour maintenir une taille de police de base cohérente et effectuer des ajustements globaux sur l'ensemble du site web. Si vous devez effectuer un changement de taille de police sur l'ensemble du site, utiliser 'rem' vous permettra de le faire avec une seule ligne de code.

- 'Vw/vh', ou largeur du viewport/hauteur du viewport, doivent être utilisés pour les éléments que vous désirez ajuster proportionnellement aux dimensions du viewport. Si vous concevez un design plein écran ou un élément qui doit occuper un certain pourcentage de l'écran indépendamment de l'appareil, 'vw/vh' peut être un outil utile.

En plus de ceux-ci, il est également courant de combiner ces unités dans votre CSS. Cela permet une approche plus nuancée et personnalisée pour le design responsive, qui s'adapte aux besoins uniques des différentes sections au sein de votre site.

Cette adaptation dynamique des tailles de police, rendue possible par l'utilisation réfléchie d'unités relatives, peut améliorer considérablement la lisibilité de votre texte sur une variété d'appareils différents. En améliorant la lisibilité et l'adaptabilité de votre contenu, vous améliorez en fin de compte l'expérience utilisateur globale de votre site. Ce n'est pas seulement un avantage pour vos utilisateurs, mais cela peut également avoir un impact positif sur la performance de votre site. Une meilleure lisibilité et expérience utilisateur peuvent contribuer à améliorer les métriques du site, augmentant potentiellement le classement de votre site dans les résultats de recherche. Par conséquent, comprendre et utiliser efficacement les unités relatives dans le design web peut avoir des bénéfices de grande portée.

Exemple :

```
body {
    font-size: 16px; /* Base font size */
}

h1 {
    font-size: 2.5rem; /* Scales based on the base font size */
}

p {
    font-size: 1rem;
}

@media (max-width: 768px) {
    body {
        font-size: 14px; /* Adjust base font size for smaller devices */
    }
}
```

Cette approche garantit que votre typographie s'adapte correctement et maintient la lisibilité et l'attrait esthétique sur n'importe quel appareil.

7.2.5 Accessibilité des Icônes

Les icônes, indéniablement, jouent un rôle significatif dans l'amélioration de l'attrait visuel d'un site web ou d'une application, et peuvent grandement faciliter la navigation de l'utilisateur lorsqu'elles sont mises en œuvre de manière efficace. Cependant, il est crucial d'accorder la considération nécessaire à leur accessibilité. Cet aspect est particulièrement vital lorsque les icônes sont utilisées sans texte d'accompagnement, car il devient encore plus important de s'assurer que leur signification prévue soit communiquée clairement à tous les utilisateurs.

Cela s'étend à tous, y compris ceux qui dépendent de technologies d'assistance pour interagir avec le monde numérique. À ce titre, la conception et la mise en œuvre des icônes doivent être réalisées avec un état d'esprit inclusif, garantissant qu'aucun utilisateur ne soit laissé pour compte ou ne trouve difficile de comprendre ou de naviguer dans l'interface.

Lorsque les icônes sont utilisées comme éléments interactifs, par exemple, en fonctionnant comme des boutons dans l'interface, il est essentiel de prendre des mesures pour garantir qu'elles soient accessibles. Une manière efficace de le faire est de fournir un rôle ARIA approprié, tel que **role="button"**. Cela permet aux technologies d'assistance d'interpréter correctement l'objectif de l'icône.

De plus, fournir une étiquette descriptive via les attributs **aria-label** ou **aria-labelledby** peut aider à clarifier davantage la fonction de l'icône. Ces étiquettes peuvent être lues par les lecteurs d'écran, offrant une description textuelle aux utilisateurs qui peuvent ne pas être en mesure d'interpréter visuellement la signification de l'icône. En intégrant ces fonctionnalités, nous pouvons créer une expérience utilisateur plus inclusive et accessible.

Exemple :

```
<button aria-label="Delete item">
    <svg aria-hidden="true">...</svg>
</button>
```

Pour les icônes décoratives qui ne transmettent pas d'informations ou d'actions essentielles, utilisez **aria-hidden="true"** pour les masquer aux lecteurs d'écran, réduisant le bruit et se concentrant sur le contenu qui compte.

7.2.6 La Puissance des Polices Variables

Les polices variables, une introduction révolutionnaire et relativement nouvelle dans le monde de la typographie web, offrent la capacité unique qu'un seul fichier de police se comporte comme s'il s'agissait de plusieurs polices. Avec cette technologie, vous pouvez avoir des styles personnalisés qui peuvent être ajustés le long de plusieurs axes. Ces axes incluent la graisse, la largeur et l'inclinaison, ajoutant une nouvelle dimension de personnalisation à votre arsenal typographique. Ces ajustements peuvent être effectués facilement via CSS, ce qui facilite leur intégration dans votre flux de travail.

La flexibilité qu'offrent les polices variables ouvre un nouveau monde de typographie créative, permettant aux designers d'expérimenter et d'innover avec leur texte. Cependant, il ne s'agit pas seulement d'esthétique. Un avantage significatif et souvent négligé des polices variables est qu'elles réduisent le nombre de fichiers de police nécessaires.

Cela signifie qu'il y a moins de données à charger, ce qui peut améliorer considérablement les temps de chargement de votre site web. Par conséquent, non seulement les polices variables améliorent l'apparence visuelle de votre site, mais elles améliorent également ses performances, créant une meilleure expérience utilisateur globale.

Exemple :

```css
@font-face {
    font-family: 'VariableFont';
    src: url('path/to/variable-font.woff2') format('woff2-variations');
    font-weight: 100 900; /* Range of available weights */
}

.body-text {
    font-family: 'VariableFont', sans-serif;
    font-weight: 400; /* Regular weight */
}

.bold-text {
    font-weight: 700; /* Bold weight, using the same font file */
}
```

Les polices variables offrent une voie prometteuse pour une typographie créative et efficace sur le web.

Intégrer des polices et des icônes dans votre design web va bien au-delà d'un simple choix stylistique, il s'agit d'améliorer la lisibilité, de garantir l'accessibilité et de créer un langage visuel cohérent qui soutient votre contenu et engage les utilisateurs.

Au fur et à mesure que vous vous plongez dans le monde de la typographie et de l'iconographie, n'oubliez pas d'exploiter ces outils en accordant une attention particulière à la réactivité, à l'accessibilité et à la performance. Ce faisant, vous rehausserez non seulement l'esthétique de vos projets web, mais vous améliorerez également l'expérience utilisateur globale.

7.3 Introduction à Flexbox et Grid

Dans le monde dynamique et en constante évolution du design web, l'avènement de CSS Flexbox et Grid a marqué une avancée substantielle dans notre manière d'aborder les problèmes liés à la disposition et à l'alignement. Ces puissants modèles de mise en page nous permettent de construire des designs complexes et réactifs avec une relative facilité et une attention aux détails.

Cette section sert de guide complet aux merveilles de Flexbox et Grid, démystifiant en douceur leurs complexités. Nous explorerons les principes fondamentaux de ces deux outils innovants, mettant en évidence leurs différences et examinant leurs applications potentielles.

Embarquons donc dans ce voyage éclairant avec un esprit ouvert et un esprit d'exploration, prêts à déverrouiller un monde entièrement nouveau de possibilités en matière de techniques de disposition et de design web. L'avenir du design web est là, et avec les connaissances et les outils appropriés, nous pouvons créer des designs époustouflants et conviviaux qui étaient auparavant inimaginables.

7.3.1 Comprendre Flexbox

Flexbox, ou plus formellement connu sous le nom de Module de Boîte Flexible, symbolise une méthode de disposition extrêmement efficace qui opère principalement dans une seule dimension, se concentrant généralement sur les rangées ou les colonnes au sein d'un conteneur désigné.

L'objectif principal de Flexbox est de présenter une méthode plus raffinée et efficace de distribuer l'espace entre les éléments hébergés dans un conteneur. Cela garantit que l'espace disponible est exploité au maximum et que le gaspillage est maintenu au minimum absolu. Complétant cette fonction principale, Flexbox facilite également l'alignement du contenu. Cela est accompli en offrant un large éventail d'options pouvant satisfaire une variété de besoins et d'exigences d'alignement.

Les avantages de cela deviennent particulièrement évidents dans les situations où la disposition peut être complexe ou poser des défis significatifs de gestion. Dans ces contextes, Flexbox s'avère être une solution remarquable pour une large gamme de problèmes courants de mise en page qui peuvent survenir pendant le processus de conception et de développement.

De plus, la mise en œuvre de Flexbox offre un outil extrêmement efficace pour les concepteurs et développeurs web. Elle leur permet de s'assurer que la conception et la disposition du contenu web sont optimisées. Cela conduit à une meilleure expérience utilisateur globale, car le contenu est présenté de manière plus organisée et esthétiquement agréable. Par conséquent, Flexbox peut être considéré comme un utilitaire indispensable dans l'arsenal de tout concepteur ou développeur web qui s'aventure à créer des interfaces web visuellement attrayantes et conviviales.

7.3.2 Conteneur et Éléments Flex

Si vous cherchez à entrer dans le monde du Design de Boîte Flexible, plus fréquemment et familièrement connu sous le nom de Flexbox, la première étape implique de définir ce que l'on appelle un Conteneur Flex. Ce conteneur remplit un objectif crucial car il agit comme l'élément parent, une sorte de zone d'emboîtement numérique, dans laquelle vous placerez d'autres éléments.

Une fois que les éléments trouvent leur place directement à l'intérieur de ce conteneur, ils subissent une transformation et assument automatiquement le rôle d'Éléments Flex. C'est là que le véritable charme de l'utilisation de Flexbox prend vie.

Ces Éléments Flex ne sont pas rigides ni inflexibles. Au contraire, ce sont des entités incroyablement adaptables et malléables. Ils peuvent être facilement alignés, ordonnés et distribués dans les limites du conteneur selon les directives puissantes et flexibles du modèle Flexbox. Cette caractéristique unique de Flexbox fait en sorte que la tâche de concevoir des mises en page complexes ressemble moins à une corvée ardue et davantage à une brise, simplifiant le processus tout en maintenant un haut niveau de contrôle et de précision.

Exemple :

```
<div class="flex-container">
    <div>Item 1</div>
    <div>Item 2</div>
    <div>Item 3</div>
</div>
.flex-container {
    display: flex; /* This defines the Flex container */
    justify-content: space-around; /* Distributes space around items */
    align-items: center; /* Vertically aligns items in the center */
}
```

7.3.3 Propriétés de Flexbox

Flexbox est un puissant module de mise en page CSS qui offre une manière plus efficace de distribuer, d'aligner et de répartir l'espace entre les éléments au sein d'un conteneur, même lorsque leur taille est inconnue ou dynamique. Cet outil confère au conteneur la capacité de modifier la largeur, la hauteur et l'ordre de ses éléments pour mieux remplir l'espace disponible.

Flexbox se caractérise par deux types de propriétés : celles qui s'appliquent au conteneur Flex et celles qui s'appliquent aux éléments Flex.

Pour le conteneur, vous avez plusieurs propriétés clés :

- **display: flex;** : Cette propriété est fondamentale car c'est elle qui définit un conteneur Flex. Elle active un contexte flex pour tous ses enfants directs.

- **flex-direction** : Cette propriété est utilisée pour établir la direction des éléments Flex. Elle peut être définie sur row (horizontal) ou column (vertical), offrant une grande flexibilité dans l'organisation des éléments.

- **justify-content** : Cette propriété vous permet d'aligner les éléments Flex le long de l'axe principal. Par défaut, il est horizontal, mais change selon le flex-direction.

- **align-items** : Cette propriété, similaire à **justify-content**, aligne les éléments Flex le long de l'axe transversal. Par défaut, il est vertical mais change selon la configuration de flex-direction.

D'autre part, pour les éléments Flex, vous avez également un ensemble de propriétés :

- **flex-grow** : Cette propriété définit la capacité d'un élément Flex à croître si nécessaire. Elle accepte une valeur sans unité qui sert de proportion indiquant combien de l'espace restant dans le conteneur flex doit être attribué à l'élément.

- **flex-shrink** : Tout comme **flex-grow**, cette propriété définit la capacité d'un élément Flex à se contracter si nécessaire. Elle spécifie combien l'élément flex se contractera par rapport aux autres éléments dans le conteneur flex.

- **flex-basis** : Cette propriété définit la taille par défaut d'un élément Flex avant que l'espace restant ne soit distribué. Elle peut être une longueur (par exemple, 20%, 5rem, etc.) ou un mot-clé.

En résumé, Flexbox offre un ensemble avancé de propriétés qui permettent des mises en page plus efficaces et flexibles, apportant une amélioration significative par rapport aux méthodes de mise en page traditionnelles.

Exemple :

Voici un exemple de code complet qui démontre plusieurs propriétés de Flexbox :

```
<!DOCTYPE html>
<html lang="en">
<head>
    <meta charset="UTF-8">
    <meta name="viewport" content="width=device-width, initial-scale=1.0">
    <title>Flexbox Example</title>
    <style>
        .flex-container {
            display: flex;
            flex-direction: row; /* Change to 'column' for vertical layout */
            justify-content: space-around; /* Try other values like 'space-between',
'flex-start', 'flex-end' */
            align-items: center; /* Try 'flex-start', 'flex-end' */
            width: 80%;
            margin: 0 auto; /* Center the container horizontally */
            border: 1px solid #ccc;
            padding: 10px;
        }

        .flex-item {
            flex: 1; /* Flex items will grow equally */
            text-align: center;
            padding: 15px;
            margin: 5px;
            border: 1px solid #ddd;
```

```
            font-size: 1.2rem; /* Adjust font size as needed */
        }

        .item1 {
            background-color: #f0f0f0;
        }

        .item2 {
            background-color: #e0e0e0;
        }

        .item3 {
            background-color: #d0d0d0;
            flex-grow: 2; /* This item will grow twice as much */
        }
    </style>
</head>
<body>
    <div class="flex-container">
        <div class="flex-item item1">Item 1</div>
        <div class="flex-item item2">Item 2</div>
        <div class="flex-item item3">Item 3 (larger size)</div>
    </div>
</body>
</html>
```

Ce code démontre ce qui suit :

- **Conteneur Flex :**
    - **display: flex;** : Définit le conteneur comme un conteneur Flexbox.
    - **flex-direction: row;** : Établit la direction de la mise en page comme horizontale (changez en « column » pour vertical).
    - **justify-content: space-around;** : Distribue les éléments avec un espace égal autour d'eux sur l'axe principal (expérimentez avec d'autres valeurs).
    - **align-items: center;** : Aligne verticalement les éléments au centre de l'axe transversal (essayez d'autres valeurs).

- **Éléments Flex :**
    - **flex: 1;** : Fait en sorte que tous les éléments grandissent de manière égale pour remplir l'espace disponible.
    - Styles individuels pour chaque élément avec différents arrière-plans et tailles de police.
    - **flex-grow: 2;** appliqué au troisième élément le fait grandir deux fois plus que les autres.

Ceci est un exemple de base, et vous pouvez explorer différentes combinaisons de propriétés Flexbox pour obtenir divers effets de mise en page. N'oubliez pas d'expérimenter et d'ajuster les valeurs pour les adapter à vos besoins de conception spécifiques.

7.3.4 Explorer CSS Grid

CSS Grid, un système de mise en page bidimensionnel innovant et révolutionnaire, a été conçu spécifiquement pour offrir une approche conviviale mais puissante pour concevoir des mises en page complexes basées sur une structure de rangées et de colonnes. Le système a été développé minutieusement avec un objectif clair : simplifier et rationaliser le processus souvent compliqué de création de mises en page web complexes.

Le système CSS Grid accorde un degré de contrôle sans précédent sur les éléments structurels de votre mise en page, le positionnant comme l'outil de prédilection tant pour les développeurs web que pour les designers lorsqu'ils sont confrontés à la tâche de créer des pages web nécessitant des mises en page complexes basées sur des grilles. Qu'il s'agisse d'un site d'actualités multi-sections ou d'un portfolio réactif, CSS Grid a la capacité de tout gérer.

Ce qui distingue CSS Grid et le rend véritablement remarquable est sa combinaison parfaite de flexibilité et de simplicité. Il ouvre un large éventail de possibilités de mise en page qui étaient auparavant difficiles à mettre en œuvre ou qui nécessitaient des ajustements manuels substantiels et des modifications.

Mais avec CSS Grid, ces jours sont révolus. Il fait en sorte que la tâche de concevoir une page web complexe soit non seulement plus simple, mais aussi une expérience beaucoup plus agréable. Avec CSS Grid, la conception web devient moins une lutte avec les limitations de mise en page et plus une exploration de tout le potentiel de votre vision créative.

7.3.5 Conteneur et Éléments de la Grille

Lors de l'utilisation de Grid, similaire à Flexbox, la première étape consiste à définir un conteneur de Grille. En faisant cela, ses éléments enfants se transforment automatiquement en éléments de Grille, simplifiant le processus. C'est l'une des similitudes partagées par Grid et Flexbox. Cependant, l'une des principales distinctions et des avantages clés de l'utilisation de Grid plutôt que Flexbox est le niveau incomparable de contrôle qu'il offre aux développeurs.

Avec Grid, vous avez la capacité de placer des éléments avec un degré phénoménal de précision dans des rangées et des colonnes spécifiques au sein du conteneur. Cette capacité ne se limite pas à placer des éléments n'importe où, mais consiste à avoir le pouvoir de dicter exactement où chaque élément doit être positionné dans la grille du conteneur.

Cela fournit un niveau de contrôle de mise en page qui est difficile, voire impossible, à atteindre avec d'autres techniques de mise en page CSS. C'est ce niveau de contrôle précis et de flexibilité qui distingue Grid des autres techniques et en fait un outil inestimable dans l'arsenal de tout designer web.

Exemple :

```
<div class="grid-container">
    <div>Item 1</div>
    <div>Item 2</div>
    <div>Item 3</div>
</div>
.grid-container {
    display: grid; /* This defines the Grid container */
    grid-template-columns: repeat(3, 1fr); /* Creates three columns of equal width */
    grid-gap: 10px; /* Sets the gap between rows and columns */
}
```

7.3.6 Propriétés de la Grille

Le système de mise en page Grid en CSS introduit une série de propriétés qui s'appliquent à la fois au conteneur et aux éléments qu'il contient. Ces propriétés offrent collectivement un haut degré de contrôle sur la mise en page, permettant une précision dans le positionnement et le dimensionnement.

Pour le conteneur, les propriétés clés incluent :

- **display: grid;** : Cette propriété est utilisée pour définir un conteneur de grille. Une fois défini, les autres propriétés de la grille peuvent être appliquées pour contrôler la mise en page au sein de ce conteneur.

- **grid-template-columns** / **grid-template-rows** : Ces propriétés sont utilisées pour définir la taille des colonnes et des rangées au sein de la grille. Cela peut être spécifié dans n'importe quelle unité de longueur, en pourcentage ou en fraction de l'espace disponible.

- **grid-gap** : Cette propriété est utilisée pour établir l'espace entre les rangées et les colonnes dans la grille. Cela peut être utile pour créer des mises en page plus attrayantes visuellement et améliorer la lisibilité.

Pour les éléments à l'intérieur du conteneur de grille, les propriétés permettent le positionnement au sein de la grille :

- **grid-column** : Cette propriété spécifie le début et la fin de la colonne d'un élément au sein de la grille. Elle permet de contrôler où un élément s'étend horizontalement dans la grille.

- **grid-row** : De manière similaire, cette propriété spécifie le début et la fin de la rangée d'un élément, contrôlant où l'élément s'étend verticalement dans la grille.

Exemple :

Voici un exemple de code complet qui démontre plusieurs propriétés de la grille :

```
<!DOCTYPE html>
<html lang="en">
```

```
<head>
    <meta charset="UTF-8">
    <meta name="viewport" content="width=device-width, initial-scale=1.0">
    <title>Grid Example</title>
    <style>
        .grid-container {
            display: grid;
            grid-template-columns: repeat(3, 1fr); /* Three columns of equal size */
            grid-template-rows: auto 100px auto; /* Flexible first and last row, fixed
middle row */
            grid-gap: 10px;
            padding: 10px;
            border: 1px solid #ccc;
            width: 80%;
            margin: 0 auto;
        }

        .grid-item {
            background-color: #f0f0f0;
            text-align: center;
            padding: 15px;
            font-size: 1.2rem;
        }

        .item1 {
            grid-column: 1; /* Spans only the first column */
            grid-row: 1 / span 3; /* Spans all three rows */
        }

        .item2 {
            grid-column: 2; /* Spans the second column */
            grid-row: 2; /* Spans only the second row */
        }

        .item3 {
            grid-column: 3; /* Spans the third column */
            grid-row: 1; /* Spans only the first row */
        }
    </style>
</head>
<body>
    <div class="grid-container">
        <div class="grid-item item1">Item 1 (spans all rows)</div>
        <div class="grid-item item2">Item 2 (middle row only)</div>
        <div class="grid-item item3">Item 3 (top row only)</div>
    </div>
</body>
</html>
```

Ce code démontre ce qui suit :

- **Conteneur de grille :**
    - **display: grid;** : Définit le conteneur comme un conteneur de grille.
    - **grid-template-columns: repeat(3, 1fr);** : Crée trois colonnes de taille égale en utilisant la fonction "repeat".
    - **grid-template-rows: auto 100px auto;** : Définit que la première et la dernière rangées soient flexibles et que la rangée du milieu ait une hauteur fixe de 100px.
    - **grid-gap: 10px;** : Établit un espacement de 10px entre les rangées et les colonnes.
- **Éléments de la grille :**
    - Styles individuels pour chaque élément avec différents arrière-plans et tailles de police.
    - Les propriétés **grid-column** et **grid-row** sont utilisées pour positionner chaque élément dans la structure de la grille.
    - **item1** couvre les trois rangées en utilisant "grid-row: 1 / span 3".

N'oubliez pas, ceci n'est qu'un exemple de base. Vous pouvez explorer de nombreuses possibilités avec la grille en combinant diverses propriétés et en expérimentant avec différentes mises en page.

7.3.7 Flexbox vs. Grille : Quand Utiliser Chacun

Envisagez d'utiliser Flexbox lorsque vous travaillez avec des mises en page qui sont conçues principalement dans une seule dimension. Cette direction pourrait être une rangée ou une colonne. Flexbox est un excellent choix pour les composants d'une application et les mises en page à petite échelle, où la préoccupation prédominante est la disposition des éléments dans une seule direction.

Flexbox vous donne le contrôle et la flexibilité pour manipuler l'alignement, la direction, l'ordre et la taille des boîtes. C'est un outil puissant qui est particulièrement bénéfique lorsque vous devez créer une barre de navigation ou un ensemble de boutons qui doivent être espacés uniformément. Avec Flexbox, vous pouvez vous assurer que ces éléments s'affichent correctement, améliorant l'expérience utilisateur et la conception générale de votre application.

Envisagez d'utiliser la Grille lorsque vous travaillez avec des mises en page plus complexes et bidimensionnelles où vous devez avoir le contrôle sur les rangées et les colonnes. La Grille est un choix idéal pour les mises en page à plus grande échelle, comme des pages web complètes ou des sections complexes au sein d'une page. Sa capacité à gérer à la fois les rangées et les colonnes en fait un outil essentiel pour tout concepteur web.

Avec la Grille, vous avez la capacité de créer une mise en page avec plusieurs rangées et colonnes. Vous pouvez placer les éléments librement où vous le souhaitez, en les faisant couvrir comme vous le désirez, ce qui vous donne un niveau de contrôle et de flexibilité sans précédent. La Grille est le choix préféré lors de la construction d'une mise en page de page web complexe, car elle offre plus de contrôle sur la conception que n'importe quel autre outil dans votre arsenal. L'utilisation de la Grille peut améliorer considérablement la structure de votre page web, la rendant plus attrayante et facile à utiliser.

Flexbox et la Grille sont des outils puissants dans l'arsenal de conception CSS, chacun avec ses forces et ses cas d'utilisation idéaux. En comprenant et en appliquant ces modèles de mise en page, vous pouvez aborder un large éventail de défis de conception, créant des pages web réactives, organisées et visuellement attrayantes. Au fur et à mesure que vous continuez à expérimenter avec Flexbox et la Grille, rappelez-vous que le choix entre eux dépend souvent des besoins spécifiques de votre conception. Profitez de la flexibilité et du contrôle qu'ils offrent et appréciez les possibilités créatives qu'ils débloquent dans vos projets de conception web.

Pour conclure notre exploration de ces modèles de mise en page essentiels, considérons quelques idées supplémentaires et meilleures pratiques pour améliorer encore davantage votre maîtrise dans la conception de mises en page web réactives et sophistiquées.

7.3.8 Combinaison de Flexbox et de la Grille

Flexbox et la Grille, deux modèles de mise en page CSS puissants, ont chacun leurs forces uniques, mais il est crucial de comprendre qu'ils ne sont pas mutuellement exclusifs. Ils peuvent être combinés pour obtenir des solutions de mise en page plus dynamiques et flexibles. Dans les applications pratiques, l'utilisation conjointe des deux modèles de mise en page peut conduire à des conceptions hautement efficaces, polyvalentes et réactives qui s'adaptent bien aux différentes tailles d'écran et orientations.

Par exemple, vous pourriez utiliser la Grille pour la mise en page générale de la page, définissant les zones structurelles principales telles que les en-têtes, les pieds de page et les sections principales de contenu. La force de la Grille réside dans sa capacité à créer une mise en page en deux dimensions : rangées et colonnes. Ensuite, au sein de ces zones, Flexbox peut être utilisé pour aligner et distribuer des composants ou du contenu plus petits.

Flexbox est particulièrement utile pour les mises en page unidimensionnelles, car il peut gérer facilement l'alignement, la direction, l'ordre et la taille des boîtes. En tirant parti des forces des deux, vous pouvez créer des mises en page plus complexes, intuitives et adaptables.

7.3.9 Flexbox pour les Barres de Navigation

Le module de mise en page Flexbox est particulièrement adapté pour créer des barres de navigation et des menus réactifs. Cela est dû à sa capacité unique à répartir l'espace de manière uniforme entre les éléments, indépendamment de leur taille, et à aligner les éléments parfaitement au sein d'un conteneur.

Cela en fait un choix idéal pour les développeurs lors de la création de menus horizontaux. Ces menus doivent souvent s'ajuster de manière fluide et efficace à différentes tailles d'écran, offrant une expérience utilisateur fluide indépendamment de l'appareil utilisé.

Flexbox garantit que la navigation reste intuitive et facile à utiliser, qu'elle soit vue sur un grand moniteur de bureau ou sur un petit écran mobile, soulignant sa polyvalence et son efficacité dans la conception web moderne.

Exemple :

```css
/* styles.css file */
.navbar {
    display: flex;
    justify-content: space-between;
    align-items: center;
    list-style-type: none;
    padding: 0;
}

.navbar li a {
    padding: 10px;
    text-decoration: none;
    color: #333;
}

.navbar li a:hover {
    background-color: #f0f0f0;
}
```

En utilisant le fichier styles.css dans un fichier HTML pour implémenter la barre de navigation :

```html
<!DOCTYPE html>
<html lang="en">
<head>
    <meta charset="UTF-8">
    <meta name="viewport" content="width=device-width, initial-scale=1.0">
    <title>Navbar Example</title>
    <link rel="stylesheet" href="style.css"> </head>
<body>
  <header>
    <nav class="navbar">
      <li><a href="#">Home</a></li>
      <li><a href="#">About Us</a></li>
      <li><a href="#">Contact</a></li>
    </nav>
  </header>

  </body>
</html>
```

Cet exemple incorpore le CSS dans un document HTML pour créer une barre de navigation simple :

1. **Structure HTML :**

   o Structure HTML de base avec **<!DOCTYPE html>**, **<html>**, **<head>**, **<body>** et balises de fermeture.

   o Un élément **<header>** pour regrouper la barre de navigation.

   o Un élément **<nav>** qui contient la barre de navigation elle-même.

   o À l'intérieur du **<nav>**, une liste non ordonnée (**<ul>**) avec des éléments de liste (**<li>**) et des balises d'ancrage (**<a>**) pour les liens de navigation.

2. **Intégration CSS :**

   o Bien que vous puissiez inclure le CSS directement dans la balise **<style>** dans la section **<head>**, cet exemple suppose que le CSS se trouve dans un fichier séparé appelé **style.css**.

   o Une balise **<link>** est utilisée pour référencer la feuille de style externe, assurant une meilleure séparation des préoccupations et une meilleure maintenabilité.

3. **Style de la barre de navigation :**

   o Le CSS fourni est inclus dans le fichier **style.css** (non montré ici).

   o Ce CSS stylise les classes **.navbar**, **.navbar li a** et **.navbar li a:hover**, en appliquant les propriétés visuelles souhaitées aux éléments de la barre de navigation.

7.3.10 Grid pour les Mises en Page Complexes

CSS Grid excelle vraiment lorsque vous êtes confronté au défi de créer des mises en page web complexes. Celles-ci peuvent varier des mises en page complexes que l'on voit souvent dans les magazines imprimés, aux mises en page de tableaux de bord très détaillées et riches en données qui nécessitent précision et clarté dans leur présentation.

Ce qui fait vraiment ressortir Grid, c'est sa capacité à définir à la fois des lignes et des colonnes de manière efficace et conviviale. Cela signifie que vous avez le pouvoir de placer les éléments exactement où vous le souhaitez dans la grille de mise en page, vous donnant un contrôle total sur votre conception. Mais les capacités de Grid ne s'arrêtent pas là.

Avec ses fonctionnalités avancées, vous pouvez même superposer des éléments les uns sur les autres, ce qui permet la création d'effets plus avancés et d'éléments de conception complexes qui peuvent améliorer considérablement l'attrait visuel et la fonctionnalité de vos conceptions web.

Exemple :

Un exemple de mise en page à deux colonnes avec un en-tête, une zone de contenu principal, une barre latérale et un pied de page pourrait ressembler à ceci :

```css
/* styles.css file */
.grid-container {
    display: grid;
    grid-template-columns: 1fr 3fr; /* Sidebar and main content */
    grid-template-rows: auto 1fr auto; /* Header, main, footer */
    grid-gap: 20px;
}

.header, .footer {
    grid-column: 1 / -1; /* Span from first to last column */
}

.sidebar {
    grid-row: 2 / 3; /* Align with main content */
}
<!DOCTYPE html>
<html lang="en">
<head>
    <meta charset="UTF-8">
    <meta name="viewport" content="width=device-width, initial-scale=1.0">
    <title>Grid Layout Example</title>
    <link rel="stylesheet" href="style.css"> </head>
<body>
 <div class="grid-container">
    <header class="header">
      <h1>Website Title</h1>
    </header>

    <aside class="sidebar">
      <nav>
       <ul>
         <li><a href="#">Link 1</a></li>
         <li><a href="#">Link 2</a></li>
         <li><a href="#">Link 3</a></li>
       </ul>
      </nav>
    </aside>

    <main class="main-content">
      <h2>Main Content</h2>
      <p>This is the main content area.</p>
    </main>

    <footer class="footer">
      <p>© 2024 Copyright</p>
    </footer>
 </div>
```

```
</body>
</html>
```

Ce code HTML démontre l'utilisation du CSS pour créer une mise en page basée sur une grille avec un en-tête, une barre latérale, un contenu principal et un pied de page :

1. **Structure HTML :**

   o Structure HTML de base similaire à l'exemple de la barre de navigation.

   o Un **div** avec la classe **grid-container** agit comme la grille principale pour la mise en page.

   o À l'intérieur du **grid-container** :

      ▪ Les éléments **header**, **aside**, **main** et **footer** sont utilisés pour leurs sections respectives.

      ▪ L'élément **nav** à l'intérieur du **aside** contient une liste de liens pour la navigation latérale.

2. **Intégration CSS :**

   o Le code CSS fourni (supposé être dans **style.css**) stylise le **grid-container** et ses éléments, définissant la structure de la grille et la position des éléments.

3. **Conception de la Grille :**

   o Le CSS crée une grille à deux colonnes avec une barre latérale et une zone de contenu principal, ainsi qu'un en-tête et un pied de page qui s'étendent sur les deux colonnes.

   o La barre latérale s'aligne avec le contenu principal, créant une mise en page visuellement équilibrée.

7.3.11 Utilisation Réfléchie des Espaces et du Contenu Superposé

Lors de la conception de mises en page, Flexbox et Grid fournissent tous deux des propriétés qui permettent de contrôler l'espacement entre les éléments. Dans Grid, il s'agit de la propriété **gap**, tandis que dans Flexbox, c'est la propriété **margin**.

En utilisant efficacement ces propriétés, vous pouvez améliorer considérablement l'attrait visuel de vos mises en page tout en améliorant significativement la lisibilité du contenu. Cela est dû au fait que des éléments bien espacés aident à guider l'œil du spectateur à travers le texte, le rendant plus facile à assimiler et à comprendre.

De plus, avec Grid, il existe une fonctionnalité unique qui vous permet de superposer des éléments. Cela peut être fait en utilisant les lignes de début/fin **grid-column** et **grid-row**. Cette fonctionnalité ouvre une multitude de possibilités créatives pour la conception, vous permettant de créer des mises en page complexes et visuellement intéressantes qui peuvent faire ressortir votre travail. Cependant, aussi puissante que soit cette fonctionnalité, il est crucial de l'utiliser avec prudence.

La superposition d'éléments peut potentiellement interférer avec l'accessibilité et la réactivité du contenu si elle n'est pas gérée correctement. Par conséquent, il est essentiel de bien réfléchir aux implications et aux problèmes potentiels qui pourraient survenir lors de la décision d'utiliser cette fonctionnalité.

Exemple :

```
<!DOCTYPE html>
<html lang="en">
<head>
    <meta charset="UTF-8">
    <meta name="viewport" content="width=device-width, initial-scale=1.0">
    <title>Gaps and Overlap Example</title>
    <link rel="stylesheet" href="style.css">
</head>
<body>
  <div class="grid-container">
    <div class="image-1">
      <img src="image1.jpg" alt="Image 1">
    </div>
    <div class="text-content">
      <h2>Welcome!</h2>
      <p>This is some important text content.</p>
    </div>
    <div class="image-2">
      <img src="image2.jpg" alt="Image 2">
    </div>
  </div>
</body>
</html>
/* styles.css file */
.grid-container {
  display: grid;
  grid-template-columns: 1fr 2fr 1fr;
  grid-gap: 20px;
}

.image-1, .image-2 {
  grid-column: 1; /* Both images span only the first column */
  margin-bottom: 20px; /* Additional spacing below images */
}

.text-content {
  grid-column: 2; /* Spans the second column */
  padding: 10px;
  background-color: #f0f0f0;
  border-radius: 5px;
}
```

Explication :

1. **Structure HTML :**
   - Le HTML définit un conteneur de grille avec trois sections :
     - **.image-1** : Contient la première image et son texte alternatif.
     - **.text-content** : Contient l'en-tête et le paragraphe.
     - **.image-2** : Contient la deuxième image et son texte alternatif.

2. **Espaces :**
   - La classe **.grid-container** définit un **grid-gap** de 20px, créant de l'espace entre les éléments.
   - De plus, les classes **.image-1** et **.image-2** ont un **margin-bottom** de 20px pour une séparation supplémentaire.

3. **Superposition (Partielle) :**
   - Les deux images ont **grid-column: 1;**, ce qui signifie qu'elles ne couvrent que la première colonne.
   - Cela crée une superposition partielle avec le contenu texte dans la deuxième colonne, montrant un exemple de base de superposition contrôlée.

Note :

- Cet exemple démontre un cas d'utilisation de base. Vous pouvez ajuster la conception de la grille, les valeurs d'espacement et la superposition en fonction de vos besoins de conception spécifiques.
- N'oubliez pas de remplacer "image1.jpg" et "image2.jpg" par les chemins réels de vos images.

Ce code démontre le concept d'utilisation des espaces et de superposition de contenu tout en maintenant un certain niveau de séparation et de lisibilité. Il est important de rappeler qu'une superposition excessive sans considération attentive peut nuire à l'accessibilité et à la réactivité.

Conclusion

Flexbox et Grid sont des outils incroyablement puissants qui sont à votre disposition dans votre processus de développement web. Ils vous offrent la capacité de créer des mises en page réactives, précises et hautement créatives qui peuvent révolutionner la façon dont vous abordez la conception. En comprenant parfaitement leurs forces ainsi que leurs applications uniques, vous pouvez prendre des décisions bien informées sur le modèle à utiliser pour n'importe quel scénario donné.

Il est important de noter que les mises en page les plus efficaces sont celles qui s'adaptent parfaitement à une grande variété d'appareils. Elles doivent améliorer l'expérience utilisateur en fournissant une interface intuitive et facile à naviguer. De plus, elles doivent être capables de donner vie à vos visions créatives, offrant une plateforme pour que vous puissiez présenter vos idées de conception uniques.

Le développement web est une forme d'art en soi, où Flexbox et Grid sont les pinceaux et le navigateur est votre toile. Alors saisissez l'opportunité de créer quelque chose de remarquable et rappelez-vous, la seule limitation est votre imagination.

7.4 Exercices : Appliquer les Techniques CSS Avancées à Votre Site Web Simple

Après avoir exploré les profondeurs du style CSS avancé, y compris le travail avec les polices, les icônes, Flexbox et Grid, vous êtes maintenant équipé pour élever votre site web simple avec des techniques de conception sophistiquées. Cet exercice vise à intégrer ces concepts CSS avancés dans votre site web, transformant sa conception, sa typographie et son esthétique générale. Abordons cet exercice avec créativité et souci du détail, améliorant votre site web pour qu'il ne soit pas seulement plus attrayant visuellement, mais aussi plus fonctionnel et réactif.

Aperçu de l'Exercice

Votre tâche consiste à affiner le site web que vous avez construit en appliquant des techniques CSS avancées. Cela inclut l'incorporation de polices et d'icônes personnalisées, l'utilisation de Flexbox ou Grid pour améliorer la mise en page et l'ajout d'éléments de conception réactive pour garantir que votre site web soit superbe sur n'importe quel appareil.

Étape 1 : Intégrer des Polices Personnalisées

Sélectionnez une ou deux polices personnalisées à partir d'un service comme Google Fonts pour ajouter de la personnalité et du style à votre site web. Appliquez ces polices aux en-têtes, au texte du corps ou aux sections spécifiques de votre site web pour améliorer la lisibilité et l'attrait esthétique.

```
<!-- Add this link to the <head> of your HTML files -->
<link
href="<https://fonts.googleapis.com/css2?family=Roboto:wght@400;700&display=swap>"
rel="stylesheet">
/* Apply your chosen fonts in your CSS file */
body {
    font-family: 'Roboto', sans-serif;
}

h1, h2, h3 {
    font-weight: 700; /* Use the bold weight for headings */
}
```

Étape 2 : Incorporer des Icônes pour une Meilleure Utilisabilité

Utilisez une bibliothèque d'icônes comme Font Awesome pour ajouter des icônes à côté des liens de navigation, des liens vers les réseaux sociaux ou des boutons d'appel à l'action. Les icônes peuvent fournir des indicateurs visuels qui améliorent la navigation et l'interaction avec votre site web.

```html
<!-- Include the Font Awesome CDN link in your HTML -->
<link     rel="stylesheet"     href="<https://cdnjs.cloudflare.com/ajax/libs/font-awesome/5.15.3/css/all.min.css>">

<!-- Example of adding an icon to a navigation link -->
<nav>
    <ul>
        <li><a href="index.html"><i class="fas fa-home"></i> Home</a></li>
        <!-- other navigation links -->
    </ul>
</nav>
```

Étape 3 : Repensez votre mise en page avec Flexbox ou Grid

Passez en revue la mise en page des sections de votre site web, telles que l'en-tête, la zone de contenu principal, la barre latérale ou le pied de page. Déterminez si Flexbox ou Grid serait le plus approprié pour chaque section et repensez-les en utilisant le modèle de mise en page choisi. Par exemple, vous pourriez utiliser Grid pour la structure générale de la page et Flexbox pour aligner les éléments dans une barre de navigation ou un pied de page.

```css
/* Example of a CSS Grid layout for the main content area */
.main-content {
    display: grid;
    grid-template-columns: 1fr 3fr; /* Sidebar and main article */
    gap: 20px;
}

/* Example of using Flexbox for a footer layout */
.footer {
    display: flex;
    justify-content: space-between;
    align-items: center;
}
```

Étape 4 : Assurez-vous de la réactivité

Mettez en œuvre des techniques de conception réactive pour vous assurer que votre site web s'adapte aux différentes tailles d'écran et appareils. Utilisez des requêtes média (media queries) pour ajuster les mises en page, les tailles de police et les menus de navigation pour les écrans plus petits.

```
@media (max-width: 768px) {
    .main-content {
        grid-template-columns: 1fr; /* Stack sidebar and main article vertically on
small screens */
    }

    .navbar ul {
        display: flex;
        flex-direction: column;
    }

    .footer {
        flex-direction: column;
        text-align: center;
    }
}
```

Conclusion

Félicitations pour avoir complété ces exercices ! Ce faisant, vous avez fait des pas significatifs pour améliorer votre site web en utilisant des techniques CSS avancées.

L'incorporation de polices et d'icônes personnalisées, ainsi que l'application stratégique de Flexbox et Grid, non seulement rehausse l'attrait esthétique de votre site, mais améliore également la fonctionnalité et la réactivité globales, garantissant que votre site web soit convivial sur diverses plateformes et appareils.

Mais rappelez-vous, la clé d'une conception web efficace ne s'arrête pas à l'application de ces techniques. Elle nécessite une mise en œuvre soigneuse, un œil attentif aux détails et une volonté d'expérimenter continuellement. Il s'agit de comprendre les besoins de votre audience, puis d'utiliser les outils à votre disposition pour créer un site qui satisfait ces besoins de manière visuellement attrayante et intuitive.

Alors ne vous arrêtez pas là. Continuez à explorer le paysage vaste et en constante évolution du CSS. Profitez de la large gamme de possibilités qu'il offre. Savourez le processus de création d'expériences web magnifiques et centrées sur l'utilisateur, et rappelez-vous qu'en conception web, comme en toutes choses, le voyage est aussi important que la destination.

Projet 7.5 : Concevoir une Mise en Page Réactive pour votre Site Web

Bienvenue à un moment crucial dans votre parcours en tant que développeur web : concevoir une mise en page réactive pour votre site web. Ce projet consolidera non seulement votre compréhension des techniques CSS avancées, mais vous mettra également au défi de créer une conception qui s'adapte avec élégance à travers les appareils et les tailles d'écran.

Abordons ce projet avec une combinaison de précision technique et de vision créative, dans le but de créer un site web qui offre une expérience utilisateur exceptionnelle, quelle que soit la façon dont on y accède. Votre objectif est de vous assurer que le contenu soit lisible, la navigation soit simple et l'attrait esthétique soit maintenu sur toutes les plateformes.

Vue d'Ensemble du Projet

Votre tâche consiste à réimaginer la mise en page de votre site web en utilisant CSS Flexbox ou Grid (ou une combinaison des deux) pour créer une conception réactive. Cela implique de mettre en œuvre des requêtes média pour ajuster la mise en page, la typographie et d'autres éléments de conception selon la taille de la fenêtre d'affichage. À travers ce projet, vous améliorerez l'accessibilité et l'utilisabilité de votre site, en vous assurant qu'il soit superbe et fonctionne excellemment sur les ordinateurs de bureau, les tablettes et les smartphones.

Étape 1 : Établir votre Mise en Page avec CSS Grid ou Flexbox

Tout d'abord, définissez la structure générale de votre site web en utilisant CSS Grid, Flexbox ou une combinaison des deux. Réfléchissez à la façon dont vous souhaitez que votre contenu s'organise et circule sur les grands écrans et comment cette organisation devrait changer sur les appareils plus petits.

```css
/* Example of a simple CSS Grid layout for larger screens */
body {
    display: grid;
    grid-template-areas:
        "header header header"
        "nav content sidebar"
        "footer footer footer";
    grid-template-columns: 1fr 3fr 1fr;
    gap: 20px;
}

.header {
    grid-area: header;
}

.nav {
    grid-area: nav;
}

.content {
    grid-area: content;
}

.sidebar {
    grid-area: sidebar;
}

.footer {
    grid-area: footer;
```

```
}
```

Étape 2 : Mettre en Œuvre des Requêtes Média pour la Réactivité

En utilisant des requêtes média, ajustez votre mise en page pour différentes tailles d'écran. Cela pourrait inclure l'empilement vertical des colonnes sur les écrans plus petits, l'ajustement des tailles de police ou la modification de la navigation vers un format plus adapté aux appareils mobiles.

```css
@media (max-width: 768px) {
    body {
        grid-template-areas:
            "header"
            "nav"
            "content"
            "sidebar"
            "footer";
        grid-template-columns: 1fr;
    }

    .nav, .footer {
        /* Adjust navigation and footer for smaller screens */
        display: flex;
        flex-direction: column;
    }
}
```

Étape 3 : Optimiser la Typographie et les Images

Assurez-vous que votre typographie et vos images se redimensionnent de manière appropriée. Utilisez des unités relatives pour les polices (comme **rem** ou **em**) et assurez-vous que les images soient réactives, en utilisant **max-width: 100%** et **height: auto**.

```css
body {
    font-size: 16px; /* Base font size */
}

h1, h2, h3 {
    font-size: 2rem; /* Adjust heading sizes appropriately */
}

img {
    max-width: 100%;
    height: auto;
}
```

Étape 4 : Améliorer l'Utilisabilité sur les Appareils Mobiles

Accordez une attention particulière aux éléments tels que les boutons, les liens et les champs de formulaire pour vous assurer qu'ils soient faciles à toucher sur les appareils tactiles. Augmentez la taille des cibles et tenez compte de l'espacement pour améliorer l'utilisabilité.

```
button, .nav a {
    padding: 15px;
    margin: 10px 0; /* Increase space for easier touch interaction */
}
```

Étape 5 : Tester sur Différents Appareils et Navigateurs

Enfin, testez minutieusement votre conception réactive sur différents appareils et navigateurs pour identifier et corriger tout problème. Utilisez les outils de développement du navigateur pour simuler divers appareils et demandez à des amis ou à votre famille de tester sur leurs appareils également.

Conclusion

Compléter ce projet représente une étape importante dans votre parcours vers la maîtrise de l'art de la conception web réactive. Une conception réactive bien pensée et méticuleusement conçue garantit non seulement que votre site web soit accessible et agréable pour un large éventail d'utilisateurs. Elle témoigne également de votre adaptabilité, de votre créativité et de votre compétence en tant que développeur web.

Le processus de conception réactive n'est pas une tâche ponctuelle, mais plutôt un cycle continu de tests, d'apprentissage et de perfectionnement. Il s'agit de comprendre les besoins de votre audience, d'anticiper les scénarios d'utilisation possibles et de créer une expérience en ligne capable de s'adapter sans difficulté à des conditions variables.

Dans un paysage numérique en constante évolution, il est essentiel de se tenir au courant des dernières tendances, techniques et meilleures pratiques en matière de conception web. Relevez le défi de créer des expériences web qui ne soient pas seulement visuellement attrayantes, mais aussi fonctionnelles, intuitives et faciles à utiliser. Rappelez-vous, la véritable marque d'une conception web réussie réside dans sa capacité à offrir le même niveau d'expérience utilisateur, quel que soit l'appareil sur lequel elle est consultée.

Au fur et à mesure de votre progression, continuez à explorer de nouvelles voies, repoussez vos limites et n'arrêtez jamais d'apprendre. À chaque défi que vous surmontez, vous serez mieux préparé pour faire face aux exigences changeantes du monde numérique.

Résumé du Chapitre 7

Dans le Chapitre 7, nous nous sommes plongés dans le monde du Stylisme CSS Avancé, explorant une variété de techniques qui élèvent les aspects visuels et fonctionnels du développement web. De la maîtrise des sélecteurs avancés à l'exploitation de la puissance des polices et des icônes, en passant par l'utilisation de modèles de mise en page comme Flexbox et Grid jusqu'à la création de conceptions réactives, ce chapitre visait à vous doter des compétences nécessaires pour créer des pages web sophistiquées, réactives et visuellement attrayantes. Réfléchissons aux idées clés et aux leçons de ce chapitre.

Sélecteurs Avancés

Nous avons commencé notre voyage avec les sélecteurs avancés, déverrouillant le potentiel de cibler les éléments avec précision et efficacité. À travers des exemples tels que les sélecteurs d'attributs, les pseudo-classes et les pseudo-éléments, nous avons appris à styliser les éléments en fonction de leurs attributs, de leur état et de leur relation avec d'autres éléments dans le document. Cette connaissance nous permet de mettre en œuvre des effets de style dynamiques, améliorant l'interaction de l'utilisateur et l'engagement sur nos pages web.

Polices et Icônes

La section sur les polices et les icônes a mis l'accent sur l'impact significatif que la typographie et les éléments graphiques ont sur la conception et l'utilisabilité d'un site web. Nous avons exploré comment intégrer des polices web à partir de services comme Google Fonts, améliorant l'esthétique et la lisibilité de notre site web. De plus, nous avons approfondi l'utilisation de bibliothèques d'icônes comme Font Awesome et les icônes SVG pour ajouter de l'intérêt visuel et soutenir la navigation de l'utilisateur. Cette section a souligné l'importance de choisir des options accessibles et optimisant les performances pour maintenir une expérience utilisateur optimale.

Flexbox et Grid

L'exploration de Flexbox et Grid nous a présenté des modèles de mise en page puissants qui offrent flexibilité et contrôle sur les dispositions de pages web. Avec Flexbox, nous avons appris à organiser efficacement les éléments dans un espace unidimensionnel, idéal pour des composants comme les barres de navigation et les liens de pied de page. Grid, en revanche, offre un système de mise en page bidimensionnel, parfait pour des dispositions complexes nécessitant un alignement précis à la fois en lignes et en colonnes. Ces outils nous permettent de créer des conceptions réactives et structurées qui s'adaptent sans problème à différents appareils et tailles d'écran.

Conception Réactive

Enfin, le chapitre a culminé dans un projet axé sur la conception réactive, nous mettant au défi d'appliquer nos connaissances avancées en CSS pour créer des conceptions qui répondent à l'environnement de l'utilisateur. Nous avons discuté de l'utilisation de requêtes média pour adapter nos conceptions à différentes tailles de fenêtre, garantissant que le contenu soit accessible et lisible sur n'importe quel appareil. Ce projet a renforcé l'importance de la conception réactive dans le développement web moderne, mettant en évidence des stratégies pour améliorer l'utilisabilité et assurer que nos sites web soient inclusifs et accessibles à tous les utilisateurs.

Conclusion

Le Chapitre 7 a été une exploration exhaustive de techniques CSS avancées, chaque segment s'appuyant sur le précédent pour vous doter des outils nécessaires pour aborder des défis de conception complexes. En fermant ce chapitre, rappelez-vous que le chemin vers la maîtrise du CSS est continu. Le web est un média en constante évolution, et rester curieux, expérimenter avec de nouvelles techniques et affiner continuellement vos compétences sont essentiels pour grandir en tant que développeur web. Soyez fier des progrès que vous avez accomplis et attendez avec impatience les possibilités créatives qui vous attendent dans vos futurs projets. Laissez les connaissances que vous avez acquises vous inspirer à repousser les limites, innover et créer des expériences web qui ne soient pas seulement belles, mais aussi fonctionnelles, réactives et accessibles.

Chapitre 8 : Formulaires et Saisie Utilisateur

Bienvenue au Chapitre 8, où nous allons approfondir un aspect essentiel du développement web : les formulaires et la saisie utilisateur. L'importance de ce sujet ne peut être sous-estimée, car les formulaires constituent l'épine dorsale de l'interaction sur le web. Ils sont le moyen par lequel les utilisateurs peuvent effectuer une variété d'actions : rechercher des informations, nous contacter, s'inscrire pour un compte, se connecter et même nous fournir des commentaires précieux.

Dans ce chapitre, nous consacrerons notre temps et nos efforts à explorer les complexités impliquées dans la création, la stylisation et la validation des formulaires web. Notre objectif est de vous équiper avec les connaissances et les outils nécessaires pour collecter les informations des utilisateurs d'une manière qui soit non seulement conviviale, mais qui garantisse également la sécurité et l'intégrité des données collectées.

En nous lançant dans ce voyage d'exploration de ce sujet crucial, il est important de l'aborder avec une claire compréhension que notre objectif final va au-delà de la simple collecte d'informations. Nous cherchons à créer une expérience engageante et fluide pour nos utilisateurs, une qui les encourage à interagir avec nous, à partager leurs pensées et, en fin de compte, à rester avec nous à long terme. Alors, plongeons et apprenons comment nous pouvons tirer le meilleur parti des formulaires et de la saisie utilisateur dans le développement web.

8.1 Création de Formulaires en HTML

L'interaction utilisateur sur Internet est principalement alimentée par les formulaires. Ces outils essentiels permettent la collecte efficace de données auprès des visiteurs du site web, créant une interaction bidirectionnelle qui est vitale pour de nombreuses opérations en ligne.

Des simples formulaires de contact aux interfaces de saisie de données complexes, les formulaires jouent un rôle crucial dans la collecte et le traitement des informations utilisateur. Un formulaire bien conçu n'est pas seulement fonctionnel, mais aussi accessible et intuitif, guidant l'utilisateur sans problème à travers le processus de soumission. Il doit être conçu en tenant compte de la facilité d'utilisation, minimisant le potentiel d'erreurs et de frustrations de la part de l'utilisateur. Dans cette section, nous plongerons dans le monde de la création de formulaires en HTML.

Nous couvrirons les éléments et attributs fondamentaux nécessaires pour concevoir un formulaire, explorant les différents types de champs de saisie et comment ils peuvent être utilisés. Nous discuterons également de la manière de structurer un formulaire de manière efficace, en veillant à ce qu'il soit à la fois visuellement attrayant et facile à utiliser. Notre intention est de fournir un guide complet pour la création de formulaires, vous équipant des connaissances dont vous avez besoin pour créer des formulaires efficaces et conviviaux.

8.1.1 L'Élément <form>

L'élément **<form>** joue un rôle crucial en HTML, car il sert de conteneur principal pour tous vos champs de saisie et boutons. Il ne fait pas que regrouper ces éléments ensemble, mais définit également où les données doivent être envoyées lors de la soumission du formulaire et comment ce processus de soumission devrait se produire. Cela pourrait se faire via différentes méthodes, telles que POST ou GET.

L'élément **<form>** est essentiel dans la création de sites web interactifs et dynamiques qui peuvent collecter et traiter les informations utilisateur.

Exemple :

```
<form action="/submit-form" method="POST">
    <!-- Form elements go here -->
</form>
```

- **action** : Cet attribut est responsable de définir la destination spécifique à laquelle les données du formulaire seront envoyées après que l'utilisateur l'ait complété et soumis. Il fournit un chemin clair pour que les données suivent, assurant qu'elles arrivent à la destination prévue.

- **method** : Cet attribut clé détermine la méthode HTTP qui sera utilisée lors du traitement des données du formulaire. Les options sont généralement entre **GET** et **POST**. La méthode **GET** est couramment utilisée lorsque l'objectif est de récupérer ou de rechercher des données, tandis que la méthode **POST** est employée lorsqu'il s'agit d'envoyer ou de soumettre des données.

8.1.2 Saisies de Texte

L'élément **<input>**, qui possède une variété d'attributs **type**, est un outil incroyablement polyvalent pour collecter différentes formes de saisie utilisateur sur une page web. Cet élément, en changeant son attribut **type**, peut se transformer pour s'adapter à une multitude de situations et de besoins de collecte de données. Le type le plus couramment utilisé est **text**.

Ce type est généralement utilisé pour collecter des réponses courtes et libres des utilisateurs. Celles-ci peuvent varier du nom d'un utilisateur à une simple requête de recherche. L'attribut **text** est une partie fondamentale de tout formulaire sur le web, fournissant une manière simple et conviviale pour les utilisateurs de fournir des informations.

Exemple :

```
<label for="name">Name:</label>
<input type="text" id="name" name="user_name">
```

- **label** : Il s'agit d'un élément qui fournit une étiquette descriptive et explicative pour l'entrée. Il sert à améliorer l'accessibilité en fournissant des noms clairs et conviviaux pour les contrôles de formulaire, en particulier pour les utilisateurs qui dépendent de technologies d'assistance.

- **id** : Cet attribut est un identifiant unique pour l'entrée. C'est un composant crucial en HTML car il est utilisé pour lier l'entrée à son étiquette, garantissant que l'étiquette décrit le bon contrôle de formulaire.

- **name** : Cet attribut représente le nom de l'entrée. Lorsqu'un formulaire est soumis, le nom devient la clé dans les données envoyées, ce qui en fait une partie essentielle de la gestion des données de formulaire.

8.1.3 Champs de Mot de Passe

Lorsqu'il s'agit d'informations sensibles comme les mots de passe, il est fortement recommandé d'utiliser le type d'entrée **password**. Ce type d'entrée est spécialement conçu pour maintenir la confidentialité des données importantes en masquant les caractères au fur et à mesure qu'ils sont saisis.

Cela garantit que l'information reste cachée, ajoutant une couche supplémentaire de sécurité et protégeant l'information des regards indiscrets.

Exemple :

```
<label for="password">Password:</label>
<input type="password" id="password" name="password">
```

8.1.4 Menus de Sélection

Dans le monde du HTML, l'élément **<select>** remplit une fonction vitale en créant des menus de sélection sur une page web. Ce composant HTML impératif facilite la création d'une liste déroulante, présentant à l'utilisateur une variété d'options parmi lesquelles choisir. La liste déroulante générée par l'élément **<select>** est une solution élégante au défi d'offrir de nombreuses options sans encombrer la page web.

Cela en fait un outil incroyablement polyvalent dans l'arsenal des développeurs web. Il fournit une manière ordonnée et compacte de présenter une liste d'options aux utilisateurs, améliorant ainsi leur expérience de navigation. Cette fonctionnalité est particulièrement bénéfique lorsque les développeurs web sont confrontés à la tâche de présenter une grande quantité d'options, mais souhaitent également maintenir une mise en page propre et ordonnée sur la page.

Exemple :

```
<label for="country">Country:</label>
<select id="country" name="user_country">
    <option value="us">United States</option>
    <option value="ca">Canada</option>
    <!-- Additional options -->
</select>
```

8.1.5 Boutons Radio et Cases à Cocher

Lorsque vous vous lancez dans la tâche de concevoir une interface utilisateur, il y a plusieurs éléments clés à considérer. L'un de ces éléments est la méthode de sélection que vous fournissez à l'utilisateur lors de la présentation d'une liste d'options. Il existe principalement deux types d'outils largement utilisés à cette fin : les boutons radio (**radio**) et les cases à cocher (**checkboxes**).

Les boutons radio (**radio**) constituent un excellent choix lorsque la conception exige que l'utilisateur sélectionne une seule option parmi une liste donnée. Cela s'explique par le fait que les boutons radio (**radio**), par conception, permettent l'exclusivité dans la sélection. Lorsqu'un utilisateur sélectionne une option, toutes les autres options sont automatiquement désélectionnées, garantissant qu'un seul choix puisse être fait.

D'autre part, il existe des scénarios dans lesquels vous souhaitez peut-être donner à l'utilisateur la flexibilité de sélectionner plus d'une option parmi la liste fournie. Dans de tels cas, les cases à cocher (**checkboxes**) sont l'outil idéal à utiliser. Les cases à cocher (**checkboxes**) permettent des sélections multiples, offrant ainsi à l'utilisateur la liberté de choisir autant d'options qu'il le juge nécessaire dans la liste. En conclusion, le choix entre les boutons radio (**radio**) et les cases à cocher (**checkboxes**) dépend des exigences de conception de l'interface utilisateur.

Exemple :

```
<!-- Radio Buttons -->
<label><input type="radio" name="gender" value="male"> Male</label>
<label><input type="radio" name="gender" value="female"> Female</label>

<!-- Checkboxes -->
<label><input type="checkbox" name="interest" value="coding"> Coding</label>
<label><input type="checkbox" name="interest" value="music"> Music</label>
```

8.1.6 Boutons de Soumission

Le processus culmine dans une étape finale où un formulaire complet est soigneusement élaboré et préparé pour être rempli. Ce formulaire, qui joue un rôle central dans une multitude de transactions et d'interactions en ligne, est finalement complété par l'ajout d'un bouton de soumission.

Ce bouton de soumission se voit généralement attribuer un type **submit**. Cette désignation de type n'est pas seulement symbolique mais fonctionnelle. Lorsque ce bouton est cliqué par l'utilisateur, il déclenche le processus de transmission des informations de l'utilisateur pour un traitement ou un stockage ultérieur. Ce processus, bien qu'apparemment simple, est crucial. C'est une passerelle qui connecte l'utilisateur au système, permettant que ses informations soient envoyées et stockées.

Ce bouton remplit donc un double objectif. D'une part, il offre à l'utilisateur un moyen clair et intuitif de soumettre ses informations. D'autre part, il marque la fin de l'interaction de l'utilisateur avec le formulaire. Il indique que l'utilisateur a fourni toutes les informations nécessaires et qu'elles sont maintenant prêtes à être envoyées pour une action ou un stockage ultérieur.

Par conséquent, ce composant simple mais vital n'est pas seulement une fin mais un pont qui relie l'interaction de l'utilisateur avec le formulaire à l'étape suivante du processus.

Exemple :

```
<button type="submit">Submit</button>
```

La création de formulaires en HTML est une compétence fondamentale pour interagir avec les utilisateurs et collecter des données. En comprenant les divers éléments et attributs qui composent un formulaire, vous pouvez concevoir des formulaires qui sont non seulement fonctionnels, mais qui améliorent également l'expérience utilisateur. Gardez à l'esprit que les meilleurs formulaires sont ceux qui rendent le processus de soumission fluide et simple pour les utilisateurs, encourageant l'interaction et les retours.

8.1.7 Texte d'Espace Réservé

Le texte d'espace réservé est une fonctionnalité pratique qui fournit un indice, une suggestion ou même un exemple à l'utilisateur, le guidant sur le type d'information qui doit être saisie dans le champ de saisie. C'est une manière simple mais efficace d'améliorer l'expérience utilisateur en rendant l'objectif du champ immédiatement clair.

Cependant, malgré son utilité, il est important de noter que le texte d'espace réservé ne doit pas être utilisé comme remplacement des étiquettes de champ. Cela est dû au fait qu'une fois que l'utilisateur clique sur le champ de saisie et commence à taper, le texte d'espace réservé disparaît. S'il était la seule source d'identification du champ, la disparition soudaine de ce texte pourrait causer confusion ou incertitude pour l'utilisateur.

Par conséquent, bien que le texte d'espace réservé puisse être un ajout précieux pour améliorer l'orientation de l'utilisateur et la précision de la saisie, il est toujours essentiel de le combiner avec des étiquettes de champ claires et persistantes pour obtenir la meilleure utilisabilité.

Exemple :

```
<input type="text" id="email" name="email" placeholder="example@example.com">
```

8.1.8 Fieldset et Légende pour le Regroupement

Lorsque vous concevez un formulaire qui comprend plusieurs champs de saisie connexes, l'élément **<fieldset>** sert d'outil très utile pour regrouper ces éléments ensemble. Cela est particulièrement bénéfique dans les cas où le formulaire est complexe et contient de nombreuses sections.

L'élément **<legend>** complète davantage le **<fieldset>** en fournissant un titre clair et concis pour chaque groupe. Cette approche structurée améliore non seulement de manière significative l'organisation générale du formulaire, le rendant plus convivial et plus facile à naviguer, mais elle améliore également énormément son accessibilité.

Ceci est particulièrement important pour les utilisateurs qui utilisent des technologies d'assistance, car cela leur permet de mieux comprendre le contexte et l'objectif de chaque groupe de saisies, améliorant ainsi leur expérience utilisateur globale.

Exemple :

```
<fieldset>
    <legend>Contact Preferences</legend>
    <label><input type="checkbox" name="contact" value="email"> Email</label>
    <label><input type="checkbox" name="contact" value="phone"> Phone</label>
</fieldset>
```

8.1.9 Attributs de Saisie pour une Meilleure Utilisabilité

HTML5, une révision importante de la norme HTML, a introduit une variété de nouvelles fonctionnalités conçues pour améliorer l'expérience utilisateur et offrir plus de flexibilité aux développeurs. Parmi ces nouvelles fonctionnalités se trouvent plusieurs attributs de saisie destinés à améliorer l'utilisabilité des formulaires et à guider la saisie de l'utilisateur de manière plus efficace et conviviale :

- L'attribut **required** : Cet attribut est utilisé pour spécifier que l'utilisateur est obligé de remplir le champ avant de pouvoir soumettre le formulaire. Cela aide à garantir que toutes les données nécessaires sont collectées et peut aider à minimiser les erreurs ou omissions dans le processus de soumission.

- L'attribut **pattern** : Cet attribut permet au développeur de définir une expression régulière, une séquence de caractères qui forme un motif de recherche, contre laquelle la valeur du champ est vérifiée. Cela peut être utilisé pour valider la saisie de l'utilisateur et s'assurer qu'elle répond à certains critères, comme le format correct pour une adresse e-mail ou un numéro de téléphone.

- Les attributs **min** et **max** : Ces attributs sont utilisés pour établir les valeurs minimum et maximum qui peuvent être saisies dans les champs de saisie numériques. Cela peut aider à guider les utilisateurs et à éviter qu'ils saisissent des valeurs en dehors de la plage requise.

- L'attribut **step** : Cet attribut est utilisé pour définir les intervalles numériques légaux pour une saisie numérique. Par exemple, si vous souhaitez uniquement que les utilisateurs puissent saisir des nombres entiers, vous pouvez utiliser l'attribut **step** pour spécifier que la saisie doit être en incréments de 1.

Exemple :

```
<input type="number" name="age" min="18" max="99" required>
<input type="text" name="zipcode" pattern="\\\\d{5}" title="Five-digit zip code">
```

8.1.10 Saisie Automatique pour l'Efficacité

L'attribut **autocomplete** est une fonctionnalité extrêmement bénéfique qui aide les utilisateurs à remplir des formulaires plus rapidement et plus efficacement. Cet attribut fonctionne en permettant aux navigateurs web d'anticiper et de prédire les valeurs qu'un utilisateur est susceptible de saisir, en se basant sur ses saisies précédentes et sur des modèles courants.

Cette fonction prédictive réduit considérablement le temps et l'effort requis pour remplir des formulaires, améliorant l'expérience utilisateur. L'attribut **autocomplete** est particulièrement avantageux lorsqu'il s'agit de champs qui contiennent fréquemment des informations répétées, comme les noms, les adresses e-mail et les localisations géographiques.

En simplifiant le processus de saisie de données dans ces champs, l'attribut **autocomplete** non seulement fait gagner du temps à l'utilisateur, mais réduit également la probabilité d'erreurs pendant le processus de remplissage du formulaire.

Exemple :

```
<input type="text" name="username" autocomplete="username">
```

8.1.11 Considérations pour les Appareils Mobiles

Pour améliorer l'expérience utilisateur lors de l'accès à vos formulaires depuis des appareils mobiles, il est crucial d'utiliser des types de saisie et des attributs appropriés. Ces éléments activeront divers styles de clavier ou contrôles de saisie, spécifiquement conçus pour les utilisateurs mobiles.

Prenez, par exemple, l'attribut type="tel". Cet attribut en particulier active un clavier numérique, qui est l'outil parfait lorsque les utilisateurs doivent saisir des numéros de téléphone. Ce type de conception conviviale facilite une interaction plus fluide et efficace entre l'utilisateur et le formulaire, optimisant ainsi l'expérience utilisateur mobile.

Exemple :

```
<input type="tel" name="phone" placeholder="123-456-7890">
```

8.1.12 Styliser les Formulaires

Bien que la fonctionnalité et l'accessibilité des formulaires web soient d'une importance primordiale, il est tout aussi crucial de styliser ces formulaires pour s'assurer qu'ils s'alignent avec l'esthétique de votre site web. Assurer cet alignement non seulement maintient la cohérence de la marque, mais rend également le formulaire plus attrayant et engageant pour les utilisateurs.

Avec l'utilisation des feuilles de style en cascade (CSS), vous pouvez styliser divers éléments de vos formulaires, y compris les champs de saisie, les étiquettes, les boutons et même les messages d'erreur. Cette approche garantit un design cohérent à travers votre formulaire, favorisant une expérience utilisateur agréable.

En vous concentrant à la fois sur la fonctionnalité et l'esthétique de votre formulaire, vous pouvez améliorer l'utilisabilité tout en encourageant davantage d'utilisateurs à remplir le formulaire, atteignant ainsi un taux de réponse plus élevé.

Exemple :

```
input, select, textarea {
    width: 100%;
    padding: 8px;
    margin: 10px 0;
    box-sizing: border-box;
}

button[type="submit"] {
    background-color: #4CAF50;
    color: white;
    padding: 12px 20px;
    border: none;
    cursor: pointer;
}

button[type="submit"]:hover {
    background-color: #45a049;
}
```

Créer des formulaires va au-delà de la simple collecte de données ; il s'agit de faciliter un dialogue avec vos utilisateurs. En implémentant ces éléments et attributs HTML supplémentaires, en vous concentrant sur l'utilisabilité et en appliquant des styles réfléchis, vous pouvez créer des formulaires qui ne sont pas seulement fonctionnels, mais également agréables à utiliser. N'oubliez pas, la clé d'une conception de formulaire réussie est de rendre le processus de soumission aussi intuitif et fluide que possible, favorisant l'interaction et les retours des utilisateurs.

8.2 Stylisation des Formulaires avec CSS

Une fois que vous vous serez familiarisé avec la création de formulaires en utilisant HTML, la prochaine étape pour améliorer l'expérience utilisateur réside dans l'application de styles. L'utilisation de CSS pour styliser les formulaires améliore non seulement leur attrait visuel, mais joue également un rôle substantiel dans l'augmentation de l'utilisabilité et de l'accessibilité.

Cette section se veut votre guide complet, vous guidant à travers le processus d'élévation de vos formulaires depuis leur état de base jusqu'à des éléments esthétiquement agréables. Elle garantira que vos formulaires soient non seulement visuellement attrayants, mais qu'ils s'intègrent également parfaitement à l'esthétique générale de votre site web, créant une expérience engageante pour les utilisateurs.

Dans ce processus, nous adopterons une approche réfléchie qui va au-delà de la fonctionnalité. Nous nous proposons de concevoir des formulaires qui atteignent un équilibre entre être robustes fonctionnellement et visuellement harmonieux, tout en priorisant la facilité d'utilisation pour l'utilisateur. L'objectif n'est pas seulement de créer des formulaires qui remplissent leur objectif principal, mais aussi ceux que les utilisateurs trouvent agréables et faciles d'interaction. Alors, embarquons dans ce voyage passionnant d'amélioration de l'attrait visuel et de l'utilisabilité de nos formulaires en utilisant CSS.

8.2.1 Stylisation de Base pour les Éléments de Formulaire

Styliser des formulaires, qui constitue une partie critique de la conception et du développement web, implique principalement l'application de feuilles de style en cascade (CSS) à différents éléments de formulaire. L'objectif est d'améliorer leur apparence visuelle et, par conséquent, d'améliorer l'expérience utilisateur dans son ensemble. Ce processus, bien qu'il semble simple, peut avoir un impact significatif sur la façon dont les utilisateurs perçoivent et interagissent avec le site web.

Au début du processus de stylisation des formulaires, il est absolument crucial d'établir un style cohérent pour tous les champs de saisie, zones de texte et boutons sur votre page web. Ce n'est pas seulement une décision esthétique. Une conception cohérente et visuellement attrayante simplifie l'interface utilisateur et fait que ces éléments de formulaire sont non seulement faciles à reconnaître, mais également simples à utiliser et à manipuler.

En investissant des efforts dans cet aspect de la conception web, vous contribuez à créer une interface plus intuitive et conviviale. Cela peut potentiellement conduire à une participation et une satisfaction accrues des utilisateurs, car les utilisateurs peuvent trouver plus facilement de naviguer sur votre site et d'atteindre leurs objectifs.

Un formulaire bien conçu peut transformer l'expérience utilisateur, convertissant ce qui pourrait être une tâche fastidieuse en une interaction agréable et facile. De cette manière, l'importance de la stylisation des formulaires dans la conception et le développement web ne peut être sous-estimée.

Exemple :

```css
input[type="text"],
input[type="email"],
input[type="password"],
textarea {
    width: 100%; /* Full width */
    padding: 10px; /* Adequate padding */
    margin: 8px 0; /* Space out elements */
    display: inline-block; /* Ensure proper alignment */
    border: 1px solid #ccc; /* Subtle border */
    border-radius: 4px; /* Soften edges */
    box-sizing: border-box; /* Border and padding included in width */
}

input[type="submit"],
button {
    background-color: #4CAF50; /* Vibrant submit button */
    color: white;
    padding: 14px 20px;
    margin: 8px 0;
    border: none;
    border-radius: 4px;
    cursor: pointer;
}

input[type="submit"]:hover,
button:hover {
    background-color: #45a049;
}
```

8.2.2 Amélioration des Étiquettes et des Ensembles de Champs

L'incorporation d'étiquettes et d'ensembles de champs dans la conception d'un formulaire remplit un double objectif, tous deux fondamentaux pour créer un environnement convivial. Le premier objectif qu'ils remplissent est de fournir un moyen efficace et efficient d'organiser l'information dans le formulaire. Cette organisation de l'information crée un flux de données clair et logique, ce qui facilite grandement la compréhension par les utilisateurs de ce qui est attendu d'eux. Ceci est particulièrement bénéfique, car cela aide à prévenir la confusion, augmentant ainsi les chances que le formulaire soit rempli avec précision et efficacité.

La deuxième fonction importante que remplissent les étiquettes et les ensembles de champs est d'améliorer significativement l'accessibilité du formulaire. Cet aspect est crucial pour les utilisateurs qui dépendent de technologies d'assistance pour naviguer sur le web. En améliorant l'accessibilité, ces utilisateurs peuvent mieux interagir avec le formulaire et le remplir selon les besoins, ce qui améliore à son tour leur expérience globale sur le site web.

En plus de ces deux avantages clés, styliser efficacement ces éléments peut guider davantage le parcours de l'utilisateur à travers le formulaire. Cette couche supplémentaire d'orientation de l'utilisateur peut être obtenue grâce à l'utilisation d'indicateurs visuels tels que des couleurs distinctives, des polices spécifiques et un espacement intentionnel pour attirer l'attention de l'utilisateur sur des zones clés. Une autre méthode consiste à regrouper les champs connexes, ce qui aide à créer un sens de l'ordre et de la logique.

En améliorant l'attrait visuel et la clarté du formulaire grâce à l'utilisation d'étiquettes, d'ensembles de champs et de styles réfléchis, l'expérience globale de l'utilisateur est considérablement améliorée. Cette meilleure expérience utilisateur peut conduire à des taux de finalisation plus élevés, moins d'erreurs et une perception plus positive du site web ou du système dans son ensemble.

Exemple :

```
label {
    font-weight: bold; /* Make labels stand out */
    margin-bottom: 5px; /* Space between label and input */
    display: block; /* Ensure labels appear above inputs */
}

fieldset {
    border: 1px solid #ddd; /* Neat border */
    padding: 10px;
    margin-bottom: 20px; /* Space out sections */
}

legend {
    font-size: 1.2em; /* Slightly larger font for section titles */
    font-weight: bold;
}
```

8.2.3 États de Focus et de Survol

Lorsque vous êtes en train de concevoir des formulaires pour un site web, il est d'une importance capitale d'accorder la considération nécessaire aux états **:focus** et **:hover** des éléments de formulaire. Ce ne sont pas simplement des décisions esthétiques, mais elles jouent un rôle crucial dans l'expérience utilisateur globale. En modifiant habilement ces états, vous pouvez non seulement augmenter l'attrait visuel des formulaires, les rendant plus attrayants et interactifs, mais vous pouvez également améliorer significativement leur utilisabilité, assurant une interaction fluide et harmonieuse pour l'utilisateur.

L'importance de ces états devient encore plus prononcée pour les utilisateurs qui naviguent principalement sur le site web en utilisant des technologies d'assistance comme un clavier ou un lecteur d'écran. Ces utilisateurs dépendent fortement de ces états pour naviguer et interagir avec le formulaire. En fournissant des indicateurs visuels clairs et distincts à travers ces états, vous pouvez rendre l'interaction intuitive et la navigation sans effort.

Ce faisant, vous vous assurez que vos formulaires ne sont pas seulement accessibles, mais également agréables et plaisants à utiliser pour tous vos visiteurs, indépendamment de la façon dont ils choisissent de naviguer ou des technologies d'assistance qu'ils utilisent. Cette approche de conception inclusive élargit non seulement la portée de votre audience, mais améliore également la satisfaction globale de l'utilisateur et la participation, contribuant positivement au succès de votre site web.

Exemple :

```
input[type="text"]:focus,
input[type="email"]:focus,
textarea:focus {
    border-color: #4CAF50; /* Highlight focus */
    outline: none; /* Remove default focus outline */
}

input[type="submit"]:hover {
    filter: brightness(90%); /* Slightly darken on hover */
}
```

8.2.4 Personnalisation des Cases à Cocher et des Boutons Radio

Styliser les cases à cocher et les boutons radio pour obtenir une apparence plus unifiée et conforme à la marque sur différentes interfaces présente un ensemble unique de défis, en grande partie en raison des variations dans le rendu de ces éléments sur divers navigateurs et plateformes. Ces défis sont principalement enracinés dans le fait que chaque navigateur et plateforme a sa propre méthode distincte de rendre ces éléments, ce qui entraîne des incohérences potentielles dans leur apparence visuelle.

Pour surmonter ces défis, une stratégie courante que de nombreux concepteurs adoptent implique la technique ingénieuse de masquer l'entrée par défaut et, à la place, de styliser une étiquette qui assume le rôle visuel de l'entrée. Cette méthode innovante permet un plus grand degré de contrôle sur les attributs visuels de ces éléments. Par conséquent, elle habilite les concepteurs avec la capacité de créer une interface utilisateur plus visuellement attrayante et cohérente, améliorant ainsi l'expérience utilisateur globale.

En adoptant cette stratégie, les concepteurs peuvent efficacement garantir que les éléments visuels de l'interface s'alignent avec l'esthétique de conception générale, créant une expérience utilisateur plus fluide et visuellement cohésive. Cette approche améliore non seulement l'attrait visuel de l'interface, mais contribue également à une meilleure utilisabilité, car une esthétique de conception cohérente peut rendre l'interface plus intuitive et facile à naviguer pour les utilisateurs.

Exemple :

```
/* Hide the default checkbox and radio */
input[type="checkbox"],
input[type="radio"] {
    display: none;
}

/* Custom checkbox and radio button */
input[type="checkbox"] + label:before,
input[type="radio"] + label:before {
    content: "";
    display: inline-block;
    width: 20px;
    height: 20px;
    margin-right: 10px;
    background-color: #f0f0f0;
    border-radius: 50%; /* Circular for radio, square for checkbox */
}

/* Style when checked */
input[type="checkbox"]:checked + label:before {
    background-image: url('path/to/checkmark.svg');
}

input[type="radio"]:checked + label:before {
    background-color: #4CAF50; /* Just change color for radio */
}
```

Styliser les formulaires avec CSS les transforme de simples éléments fonctionnels en parties intégrantes et attrayantes de la conception de votre site web. En appliquant les techniques décrites ci-dessus, vous pouvez créer des formulaires qui non seulement sont esthétiquement plaisants, mais qui offrent également une expérience utilisateur fluide et accessible. N'oubliez pas que l'objectif de la stylisation des formulaires n'est pas seulement d'embellir, mais d'améliorer l'interaction, en guidant les utilisateurs à travers le processus de saisie avec clarté et facilité.

8.2.5 Conception Adaptative des Formulaires

À l'ère numérique actuelle, où les gens utilisent une variété d'appareils pour naviguer sur Internet, la nécessité d'une conception adaptative qui s'ajuste aux différentes tailles d'écran est absolument cruciale. Cela est particulièrement vrai en ce qui concerne la conception de formulaires, car les utilisateurs s'attendent à une interaction fluide sur tous les appareils. Par conséquent, il est essentiel que vos formulaires soient méticuleusement conçus en tenant compte d'un monde multi-appareils, en veillant à ce qu'ils fonctionnent sans problème quel que soit l'appareil utilisé.

Une méthode efficace pour atteindre cette adaptabilité nécessaire est l'utilisation de requêtes média. Les requêtes média servent d'outil essentiel dans l'arsenal du concepteur web, vous permettant de spécifier des styles CSS divergents pour différents appareils.

Cette flexibilité vous permet de personnaliser la façon dont vos formulaires sont affichés et interagis sur divers appareils, garantissant ainsi qu'ils conservent leur attrait esthétique et leur facilité fonctionnelle. Que votre utilisateur navigue sur un smartphone compact, une tablette pratique, un ordinateur portable fiable ou un grand ordinateur de bureau, vos formulaires maintiendront leur conception et leur fonctionnalité prévues.

Il est crucial de souligner qu'il ne s'agit pas seulement de l'apparence, mais aussi de l'interaction globale de l'utilisateur. Chaque élément du formulaire doit être explicitement clair, facilement accessible et intuitif à utiliser, quel que soit l'appareil utilisé. C'est cette attention méticuleuse aux détails qui améliorera l'expérience utilisateur globale.

En veillant à ce que chaque formulaire soit facile à naviguer et à utiliser, vous n'améliorez pas seulement l'expérience utilisateur, mais vous augmentez également la probabilité de complétion du formulaire et l'engagement de l'utilisateur. De cette manière, la conception adaptative des formulaires devient un investissement dans l'expérience utilisateur et, en fin de compte, dans le succès de votre présence en ligne.

Exemple :

```css
@media (max-width: 768px) {
    input[type="text"],
    input[type="email"],
    textarea,
    select {
        width: 100%; /* Ensure full width on smaller screens */
        padding: 12px; /* Adjust padding for touch interaction */
    }

    .form-row {
        flex-direction: column; /* Stack form elements vertically */
    }
}
```

8.2.6 Animations pour les Interactions de Formulaires

L'incorporation d'animations subtiles dans vos formulaires peut améliorer considérablement le niveau d'interactivité et de dynamisme présent au sein de votre interface utilisateur. Cela crée un mécanisme de réponse immédiate et facilement compréhensible pour vos utilisateurs. De telles améliorations non seulement captivent vos utilisateurs, les maintenant engagés et intéressés, mais facilitent également la création d'une expérience plus immersive et interactive.

Par exemple, considérez l'impact de l'incorporation d'éléments de conception tels que des transitions fluides de teintes de bordure ou des altérations subtiles d'arrière-plans en réponse à la sélection ou à la mise au point d'un champ. Ces changements apparemment mineurs peuvent conduire à des améliorations significatives de l'expérience utilisateur dans son ensemble.

Les signaux visuels fournis par ces éléments agissent comme un guide pour les utilisateurs, dirigeant leur navigation à travers votre formulaire. Cela rend l'interaction avec vos formulaires plus intuitive, réduisant ainsi la probabilité que des erreurs se produisent.

En conclusion, l'utilisation stratégique d'animations subtiles au sein de vos formulaires peut servir d'outil puissant dans votre arsenal de conception. Elles ont le potentiel d'améliorer significativement l'utilisabilité de vos formulaires, tout en rehaussant leur attrait esthétique, les rendant plus agréables à l'œil. Cela peut mener à une expérience utilisateur plus satisfaisante, garantissant que vos utilisateurs restent engagés et satisfaits.

Exemple :

```css
input[type="text"]:focus {
    transition: border-color 0.3s ease-in-out;
    border-color: #4CAF50; /* Smooth transition to focus state */
}
```

8.2.7 Considérations d'Accessibilité

Lorsque vous êtes en train de styliser vos formulaires, il est de la plus haute importance de ne jamais compromettre l'accessibilité. C'est un aspect essentiel qui doit être pris en compte en tout temps. Assurez-vous toujours qu'il y ait un rapport de contraste suffisant entre le texte et les arrière-plans. Ce contraste doit respecter les directives établies par les Règles pour l'accessibilité des contenus Web (WCAG). Il est également crucial d'éviter de se fier uniquement à la couleur pour transmettre des informations. Par exemple, utiliser des changements de couleur uniquement pour indiquer des erreurs peut ne pas être suffisant.

Un conseil utile est d'utiliser **:focus-visible** pour fournir des indicateurs de focus clairs pour ceux qui utilisent des claviers. Cela améliorera considérablement l'expérience utilisateur et garantira que vos formulaires sont faciles à naviguer.

De plus, il est important de s'assurer que les éléments personnalisés stylisés comme les cases à cocher et les boutons radio restent accessibles. Cela peut sembler un petit détail, mais cela peut grandement affecter la facilité d'utilisation de vos formulaires. Vous pourriez avoir besoin d'inclure des attributs supplémentaires d'Applications Internet Riches Accessibles (ARIA) ou de vous assurer que l'association des étiquettes soit claire et fonctionnelle. Cela garantira que vos formulaires ne soient pas seulement visuellement attrayants, mais aussi faciles à utiliser et accessibles pour tous.

8.2.8 Retour de Validation de Formulaires

Fournir un retour immédiat et clair sur la validation de formulaires est un aspect crucial de la conception d'interface utilisateur qui peut améliorer considérablement l'utilisabilité globale du système. En intégrant cela, les utilisateurs peuvent comprendre instantanément si les données qu'ils ont saisies sont acceptables ou s'il y a un problème qui doit être résolu.

Cela réduit la probabilité de confusion ou d'erreurs potentielles ultérieurement. Pour augmenter encore davantage l'efficacité de cette approche, stylisez vos messages d'erreur et indicateurs de succès de manière à ce qu'ils soient facilement visibles et fournissent des informations claires et concises. Cela peut être réalisé en utilisant des couleurs vives et audacieuses, des icônes uniques ou d'autres éléments visuellement distinctifs.

De plus, envisagez l'utilisation de la validation en ligne. Il s'agit d'une méthode qui vérifie les saisies des utilisateurs au fur et à mesure qu'elles sont entrées, ou lorsque l'utilisateur quitte le champ (également connu sous le nom de 'perte de focus'). Cela offre un retour en temps réel et peut améliorer considérablement l'expérience utilisateur, car cela permet aux utilisateurs de corriger toute erreur au fur et à mesure qu'elle se produit, plutôt qu'après avoir soumis le formulaire.

Pour mettre cela en œuvre, utilisez CSS pour mettre en évidence les champs où des erreurs se sont produites, ou pour confirmer que les saisies correctes ont été effectuées. Ce retour visuel peut rendre le processus de remplissage de formulaires plus intuitif et convivial, améliorant l'expérience utilisateur globale.

Exemple :

```
.input-error {
    border-color: #ff3860; /* Error state */
    background-color: #ff386033; /* Light background to highlight error */
}

.input-success {
    border-color: #23d160; /* Success state */
}

.error-message {
    color: #ff3860;
    font-size: 0.875em;
}
```

L'art de styliser les formulaires est un acte d'équilibre délicat qui fusionne l'attrait esthétique avec la fonctionnalité et l'accessibilité. En adoptant et en intégrant les techniques avancées qui ont été décrites, vous pouvez créer méticuleusement des formulaires qui non seulement s'harmonisent parfaitement avec le design général de votre site web, mais qui offrent également une expérience utilisateur délicieuse et agréable qui impressionnera certainement.

Au fur et à mesure que vous continuez à affiner et à perfectionner vos formulaires, gardez à l'esprit que les retours des utilisateurs sont un outil précieux et essentiel. Ces retours offrent une perspective éclairante sur l'expérience utilisateur et peuvent servir de lumière guide vers l'amélioration et le perfectionnement.

L'essence de la création de formulaires véritablement réussis réside dans les tests réguliers et la conception itérative, un processus dans lequel la conception est continuellement évaluée et ajustée en fonction des interactions des utilisateurs. Cette approche vous mènera vers la création de formulaires qui sont non seulement esthétiquement attrayants, mais aussi extrêmement intuitifs et faciles à utiliser.

Ne vous contentez pas de l'état actuel de vos formulaires. Explorez continuellement le vaste et expansif potentiel que CSS offre pour donner vie à vos formulaires. Profitez du voyage de création d'expériences web captivantes et attrayantes qui non seulement remplissent leur fonction prévue, mais qui procurent également un sentiment de joie et de satisfaction à l'utilisateur final.

8.3 Exercices : Créer et Styliser un Formulaire de Contact

Créer un formulaire de contact est une tâche essentielle et fondamentale pour tout développeur web. Il constitue un pont de communication vital entre vous, le propriétaire du site web, et les visiteurs de votre site, leur permettant de communiquer avec vous concernant leurs questions, suggestions ou même propositions commerciales.

Cet exercice servira de guide complet, vous guidant à travers le processus systématique de création d'un formulaire de contact efficace qui soit simple mais efficient dans son objectif. Notre approche ne se limitera pas seulement à la fonctionnalité, mais nous l'étendrons à l'attrait visuel du formulaire, en veillant à ce qu'il soit accueillant, facile à utiliser et harmonieux avec l'esthétique générale de votre site web.

Il est important que le formulaire n'apparaisse pas comme une réflexion après coup, mais comme une partie intégrante de votre site. Alors, embarquons-nous dans cette tâche passionnante et essentielle avec un enthousiasme inébranlable et un état d'esprit déterminé. Notre objectif est de créer un formulaire de contact qui ne soit pas seulement visuellement attrayant, rendant votre site web plus professionnel et digne de confiance, mais également un formulaire qui offre une expérience utilisateur fluide et accessible, améliorant l'interaction générale que vos visiteurs ont avec votre site.

Aperçu de l'Exercice

Votre objectif est de concevoir un formulaire de contact qui inclut des champs pour le nom de l'utilisateur, l'adresse e-mail, la ligne d'objet et un message. Le formulaire doit se terminer par un bouton d'envoi. Après avoir créé le formulaire, vous appliquerez des styles CSS pour améliorer l'attrait visuel et l'utilisabilité du formulaire.

Étape 1 : Structure HTML du Formulaire de Contact

Commencez par établir la structure de base de votre formulaire en utilisant HTML. Assurez-vous d'utiliser des éléments **<label>** pour l'accessibilité et incluez l'attribut **name** pour chaque entrée afin de faciliter le traitement des données côté serveur.

```
<form id="contact-form" action="/submit-contact" method="POST">
    <label for="name">Name:</label>
```

```html
        <input type="text" id="name" name="name" required>

        <label for="email">Email:</label>
        <input type="email" id="email" name="email" required>

        <label for="subject">Subject:</label>
        <input type="text" id="subject" name="subject">

        <label for="message">Message:</label>
        <textarea id="message" name="message" rows="4" required></textarea>

        <button type="submit">Send Message</button>
</form>
```

Étape 2 : Styliser le Formulaire avec CSS

Ensuite, appliquez CSS à votre formulaire pour améliorer son design visuel et améliorer l'interaction de l'utilisateur. Visez un design épuré et attrayant qui s'aligne avec le style général de votre site web.

```css
#contact-form {
    max-width: 600px;
    margin: auto;
    padding: 20px;
    background: #f3f3f3;
    border-radius: 8px;
}

#contact-form label {
    margin-top: 10px;
    display: block;
    font-weight: bold;
}

#contact-form input[type="text"],
#contact-form input[type="email"],
#contact-form textarea {
    width: 100%;
    padding: 10px;
    margin-top: 5px;
    margin-bottom: 20px;
    border: 1px solid #ccc;
    border-radius: 4px;
    box-sizing: border-box; /* Ensures padding does not affect width */
}

#contact-form button {
    width: 100%;
    background-color: #007BFF;
    color: white;
    padding: 15px;
```

```
    border: none;
    border-radius: 4px;
    cursor: pointer;
    font-size: 16px;
}

#contact-form button:hover {
    background-color: #0056b3;
}
```

Étape 3 : Améliorer l'Utilisabilité du Formulaire

Concentrez-vous sur la création d'un formulaire aussi convivial que possible. Cela inclut de s'assurer que le formulaire soit accessible (par exemple, que les étiquettes soient correctement associées aux champs de saisie), que les champs aient un texte d'espace réservé lorsque cela est approprié et que le formulaire fournisse un retour clair lors de la soumission.

- Utilisez l'attribut **placeholder** pour offrir des exemples ou des guides à l'intérieur des champs de saisie.

- Envisagez d'ajouter des styles **:focus** aux champs de saisie pour améliorer la navigation au clavier.

```
#contact-form input:focus,
#contact-form textarea:focus {
    border-color: #4CAF50;
}
```

Étape 4 : Considérations de Design Responsive

Assurez-vous que votre formulaire de contact soit responsive, s'adaptant de manière fluide aux différentes tailles d'écran. Utilisez des requêtes média pour ajuster la mise en page ou les tailles de police sur les écrans plus petits.

```
@media (max-width: 768px) {
    #contact-form button {
        padding: 10px;
        font-size: 14px;
    }
}
```

En complétant avec succès cet exercice, vous avez accompli bien plus que simplement incorporer un élément fonctionnel dans votre site web. Vous avez considérablement amélioré sa qualité esthétique et l'expérience utilisateur globale. Un formulaire de contact méticuleusement conçu n'existe pas simplement sur une page web ; il interpelle, invite à l'interaction et peut servir d'outil essentiel pour établir et cultiver des relations avec votre public en ligne.

Il est important de se rappeler que les formulaires les plus efficaces réalisent un équilibre délicat entre une communication claire et concise et un attrait visuel. Ils transforment la tâche potentiellement banale de communiquer en une expérience qui est aussi directe, fluide et agréable que possible. À mesure que vous continuez à modifier et à affiner votre formulaire en fonction des précieux commentaires des utilisateurs et des normes de design en évolution, vous n'améliorez pas seulement un seul élément de votre site web. Vous vous lancez dans un voyage créatif et technique qu'est le développement web, un processus qui est en constante évolution et qui offre de nouvelles opportunités pour l'innovation et la créativité.

Par conséquent, soyez fier de votre accomplissement, mais considérez-le également comme un tremplin vers une plus grande maîtrise. Au fur et à mesure de votre progression, vous continuerez à développer vos compétences techniques et votre sensibilité au design, contribuant à des expériences utilisateur plus riches et plus engageantes sur votre site web.

8.4 Projet : Ajouter un Formulaire de Contact Fonctionnel à votre Site Web

Incorporer un formulaire de contact fonctionnel dans votre site web est une étape cruciale pour favoriser une conversation directe avec votre audience en ligne. Ce projet, qui combine les éléments essentiels du HTML, la touche esthétique du CSS et la puissance d'un peu de logique côté serveur, vise à créer un formulaire qui soit non seulement visuellement attrayant, mais également capable de communiquer de manière efficace et efficiente les données saisies par l'utilisateur vers vous ou vers votre serveur.

En nous lançant ensemble dans cette tâche importante, abordons-la avec le plus grand soin et la plus grande attention. Notre approche doit consister à créer une interface utilisateur intuitive, garantir l'accessibilité pour tous les utilisateurs et maintenir des mesures de sécurité strictes pour protéger les données des utilisateurs.

Il ne s'agit pas simplement de cocher une case dans une liste d'exigences du site web, mais d'établir un canal à travers lequel nous pouvons écouter nos utilisateurs et répondre à leurs besoins et préoccupations.

Notre objectif ultime est de faire en sorte que les utilisateurs se sentent écoutés, valorisés et appréciés. Nous voulons transformer leurs commentaires ou questions de simples mots sur un écran en interactions significatives qui peuvent nous aider à améliorer nos services et faire en sorte que nos utilisateurs sentent qu'ils font partie intégrante de notre communauté. Ce faisant, nous n'améliorons pas seulement la fonctionnalité de notre site web, mais nous construisons également la confiance et le rapport avec nos utilisateurs.

Étape 1 : Conception du Formulaire avec HTML

Commencez par structurer votre formulaire de contact en HTML. Assurez-vous d'inclure des champs pertinents pour vos besoins, tels que le nom, l'adresse e-mail, l'objet et le message.

N'oubliez pas d'utiliser **<label>** pour l'accessibilité et de définir l'attribut **name** pour chaque entrée afin d'identifier facilement les données côté serveur.

```
<form id="contactForm" action="submit-contact.php" method="POST">
    <label for="name">Name:</label>
    <input type="text" id="name" name="name" required>

    <label for="email">Email:</label>
    <input type="email" id="email" name="email" required>

    <label for="subject">Subject:</label>
    <input type="text" id="subject" name="subject">

    <label for="message">Message:</label>
    <textarea id="message" name="message" rows="4" required></textarea>

    <button type="submit">Send Message</button>
</form>
```

Étape 2 : Stylisation avec CSS

Utilisez CSS pour améliorer l'apparence de votre formulaire, en le rendant attrayant et cohérent avec le design de votre site web. Concentrez-vous sur les états des éléments du formulaire comme **:hover** et **:focus** pour améliorer l'interaction de l'utilisateur.

```
#contactForm {
    max-width: 600px;
    margin: 20px auto;
    padding: 20px;
    background: #fff;
    border-radius: 8px;
}

#contactForm label {
    display: block;
    margin: 10px 0 5px;
}

#contactForm input,
#contactForm textarea {
    width: 100%;
    padding: 10px;
    margin-bottom: 20px;
    border: 1px solid #ccc;
    border-radius: 4px;
}

#contactForm button {
    width: 100%;
    background-color: #007bff;
    color: white;
```

```
        padding: 12px;
        border: none;
        border-radius: 4px;
        cursor: pointer;
}

#contactForm button:hover {
        background-color: #0056b3;
}
```

Étape 3 : Gestion de la Soumission du Formulaire

Pour qu'un formulaire soit véritablement fonctionnel et interactif, il est nécessaire de traiter les données que l'utilisateur soumet. Cette fonctionnalité est fondamentale et va au-delà de la portée de base de ce livre. En général, cela implique un script côté serveur, une partie critique du processus de développement web, qui reçoit les données saisies dans le formulaire par l'utilisateur.

Ce script valide ensuite les données, en s'assurant qu'elles sont précises et qu'elles répondent à toutes les restrictions ou conditions qui ont été établies. Après cela, le script peut stocker les données pour une utilisation future ou les envoyer par e-mail, selon les exigences spécifiques de l'application.

Bien que ce processus puisse sembler complexe, il peut être décomposé en parties gérables. Ci-dessous, voici un exemple simple de la manière dont ce processus peut être géré en utilisant PHP, un langage de script côté serveur populaire. Cet exemple vous donnera une idée de la façon dont les soumissions de formulaires peuvent être traitées et gérées, fournissant un cadre de base qui peut être adapté pour répondre aux besoins de différentes applications.

Remarque : Assurez-vous que votre serveur prend en charge PHP et que vous êtes familiarisé avec les concepts de base de PHP et les meilleures pratiques de sécurité.

```php
<?php
if($_SERVER["REQUEST_METHOD"] == "POST") {
    $name = strip_tags(trim($_POST["name"]));
    $email = filter_var(trim($_POST["email"]), FILTER_SANITIZE_EMAIL);
    $subject = strip_tags(trim($_POST["subject"]));
    $message = trim($_POST["message"]);

    // TODO: Validate and process the data (e.g., send an email)
    // Redirect to a thank-you page or display a success message
    echo "Thank you for your message!";
}
?>
```

Étape 4 : Amélioration de l'Expérience Utilisateur

Envisagez d'implémenter AJAX pour la soumission du formulaire et de fournir un retour instantané sans recharger la page. Cela améliore l'expérience utilisateur en rendant l'interaction fluide et dynamique.

Incorporer un formulaire de contact fonctionnel dans votre site web peut améliorer considérablement l'engagement des utilisateurs et fournir un canal de communication fluide entre vous et vos visiteurs. Le processus de conception, de stylisation et d'implémentation de ce formulaire doit être abordé avec soin et attention aux détails, car il joue un rôle crucial pour garantir un moyen simple et accessible permettant aux visiteurs de vous contacter.

Lors de l'implémentation de votre formulaire de contact, il est de la plus haute importance que vous effectuiez des tests exhaustifs sur divers appareils et navigateurs. Cette étape est essentielle pour vous assurer que votre formulaire est entièrement responsive et facile à utiliser, quel que soit l'appareil ou le navigateur que les visiteurs utilisent.

De plus, la confidentialité et la sécurité des utilisateurs ne doivent jamais être prises à la légère. À chaque étape de la conception, de l'implémentation et du fonctionnement de votre formulaire de contact, vous devez prendre en compte la confidentialité et la sécurité de vos utilisateurs. Cela inclut, entre autres aspects, vous assurer que toute information saisie dans le formulaire est stockée de manière sécurisée et que votre site web dispose de mesures appropriées pour se protéger contre d'éventuelles menaces de sécurité.

En essence, l'ajout d'un formulaire de contact à votre site web offre une excellente opportunité de vous connecter avec votre audience à un niveau plus profond. En fournissant un moyen simple mais efficace pour que les visiteurs communiquent, vous pouvez favoriser des interactions significatives et construire des relations plus solides avec votre audience. Cela, à son tour, peut contribuer à un plus grand sentiment de communauté autour de votre site web et, en fin de compte, améliorer l'expérience utilisateur globale.

Résumé du Chapitre 8

Dans le Chapitre 8, nous avons entrepris un voyage complet à travers le monde des formulaires web et de la saisie utilisateur, explorant les subtilités de la création, de la stylisation et du traitement des formulaires. Ce chapitre a servi de jalon crucial pour comprendre comment collecter et gérer efficacement les données des utilisateurs, améliorant à la fois l'interaction utilisateur et la fonctionnalité du site web. À travers des exemples détaillés et des exercices, notre objectif était de vous équiper des connaissances et des compétences nécessaires pour concevoir des formulaires qui soient non seulement visuellement attrayants, mais aussi conviviaux et sécurisés. Récapitulons les leçons essentielles et les connaissances acquises dans ce chapitre.

Les Fondements des Formulaires Web

Nous avons commencé par nous plonger dans la structure des formulaires web, en soulignant l'importance du HTML sémantique pour créer des formulaires accessibles et efficaces. En comprenant le rôle de chaque élément de formulaire, des champs de texte de base aux menus de sélection plus complexes, nous avons établi une base solide pour recueillir une variété de saisies utilisateur. Les étiquettes, les espaces réservés et les ensembles de champs ont été mis en évidence comme des éléments clés pour améliorer la convivialité et l'accessibilité du formulaire, guidant les utilisateurs tout au long du processus de soumission du formulaire avec facilité.

Stylisation des Formulaires pour une Expérience Utilisateur Améliorée

En passant de la création de formulaires à la stylisation, nous avons exploré comment le CSS peut transformer l'esthétique et l'interaction des formulaires. En appliquant des styles personnalisés aux éléments de formulaire, nous avons démontré comment créer des designs attrayants et cohérents qui s'alignent avec le thème visuel général d'un site web. Les états de focus et de survol ont été abordés, ainsi que la stylisation des cases à cocher, des boutons radio et des boutons de soumission, afin d'améliorer l'interactivité du formulaire et de fournir un retour visuel aux utilisateurs.

Techniques Avancées et Intégration Fonctionnelle

Le chapitre a progressé pour couvrir les techniques avancées de CSS pour la conception responsive des formulaires, garantissant que les formulaires s'adaptent parfaitement à différents appareils et tailles d'écran. Nous avons également abordé l'intégration d'aspects fonctionnels, y compris la validation de formulaires et la gestion des soumissions, en soulignant l'importance du traitement côté serveur pour les données de formulaire. Des exercices pratiques et un projet visant à incorporer un formulaire de contact fonctionnel dans un site web vous ont permis d'appliquer les concepts appris, renforçant l'importance des formulaires pour faciliter la communication et l'interaction utilisateur.

Points Clés à Retenir

- Les formulaires sont essentiels pour capturer la saisie utilisateur, jouant un rôle critique dans les interactions utilisateur et la collecte de données sur les sites web.

- Le HTML sémantique et l'utilisation appropriée des éléments de formulaire garantissent l'accessibilité et la convivialité, rendant les formulaires intuitifs et faciles à naviguer.

- La stylisation CSS améliore l'attrait visuel et l'interaction des formulaires, contribuant à une expérience utilisateur cohésive et engageante.

- Les principes de conception responsive sont cruciaux pour adapter les formulaires à diverses tailles d'écran, assurant l'accessibilité et la convivialité sur tous les appareils.

- Le traitement et la validation côté serveur des données de formulaire sont fondamentaux pour la sécurité et la fonctionnalité, soulignant la nécessité d'une intégration backend dans la gestion des soumissions utilisateur.

Conclusion

Le Chapitre 8 n'a pas seulement approfondi votre compréhension des formulaires web et de la saisie utilisateur, mais il a également mis en lumière le pouvoir transformateur d'une conception et d'un développement soigneux des formulaires. Alors que vous continuez à construire et à perfectionner vos projets web, rappelez-vous le rôle fondamental que jouent les formulaires dans l'engagement utilisateur et la collecte de données précieuses. Relevez les défis de la création de formulaires accessibles, élégants et fonctionnels, et laissez les idées de ce chapitre vous inspirer à innover et à améliorer les façons dont vous interagissez avec votre public à travers votre site web. Continuez à explorer, expérimenter et apprendre, car le voyage vers la maîtrise du développement web est une aventure continue de découverte et de croissance.

Chapitre 9 : Intégration d'Éléments Multimédias et Interactifs

Bienvenue au Chapitre 9, un guide fascinant et complet qui vous emmène dans un voyage passionnant vers le monde dynamique des éléments multimédias et interactifs dans le domaine du développement web. Alors que nous naviguons dans le vaste paysage numérique du XXIe siècle, il devient de plus en plus évident que l'inclusion de composants innovants et stimulants tels que la vidéo, l'audio, les animations et autres éléments interactifs n'est pas seulement un luxe, mais une nécessité absolue pour créer des expériences web captivantes, dynamiques et immersives.

L'objectif principal de ce chapitre est de vous doter des connaissances et des outils nécessaires pour intégrer avec succès ces puissants éléments multimédias dans vos sites web. Ce faisant, nous cherchons à améliorer considérablement la richesse de votre contenu, le degré d'interactivité de l'utilisateur et, en fin de compte, l'expérience utilisateur globale. Nous vous guiderons méticuleusement à travers chaque étape du processus, en veillant à ce que ces éléments s'intègrent parfaitement dans le tissu de vos créations numériques.

Alors que nous nous lançons dans cette exploration approfondie du multimédia et de l'interactivité, faisons-le avec un esprit ouvert, un sens de la créativité et un désir ardent d'apprendre et de nous adapter. Le monde du développement web est en constante évolution, et il est de notre responsabilité d'être à l'avant-garde. Notre objectif ultime est de captiver votre public, de retenir son attention et de donner vie à vos projets web de la manière la plus mémorable possible. Alors plongeons-nous et commençons ce voyage passionnant.

9.1. Ajout de Vidéo et d'Audio

Incorporer de la vidéo et de l'audio dans vos pages web a le potentiel d'améliorer considérablement l'expérience utilisateur. Cette intégration offre une manière plus immersive et captivante de transmettre des informations, raconter des histoires ou présenter des produits. Avec l'essor du contenu multimédia, l'utilisation de la vidéo et de l'audio dans les pages web est devenue une pratique standard dans le monde numérique.

L'inclusion de ces éléments peut faire une différence substantielle dans la façon dont les utilisateurs perçoivent et interagissent avec votre contenu web, et peut améliorer considérablement l'engagement global des utilisateurs sur votre site.

HTML5, un langage de balisage utilisé pour structurer et présenter du contenu sur le web, facilite l'intégration d'éléments vidéo et audio dans vos pages web. Les balises **<video>** et **<audio>** fournies par HTML5 permettent l'incorporation facile de ces éléments multimédias.

Ces balises sont dotées de contrôles intégrés, ce qui facilite le contrôle de la lecture du contenu multimédia par les utilisateurs. Elles garantissent également la compatibilité sur les navigateurs modernes, ce qui permet d'atteindre un public plus large sans se soucier des problèmes techniques ou de compatibilité.

Maintenant, approfondissons la manière d'utiliser ces éléments efficacement. Comprendre comment utiliser correctement ces éléments HTML5 vous permettra d'améliorer vos pages web, en les rendant plus attrayantes et interactives pour vos utilisateurs. Ainsi, que vous soyez un développeur web expérimenté ou quelqu'un qui débute dans le domaine, il vaut la peine de prendre le temps d'apprendre comment incorporer efficacement la vidéo et l'audio dans vos conceptions web en utilisant HTML5.

9.1.1 Intégrer une Vidéo

L'élément **<video>** est un outil puissant qui vous permet d'intégrer et de diffuser du contenu vidéo directement dans vos pages web, améliorant ainsi l'expérience multimédia de votre site. Cette fonctionnalité garantit que vous n'avez pas à dépendre de plateformes externes ou de plugins pour partager vos vidéos. L'une des caractéristiques remarquables de l'élément **<video>** est sa capacité à accepter plusieurs fichiers sources.

Cela signifie que vous pouvez fournir différents formats vidéo pour garantir une large compatibilité sur divers navigateurs et appareils, rendant votre contenu web plus accessible à un large public. De plus, l'élément **<video>** vous permet de contrôler la lecture de vos vidéos avec des attributs intégrés.

Ces attributs vous donnent le pouvoir de gérer la façon dont le contenu vidéo est affiché et avec lequel on interagit, offrant une expérience utilisateur plus personnalisée. Enfin, dans les scénarios où les utilisateurs utilisent des navigateurs plus anciens qui pourraient ne pas prendre en charge l'élément **<video>**, vous pouvez fournir un contenu de secours. Cela garantit qu'aucun utilisateur n'est exclu et que tous peuvent accéder au contenu principal de votre site, quelle que soit la technologie qu'ils utilisent.

Exemple :

```
<video controls poster="thumbnail.jpg" width="640" height="360">
    <source src="video.mp4" type="video/mp4">
    <source src="video.webm" type="video/webm">
    Your browser does not support the video tag.
</video>
```

- **controls** : Ajoute des contrôles de lecture (lecture, pause, volume, etc.).

- **poster** : Spécifie une image à afficher avant la lecture de la vidéo.

- **width** et **height** : Définissent la taille du lecteur vidéo.

9.1.2 Intégrer de l'Audio

De la même manière, vous pouvez utiliser l'élément '**<audio>**' pour intégrer des fichiers audio directement dans votre page web. Il s'agit d'une fonctionnalité particulièrement utile pour ajouter un niveau supplémentaire d'engagement à votre site, que ce soit par le biais de musique de fond, de podcasts ou d'effets sonores.

Tout comme pour le contenu vidéo, vous pouvez fournir plusieurs sources de fichiers pour le contenu audio afin de garantir une compatibilité maximale sur différents navigateurs et appareils.

Une autre fonctionnalité précieuse de l'élément '**<audio>**' est la possibilité d'inclure des contrôles pour la lecture audio. Cela signifie que les utilisateurs peuvent lire, mettre en pause ou naviguer dans l'audio directement depuis le navigateur, leur offrant ainsi une expérience plus interactive et conviviale.

Exemple :

```
<audio controls>
    <source src="audio.mp3" type="audio/mpeg">
    <source src="audio.ogg" type="audio/ogg">
    Your browser does not support the audio element.
</audio>
```

- **controls** : Ajoute des contrôles de base (lecture, pause, volume).

9.1.3 Meilleures Pratiques pour l'Intégration de Contenu Multimédia

- **Accessibilité** : Dans la recherche de rendre votre contenu inclusif et accessible à tous les utilisateurs, il est crucial d'inclure du contenu alternatif pour ceux qui pourraient être incapables d'accéder aux composants audio ou vidéo. Cela peut prendre la forme de transcriptions pour le contenu audio et de sous-titres ou légendes pour le contenu vidéo. Ces formes de contenu alternatif garantissent que même ceux ayant des déficiences auditives peuvent participer pleinement à votre contenu multimédia.

- **Performance** : Lors de l'incorporation de contenu multimédia dans votre site web, il est crucial d'être conscient de l'impact potentiel sur la performance. Les fichiers multimédias volumineux, en particulier en haute résolution, peuvent affecter considérablement les temps de chargement de la page, ce qui pourrait entraîner une expérience utilisateur défavorable, en particulier pour ceux ayant des connexions internet plus lentes. À ce titre, il est recommandé d'envisager l'utilisation d'outils de compression audio et vidéo. Ces outils aident à trouver un équilibre entre le maintien de la qualité de vos fichiers et la garantie de la performance optimale de votre site web.

- **Conception Réactive** : À l'ère moderne, où les utilisateurs accèdent au contenu depuis une variété d'appareils avec différentes tailles d'écran, il est impératif de s'assurer que votre contenu multimédia soit réactif. La réactivité garantit que votre contenu s'affiche correctement indépendamment de la taille d'écran de l'appareil. Pour y parvenir, vous pouvez utiliser CSS pour faire en sorte que les éléments vidéo et audio s'adaptent à la taille de la zone d'affichage. L'une des propriétés que vous pouvez exploiter est la propriété **object-fit**, qui vous permet de maintenir le rapport d'aspect de votre contenu sur plusieurs zones d'affichage, assurant ainsi une expérience utilisateur cohérente et attrayante.

  Exemple :

```css
video, audio {
    max-width: 100%;
    height: auto;
}
```

- **Considérations Juridiques** : Lors du choix des médias pour votre projet, il est fondamental que vous utilisiez uniquement du contenu dont vous possédez les droits légaux, ou qui a été déclaré d'usage public libre. Il est essentiel de respecter les lois sur le droit d'auteur, car cela non seulement préserve l'intégrité de votre projet, mais reconnaît également les efforts et le travail acharné des créateurs originaux. De plus, à mesure que notre monde devient de plus en plus connecté et que les préoccupations concernant la vie privée augmentent, il est crucial de considérer les implications en matière de vie privée des médias que vous choisissez. Ceci est particulièrement pertinent si les médias que vous utilisez contiennent des individus qui peuvent être facilement identifiés. Assurez-vous toujours d'avoir les autorisations nécessaires et de respecter les droits à la vie privée des personnes.

Ajouter de la vidéo et de l'audio à vos sites web ouvre de nouvelles voies pour la créativité et l'engagement des utilisateurs. En suivant les directives et les meilleures pratiques décrites, vous pouvez améliorer vos projets web avec du contenu multimédia riche qui soit accessible, efficace et réactif. Pendant que vous expérimentez avec l'intégration de vidéo et d'audio, considérez les possibilités narratives et interactives qu'ils apportent à vos espaces numériques, et profitez du processus de donner vie à votre contenu web.

Maintenant, considérons quelques points et conseils supplémentaires qui peuvent améliorer votre utilisation du contenu multimédia et garantir une expérience utilisateur plus fluide.

9.1.4 Chargement Différé pour la Performance

Afin d'améliorer l'expérience utilisateur en améliorant les temps de chargement de la page, en particulier sur les pages hébergeant de nombreuses vidéos ou fichiers audio, on doit considérer une technique appelée chargement différé. Cette stratégie efficace ne charge les fichiers multimédias que lorsqu'ils sont sur le point d'entrer dans la fenêtre de visualisation de l'utilisateur, optimisant ainsi la performance globale d'une page web.

Le chargement différé est une manière efficace de retarder le chargement des ressources jusqu'à ce qu'elles soient réellement nécessaires. Cela non seulement accélère le chargement initial de la page web, mais économise également de la bande passante aux utilisateurs qui ne feront peut-être jamais défiler jusqu'à ces fichiers multimédias.

Heureusement, HTML5 prend en charge nativement le chargement différé pour les images et les iframes. Cela signifie que le navigateur ne commencera à charger ces fichiers que lorsque l'utilisateur fait défiler jusqu'à l'endroit où ils sont situés sur la page web. C'est une manière efficace et effective d'améliorer l'expérience utilisateur sur votre site.

De plus, les principes du chargement différé peuvent être appliqués aux fichiers vidéo et audio en utilisant JavaScript. Bien que cela puisse nécessiter un peu plus de connaissances techniques, les avantages en termes de temps de chargement de page améliorés et d'expérience utilisateur globale font que cela vaut la peine de faire l'effort.

Exemple :

Voici un exemple qui élargit le concept de chargement différé pour les fichiers vidéo et audio en utilisant JavaScript :

Scénario : Imaginez une page de nouvelles avec plusieurs clips vidéo intégrés tout au long de l'article.

Sans chargement différé : Lorsque la page se charge, le navigateur tente de télécharger toutes les vidéos en même temps, même si elles sont en dessous du pli (non visibles sur l'écran initial). Cela peut ralentir considérablement le chargement initial de la page.

Avec chargement différé (en utilisant JavaScript) :

1. Le code HTML pour chaque vidéo inclut une image de remplacement (comme une miniature) et un attribut data-src qui contient la source vidéo réelle.

2. Une bibliothèque JavaScript ou un script personnalisé détecte quand une vidéo entre dans la fenêtre de visualisation de l'utilisateur pendant qu'il fait défiler la page.

3. Une fois qu'une vidéo entre dans la fenêtre de visualisation, le script remplace l'attribut data-src par l'attribut src réel, ce qui déclenche le chargement de la vidéo.

Avantages :

- Chargement initial de page plus rapide : les utilisateurs voient le contenu plus rapidement, en particulier sur des connexions plus lentes.

- Utilisation réduite de la bande passante : les utilisateurs ne téléchargent que les vidéos qu'ils regardent réellement.

- Amélioration de l'expérience utilisateur : la page semble plus réactive et plus facile à naviguer.

Mise en œuvre :

Il existe plusieurs bibliothèques JavaScript comme [lazysizes] qui peuvent aider à mettre en œuvre le chargement différé pour les vidéos et les fichiers audio. Ces bibliothèques gèrent les aspects techniques, ce qui facilite l'intégration du chargement différé dans leurs pages web pour les développeurs.

9.1.5 Contrôles Personnalisés avec JavaScript

Bien que l'attribut **controls** fournisse un ensemble fondamental de contrôles multimédias, il peut être quelque peu limitant. Pour une approche plus flexible et personnalisée, envisagez de créer vos propres contrôles multimédias avec JavaScript.

Cette approche peut vous offrir un niveau supérieur de flexibilité, vous permettant de concevoir des contrôles multimédias qui s'intègrent parfaitement avec l'esthétique de votre site web ou application. Au lieu d'être limité aux boutons et curseurs par défaut, vous pouvez créer et mettre en œuvre les vôtres, améliorant ainsi l'expérience utilisateur globale.

La puissance de JavaScript vous permet de contrôler divers aspects de la lecture des médias, tels que le volume, les boutons de lecture et de pause, et la fonctionnalité de saut. De plus, vous pouvez même mettre en œuvre des barres de progression personnalisées, offrant à l'utilisateur une représentation visuelle de la progression de la lecture. En outre, vous pouvez créer des listes de lecture personnalisées, offrant à vos utilisateurs une expérience multimédia personnalisée et améliorée.

Exemple :

```
const video = document.querySelector('video');
const playButton = document.getElementById('play-button');

playButton.addEventListener('click', function() {
    if (video.paused) {
        video.play();
    } else {
        video.pause();
    }
});
```

9.1.6 Améliorations de l'Accessibilité

Il est absolument essentiel de s'assurer que votre contenu multimédia soit accessible à tous les utilisateurs, quelles que soient leurs capacités. En prenant des mesures pour répondre aux besoins des utilisateurs ayant différentes capacités, vous pouvez rendre votre contenu plus inclusif et toucher un public plus large.

Une approche efficace consiste à fournir des formes alternatives de contenu telles que des sous-titres et des transcriptions. Cela peut être très bénéfique pour les utilisateurs sourds ou malentendants, mais peut également aider les utilisateurs qui préfèrent lire en même temps que l'audio ou la vidéo, ou ceux qui pourraient avoir besoin du contenu dans une langue différente.

En particulier, lorsqu'il s'agit de sous-titres, l'élément **<track>** peut être un outil très utile. Cet élément, qui est utilisé à l'intérieur de l'élément **<video>**, vous permet d'ajouter des sous-titres à votre contenu vidéo.

Il est important de souligner que l'ajout de sous-titres fait plus qu'aider simplement les utilisateurs ayant des problèmes d'audition. Cela peut également être très utile pour les utilisateurs qui préfèrent lire en même temps que la vidéo, ainsi que pour ceux qui pourraient avoir besoin de traductions du contenu dans leur propre langue.

Par conséquent, en tenant compte des besoins de tous les utilisateurs et en mettant en œuvre des mesures telles que l'utilisation de l'élément **<track>** pour les sous-titres, vous pouvez vous assurer que votre contenu multimédia soit accessible à tous.

Exemple :

```
<video controls>
    <source src="example.mp4" type="video/mp4">
    <track src="captions_en.vtt" kind="captions" srclang="en" label="English">
    <!-- Additional tracks for other languages -->
</video>
```

Navigation au Clavier

Il est crucial de s'assurer que vos contrôles multimédias personnalisés ne soient pas seulement visuellement attrayants, mais qu'ils soient également utilisables par le biais de raccourcis clavier. Il s'agit d'une fonctionnalité importante qui améliore considérablement l'accessibilité de votre contenu multimédia pour les utilisateurs qui préfèrent ou dépendent entièrement de la navigation au clavier.

Ce faisant, vous pouvez servir une gamme plus large d'utilisateurs, y compris ceux ayant certains handicaps ou ceux qui trouvent simplement l'utilisation d'un clavier plus pratique. Par conséquent, pour offrir une expérience utilisateur plus inclusive, pensez toujours à intégrer des raccourcis clavier dans vos contrôles multimédias personnalisés.

9.1.7 Considérations pour les Utilisateurs Mobiles

À l'ère numérique moderne, les utilisateurs mobiles représentent une proportion substantielle de tout le trafic web. Cela rend absolument crucial de s'assurer que tout votre contenu numérique soit compatible avec les appareils mobiles. Dans le cas du contenu multimédia, il y a plusieurs facteurs clés à prendre en compte :

- **Tests sur Plusieurs Appareils** : Pour offrir la meilleure expérience utilisateur, vous devez vérifier que votre contenu multimédia se lit sans problème sur une variété d'appareils et de systèmes d'exploitation. Cela inclut non seulement différentes marques et modèles de smartphones, mais aussi les tablettes et même les téléviseurs intelligents.

- **Utilisation des Données** : Étant donné que de nombreux utilisateurs mobiles sont soumis à des limites de données dans leurs forfaits, il est important de considérer la quantité de données que consomme votre contenu multimédia. Une façon de le faire est d'offrir aux utilisateurs la possibilité de choisir quand charger et lire le contenu multimédia, plutôt que de forcer son chargement automatique.

- **Politiques de Lecture Automatique** : Il convient de noter que la plupart des navigateurs mobiles ont des restrictions sur la lecture automatique, en particulier lorsqu'il s'agit de contenu multimédia comprenant du son. Compte tenu de cela, c'est toujours une bonne idée d'inclure des contrôles de lecture pour que les utilisateurs puissent démarrer le contenu multimédia à leur convenance. Si la lecture automatique est une partie nécessaire de votre conception, envisagez de démarrer les vidéos en mode muet pour éviter d'interrompre l'utilisateur.

L'intégration de vidéo et d'audio dans vos projets web peut enrichir considérablement l'expérience utilisateur, en offrant un contenu dynamique et immersif. En vous concentrant sur la performance, l'accessibilité et la compatibilité avec les appareils mobiles, et en envisageant l'utilisation de contrôles personnalisés et du chargement différé, vous pouvez créer des expériences multimédias captivantes qui séduisent votre audience. Au fur et à mesure que la technologie et les standards web évoluent, restez informé des nouveaux outils et pratiques pour continuer à améliorer vos stratégies d'intégration multimédia.

9.2 Incorporation de Cartes et Autres Médias

Dans le monde interconnecté contemporain, où les cartes numériques sont devenues courantes, l'incorporation de cartes dans votre site web peut servir de méthode dynamique pour fournir du contexte, améliorer l'engagement des utilisateurs et guider votre audience de manière plus efficace. Il ne s'agit pas seulement d'afficher des emplacements ; il s'agit de rendre l'information plus digeste, interactive et attrayante.

De même, l'intégration de divers types de médias, tels que des widgets interactifs ou des flux de réseaux sociaux en temps réel, peut enrichir substantiellement le contenu de votre site, le rendant plus vibrant et interactif. Il ne s'agit pas simplement d'ajouter plus de contenu, mais d'améliorer l'expérience utilisateur globale et l'engagement avec votre site web.

La section suivante servira de guide complet, vous guidant à travers le processus détaillé d'incorporation harmonieuse de cartes et de diverses formes de médias dans votre site web. Nous nous assurerons que ces ajouts non seulement s'intègrent parfaitement avec le contenu existant de votre site, mais ajoutent également une valeur tangible, répondent aux besoins spécifiques de votre audience et enrichissent leur expérience de navigation globale.

Adoptons une approche réfléchie et stratégique pour intégrer ces éléments cruciaux. Ce faisant, nous pouvons améliorer considérablement la fonctionnalité, l'attrait esthétique et la facilité d'utilisation de vos projets web, les rendant plus attrayants et utiles pour votre audience.

9.2.1 Incorporation de Cartes

Les cartes jouent un rôle intégral dans une variété de domaines et d'industries, tels que les entreprises, la planification d'événements, les blogs de voyage et tout site web qui bénéficie de l'inclusion d'un contexte géographique. Leur utilité ne peut être exagérée, car elles fournissent des données visuelles qui peuvent être cruciales dans les processus de prise de décision.

Parmi les nombreux services de cartes disponibles, Google Maps se distingue comme l'un des plus populaires. Cela est dû en grande partie à ses fonctionnalités complètes qui incluent des vues de rues, des conditions de circulation en temps réel et la planification d'itinéraires pour les déplacements à pied, en voiture, à vélo ou en transport en commun.

De plus, sa facilité d'utilisation en fait une option conviviale pour les utilisateurs de tous les niveaux de compétence technique. La capacité d'intégrer Google Maps dans des sites web ajoute une couche supplémentaire d'utilité, en faisant un excellent outil pour fournir un contexte géographique sur une plateforme numérique.

API d'Intégration de Google Maps

1. **Obtenir une Clé API** : La première étape pour utiliser l'API d'Intégration de Google Maps est d'obtenir une clé API. Cette clé est cruciale car elle autorise votre application à accéder à l'API. Vous pouvez obtenir cette clé en suivant les étapes détaillées dans la Console Google Cloud. Ici, il vous sera demandé de créer un projet, ce qui vous permettra de générer votre clé API unique.

2. **Créer l'URL d'Intégration** : Maintenant que vous avez votre clé API, l'étape suivante consiste à créer l'URL d'intégration. La plateforme Google Maps est l'outil que vous utiliserez pour trouver l'emplacement spécifique que vous souhaitez intégrer dans votre site. Vous avez la possibilité de personnaliser la vue pour qu'elle corresponde exactement à vos préférences. Une fois que vous êtes satisfait de votre sélection, générez le code d'intégration qui sera utilisé dans l'étape suivante.

3. **Intégrer la Carte** : La dernière étape consiste à intégrer la carte dans votre site. Cela se fait en insérant le code iframe, que vous avez généré à l'étape précédente, dans votre HTML. Il est important de noter qu'il est probable que vous deviez ajuster les attributs **width** et **height** pour vous assurer que la carte s'adapte parfaitement à la mise en page de votre site web.

Exemple :

```
<iframe
  width="600"
  height="450"
  style="border:0"
  loading="lazy"
  allowfullscreen

src="<https://www.google.com/maps/embed/v1/place?key=YOUR_API_KEY&q=Space+Needle,Sea
ttle+WA>">
</iframe>
```

9.2.2 Incorporation de Flux et Widgets de Réseaux Sociaux

Utiliser des flux et widgets de réseaux sociaux sur votre site web peut non seulement maintenir le contenu de votre site frais et actualisé, mais également encourager et faciliter l'interaction des utilisateurs. L'intégration de ces outils dans votre site web peut rendre vos pages plus dynamiques et attrayantes.

Par exemple, intégrer un flux en direct de Twitter peut fournir des mises à jour en temps réel et apporter un sentiment d'immédiateté et de pertinence à votre contenu. De même, inclure un bouton « J'aime » de Facebook peut directement augmenter votre présence sur les réseaux sociaux, permettant aux visiteurs du site web d'interagir avec votre contenu Facebook sans quitter votre site.

Cela peut conduire à une participation accrue des utilisateurs et à une présence en ligne plus solide, car les clients peuvent interagir avec votre marque à la fois sur votre site web et sur différentes plateformes de réseaux sociaux.

Flux Twitter

Si vous êtes intéressé par l'intégration d'un flux Twitter sur votre site web, vous pouvez le faire facilement en utilisant Twitter Publish, un outil conçu pour générer le code nécessaire à des fins d'intégration.

Pour utiliser cet outil, vous devrez avoir accès à l'URL du profil Twitter que vous souhaitez intégrer. Alternativement, s'il y a un Tweet spécifique que vous souhaitez mettre en avant sur votre site web, vous pouvez également utiliser l'URL de ce Tweet spécifique.

Dans tous les cas, Twitter Publish vous aidera à créer le code nécessaire pour intégrer avec succès le contenu Twitter souhaité sur votre site web.

Exemple :

```
<a                                            class="twitter-timeline"
href="<https://twitter.com/TwitterDev?ref_src=twsrc%5Etfw>">Tweets by TwitterDev</a>
<script    async    src="<https://platform.twitter.com/widgets.js>"    charset="utf-
8"></script>
```

Bouton J'aime de Facebook

Le Plugin de Page sert d'outil pratique pour les utilisateurs de Facebook, permettant l'intégration et la promotion simple de n'importe quelle page Facebook directement sur votre site web personnel ou professionnel. Cela est possible grâce à la personnalisation du plugin sur le site officiel Facebook pour Développeurs.

Via ce site, vous pouvez adapter le plugin à vos besoins spécifiques et préférences de style. Une fois que vous avez effectué vos personnalisations, le site générera un code unique pour vous. Ce code peut être facilement copié et collé dans le code de votre site web, intégrant efficacement la Page Facebook à votre site.

Cette intégration transparente permet d'augmenter la visibilité et l'interaction avec votre Page Facebook, directement depuis votre site web.

Exemple :

```
<div id="fb-root"></div>
<script            async            defer            crossorigin="anonymous"
src="<https://connect.facebook.net/en_US/sdk.js#xfbml=1&version=v3.0>"></script>
<div  class="fb-like"  data-href="<https://www.facebook.com/YourPage>"  data-width=""
data-layout="standard" data-action="like" data-size="small" data-share="true"></div>
```

9.2.3 Meilleures Pratiques pour Intégrer des Médias Externes

- **Performance et Confidentialité** : L'un des facteurs cruciaux à considérer lors de l'incorporation d'intégrations externes sur votre site web est leur impact potentiel sur le temps de chargement de votre site et la confidentialité des utilisateurs. Inclure de nombreuses intégrations peut considérablement ralentir votre site, conduisant à une expérience utilisateur médiocre. Pour atténuer cela, envisagez d'utiliser l'attribut **loading="lazy"** pour les iframes, ce qui peut considérablement améliorer les temps de chargement en retardant le chargement des iframes qui ne sont pas à l'écran jusqu'à ce que l'utilisateur s'en approche. En même temps, il est important de se rappeler que les services tiers ont leurs propres politiques de confidentialité. Gardez toujours à l'esprit ces politiques lors du choix des services à intégrer pour vous assurer de respecter les droits à la confidentialité de vos utilisateurs.

- **Réactivité** : À l'ère numérique actuelle, il est vital de s'assurer que vos médias intégrés soient réactifs. Cela signifie qu'ils devraient s'ajuster automatiquement à la taille d'écran de l'appareil sur lequel ils sont visualisés, offrant une expérience de visualisation optimale que ce soit sur un ordinateur de bureau, une tablette ou un smartphone. Pour les iframes, vous pouvez utiliser du CSS pour maintenir les proportions, ce qui aidera à préserver les proportions originales des médias intégrés indépendamment de la taille de l'écran. De plus, il existe de nombreuses bibliothèques JavaScript disponibles spécifiquement conçues pour aider à créer des intégrations réactives. Utiliser ces ressources peut aider à garantir que vos intégrations s'affichent et fonctionnent bien sur une variété d'appareils.

Exemple :

```
iframe {
    max-width: 100%;
    height: auto;
}
```

- **Accessibilité** : Il est important de fournir du contenu alternatif ou des descriptions complètes pour tout média intégré dans la mesure du possible. Cette approche garantit que tous les utilisateurs, y compris ceux ayant des déficiences visuelles ou auditives, peuvent pleinement participer au contenu. En considérant l'accessibilité dans notre utilisation des médias, nous nous efforçons de créer un environnement inclusif où l'information est facilement disponible et aisément compréhensible pour tous les utilisateurs. L'incorporation de diverses formes de médias sur votre site web, tels que des cartes, des flux de réseaux sociaux et des widgets, peut considérablement améliorer l'expérience utilisateur globale. Ces éléments dynamiques et interactifs fournissent un environnement riche et engageant qui peut captiver votre audience. En suivant diligemment les étapes décrites et en adhérant aux meilleures pratiques de l'industrie centrées sur la performance, la réactivité et l'accessibilité, vous pouvez intégrer ces ressources dans votre site de manière transparente. Cela enrichit non seulement la fonctionnalité de votre site web, mais améliore également son attrait pour les visiteurs. Il est important d'évaluer continuellement la valeur que ces éléments intégrés apportent à votre audience. Cela, à son tour, garantira que votre contenu reste pertinent et attrayant.

Lors de l'intégration de ces éléments interactifs, efforcez-vous de maintenir un équilibre entre fournir un contenu engageant et garantir une expérience utilisateur fluide et sans distractions. L'objectif est de créer un site web qui soit informatif et intuitif, favorisant une expérience utilisateur positive qui encourage les visites répétées.

L'utilisation stratégique de cartes intégrées, de flux de réseaux sociaux et de widgets peut considérablement améliorer l'attrait de votre site web. Cependant, il est important de planifier et d'exécuter soigneusement leur mise en œuvre, en tenant compte de la valeur qu'ils apportent à votre audience et de l'expérience utilisateur dans son ensemble.

9.2.4 Considérations pour l'expérience utilisateur

Lors de l'intégration de contenu externe, comme des cartes, des widgets de réseaux sociaux ou toute autre forme de médias intégrés, il est impératif de maintenir l'expérience utilisateur au cœur de vos considérations :

Performance de chargement

Un aspect crucial qui nécessite attention et considération minutieuse est le rôle que joue le contenu intégré dans l'influence des temps de chargement de votre page. Cela pourrait aboutir par inadvertance à une expérience utilisateur moins qu'optimale, ce qui n'est absolument pas souhaitable. Pour contrer ce problème potentiel, il est recommandé de réfléchir à l'application de diverses méthodes et techniques.

Une méthode pourrait être l'utilisation du chargement différé pour les iframes. Cette tactique peut être particulièrement bénéfique car elle permet au navigateur de reporter le chargement du contenu de l'iframe jusqu'au moment où il est nécessaire. Cela contraste avec l'approche conventionnelle de le charger lors du chargement initial de la page. En mettant en œuvre cette technique, il est possible de réduire significativement les temps de chargement et, par conséquent, d'améliorer l'expérience utilisateur.

Un autre aspect important qui nécessite attention est le comportement de chargement des scripts externes, en particulier ceux liés aux widgets de réseaux sociaux. Il est vital de s'assurer que ces scripts se chargent de manière asynchrone. Le chargement asynchrone implique que ces scripts se chargeront en arrière-plan, séparément du reste du contenu de la page. Cette approche permet au reste de la page de se charger sans avoir à attendre ces scripts, réduisant ainsi leur impact sur la performance générale de la page.

En conclusion, en gérant soigneusement comment et quand votre contenu intégré se charge, vous pouvez améliorer significativement les temps de chargement de votre page, ce qui conduit à une expérience utilisateur beaucoup plus fluide et agréable.

Interactivité et engagement

Incorporer des médias intégrés dans votre site web peut certainement amplifier le niveau d'interaction et d'engagement pour vos visiteurs. Cependant, il est de la plus haute importance de s'assurer que chaque élément de contenu intégré soit utile et augmente réellement la valeur du parcours utilisateur sur votre site.

Cette amélioration pourrait prendre diverses formes. Par exemple, cela pourrait impliquer de fournir des informations additionnelles utiles qui complètent le contenu existant, augmentant ainsi la valeur globale de votre site pour vos visiteurs. Alternativement, cela pourrait signifier améliorer l'attrait visuel de votre site, le transformant en un environnement plus agréable et attrayant à explorer pour les visiteurs.

Cela pourrait également signifier faciliter l'interaction utilisateur d'une manière qui encourage les visiteurs à participer activement avec votre contenu, augmentant ainsi leur investissement dans votre site et son contenu.

Cependant, il est crucial d'éviter le piège commun d'utiliser excessivement les médias intégrés. Un excès de contenu intégré peut résulter en une surcharge sensorielle et informationnelle pour l'utilisateur. Cela peut mener à une distraction du message central de votre site web et, dans des cas extrêmes, peut même compromettre l'expérience utilisateur globale. Par conséquent, bien qu'il soit important d'utiliser les médias intégrés pour améliorer votre site web, il est tout aussi important de les utiliser avec prudence pour ne pas submerger vos visiteurs et les détourner des objectifs principaux de votre site web.

9.2.5 Personnalisation du contenu intégré

De nombreuses plateformes en ligne qui offrent la fonction de contenu intégrable fournissent également des options de personnalisation. Ceci afin de garantir que le média intégré s'aligne parfaitement avec le design général, l'esthétique et la marque de votre site web, fournissant ainsi une expérience utilisateur cohérente et harmonieuse :

Style des cartes intégrées : Des services comme Google Maps offrent l'option de personnaliser l'apparence visuelle de la carte intégrée. Cela vous permet de modifier la carte pour qu'elle corresponde à la palette de couleurs et au style de votre site web.

En conséquence, vous pouvez créer une expérience utilisateur plus cohésive et harmonieuse. Cette capacité de personnalisation s'étend à la couleur de la carte, au niveau de détail affiché et même au type de carte affiché, vous donnant un contrôle total sur la façon dont la carte s'intègre au design de votre site.

Adaptation des widgets de réseaux sociaux : Les plateformes de réseaux sociaux offrent souvent une grande quantité d'options pour personnaliser l'apparence de leurs widgets. Cela peut inclure des aspects tels que la taille, la mise en page et la couleur.

Ces options de personnalisation peuvent être pleinement exploitées pour intégrer le contenu des réseaux sociaux dans votre site de manière fluide. En ajustant ces paramètres, vous pouvez vous assurer que les widgets s'intègrent au design de votre site, fournissant une apparence et une sensation cohérentes qui améliorent la participation de l'utilisateur et favorisent une expérience de navigation plus agréable.

9.2.6 Intégration avec l'accessibilité à l'esprit

Dans un monde où le contenu numérique est de plus en plus prévalent, garantir l'accessibilité pour tous les utilisateurs, y compris ceux ayant des handicaps, est une considération critique qui ne doit pas être négligée. L'importance de cela ne peut être sous-estimée, car elle garantit que tous, indépendamment de leurs capacités physiques ou limitations, puissent interagir et bénéficier du contenu fourni.

Voici quelques conseils essentiels pour améliorer l'accessibilité de votre contenu intégré, assurant une expérience utilisateur plus complète et inclusive :

L'importance du texte descriptif pour améliorer l'accessibilité

Lorsqu'il s'agit d'améliorer l'accessibilité de votre contenu intégré, l'une des stratégies les plus réussies qui peuvent être employées implique l'utilisation de texte descriptif ou de sous-titres. Cette méthode n'est pas seulement bénéfique, mais essentielle. Elle fournit un contexte précieux pour les utilisateurs qui peuvent rencontrer des difficultés à interagir pleinement avec les médias intégrés dans votre contenu numérique.

Les utilisateurs qui ont des déficiences visuelles ou auditives, par exemple, bénéficieraient énormément des informations supplémentaires fournies par ce texte descriptif. Cela leur permet de comprendre et d'interagir avec le contenu de manière significative, malgré leur incapacité à interagir directement avec les éléments visuels ou audio.

De plus, il vaut également la peine de noter que l'ajout de texte descriptif ou de sous-titres peut améliorer significativement la compréhension de votre contenu pour un public plus large. Il y a des utilisateurs qui peuvent ne pas nécessairement avoir de handicaps, mais ont simplement des préférences d'apprentissage individuelles qui s'orientent davantage vers la lecture. Ces utilisateurs peuvent trouver plus facile de comprendre et d'absorber l'information à travers des mots écrits, plutôt que du contenu visuel ou auditif.

La fourniture de texte descriptif ou de sous-titres pour votre contenu intégré n'est pas seulement une exigence d'accessibilité, mais une stratégie globale pour garantir que votre contenu soit convivial, inclusif et facilement compréhensible pour chaque utilisateur, indépendamment de ses besoins ou préférences individuelles.

Navigation au clavier et son importance pour l'accessibilité

Lorsque nous parlons d'accessibilité, il est essentiel de comprendre qu'elle englobe bien plus que les seuls aspects visuels ou auditifs. L'accessibilité concerne également la façon dont les utilisateurs interagissent avec votre contenu, et cela s'étend à l'utilisation de la navigation au clavier.

S'assurer que tous les éléments interactifs de votre contenu intégré puissent être navigués en utilisant un clavier est une étape cruciale et souvent négligée vers la réalisation d'une accessibilité complète. Cet aspect est particulièrement indispensable pour les utilisateurs qui dépendent de la navigation au clavier en raison de limitations physiques ou de préférence personnelle.

En incorporant la navigation au clavier, vous répondez aux besoins d'un public plus large, favorisant ainsi l'inclusion. Reconnaître les diverses façons dont les individus interagissent avec le contenu numérique est une partie essentielle de la création d'une expérience conviviale pour tous. Il ne s'agit pas seulement de rendre votre contenu accessible ; il s'agit également de vous assurer que tout le monde puisse interagir avec lui de manière facile et efficace, indépendamment de ses capacités physiques ou préférences personnelles.

Appliquer les étiquettes et rôles ARIA pour une meilleure accessibilité

Dans notre effort continu pour améliorer l'accessibilité numérique, l'une des étapes indispensables est d'appliquer des étiquettes et des rôles ARIA là où ils sont applicables. Cette pratique est vitale car elle fournit les informations nécessaires pour que les lecteurs d'écran comprennent la fonction et l'objectif du contenu intégré.

Cela devient particulièrement critique pour les utilisateurs ayant une déficience visuelle. Ces personnes dépendent fortement d'outils comme les lecteurs d'écran pour naviguer dans le monde numérique. Sans la présence d'étiquettes et de rôles ARIA appropriés, leur expérience utilisateur pourrait être significativement entravée, et ils pourraient ne pas être en mesure de profiter pleinement des ressources numériques disponibles.

En mettant en œuvre consciemment ces stratégies, nous pourrions améliorer drastiquement le niveau d'inclusion dans l'espace numérique. Cet effort bénéficierait non seulement aux utilisateurs ayant une déficience visuelle, mais à tous les utilisateurs en général, rendant l'espace numérique plus universellement accessible. De plus, notre engagement envers ces pratiques incarne véritablement l'esprit de l'universalité du web, une plateforme construite avec la vision d'une égalité d'accès pour tous.

Intégrer des cartes et d'autres médias peut améliorer significativement l'interactivité et l'attrait de votre site web, offrant aux utilisateurs des informations et des idées précieuses. En considérant la performance, l'expérience utilisateur, la personnalisation, l'accessibilité et la confidentialité, vous pouvez intégrer efficacement des médias externes dans vos projets web. Efforcez-vous toujours d'utiliser le contenu intégré d'une manière qui complète les objectifs de votre site web et améliore le parcours global de l'utilisateur.

9.3 Exercices : Intégrer une Vidéo et une Carte sur la Page de Contact

Améliorer votre page de contact avec l'ajout d'une vidéo et d'une carte peut augmenter considérablement l'engagement des utilisateurs et fournir un contexte précieux à vos visiteurs. Une vidéo soigneusement sélectionnée et positionnée de manière stratégique peut servir de moyen idéal pour présenter votre équipe ou mettre en valeur vos services de manière dynamique et interactive. Elle peut offrir un aperçu de ce que vous faites, comment vous le faites et qui le fait, ajoutant une touche personnelle et favorisant une connexion plus forte avec votre public.

D'autre part, une carte intégrée sur la page fournit des détails de localisation clairs et précis, simplifiant le processus pour que les gens puissent vous localiser. Elle élimine toute confusion potentielle qui pourrait survenir en raison d'adresses peu claires ou de directions complexes, facilitant extraordinairement la recherche de votre emplacement physique ou la visualisation de votre position.

Dans ce guide complet, nous parcourrons méthodiquement les étapes pour intégrer à la fois une vidéo et une carte sur votre page de contact. Notre approche sera de créer une expérience informative, visuellement attrayante et facile à utiliser pour vos visiteurs. Nous approfondirons les détails, en expliquant chaque étape de manière facile à comprendre, en veillant à ce que vous puissiez suivre quelle que soit votre expérience technique.

Procédons avec soin, enthousiasme et une vision claire, dans le but d'enrichir votre page de contact avec ces éléments interactifs. Notre objectif est d'améliorer votre page de contact, en passant d'une simple source statique d'informations à une plateforme dynamique qui interagit avec vos utilisateurs, les engage et, en fin de compte, leur laisse une impression durable de votre marque.

9.3.1 Intégrer une Vidéo

Les vidéos peuvent transmettre votre message de manière plus efficace et personnelle que le texte seul. Qu'il s'agisse d'un message de bienvenue, de témoignages ou d'un aperçu des coulisses de vos opérations, intégrer une vidéo directement sur votre page de contact peut captiver les visiteurs et renforcer leur lien avec votre marque.

1. **Choisissez une Vidéo** : Sélectionnez une vidéo pertinente pour votre public et qui reflète votre message. Elle pourrait être hébergée sur des plateformes populaires comme YouTube ou Vimeo.

2. **Obtenez le Code d'Intégration** : Sur la plateforme d'hébergement de vidéos, recherchez l'option pour partager la vidéo et sélectionnez "Intégrer". Cela vous fournira un extrait de code HTML.

3. **Insérez le Code d'Intégration** : Collez le code dans le HTML de votre page de contact à l'endroit où vous souhaitez que la vidéo apparaisse. Ajustez les attributs **width** (largeur) et **height** (hauteur) pour qu'ils s'adaptent à la mise en page de votre page.

Exemple :

```
<!-- Example of embedding a YouTube video -->
<div class="video-container">
    <iframe width="560" height="315" src="<<https://www.youtube.com/embed/VIDEO_ID>">
title="YouTube  video  player"  frameborder="0"  allow="accelerometer;  autoplay;
clipboard-write;      encrypted-media;      gyroscope;      picture-in-picture"
allowfullscreen></iframe>
</div>
```

9.3.2 Intégrer une Carte

Fournir une carte sur votre page de contact aide les utilisateurs à localiser votre entreprise ou événement plus facilement. Une carte peut offrir à la fois un contexte géographique et un sentiment d'authenticité à votre site web.

1. **Choisissez votre Emplacement** : Utilisez Google Maps ou un autre service de cartographie pour naviguer jusqu'à votre emplacement.

2. **Générez le Code d'Intégration** : Recherchez l'option pour partager ou intégrer et personnalisez la vue de votre carte. Copiez le code iframe fourni par le service.

3. **Insérez le Code de la Carte** : Collez le code d'intégration dans le HTML de votre page de contact, en ajustant la taille selon les besoins pour l'intégrer parfaitement à votre design.

Exemple :

```
<!-- Example of embedding a Google Map -->
<div class="map-container">
    <iframe
src="<<https://www.google.com/maps/embed?pb=!1m14!1m8!1m3!1dXXXXX!2dLONGITUDE!3dLATI
TUDE!3m2!1i1024!2i768!4f13.1!3m3!1m2!1s0xADDRESS_ID!2sLOCATION_NAME!5e0!3m2!1sen!2s!
4vDATE!5m2!1sen!2s>"> width="600" height="450" style="border:0;" allowfullscreen=""
loading="lazy"></iframe>
</div>
```

9.3.3 Styliser le Contenu Intégré

Pour vous assurer que la vidéo et la carte intégrées s'intègrent parfaitement à votre page de contact et soient réactives, appliquez un peu de style CSS.

Exemple :

```
.video-container, .map-container {
    position: relative;
    overflow: hidden;
    padding-top: 56.25%; /* 16:9 Aspect Ratio */
    margin-bottom: 20px;
}

.video-container iframe, .map-container iframe {
    position: absolute;
    top: 0;
    left: 0;
    width: 100%;
    height: 100%;
}
```

Ce CSS garantit que la vidéo et la carte maintiennent un rapport d'aspect de 16:9, se redimensionnant de manière réactive tout en conservant leurs positions relatives par rapport à leurs conteneurs.

Conclusion

En complétant cet exercice, vous avez non seulement ajouté du contenu précieux à votre page de contact, mais vous avez également amélioré l'expérience utilisateur globale de votre site web. Intégrer une vidéo et une carte offre un moyen dynamique de communiquer avec votre public, en lui offrant une compréhension plus complète de votre marque et de votre emplacement.

N'oubliez pas que la clé d'une intégration efficace est de vous assurer que ces éléments s'intègrent soigneusement à votre design, en complétant votre message et en rendant votre page de contact plus attrayante et informative.

Continuez à explorer le potentiel du multimédia pour enrichir votre présence web, toujours dans le but de créer du contenu significatif et accessible pour vos utilisateurs.

9.4 Projet : Créer une Page de Présentation Interactive de Produits

Créer une page de présentation de produits interactive est une opportunité passionnante de mettre en valeur vos offres de manière dynamique et attrayante. Ce projet combinera des éléments visuels, multimédias et interactifs pour fournir une vue complète de vos produits.

En nous concentrant sur l'expérience utilisateur et en incorporant des fonctionnalités interactives, notre objectif est de créer une présentation qui non seulement informe, mais encourage également votre public. Abordons ce projet avec créativité et un engagement envers la qualité, en créant une page de présentation qui représente magnifiquement vos produits et favorise l'interaction des utilisateurs.

Étape 1 : Planifiez votre Présentation de Produits

Commencez par planifier la mise en page et les fonctionnalités de votre présentation de produits. Considérez les éléments suivants :

- **Images de Produits** : Des images de haute qualité qui mettent en évidence les caractéristiques clés.

- **Descriptions de Produits** : Des descriptions concises et convaincantes.

- **Éléments Interactifs** : Zoom au survol, carrousels d'images ou vidéos pour démontrer le produit en action.

- **Appel à l'Action (CTA)** : Encouragez les utilisateurs à passer à l'étape suivante : acheter, obtenir plus d'informations ou vous contacter pour des détails.

Étape 2 : Conception de la Mise en Page

Concevez une mise en page qui organise vos produits de manière intuitive et les présente de façon attrayante. Envisagez d'utiliser CSS Grid pour obtenir un design flexible et réactif qui s'adapte pour afficher les produits efficacement sur différentes tailles d'écran.

```
<div class="product-showcase">
    <div class="product" id="product1">
        <img src="product1.jpg" alt="Product 1" class="product-image">
        <h3 class="product-title">Product 1</h3>
        <p class="product-description">Description of Product 1.</p>
    </div>
    <!-- Repeat for other products -->
</div>
.product-showcase {
    display: grid;
    grid-template-columns: repeat(auto-fit, minmax(200px, 1fr));
    gap: 20px;
    padding: 20px;
}
.product {
    text-align: center;
}
.product-image {
    width: 100%;
    height: auto;
}
```

Étape 3 : Améliorer les Images avec l'Interactivité

Ajouter de l'interactivité à vos images de produits peut améliorer considérablement l'expérience utilisateur. Implémentez une fonction de zoom au survol ou un carrousel d'images pour permettre aux utilisateurs de voir vos produits en détail.

- **Zoom au Survol** : Agrandissez l'image du produit lorsque le curseur de la souris se place dessus.

```
.product-image:hover {
    transform: scale(1.1);
    transition: transform 0.5s ease;
}
```

- **Carrousel d'Images** : Si vous avez plusieurs images pour un produit, un carrousel d'images permet aux utilisateurs de voir toutes les images. La mise en œuvre d'un carrousel peut être complexe et pourrait nécessiter JavaScript ou une bibliothèque comme Slick Slider.

Étape 4 : Incorporation de Contenu Multimédia

Pour les produits qui bénéficient d'une démonstration, intégrez une vidéo directement dans la présentation du produit. Assurez-vous que la vidéo soit responsive et s'intègre harmonieusement avec le design.

```
<div class="product-video">
    <iframe      src="<https://www.youtube.com/embed/VIDEO_ID>"      frameborder="0"
allowfullscreen></iframe>
</div>
```

Étape 5 : Appel à l'Action

Chaque produit devrait avoir un appel à l'action clair, encourageant les utilisateurs à en savoir plus ou à effectuer un achat. Stylisez vos boutons d'appel à l'action pour qu'ils se démarquent et s'harmonisent avec le design de votre site.

```
<button class="cta-button">Learn More</button>
.cta-button {
    background-color: #007bff;
    color: white;
    border: none;
    padding: 10px 20px;
    cursor: pointer;
    transition: background-color 0.3s;
}
.cta-button:hover {
    background-color: #0056b3;
}
```

Conclusion

Votre page de présentation interactive de produits n'est pas simplement une plateforme pour afficher des produits ; c'est un espace dynamique qui engage et informe votre audience, l'invitant à explorer ce que vous proposez. En intégrant des images de haute qualité, des éléments interactifs, du multimédia et des appels à l'action clairs, vous créez une expérience immersive qui met en valeur vos produits et encourage l'interaction des utilisateurs.

Au fur et à mesure que vous développez votre présentation, testez et affinez continuellement ses fonctionnalités pour garantir des performances optimales et la satisfaction des utilisateurs. Ce projet illustre comment une conception réfléchie et l'interactivité peuvent rehausser votre présence en ligne, faisant ressortir vos produits dans un paysage numérique encombré.

Résumé du Chapitre 9

Dans le Chapitre 9, nous avons entrepris un voyage éclairant à travers le domaine du multimédia et des éléments interactifs, explorant l'impact transformateur que ces composants peuvent avoir sur le développement web.

En intégrant des vidéos, des clips audio, des cartes et d'autres médias dynamiques, nous avons vu de première main comment ces éléments peuvent élever l'expérience utilisateur, rendant les sites web plus attrayants, informatifs et mémorables. À travers des orientations détaillées et des exercices pratiques, ce chapitre visait à vous doter des outils et des connaissances nécessaires pour exploiter efficacement la puissance du multimédia et de l'interactivité. Récapitulons les leçons et les idées clés tirées de notre exploration.

Le Pouvoir du Multimédia

Nous avons commencé en nous plongeant dans l'essentiel de l'ajout de vidéo et d'audio aux pages web, soulignant l'importance de ces types de médias pour capter l'attention de l'utilisateur et transmettre l'information de manière engageante.

En utilisant les éléments HTML **<video>** et **<audio>**, nous avons exploré comment intégrer des médias directement dans les pages web, offrant aux utilisateurs des expériences riches et immersives. L'inclusion d'exemples pratiques a servi de fondation pour comprendre les aspects techniques de l'intégration de médias, tout en mettant en lumière l'importance de l'accessibilité, de la performance et du design réactif pour garantir une expérience utilisateur parfaite sur tous les appareils.

Amélioration des Pages Web avec des Cartes et des Réseaux Sociaux

Le chapitre a progressé vers l'intégration de cartes interactives et de widgets de réseaux sociaux, démontrant la polyvalence des plateformes externes enrichissant le contenu web. À travers des étapes détaillées sur la manière d'intégrer Google Maps et les flux de réseaux sociaux, nous avons démontré comment ces éléments pouvaient fournir un contexte précieux, favoriser la communauté et améliorer l'engagement des utilisateurs.

Cette section a souligné l'importance d'une intégration réfléchie, s'assurant que le contenu intégré s'aligne avec le design et les objectifs généraux du site web, tout en maintenant la performance et la confidentialité de l'utilisateur.

Présentations Interactives de Produits

Notre voyage a culminé dans la création d'une page interactive de présentation de produits, combinant les concepts de multimédia et d'interactivité pour mettre en valeur les produits de manière dynamique et engageante. Ce projet a illustré l'application pratique de l'intégration multimédia, depuis la planification des mises en page jusqu'à l'amélioration des images avec l'interactivité et l'incorporation de vidéos et d'appels à l'action clairs.

L'exercice a mis l'accent sur l'équilibre entre l'attrait esthétique et la fonctionnalité, montrant comment les éléments interactifs peuvent transformer des présentations de produits en récits convaincants qui captivent et informent l'audience.

Conclusion

Le Chapitre 9 a mis en lumière le vaste potentiel de l'intégration de multimédia et d'éléments interactifs dans le développement web. Comme nous l'avons exploré, ces composants ne sont pas simplement décoratifs, mais des outils essentiels pour créer de la profondeur, de la dimension et de l'engagement dans les espaces numériques.

En appliquant les principes et techniques discutés, vous êtes maintenant équipé pour améliorer vos projets web avec du multimédia et de l'interactivité, donnant vie au contenu de manières qui résonnent avec les utilisateurs.

À mesure que vous poursuivez votre parcours dans le développement web, rappelez-vous que la clé d'une intégration réussie du multimédia réside dans son utilisation stratégique, en se concentrant sur l'expérience utilisateur, l'accessibilité et la réactivité. Saisissez les opportunités qu'offre le multimédia pour innover et enrichir votre présence en ligne, en vous efforçant toujours de créer des expériences plus immersives, informatives et interactives pour votre audience.

Quiz Partie III

Félicitations pour avoir terminé la Partie III de votre parcours vers HTML et CSS avancés ! Cette section vous a doté des compétences nécessaires pour améliorer vos projets de développement web avec des techniques de stylisation sophistiquées, des formulaires dynamiques et du contenu multimédia attrayant. Le questionnaire suivant est conçu pour tester votre compréhension de ces concepts et renforcer vos connaissances. Plongeons-nous et explorons ce que vous avez appris !

Question 1 : Sélecteurs CSS Avancés

Quel sélecteur CSS est utilisé pour styliser chaque élément **\<p>** qui est un enfant direct d'un **\<div>** ?

A) **div p**

B) **div > p**

C) **div + p**

D) **div ~ p**

Question 2 : Intégration de Contenu Vidéo

Quel élément HTML5 est utilisé pour intégrer une vidéo directement dans une page web ?

A) **\<video>**

B) **\<media>**

C) **\<embed>**

D) **\<iframe>**

Question 3 : Design Web Réactif

Quelle propriété CSS est essentielle pour créer des designs réactifs en utilisant des requêtes média ?

A) **@media**

B) **@responsive**

C) **@layout**

D) **@flex**

Question 4 : Types d'Entrée de Formulaire

Quel type d'entrée définit un curseur pour saisir un nombre dans une plage spécifiée ?

A) **number**

B) **range**

C) **slider**

D) **scroll**

Question 5 : Personnalisation de l'Apparence de la Carte

Pour intégrer une carte Google personnalisée dans une page web, qu'est-ce qui est nécessaire ?

A) Un lien direct vers Google Maps

B) Une clé API de la Console Google Cloud

C) Seulement du code JavaScript personnalisé

D) Un logiciel de cartographie spécialisé

Question 6 : Utilisation de Flexbox pour les Mises en Page

Quel est l'objectif de la propriété **align-items** dans une mise en page Flexbox ?

A) Contrôle l'alignement des éléments sur l'axe principal

B) Définit la direction des éléments flexibles

C) Contrôle l'alignement des éléments sur l'axe transversal

D) Spécifie la capacité d'un élément flexible à grandir

Question 7 : Accessibilité dans les Formulaires Web

Quel attribut est important pour lier un **<label>** avec son entrée de formulaire correspondante ?

A) **class**

B) **for**

C) **type**

D) **name**

Question 8 : Mise en Page CSS Grid

Quelle propriété CSS définit les colonnes dans une mise en page CSS Grid ?

A) **grid-template-rows**

B) **grid-template-columns**

C) **grid-column**

D) **grid-area**

Question 9 : Intégration de Contenu Audio

Pour offrir des formats audio alternatifs pour la compatibilité, quel élément est utilisé à l'intérieur de la balise **<audio>** ?

A) **<source>**

B) **<track>**

C) **<media>**

D) **<link>**

Question 10 : Optimisation des Performances pour les Médias Intégrés

Quel attribut peut être ajouté aux balises **<iframe>** pour améliorer les performances de chargement de la page ?

A) **async**

B) **defer**

C) **lazy**

D) **loading="lazy"**

Corrigé

1. B) **div > p**
2. A) **<video>**
3. A) **@media**
4. B) **range**
5. B) Une clé API de la Console Google Cloud
6. C) Contrôle l'alignement des éléments sur l'axe transversal
7. B) **for**
8. B) **grid-template-columns**
9. A) **<source>**

10. D) **loading="lazy"**

Réfléchissez à vos réponses et révisez tout sujet que vous avez trouvé difficile. Ce questionnaire ne sert pas seulement de mesure de vos connaissances, mais aussi comme une étape vers une compréhension plus approfondie et la maîtrise de techniques avancées de développement web. Continuez à explorer, pratiquer et repousser les limites de ce que vous pouvez créer avec HTML et CSS.

Partie IV : Projet Final et Au-Delà

Chapitre 10 : Planification et Conception de votre Projet Web

Bienvenue dans la Partie IV, l'aboutissement passionnant de notre voyage exhaustif dans le vaste monde du développement web. Cette section cruciale représente à la fois une fin et un nouveau départ, marquant le grand finale des thèmes fondamentaux qui ont été méticuleusement couverts dans ce livre, tout en servant de tremplin pour votre exploration continue et votre application pratique du développement web dans des projets réels.

Dans cette dernière partie culminante, notre objectif central sera de synthétiser toutes les connaissances et compétences précieuses que vous avez acquises tout au long de ce voyage pour planifier, concevoir et exécuter un projet web complet. L'objectif principal ici est de vous doter de la confiance et des compétences nécessaires pour créer des expériences web réfléchies, efficaces et engageantes qui laisseront une impression durable sur votre public.

Le Chapitre 10 sert de guide complet à travers les étapes initiales critiques de toute entreprise de développement web, c'est-à-dire la planification et la conception. Le processus de création d'un site web s'étend bien au-delà de la simple écriture de code ; il implique essentiellement la résolution de problèmes complexes, la communication de messages de manière efficace et l'engagement des utilisateurs de manière significative.

Ce chapitre vital vous présentera les principes cruciaux de la conception web qui forment le fondement solide de tous les projets web réussis, garantissant que votre travail soit non seulement techniquement solide, mais aussi visuellement attrayant et facile à utiliser. Alors que nous entamons ce chapitre éclairant, adoptons un état d'esprit orienté vers la planification stratégique et la pensée créative, nous plaçant sur la bonne voie pour créer des expériences web remarquables.

10.1 Comprendre les Principes de la Conception Web

Avant de plonger tête première dans le monde complexe du code, il est absolument crucial de comprendre fondamentalement les principes de base qui sous-tendent la conception web efficace. Ces principes agissent comme le fondement solide sur lequel tous les sites web réussis sont construits, guidant les innombrables décisions qui affectent non seulement l'utilisabilité du site, mais aussi son esthétique et l'expérience utilisateur globale.

Comprendre ces principes ne consiste pas seulement à savoir ce qui est beau. Il s'agit de comprendre ce qui fonctionne. Il s'agit de savoir comment créer une expérience utilisateur fluide et intuitive qui facilite aux visiteurs la recherche de l'information qu'ils recherchent, et leur facilite l'accomplissement des actions que vous souhaitez qu'ils entreprennent.

En comprenant parfaitement et en appliquant consciemment ces principes dans votre travail, vous pourrez créer des sites web qui ne soient pas seulement visuellement attrayants et engageants, mais aussi intuitifs et efficaces pour atteindre leurs objectifs prévus. En essence, vous pourrez produire des sites web qui ne soient pas seulement beaux, mais aussi performants, en termes de satisfaction utilisateur et d'objectifs commerciaux.

10.1.1 Équilibre

L'équilibre dans la conception se réfère à la distribution des éléments sur une page de telle manière qu'elle stabilise visuellement et harmonise la mise en page générale. Cet aspect crucial de la conception peut être réalisé par deux méthodes principales : la symétrie et l'asymétrie. Chacune de ces méthodes contribue au poids visuel et à la structure de la mise en page de différentes manières.

La symétrie procure une sensation de calme et d'ordre, qui est souvent agréable à l'œil. D'autre part, l'asymétrie peut être utilisée pour créer des mises en page dynamiques et excitantes qui attirent l'attention du spectateur. Quelle que soit la méthode choisie, l'objectif final est de s'assurer qu'aucune partie du site ne domine ou n'écrase les autres. Au contraire, chaque élément devrait contribuer à l'équilibre et à l'unité générale de la conception, créant un site web cohérent et visuellement attrayant.

10.1.2 Contraste

L'utilisation du contraste est un outil puissant dans la conception qui peut être utilisé pour mettre l'accent et attirer l'attention sur des éléments importants de votre site. Le contraste fonctionne en créant une différence distinctive, faisant en sorte que certains aspects de la conception se démarquent et captent l'attention de l'utilisateur.

Cela peut être réalisé de plusieurs manières, en utilisant des différences de couleur, de taille et de forme. Par exemple, l'utilisation de couleurs vives et éclatantes sur un fond terne peut faire ressortir certains éléments et capturer l'attention du spectateur. De même, rendre un élément plus grand que les autres peut le faire ressortir et paraître plus important.

Enfin, l'utilisation de formes uniques peut également attirer l'attention et ajouter de l'intérêt visuel. En utilisant le contraste stratégiquement, vous pouvez guider l'attention de l'utilisateur vers les aspects les plus importants de votre site.

10.1.3 Unité

L'unité dans un site web se réfère à l'intégration harmonieuse de tous ses divers composants, travaillant ensemble pour fournir une expérience utilisateur fluide et cohésive. Il s'agit de créer un environnement où chaque pièce, chaque élément, appartient et contribue à l'esthétique et à l'expérience fonctionnelle globale.

Cela implique l'application cohérente d'éléments de style tels que la typographie et les schémas de couleurs. Ces éléments doivent être soigneusement sélectionnés et appliqués de manière uniforme sur toutes les pages et éléments du site, créant une interface visuellement cohérente et agréable. En plus de la cohérence visuelle, l'unité implique également une structure logique et intuitive qui guide les utilisateurs à travers votre contenu.

Cela signifie organiser l'information de manière à ce qu'elle ait du sens pour les utilisateurs, leur facilitant la navigation et la recherche de l'information qu'ils recherchent. Il s'agit de s'assurer que chaque partie de votre site web s'écoule naturellement vers la suivante, construisant un récit que les utilisateurs peuvent facilement suivre, améliorant leur engagement et leur interaction avec votre site.

10.1.4 Emphase

L'emphase est un principe crucial de la conception qui implique d'attirer l'attention sur les éléments clés de votre conception. Elle garantit que l'information la plus importante ne se perde pas parmi la multitude de composants de conception.

En plaçant stratégiquement ces éléments pivots dans votre conception, vous pouvez guider l'attention du spectateur vers les aspects qui importent le plus. L'utilisation de techniques de conception comme le contraste peut améliorer encore davantage cet effet accrocheur. Le contraste aide à différencier et à mettre en évidence certaines parties de votre page, les faisant ressortir du reste de la conception.

De cette manière, vous créez non seulement une conception esthétiquement agréable, mais aussi fonctionnelle qui communique votre message de manière efficace.

10.1.5 Rythme et Répétition

Les concepts de rythme et de répétition peuvent créer une sensation de mouvement et de cohésion qui sont intégraux pour l'expérience utilisateur. La récurrence de certains éléments, comme les liens de navigation ou la conception des boutons, peut établir un rythme qui guide intuitivement l'œil de l'utilisateur le long de la page.

Ce rythme peut servir de feuille de route, dirigeant subtilement l'attention de l'utilisateur vers des zones clés d'intérêt. Cela améliore non seulement l'expérience utilisateur globale, mais garantit également que les points d'information essentiels soient facilement accessibles et remarquables.

L'uniformité générée par ces éléments répétés contribue de manière significative à l'attrait esthétique et à la fonctionnalité de la page, favorisant un sentiment de familiarité et de facilité d'utilisation.

10.1.6 Application de ces Principes : Un Exemple Simple

Considérez une mise en page de base pour une page d'accueil qui suit ces principes de conception.

Exemple :

```html
<header>
  <nav><!-- Navigation Links --></nav>
</header>
<main>
  <section id="hero"><!-- Hero Section --></section>
  <section id="features"><!-- Features Section --></section>
</main>
<footer>
  <!-- Footer Content -->
</footer>
body {
  font-family: Arial, sans-serif;
}

header, footer {
  background-color: #333;
  color: white;
  text-align: center;
  padding: 1rem 0;
}

#hero {
  background-color: #007bff;
  color: white;
  padding: 2rem;
  text-align: center;
}

#features {
  display: grid;
  grid-template-columns: repeat(3, 1fr);
  gap: 1rem;
  padding: 2rem;
}

/* Ensuring balance and emphasis */
section {
  padding: 2rem;
  margin-bottom: 1rem;
}

/* Contrast and unity in navigation links */
nav a {
  color: white;
  text-decoration: none;
```

```
   margin: 0 1rem;
}

nav a:hover {
   text-decoration: underline;
}
```

Comprendre et appliquer les principes de conception web est absolument crucial pour créer des sites web efficaces, attrayants et faciles à utiliser. Ces principes, qui incluent l'équilibre, le contraste, l'unité, l'emphase et le rythme, sont les blocs de construction fondamentaux qui nous guident dans la création d'un site web qui n'est pas seulement visuellement attrayant, mais aussi intuitif et satisfaisant pour ses utilisateurs.

L'équilibre se réfère à la distribution des éléments, créant une sensation de stabilité dans la conception. Le contraste, quant à lui, consiste à créer des différences entre les éléments pour mettre en évidence ou attirer l'attention sur certaines zones. L'unité vise à s'assurer que toutes les parties de la conception fonctionnent ensemble comme un tout cohésif, tandis que l'emphase implique de faire ressortir certains éléments pour diriger l'attention du spectateur. Enfin, le rythme consiste à créer des motifs de répétition et de variation pour procurer une sensation de mouvement.

Au fur et à mesure que vous progressez dans votre parcours de développement web, il est important de garder ces principes au premier plan pendant votre processus de conception. Ce ne sont pas simplement des directives, mais vos outils essentiels pour créer des expériences web significatives, percutantes et mémorables. En maîtrisant ces principes, vous pourrez créer des sites web qui résonnent avec votre audience et transmettent efficacement votre message prévu.

10.1.7 Évolutivité et Flexibilité

Lorsque vous vous lancez dans le processus de conception de votre projet web, vous devez toujours garder à l'esprit l'importance de son évolutivité et de sa flexibilité. Votre site web n'est pas une entité statique, mais une plateforme dynamique qui doit être capable de croître et d'évoluer parallèlement à vos besoins ainsi qu'aux besoins de votre audience. Cela garantit non seulement que votre site web reste pertinent, mais aussi qu'il continue de servir son objectif de manière efficace.

Qu'est-ce que cela signifie en termes pratiques ? Cela signifie que la structuration de votre HTML et CSS doit se faire de manière à permettre des mises à jour et des extensions faciles à l'avenir. Cela pourrait être quelque chose d'aussi simple que l'ajout de nouvelles sections à votre site web ou l'introduction de nouveau contenu.

Cependant, il est crucial que ces mises à jour ou extensions ne brisent pas la conception existante ni ne causent de complications inutiles. Cela nécessite non seulement une solide compréhension des principes de conception web, mais aussi de la prévoyance et une planification minutieuse.

En assurant l'évolutivité et la flexibilité de votre site web, vous préparez votre projet web au succès à long terme. C'est un investissement dans l'avenir de votre site web, garantissant qu'il puisse s'adapter aux temps changeants et continuer à satisfaire les besoins de votre audience.

10.1.8 Cohérence

Assurer la cohérence dans l'ensemble de votre site web est fondamental pour créer une expérience utilisateur cohérente et fluide, ce qui à son tour joue un rôle crucial dans le renforcement de l'identité de votre marque. Ce concept de cohérence est large, englobant un vaste éventail d'éléments au sein de la conception de votre site web.

Il inclut l'utilisation cohérente des schémas de couleurs, qui peuvent établir le ton et l'ambiance de votre site web, et la typographie, qui peut affecter considérablement la lisibilité et l'engagement de l'utilisateur. De plus, il s'étend également au comportement des éléments interactifs de votre site web. Ces éléments, lorsqu'ils sont conçus et mis en œuvre de manière cohérente, peuvent mener à une expérience plus intuitive et facile à utiliser.

Un outil puissant qui peut aider à maintenir ce niveau de cohérence est un guide de style. Un guide de style sert de référence complète pour toutes les décisions liées à la conception. Il peut détailler tout, de votre palette de couleurs et typographie choisie jusqu'à la conception et au comportement des éléments interactifs. Il agit comme un centre central de directives et de principes de conception, s'assurant que chaque page et chaque élément de votre site web sont en harmonie les uns avec les autres, renforçant ainsi l'identité de votre marque et améliorant l'expérience utilisateur globale.

10.1.9 Navigation et Flux Utilisateur

Une navigation claire, intuitive et facile à utiliser est un composant intégral d'une conception web réussie. Il est absolument essentiel que les utilisateurs puissent localiser sans effort l'information qu'ils recherchent sans rencontrer de frustration ou de défis indus.

Cela implique souvent de planifier méticuleusement l'architecture de votre site de manière réfléchie et stratégique, en gardant toujours à l'esprit le parcours de l'utilisateur. Considérez le flux de l'utilisateur d'une page à l'autre, en vous assurant que chaque transition soit fluide et logique.

Il est également important de s'assurer que votre menu de navigation soit non seulement accessible, mais aussi facile à comprendre et à utiliser. Cela peut être réalisé en employant une variété de techniques conviviales conçues pour améliorer l'utilisabilité et améliorer l'expérience utilisateur globale. Par exemple, les en-têtes collants peuvent être utilisés pour maintenir le menu de navigation principal visible en tout temps, même lorsque l'utilisateur fait défiler la page vers le bas.

De même, des fils d'Ariane peuvent être mis en place pour fournir aux utilisateurs un chemin clair depuis leur emplacement actuel jusqu'aux pages de niveau supérieur. Avec ces fonctionnalités en place, les utilisateurs trouveront beaucoup plus facile de naviguer sur votre site, ce qui mènera à une expérience de site web plus satisfaisante et agréable.

10.1.10 Conception Mobile d'Abord

Alors que nous continuons à assister à une augmentation sans précédent de l'utilisation des appareils mobiles dans la vie quotidienne, l'adoption d'une approche de conception mobile d'abord n'est plus une option mais une nécessité. Cette approche cruciale implique de concevoir d'abord pour le plus petit écran, typiquement les appareils mobiles, et d'augmenter progressivement la conception pour s'adapter aux écrans plus grands comme les tablettes et les ordinateurs de bureau. Cela garantit que votre contenu soit non seulement accessible, mais aussi lisible, fournissant une expérience utilisateur fluide sur tous les appareils, indépendamment de leur taille ou système d'exploitation.

Pour mettre en œuvre efficacement une stratégie mobile d'abord, l'utilisation de techniques de conception responsive est essentielle. Parmi ces techniques se trouvent les grilles flexibles, qui permettent à la conception de s'adapter à la taille et à l'orientation de l'écran, et les requêtes média, qui vous permettent d'appliquer différents styles pour différentes caractéristiques de l'appareil. Ces techniques, lorsqu'elles sont utilisées correctement, peuvent rendre un site web ou une application adaptable et facile à utiliser, indépendamment de la manière ou de l'endroit où il est consulté.

10.1.11 Optimisation des Performances

La conception web est une discipline multifacette qui s'étend au-delà de la simple esthétique. Les performances d'un site web sont tout aussi importantes et jouent un rôle fondamental dans la configuration de l'expérience utilisateur globale. Il est essentiel de comprendre que l'expérience utilisateur ne concerne pas seulement l'attrait visuel ou les interfaces faciles à utiliser ; il s'agit aussi de la rapidité et de la fluidité avec lesquelles les pages web se chargent et s'affichent.

Optimiser les images, minimiser le CSS et le JavaScript et exploiter la mise en cache du navigateur ne sont que quelques stratégies qui peuvent améliorer considérablement les temps de chargement de votre site web. L'optimisation des images implique de compresser les images sans compromettre leur qualité, ce qui leur permet de se charger plus rapidement et de consommer moins de données. La minimisation du CSS et du JavaScript, quant à elle, implique de réduire la taille de ces fichiers en éliminant les caractères et espaces blancs inutiles, ce qui réduit le temps qu'il faut à un navigateur pour les télécharger et les traiter.

Exploiter la mise en cache du navigateur est une autre stratégie efficace. Cela implique de stocker des parties de votre site web dans le navigateur de l'utilisateur afin qu'elles n'aient pas besoin d'être rechargées à chaque fois que l'utilisateur visite votre site web. Cela peut réduire drastiquement les temps de chargement et faire en sorte que votre site web se sente beaucoup plus réactif.

Souvenez-vous toujours qu'un site web à chargement rapide améliore non seulement la satisfaction de l'utilisateur, mais peut également contribuer à un meilleur positionnement dans les moteurs de recherche. Cela est dû au fait que les moteurs de recherche comme Google prennent en compte la vitesse du site web lors du classement des sites. Par conséquent, en garantissant que votre site web se charge rapidement, vous n'améliorez pas seulement l'expérience utilisateur, mais vous augmentez également vos chances de vous classer plus haut dans les résultats de recherche et d'attirer plus de trafic vers votre site.

10.1.12 Retour d'Information et Tests

Dans les étapes finales du processus de conception web, il y a deux étapes clés qui ne doivent pas être négligées, qui sont l'obtention de retours d'information et la réalisation de tests avec les utilisateurs. Ces étapes sont d'une importance capitale car elles vous offrent l'opportunité de recueillir des informations directement auprès d'utilisateurs réels. Comprendre comment ces utilisateurs interagissent avec votre site web, identifier les défis qu'ils rencontrent en naviguant dessus et obtenir des aperçus de leur expérience utilisateur globale peut fournir des informations inestimables qui peuvent être utilisées pour améliorer la fonctionnalité et l'utilisabilité de votre site web.

De plus, il est également bénéfique de réaliser des tests A/B sur différents éléments de conception au sein de votre site. Les tests A/B impliquent de créer deux versions différentes d'un élément particulier et de les montrer à différents segments de votre audience pour voir laquelle performe le mieux. Cela peut être une manière hautement efficace de déterminer les meilleures options de conception pour votre audience spécifique, car cela vous permet de comparer et de contraster l'efficacité de différents éléments de conception dans un environnement contrôlé.

En incorporant ces mesures dans votre processus de conception web, vous mettez essentiellement vos utilisateurs au premier plan de vos décisions de conception, ce qui peut conduire à une meilleure expérience utilisateur et, en fin de compte, à un site web plus réussi.

Les principes de la conception web sont la fondation sur laquelle sont construits des sites web attrayants et efficaces. En incorporant des considérations d'évolutivité, de cohérence, de navigation, de conception mobile d'abord, d'optimisation des performances et de retour d'information des utilisateurs dans vos projets, vous pouvez créer des expériences web qui ne sont pas seulement visuellement attrayantes, mais aussi fonctionnelles et faciles à utiliser.

10.2 Planification de votre projet : Portfolio en ligne et page d'atterrissage pour un produit numérique

Se lancer dans un projet web, qu'il soit personnel ou professionnel, nécessite une planification méticuleuse et réfléchie pour garantir que le résultat final soit non seulement efficace et attrayant, mais qu'il s'aligne également parfaitement avec les objectifs que vous avez établis pour vous-même ou votre organisation.

Établir une présence en ligne bien conçue, qu'il s'agisse d'un portfolio élaboré mettant en valeur votre meilleur travail ou d'une page d'atterrissage convaincante spécialement conçue pour promouvoir un nouveau produit numérique, nécessite un plan clair, complet et pratique qui serve de guide tout au long du projet.

Cette section est conçue pour vous guider, étape par étape, à travers les différentes phases de planification pour ces deux types de projets. Elle mettra en lumière les considérations clés que vous devez garder à l'esprit et les approches stratégiques que vous devez adopter pour vous préparer au succès dans votre parcours numérique.

Plongeons dans les aspects fondamentaux de la planification de projets web : objectif, audience et conception. En nous concentrant sur ces aspects, nous poserons les bases pour créer des projets web qui non seulement résonnent avec les utilisateurs et les engagent, mais atteignent également vos objectifs planifiés. En mettant l'accent sur ces aspects, vous garantirez que votre projet web se démarque et laisse une impression durable tout en remplissant son objectif prévu.

10.2.1 Portfolio en ligne

Un portfolio en ligne sert de vitrine personnelle, agissant comme un CV dynamique et interactif où vous pouvez présenter vos compétences uniques, vos projets ambitieux et vos expériences précieuses à de potentiels employeurs, clients éventuels ou futurs collaborateurs. C'est une compilation intégrale de votre vie professionnelle, encapsulant vos talents, réalisations et jalons dans une plateforme unique et accessible.

Ce dossier numérique forme la base de votre empreinte digitale dans le monde professionnel, établissant votre présence en ligne et votre marque personnelle. Par conséquent, une planification méticuleuse et une organisation réfléchie sont primordiales pour garantir son efficacité. Le contenu doit être soigneusement sélectionné et organisé stratégiquement pour mettre en valeur vos forces, démontrer vos capacités et transmettre votre trajectoire professionnelle.

Cela fait de votre portfolio en ligne non seulement une collection de travaux, mais un témoignage de votre croissance et de votre potentiel dans votre domaine choisi.

10.2.2 Définissez vos objectifs

Mettez en valeur vos compétences

Un élément essentiel pour créer un portfolio professionnel percutant et efficace est la sélection soigneuse et la présentation des compétences et projets que vous souhaitez mettre en avant. C'est votre opportunité en or de vous présenter sous votre meilleur jour et de montrer votre expertise, vos talents uniques et vos compétences spéciales qui vous distinguent des autres dans votre domaine.

Votre portfolio doit servir de miroir, reflétant avec précision vos forces et capacités professionnelles. C'est bien plus qu'une simple collection de vos travaux antérieurs. Il devrait raconter une histoire sur votre parcours professionnel, démontrant l'étendue et la profondeur de votre expérience, ainsi que votre capacité à vous adapter et à grandir face aux défis.

De plus, il devrait offrir aux potentiels employeurs ou clients une vision claire du type de travail que vous êtes non seulement capable de gérer, mais aussi du type de projets qui vous enthousiasment et que vous recherchez activement. Cela les aiderait à imaginer comment vous pourriez vous intégrer dans leur équipe ou projet, ce qui conduirait finalement à des collaborations réussies.

Public cible

La phase suivante de ce processus implique d'identifier le public spécifique que votre travail est destiné à captiver. Le public pourrait être varié, allant de potentiels employeurs qui pourraient vous considérer pour un poste au sein de leur organisation, à des clients potentiels qui pourraient être intéressés par vos services, ou même à vos collègues professionnels dans l'industrie qui pourraient souhaiter collaborer ou apprendre de votre travail.

Adapter le contenu de votre portfolio pour correspondre précisément aux besoins, goûts et attentes de votre public cible est une étape indispensable dans ce processus. Ce n'est pas une solution universelle ; chaque type de public a des critères et des normes différents selon lesquels ils jugeront votre travail.

En comprenant de manière claire et complète à qui vous essayez de plaire, vous pouvez affiner votre portfolio pour mieux résonner avec eux. Cet alignement stratégique entre votre travail et les attentes de votre public assurera que votre portfolio non seulement atteint sa cible, mais laisse également une impression percutante et durable.

En essence, plus vous mettez de réflexion et d'effort dans la compréhension et la satisfaction de votre public cible, plus votre portfolio sera efficace pour atteindre son résultat souhaité.

10.2.3 Organisation du contenu

À propos de moi

Cette section sert d'espace dédié où vous avez l'opportunité unique de vous présenter aux clients ou employeurs potentiels. C'est dans cet espace que vous pouvez vous plonger dans votre parcours personnel, en partageant des détails sur vos origines et les expériences qui vous ont façonné.

De plus, c'est la plateforme parfaite pour parler de votre trajectoire professionnelle jusqu'à présent, en élucidant les rôles que vous avez assumés, les compétences que vous avez acquises et les jalons que vous avez atteints. Plus important encore, vous pouvez mettre en lumière ce qui vous motive vraiment dans votre travail, que ce soit la recherche de nouveaux défis, la satisfaction de résoudre des problèmes complexes ou la joie de collaborer avec des équipes diverses.

Par conséquent, cette section joue un rôle fondamental dans la création d'une connexion personnelle avec votre public, leur permettant de voir non seulement ce que vous faites, mais qui vous êtes et ce que vous représentez.

Pièces de portfolio

Dans cette section, il est essentiel d'inclure une sélection de projets soigneusement choisis qui démontrent le mieux vos compétences et talents uniques. Chaque projet que vous incluez doit fournir une vision complète de vos capacités. Cela peut être réalisé en incorporant un mélange d'éléments visuels, tels que des images ou des travaux de design, qui mettent efficacement en valeur l'étendue de votre créativité.

Pour accompagner ces éléments visuels, un texte descriptif doit également être inclus pour expliquer le projet et votre rôle dans celui-ci. Cela fournit non seulement un contexte pour chaque projet, mais offre également une perspective claire sur les tâches dont vous avez été chargé et les responsabilités que vous avez gérées au cours de chaque entreprise.

En plus de ce qui précède, inclure des études de cas peut être un moyen efficace de fournir un aperçu plus profond de vos capacités de résolution de problèmes. C'est une opportunité de détailler les défis que vous avez rencontrés au cours d'un projet et les solutions que vous avez développées, démontrant ainsi comment vous abordez votre travail. Les études de cas peuvent servir de témoignage de votre pensée analytique et de votre ingéniosité, toutes deux des compétences inestimables dans n'importe quel domaine.

Informations de contact

En conclusion, il est de la plus haute importance de fournir un moyen pour que les visiteurs de votre site puissent vous contacter facilement. La raison peut être variée : ils pourraient avoir d'autres questions sur votre travail, ils pourraient rechercher des opportunités potentielles ou ils pourraient simplement vouloir se connecter et établir un réseau de contacts.

Par conséquent, cette section devrait idéalement inclure toutes les façons possibles par lesquelles ils peuvent vous contacter. Commencez par énumérer votre adresse e-mail professionnelle où ils peuvent envoyer une correspondance formelle. Ensuite, vous devriez envisager de fournir vos réseaux sociaux. Cela peut inclure LinkedIn pour les connexions professionnelles, Twitter pour les mises à jour rapides ou Instagram pour une vision plus personnelle et visuelle de votre travail.

Enfin, si vous avez les ressources et la capacité, inclure un formulaire de contact sur votre site pourrait rendre le processus encore plus fluide pour le visiteur. De cette façon, ils peuvent envoyer leur message directement sans avoir à basculer vers leur fournisseur de messagerie.

Structure HTML d'exemple

```
<header>
  <nav><!-- Navigation --></nav>
</header>
<main>
```

```
  <section id="about"><!-- About Me --></section>
  <section id="work"><!-- Portfolio Pieces --></section>
  <section id="contact"><!-- Contact Info --></section>
</main>
<footer>
  <!-- Social Links, Copyright -->
</footer>
```

10.2.4 Page d'atterrissage pour un produit numérique

Une page d'atterrissage pour un produit numérique agit comme le point de contact initial, la grande présentation que les utilisateurs potentiels ou acheteurs rencontrent en premier. Cette interaction initiale joue un rôle fondamental dans leur décision d'achat, servant de point de vente vital. Par conséquent, il est de la plus haute importance de communiquer de manière efficace et claire la valeur inhérente du produit au client potentiel.

Cette communication peut être réalisée à travers une variété de méthodes, qui incluent une démonstration complète de ses caractéristiques, une explication détaillée de ses avantages et un aperçu clair des solutions qu'il apporte aux problèmes potentiels.

La page d'atterrissage ne consiste pas simplement à attirer l'attention ; son objectif principal devrait être d'inciter à une action spécifique de la part du visiteur. Cette action pourrait varier de l'effectuation d'un achat, de l'inscription à une newsletter, du téléchargement d'un essai gratuit du produit, ou de toute autre étape qui pousse l'utilisateur vers devenir un client fidèle.

En essence, votre page d'atterrissage sert de discours de vente. C'est votre opportunité en or pour articuler de manière convaincante aux utilisateurs potentiels ou acheteurs les raisons pour lesquelles ils ont besoin de votre produit numérique. Plus important encore, c'est l'endroit pour démontrer comment votre produit peut ajouter une valeur significative à leurs vies personnelles ou opérations commerciales, en faisant ainsi un outil indispensable pour eux.

10.2.5 Définissez vos objectifs

Proposition de valeur claire

Il est absolument crucial d'articuler de manière non équivoque et claire les multiples avantages de votre produit lors de sa promotion auprès des clients potentiels. Simplement énumérer ses attributs ou caractéristiques ne suffira pas dans le marché compétitif d'aujourd'hui ; vous devez aller plus loin.

Vous devez expliquer explicitement à vos clients potentiels comment votre produit peut résoudre leurs problèmes spécifiques, satisfaire leurs besoins uniques ou les aider à atteindre leurs objectifs individuels. Cette méthode de communication ciblée aidera vos clients à voir la valeur de votre produit et à comprendre comment il s'intègre dans leurs vies. De plus, il est tout aussi important de mettre en évidence ce qui distingue votre produit du reste.

Vous devriez vous efforcer de distinguer votre produit de ceux offerts par la concurrence en soulignant ses caractéristiques uniques ou aspects supérieurs. Cela pourrait être n'importe quoi, d'une meilleure fonctionnalité, d'une qualité supérieure, d'un prix plus abordable, ou même simplement d'un design unique. Ce faisant, vous ne créez pas seulement un argument convaincant pour votre produit, mais vous établissez également une position solide sur le marché.

Objectifs de conversion

Chaque détail de votre conception et contenu doit être méticuleusement élaboré et stratégiquement orienté pour pousser les utilisateurs vers vos objectifs de conversion prédéterminés. Ces objectifs pourraient englober une large gamme de résultats souhaités, de la génération de ventes, de l'accumulation d'inscriptions, jusqu'à la promotion de téléchargements.

Votre appel à l'action, une caractéristique fondamentale de votre stratégie, doit être très visible, attrayant et facile à localiser sur votre plateforme. Il devrait générer une impulsion convaincante chez les utilisateurs pour procéder, tout en étant simple et facile à utiliser.

De plus, le contenu que vous fournissez ne doit pas seulement être attrayant et captivant pour maintenir l'intérêt de vos utilisateurs, mais il doit également être persuasif et convaincant pour les motiver à prendre l'action souhaitée. Il devrait être capable d'éveiller leur curiosité, de stimuler leur intérêt et, en fin de compte, de les guider vers l'accomplissement de l'action que vous souhaitez qu'ils prennent.

10.2.6 Organisation du contenu

Section principale (Hero)

Commencez avec un en-tête puissant et visuellement percutant qui éveille immédiatement l'intérêt de ceux qui visitent votre page. Cet en-tête doit incorporer un appel à l'action (CTA) clair, spécifiquement conçu pour inspirer un engagement immédiat de la part des clients potentiels. Pour améliorer encore davantage l'efficacité de votre en-tête, envisagez d'intégrer des images audacieuses et accrocheuses qui se démarquent et capturent l'attention.

Vous pourriez également utiliser des slogans inspirants et motivants qui communiquent de manière succincte mais efficace la valeur unique et les avantages qu'offre votre produit ou service. Ce faisant, vous créez une première impression convaincante qui peut augmenter significativement les taux de conversion.

Caractéristiques et avantages

Dans cette section, nous cherchons à mettre en évidence les caractéristiques uniques de votre produit ou service et à détailler comment ces caractéristiques bénéficient directement à vos utilisateurs. Il est important de se rappeler que ce n'est pas une simple énumération de caractéristiques ; il s'agit plutôt d'une opportunité d'approfondir ce que représente chacune d'elles.

Chaque caractéristique doit être liée à un problème spécifique qu'elle résout ou à une manière dont elle améliore l'expérience utilisateur. Cela fournit un contexte et montre aux utilisateurs potentiels non seulement ce que fait votre produit, mais aussi pourquoi c'est important. Cela les aide à comprendre la valeur que votre produit ou service apporte, facilitant ainsi leur compréhension de pourquoi ils devraient choisir votre solution plutôt que d'autres.

Témoignages

Incorporer des témoignages ou avis de clients dans votre stratégie commerciale est une méthode incroyablement puissante pour construire une base solide de confiance et de crédibilité avec vos clients potentiels. En fournissant des exemples de clients réels qui sont satisfaits de votre produit ou service, vous démontrez efficacement les avantages tangibles que votre produit ou service peut apporter.

Ces témoignages servent de preuve de la valeur et de l'efficacité de vos offres, et peuvent influencer énormément la décision de clients potentiels qui envisagent de faire affaire avec vous. Ils apportent une touche personnelle et un sens d'authenticité qui peut souvent faire pencher la balance en votre faveur lorsqu'un client potentiel prend une décision d'achat. Par conséquent, il est clair que les témoignages et avis de clients jouent un rôle fondamental dans la formation de la perception de votre marque et de ses offres.

CTA (Appel à l'action)

Votre message doit se conclure par un appel à l'action convaincant et sans équivoque. Cette directive sert de guide pour vos utilisateurs, les orientant vers ce qu'ils doivent faire une fois qu'ils ont terminé de lire votre contenu.

Cela pourrait prendre la forme d'une invitation à acheter votre produit, d'une invitation à s'abonner à une newsletter ou d'un encouragement à planifier une consultation. Quelle que soit la nature de votre appel à l'action, il doit être conçu pour les inspirer à franchir l'étape suivante de manière décisive.

Faites en sorte qu'il soit aussi simple que possible pour qu'ils comprennent ce que vous aimeriez qu'ils fassent ensuite, en vous assurant qu'ils puissent facilement répondre à votre appel à l'action et continuer à interagir avec votre produit, service ou contenu.

Structure HTML d'exemple

```html
<header>
  <div class="hero"><!-- Hero Section with CTA --></div>
</header>
<main>
  <section id="features"><!-- Features and Benefits --></section>
  <section id="testimonials"><!-- Testimonials --></section>
  <section id="cta"><!-- Secondary CTA --></section>
</main>
<footer>
  <!-- Contact Info, Legal Links -->
</footer>
```

10.2.7 Considérations de conception

La conception occupe une position intégrale dans les deux types de projets, agissant comme la force directrice derrière des expériences utilisateur efficaces et attrayantes :

- **Conception responsive** : Il est essentiel de s'assurer que votre site web soit exceptionnel et fonctionne parfaitement sur tous types d'appareils, qu'il s'agisse d'ordinateurs de bureau, d'ordinateurs portables, de tablettes ou de smartphones. Une conception responsive offrira non seulement une expérience visuellement attrayante, mais facilitera également la navigation pour les utilisateurs, quel que soit l'appareil qu'ils utilisent.

- **Hiérarchie visuelle** : Utiliser des éléments de conception pour guider les utilisateurs à travers votre contenu de manière efficace est un aspect vital de la conception. Cela implique de structurer votre contenu de manière à attirer l'attention des utilisateurs vers les informations les plus importantes en premier. Des éléments tels que la taille, la couleur et la disposition peuvent être utilisés pour établir une hiérarchie visuelle claire, rendant votre contenu plus accessible et facile à utiliser.

- **Image de marque** : Des éléments de marque cohérents sont essentiels pour renforcer l'identité de votre projet numérique. Cela inclut l'utilisation de palettes de couleurs cohérentes, de polices et de logos qui s'alignent avec l'identité de votre marque. Cette cohérence rendra votre projet plus reconnaissable pour les utilisateurs et peut améliorer significativement l'expérience utilisateur globale.

L'étape de planification de votre projet web est une première étape absolument critique, une phase initiale qui influence directement chaque aspect ultérieur du développement, de la conception et de la mise en œuvre. C'est durant cette étape que vous établissez les fondations de votre projet, définissant la direction et les objectifs vers lesquels vous vous efforcerez.

Si vous créez un portfolio en ligne, par exemple, votre objectif principal devrait être de présenter vos compétences, talents et projets passés de manière complète et convaincante. Vous devriez viser à attirer votre public cible, en sélectionnant votre contenu et en le présentant d'une manière qui résonne avec lui. Cela pourrait impliquer de mettre en avant certains projets, d'accentuer des compétences spécifiques ou de structurer votre portfolio d'une manière qui guide les visiteurs à travers votre parcours professionnel.

D'un autre côté, si vous développez une page de destination pour un produit numérique, votre approche serait différente. Ici, l'accent devrait être mis sur la mise en valeur des avantages et caractéristiques uniques du produit, en les présentant de manière claire et convaincante. Votre objectif devrait être de guider les utilisateurs vers les objectifs de conversion, qu'il s'agisse d'effectuer un achat, de s'inscrire à un abonnement ou simplement d'en savoir plus sur le produit.

En suivant ces directives de planification et en adaptant soigneusement votre approche aux besoins et objectifs spécifiques de votre projet, vous posez les bases d'une présence web réussie et percutante. Cet investissement précoce dans la planification portera ses fruits à long terme, contribuant à garantir le succès de votre projet et à maximiser son impact.

10.2.8 Stratégie de SEO et de contenu

Dans les deux types de projets, qu'il s'agisse d'un portfolio ou d'une page de destination, il est de la plus haute importance d'établir une solide stratégie de SEO et de contenu dès le départ. Voici deux éléments fondamentaux :

Recherche de mots-clés

La première et plus importante étape dans toute stratégie réussie d'optimisation pour les moteurs de recherche devrait être d'identifier méticuleusement ces mots-clés spécifiques qu'il est le plus probable que votre public cible utilise lors d'une recherche en ligne. Cette étape cruciale implique de comprendre profondément le langage qu'ils utilisent couramment, ainsi que de comprendre leurs besoins et exigences spécifiques.

Une fois que ces mots-clés pertinents ont été identifiés avec précision, la phase suivante implique leur incorporation stratégique et naturelle dans divers composants du contenu de votre site web. Cela inclut non seulement le corps du contenu, mais aussi les titres, les descriptions meta et même les balises alt des images.

Ce faisant, vous améliorez significativement la visibilité de votre site web dans les résultats des moteurs de recherche. Plus important encore, cette pratique garantit que vous attirez les bons visiteurs, ceux qui sont véritablement intéressés par ce que vous avez à offrir, sur votre page web. Cela, à son tour, peut augmenter considérablement vos chances de conversions et, en fin de compte, de ventes plus élevées.

Quelques outils pour la recherche de mots-clés sont les suivants :

- Google Keyword Planner (gratuit)
- Semrush
- Ubersuggest
- MOZ

Contenu de qualité

Le deuxième pilier d'une stratégie de SEO réussie, vital dans le paysage du marketing numérique, repose sur la création et la publication de contenu original et de haute qualité. Ce contenu ne doit pas simplement exister par lui-même, mais doit fournir une valeur tangible et significative à votre public, allant au-delà des limites de la simple divulgation d'informations.

Supposons que vous créez un portfolio. Dans ce cas, cette stratégie pourrait impliquer de fournir des descriptions détaillées et complètes de chacun de vos projets, incluant des aperçus de votre processus créatif, votre inspiration, les défis que vous avez rencontrés et comment vous les avez surmontés. Ce niveau de détail peut donner à votre public une compréhension plus profonde et intime de votre travail, de vos capacités et de votre croissance en tant que professionnel ou artiste.

D'un autre côté, si votre tâche implique de créer des pages de destination convaincantes, l'accent de vos efforts devrait pivoter vers la création de copies claires, persuasives et attrayantes qui mettent efficacement en valeur les points de vente uniques et les avantages de votre produit ou service.

Utiliser cette stratégie peut convaincre les clients potentiels de la valeur incomparable que vous pouvez fournir, les encourageant ainsi à prendre l'action souhaitée, qu'il s'agisse d'effectuer un achat, de s'inscrire à une newsletter ou de toute autre forme d'engagement.

10.2.9 Engagement utilisateur et analytique

Outils d'engagement

Lorsqu'on cherche à améliorer significativement l'engagement des utilisateurs, il vaut absolument la peine de considérer l'intégration complète de certains outils stratégiques. Ces outils, lorsqu'ils sont appliqués correctement, peuvent enrichir drastiquement l'expérience utilisateur et l'interaction avec votre marque ou produit.

Par exemple, on pourrait envisager de mettre en œuvre des technologies innovantes comme les chatbots. Ces assistants alimentés par l'intelligence artificielle peuvent être programmés pour gérer les demandes immédiates des clients ou visiteurs du site, fournissant un service client en temps réel de manière efficace. Ce mécanisme de réponse immédiate aide non seulement à résoudre les problèmes rapidement, mais assure également que l'utilisateur se sente valorisé et écouté, améliorant son engagement général avec la marque.

De manière similaire, l'utilisation de widgets de preuve sociale peut être incroyablement bénéfique. Ceux-ci peuvent être placés stratégiquement sur votre site ou plateforme pour afficher de puissants témoignages d'utilisateurs ou des logos reconnaissables de clients. La présence de ces témoignages et endorsements peut fournir une preuve tangible de la crédibilité et de la qualité de votre marque.

En présentant les expériences d'utilisateurs satisfaits ou en exposant les logos de clients réputés, vous pouvez inculquer un profond sentiment de confiance dans votre marque parmi les clients potentiels. Cette confiance, associée à un engagement utilisateur accru, peut conduire à une amélioration substantielle des taux de conversion.

L'intégration soigneuse de chatbots pour le service client en temps réel et de widgets de preuve sociale pour montrer des endorsements peut améliorer drastiquement l'engagement des utilisateurs. Cela peut finalement conduire à de meilleurs taux de conversion, ouvrant la voie à une plus grande acquisition de clients et à une croissance des revenus.

Analytique

Dès le tout début de votre site web, il est de la plus haute importance de mettre en œuvre des outils d'analytique web, comme Google Analytics. Ces outils hautement efficaces sont dotés de la capacité de suivre et de surveiller méticuleusement une large gamme de comportements d'utilisateurs, les diverses sources de trafic et les taux de conversion.

En observant régulièrement ces métriques clés, vous pouvez recueillir une grande quantité d'informations précieuses. Ces insights, à leur tour, sont instrumentaux pour guider les futures optimisations de votre site web et façonner vos stratégies marketing. Ils fournissent une compréhension claire de ce qui fonctionne et de ce qui ne fonctionne pas, vous permettant de prendre des décisions bien informées et de mettre en œuvre des changements qui peuvent améliorer significativement la performance de votre site.

Ce processus d'amélioration et d'optimisation continue peut vous aider à créer un site web plus convivial, un aspect essentiel pour maintenir et augmenter l'engagement des utilisateurs. De plus, les insights de votre analytique peuvent vous aider à mieux comprendre votre public, vous permettant d'adapter votre contenu et vos efforts marketing pour attirer un trafic plus ciblé et de haute qualité.

À long terme, cela n'améliorera pas seulement l'expérience utilisateur, mais contribuera également à atteindre vos objectifs commerciaux, car attirer un trafic plus ciblé conduit souvent à des conversions augmentées et, par conséquent, à des revenus plus élevés.

10.2.10 Considérations de Sécurité

La sécurité est un aspect critique qui ne doit jamais être négligé dans aucun projet web. C'est la pierre angulaire qui garantit que vos utilisateurs se sentent en sécurité et confiants lors de l'utilisation de votre site :

- **Certificat SSL** : L'une des premières étapes pour sécuriser votre site web est de garantir qu'il soit servi via HTTPS en obtenant un certificat SSL. Un certificat SSL sert à chiffrer les données qui sont transmises entre votre site et ses visiteurs. C'est une étape cruciale pour protéger les informations sensibles telles que les identifiants d'utilisateur, les numéros de cartes de crédit ou les données personnelles. Assurer une connexion sécurisée aide non seulement à protéger les données de vos utilisateurs, mais génère également la confiance, en montrant à vos visiteurs que leur sécurité est une priorité pour votre site.

- **Mises à jour Régulières** : Si votre site web est construit sur un système de gestion de contenu (CMS) ou utilise des extensions tierces, il est essentiel de les maintenir à jour régulièrement. Les mises à jour incluent souvent des correctifs pour des vulnérabilités connues qui pourraient être exploitées par des parties malveillantes. En garantissant que votre CMS et les extensions soient à jour, vous prenez des mesures proactives pour protéger votre site contre d'éventuelles menaces de sécurité.

10.2.11 Accessibilité

Concevoir avec l'accessibilité au premier plan de vos considérations est crucial pour créer un site web qui puisse être utilisé efficacement par le plus grand public possible. Cela inclut non seulement ceux sans aucun type de handicap, mais aussi ceux avec des handicaps. Il y a plusieurs domaines clés sur lesquels se concentrer pour atteindre cet objectif :

- **HTML Sémantique** : Utiliser des balises HTML sémantiques est une étape essentielle pour rendre votre site web accessible. Ces balises fournissent signification et structure à votre contenu. Cela est bénéfique pour tous les utilisateurs, mais est particulièrement utile pour les technologies d'assistance comme les lecteurs d'écran. En structurant correctement votre HTML, vous pouvez rendre votre site web beaucoup plus navigable pour ceux qui utilisent ces technologies.

- **Contraste et Taille de Police** : Un autre aspect crucial de la conception accessible est de s'assurer que votre texte soit facilement lisible. Cela peut être accompli en utilisant suffisamment de contraste entre votre texte et son arrière-plan. Un contraste élevé peut prévenir la fatigue et faciliter la lecture, en particulier pour ceux ayant des déficiences visuelles. De plus, fournir des options pour modifier la taille de la police peut être immensément utile. Cela permet aux utilisateurs ayant des difficultés visuelles d'ajuster la taille du texte à leur confort, améliorant encore davantage l'accessibilité de votre site web.

10.2.12 Optimisation des Performances

Avoir un site web qui se charge rapidement est crucial dans le monde numérique actuel au rythme rapide. Un site web qui se charge rapidement offre non seulement une meilleure expérience utilisateur, mais contribue également positivement à l'optimisation pour les moteurs de recherche (SEO). Il existe plusieurs façons d'y parvenir :

Optimiser les Images

L'un des facteurs significatifs qui peuvent ralentir considérablement un site web est la taille des images utilisées. Les images grandes et haute résolution peuvent prendre un temps considérable à se charger, impactant négativement l'expérience utilisateur et les performances du site. Par conséquent, il est d'une importance vitale d'utiliser des outils qui peuvent comprimer ces images sans perdre leur qualité visuelle.

Ces outils fonctionnent en réduisant la taille du fichier des images, un processus connu sous le nom d'optimisation d'images. L'optimisation d'images peut améliorer significativement le temps de chargement d'une page web, en faisant une méthode simple mais hautement efficace pour améliorer la vitesse et les performances de votre site web.

En se concentrant sur l'optimisation d'images, vous pouvez assurer une expérience utilisateur plus fluide et efficace, ce qui peut en fin de compte conduire à une rétention accrue des visiteurs et des taux de conversion plus élevés.

Des outils comme Photoshop peuvent vous aider à redimensionner et réduire le poids des photos. Si vous ne pouvez pas utiliser Photoshop, il existe de nombreux outils en ligne utiles disponibles sur Google qui peuvent effectuer cette tâche avec facilité.

Minimiser les Requêtes HTTP

L'un des aspects clés qui requiert une attention particulière est la réduction du nombre de ressources qui doivent être chargées chaque fois qu'un individu visite votre site web. Chaque fois qu'un visiteur arrive sur votre page, une requête est envoyée à votre serveur pour charger divers éléments qui constituent votre site web. Cela peut inclure une variété de fichiers tels que des images, des fichiers CSS et JavaScript. Plus ces éléments sont nombreux, plus votre site web risque de se charger lentement, causant un retard dans l'expérience utilisateur.

Une stratégie efficace pour combattre cela est de fusionner différents fichiers. Par exemple, si vous avez plusieurs fichiers CSS ou JavaScript, vous pouvez les combiner en fichiers individuels. Cela réduira significativement le nombre de requêtes HTTP effectuées à votre serveur lors du chargement de la page.

Une autre stratégie est d'utiliser des sprites CSS. Les sprites CSS sont essentiellement une collection d'images combinées en une seule. Cela signifie qu'au lieu de charger plusieurs images, une seule doit être chargée, réduisant ainsi le nombre de requêtes HTTP.

Enfin, vous pouvez minimiser l'utilisation de scripts. Les scripts, en particulier ceux qui bloquent JavaScript et CSS, peuvent affecter sérieusement la vitesse de chargement de votre site web. En réduisant leur utilisation, vous pouvez aider à améliorer la vitesse à laquelle se charge votre site web.

En mettant en œuvre ces stratégies, vous pouvez réduire significativement le nombre de requêtes HTTP effectuées à votre serveur chaque fois que votre site web est visité. Cela, à son tour, résulte en une meilleure vitesse de chargement du site web, améliorant ainsi l'expérience utilisateur globale.

10.2.13 Boucles de Rétroaction

- **Tests Utilisateurs** : Il est fondamental de mener des tests utilisateurs approfondis pour recueillir des commentaires précieux sur l'utilisabilité et l'attrait de votre site. Cela peut être accompli à travers une variété de méthodes, comme recruter des bêta-testeurs qui peuvent fournir des commentaires précoces, réaliser des enquêtes d'utilisateurs pour obtenir des informations sur l'expérience utilisateur ou utiliser des outils de test d'utilisabilité qui peuvent fournir des données objectives. Cette étape est cruciale pour comprendre comment les utilisateurs réels interagissent avec votre site et quelles améliorations peuvent être apportées.

- **Itérer en Fonction de la Rétroaction** : Une fois que vous avez recueilli cette rétroaction, il est important d'effectuer des ajustements éclairés dans votre conception, contenu et fonctionnalité. Cela ne signifie pas simplement faire des changements basés sur une rétroaction négative, mais aussi renforcer les domaines qui reçoivent une rétroaction positive. Rappelez-vous, l'objectif est l'amélioration continue ; il s'agit de créer une présence web qui résonne véritablement avec votre public et satisfait ses besoins. Réviser et mettre à jour régulièrement votre site en fonction de la rétroaction des utilisateurs garantit que votre site reste pertinent, attrayant et facile à utiliser.

Planifier votre projet web est un processus complexe et multifacette qui va au-delà des aspects de conception et de développement. En incorporant des considérations pour l'Optimisation pour les Moteurs de Recherche (SEO), la participation des utilisateurs, les mesures de sécurité, les normes d'accessibilité et les performances générales du site web dès le départ, vous ne préparez pas seulement votre projet, mais vous le configurez pour le succès à long terme.

L'étape de planification n'est pas seulement une étape préliminaire, mais plutôt votre opportunité en or d'établir une base solide et durable pour votre projet web. Cette étape vous permet de vous assurer que chaque élément, chaque fonctionnalité et chaque élément de contenu s'alignent parfaitement avec vos objectifs généraux et satisfont les besoins de votre public cible.

Il est de la plus haute importance de maintenir ces considérations au premier plan à mesure que vous progressez à travers les différentes étapes de votre projet. Acceptez la nature itérative de la conception et du développement web. Ce processus permet des améliorations et des raffinements continus, permettant à votre projet web d'évoluer et de s'améliorer avec le temps, en faisant un effort continu plutôt qu'une tâche ponctuelle.

10.3 Création de Croquis et Prototypes

Entamer le voyage de la création de croquis et prototypes marque un moment critique dans le processus de conception web. C'est dans cette phase que votre planification réfléchie et vos idées innovantes commencent à prendre une forme tangible et visuelle. Cette étape particulière du processus est instrumentale et inestimable, servant de pont qui transforme des concepts abstraits en modèles interactifs et expérientiels.

Avec l'utilisation des croquis et prototypes, on nous offre l'opportunité d'explorer une myriade d'options de conception, de nous plonger dans l'analyse des flux utilisateurs et de tester une variété de modèles d'interaction, tout cela avant qu'une seule ligne de code ne soit écrite. Cela nous permet de prendre des décisions et ajustements éclairés qui économiseront temps et ressources à long terme.

À mesure que nous nous enfonçons davantage dans le monde complexe et intriqué de la création de croquis et prototypes, abordons cette étape avec un état d'esprit qui embrasse l'expérimentation et l'innovation. Maintenons notre attention fermement sur l'expérience utilisateur, en nous assurant que chaque décision prise s'aligne avec cette considération centrale.

La fondation que nous établirons ici guidera le développement subséquent d'un site web qui ne soit pas seulement visuellement attrayant, mais aussi intuitif et efficace. Nous ne créons pas simplement un site qui a belle apparence ; nous élaborons une expérience interactive qui satisfait les besoins de l'utilisateur et dépasse ses attentes. Par conséquent, pendant que nous naviguons dans cette étape cruciale, rappelons-nous l'importance de la planification minutieuse, de la conception réfléchie et de la disposition à expérimenter.

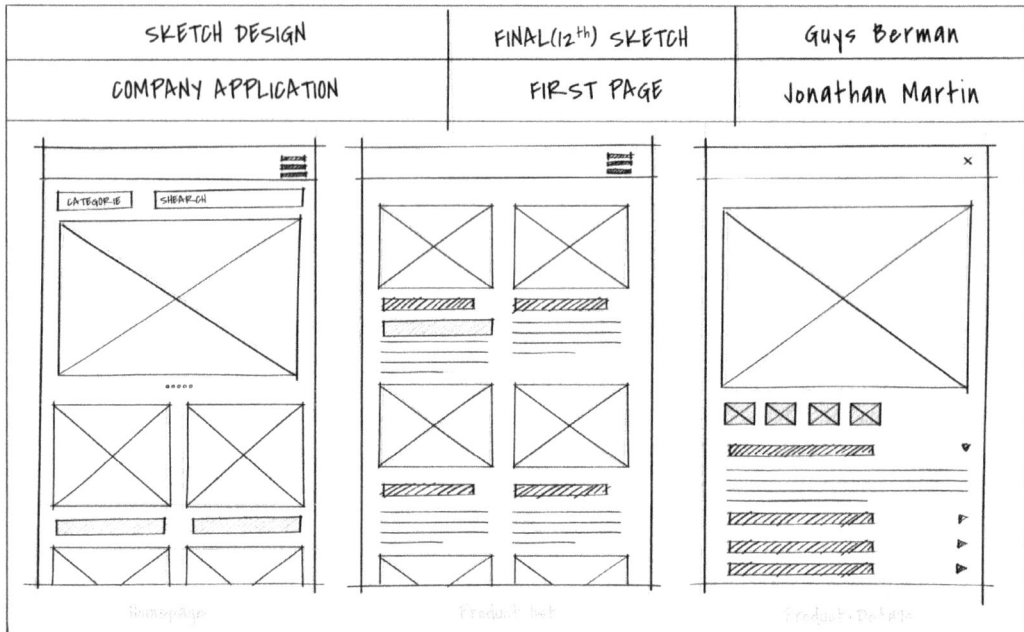

SKETCH DESIGN	FINAL(12th) SKETCH	Guys Berman
COMPANY APPLICATION	FIRST PAGE	Jonathan Martin

10.3.1 Le Rôle des Maquettes

La création de maquettes est une pratique essentielle qui consiste à esquisser la structure fondamentale de vos pages web, ce qui sert de plan d'ensemble pour votre projet de développement web. Ce processus stratégique se concentre principalement sur la cartographie minutieuse de la disposition générale de votre site, incluant l'emplacement stratégique d'éléments critiques tels que les en-têtes, les menus de navigation, les sections de contenu et les appels à l'action (CTA).

L'objectif principal ici est de se concentrer sur la fonctionnalité et l'utilisabilité du site, sans s'enliser dans les détails de conception comme les palettes de couleurs, la typographie ou les images. À cette étape, l'accent est mis sur l'architecture du site plutôt que sur son attrait esthétique.

Lorsqu'il s'agit de créer des maquettes, vous disposez d'une large gamme d'outils à votre disposition. Vous pourriez opter pour quelque chose d'aussi simple qu'un stylo et du papier, ce qui permet des révisions rapides et procure une sensation tangible et pratique. Alternativement, vous pourriez exploiter des outils logiciels spécialisés conçus spécifiquement à cette fin.

Parmi les options logicielles les plus populaires figurent Adobe XD, Sketch et Balsamiq. Ces outils numériques offrent une variété de fonctions et de fonctionnalités, vous permettant de créer des maquettes hautement détaillées et interactives, vous fournissant ainsi une représentation plus précise du produit final. Le choix de l'outil approprié dépend largement de vos besoins spécifiques et de la complexité du projet en question.

10.3.2 Éléments d'Exemple pour une Maquette d'un Portfolio en Ligne :

- **Section d'En-tête** : Cette section doit contenir le logo de votre entreprise ou personnel, accompagné d'un ensemble de liens de navigation soigneusement organisés. Ces liens doivent fournir un accès facile aux autres sections importantes du site web. L'en-tête est la première chose que verront les visiteurs, il doit donc être visuellement attrayant et intuitif à naviguer.

- **Section Héros** : C'est votre opportunité de faire une première impression percutante. Elle devrait afficher de manière proéminente votre nom et votre profession. Envisagez également d'inclure une brève introduction ou un slogan qui résume votre mission ou les services que vous offrez. Elle devrait être suffisamment convaincante pour encourager les visiteurs à explorer davantage.

- **Galerie de Portfolio** : Cette section devrait présenter vos projets, œuvres d'art ou tout travail pertinent dans une disposition visuellement attrayante sous forme de grille ou de liste. C'est une occasion de montrer votre éventail de compétences et d'expériences. Chaque projet peut inclure une brève description et peut-être un lien vers une étude de cas plus détaillée.

- **Section À Propos de Moi** : Cette section devrait contenir une photo professionnelle de vous, une courte biographie qui raconte votre histoire et une liste de vos compétences ou services. C'est votre opportunité d'ajouter une touche personnelle et de créer un lien de confiance avec vos visiteurs.

- **Formulaire de Contact** : Enfin, votre site web devrait inclure un formulaire de contact simple et accessible pour que les visiteurs puissent vous contacter, poser des questions ou initier des projets. Ce formulaire peut inclure des champs pour leur nom, courriel, sujet et message. C'est un composant crucial pour convertir les visites en clients potentiels ou collaborations.

10.3.3 Exemple d'Éléments de Maquette pour une Page de Destination de Produit :

En-tête

Dans cette section, il est crucial de présenter une proposition de valeur claire et convaincante qui articule de manière concise les avantages distinctifs que votre produit ou service peut offrir aux clients potentiels. Cette déclaration ne doit pas seulement être précise, mais elle doit aussi différencier votre offre de celle des concurrents sur le marché, en mettant en évidence la valeur unique que vous seul pouvez offrir.

De plus, cette section doit inclure un puissant Appel à l'Action (CTA) qui encourage les visiteurs à s'engager plus profondément avec votre marque. Cela pourrait prendre la forme d'une inscription à une newsletter, d'une demande de démonstration ou simplement d'en apprendre davantage sur vos offres de produits ou services. L'objectif du CTA est de guider les visiteurs de votre site web dans leur parcours depuis la simple prise de conscience jusqu'à l'engagement actif et, ultimement, à la conversion.

Section des Caractéristiques

Dans cette section, il est d'une grande importance de fournir une description détaillée des avantages que le produit apporte à ses utilisateurs. Assurez-vous d'utiliser des aides visuelles attrayantes, telles que des icônes ou des images, pour créer une présentation visuellement stimulante et facilement compréhensible des avantages du produit.

Chaque caractéristique du produit doit être clairement définie avec ses avantages expliqués. Cela présentera une image claire à l'utilisateur potentiel de la façon dont le produit peut améliorer son expérience ou résoudre ses problèmes. Cette approche rend non seulement le produit plus attrayant pour les utilisateurs potentiels, mais elle fournit également une compréhension claire de sa fonctionnalité et de sa pertinence pour leurs besoins.

Témoignages ou Avis d'Utilisateurs

L'intégration de témoignages ou d'avis d'utilisateurs sur votre site web ou dans vos supports promotionnels peut avoir un impact substantiel sur l'établissement de la confiance avec les clients potentiels. Ces témoignages agissent comme une preuve vérifiable de la valeur de votre produit ou service, et aident à convaincre de nouveaux clients de votre crédibilité.

Il est important que ces témoignages ou avis soient authentiques, reflétant des expériences légitimes d'utilisateurs précédents. Ces avis authentiques peuvent mettre en évidence les expériences positives que les utilisateurs précédents ont eues avec votre produit ou service. Cela aide non seulement à établir la confiance, mais aussi à bâtir une solide réputation pour votre entreprise.

L'inclusion de tels témoignages et avis d'utilisateurs peut offrir un avantage sur un marché concurrentiel en renforçant la valeur perçue et la fiabilité de votre produit ou service.

Plans Tarifaires

Dans cette section, nous devons créer un tableau comparatif complet qui délimite clairement les différents plans tarifaires que nous offrons. Le tableau doit être conçu de manière à être facilement compréhensible pour les clients potentiels. Ils doivent pouvoir saisir le coût de chaque plan d'un coup d'œil. De plus, le tableau doit également énumérer explicitement les caractéristiques incluses avec chaque plan tarifaire.

De cette façon, les clients peuvent facilement identifier quel plan correspond le mieux à leurs besoins et préférences sans aucune confusion. Il est crucial de rendre l'information aussi claire et simple que possible pour faciliter le processus de prise de décision des clients.

Foire aux Questions (FAQ)

Il est vital d'anticiper et d'aborder les questions et préoccupations courantes que les clients potentiels pourraient avoir concernant votre produit ou service. Le faire de manière efficace signifie comprendre la mentalité de votre marché cible, ses besoins et les obstacles potentiels qu'ils pourraient rencontrer en considérant votre produit ou service.

Cela pourrait englober depuis les caractéristiques du produit, la tarification ou comment votre solution se compare à celle des concurrents. En abordant ces points de manière proactive, vous pouvez aider à atténuer tout doute ou préoccupation qu'un client potentiel pourrait avoir.

Cette stratégie augmente non seulement la transparence et la fiabilité de votre entreprise, mais elle rationalise également le processus de prise de décision pour les clients potentiels, facilitant beaucoup plus le choix de votre produit ou service.

10.3.4 L'Importance du Prototypage

Le prototypage est une phase cruciale dans le processus de conception de sites web, qui fait progresser le concept de maquette en intégrant des éléments d'interactivité dans les conceptions statiques. Cette étape consiste essentiellement à simuler l'expérience utilisateur, fournissant une plateforme pratique pour tester les flux de navigation, les interactions utilisateur et l'ambiance et l'atmosphère générales du site web.

Le prototypage permet aux concepteurs de prévoir et de résoudre tout problème potentiel que les utilisateurs pourraient rencontrer, rationalisant ainsi l'expérience utilisateur et assurant que le site web final soit aussi attrayant et facile à utiliser que possible. Il permet à l'équipe d'expérimenter avec différentes solutions de conception et de choisir la plus optimale, fournissant une représentation tactile et visuelle du site web avant qu'il ne soit entièrement développé.

Il existe plusieurs outils sophistiqués disponibles pour les concepteurs à cette étape, incluant, mais sans s'y limiter, Adobe XD, Figma et InVision. Ces applications logicielles permettent aux concepteurs de créer des prototypes de haute fidélité qui ressemblent étroitement au produit final.

Ils offrent des caractéristiques telles que des éléments cliquables qui imitent les interactions web réelles, donnant effectivement un aperçu de la fonctionnalité et de la conception finale du site web. En utilisant ces outils, les concepteurs peuvent créer un modèle interactif du site web qui peut être testé et amélioré jusqu'à ce que la conception réponde à toutes les exigences et objectifs du projet.

10.3.5 Avantages de l'Esquisse et du Prototypage

Clarifier la Vision

Ils remplissent une fonction indispensable en concrétisant vos pensées et idées dans un format tangible. En présentant une représentation solide et tangible de votre projet imaginé, ils garantissent que chaque membre de l'équipe, partie prenante et toute personne impliquée dans le projet obtienne une compréhension détaillée et cristalline de la direction que le projet est destiné à prendre.

Ce niveau de clarté aide non seulement à faciliter une meilleure communication, mais aide également à éliminer toute confusion ou malentendu qui pourrait survenir au cours du projet. En s'assurant que tout le monde est sur la même longueur d'onde, il favorise une vision et une compréhension unifiées entre toutes les parties impliquées, ce qui est crucial pour l'exécution fluide de tout projet.

Conception Centrée sur l'Utilisateur

Dans le monde de la conception, il est incroyablement bénéfique d'incorporer des tests précoces d'esquisses et de prototypes avec de vrais utilisateurs dans le processus de conception. Cette pratique, souvent négligée, est une étape critique qui peut s'avérer extrêmement avantageuse. La raison est qu'elle permet aux problèmes potentiels d'utilisabilité de se révéler à un stade précoce.

Il pourrait s'agir de problèmes petits et apparemment insignifiants, ou de problèmes plus grands et complexes. Quelle que soit la taille ou la complexité, identifier ces problèmes dès le départ permet d'effectuer des ajustements avant que le processus de développement complet ne commence, économisant ainsi du temps et des ressources.

En plus de découvrir des problèmes potentiels, les tests précoces fournissent également des informations précieuses sur les besoins, les préférences et les comportements des utilisateurs finaux. Ces informations, souvent nuancées et spécifiques, peuvent être utilisées pour adapter la conception de manière à mieux répondre à ces besoins. Cela conduit à une conception plus centrée sur l'utilisateur, ce qui se traduit finalement par un produit plus réussi.

Par conséquent, non seulement les tests précoces économisent du temps et des ressources dans le processus de développement, mais ils conduisent également à un produit final plus en phase avec ce dont l'utilisateur a besoin et désire. Il est donc clair qu'incorporer des tests précoces d'esquisses et de prototypes dans le processus de conception est une pratique incroyablement bénéfique qui devrait être adoptée plus largement.

Développement Efficace

Le processus de création d'un plan détaillé, qui inclut des esquisses et des prototypes, est une étape cruciale dans le processus de développement. Cette phase préparatoire réduit considérablement la probabilité de devoir faire des changements ou des révisions importantes plus tard pendant l'étape de développement réelle.

Il s'agit d'une approche stratégique qui peut économiser un temps, des ressources et des efforts considérables. Éviter les réajustements coûteux et chronophages peut avoir un impact substantiel tant sur le calendrier que sur le budget du projet, faisant de cela une étape essentielle dans le cycle de vie du développement. De plus, ces esquisses et prototypes servent de guide visuel clair pour les développeurs.

Cela aide non seulement les développeurs à avoir une compréhension plus claire et plus approfondie de ce qui doit réellement être construit, mais permet également un processus de développement plus efficace, efficient et performant. Cela peut conduire à une exécution plus précise de la vision et des objectifs du projet, et finalement, à un meilleur produit final.

10.3.6 Commencer avec l'Esquisse et le Prototypage

1. **Choisissez vos Outils** : Avant de commencer le processus de conception, il est crucial de choisir les bons outils. Ce choix dépend de vos besoins spécifiques et du niveau de détail dont vous avez besoin. Faites une sélection qui complète votre flux de travail, incluant des outils tant pour l'esquisse que pour le prototypage. Le bon ensemble d'outils vous permettra de créer des conceptions de manière efficiente et efficace.

2. **Esquissez vos Idées** : Une fois que vous avez vos outils prêts, commencez le processus de conception avec des esquisses de basse fidélité. Ce sont des ébauches basiques de vos conceptions et éléments et servent de fondation à votre conception. À ce stade, ne vous inquiétez pas de tout faire parfaitement. L'accent devrait être davantage mis sur l'obtention de la structure correcte et vous assurer que le flux de l'utilisateur est intuitif et simple. Rappelez-vous, ces esquisses initiales ne sont que des brouillons que vous perfectionnerez avec le temps.

3. **Ajoutez des Détails et de l'Interactivité** : À ce stade, il est temps de commencer à étoffer vos esquisses initiales en prototypes de plus haute fidélité et de plus grand détail. Cela implique d'incorporer des conceptions plus précises qui représentent avec exactitude l'apparence finale de votre produit, ainsi que d'ajouter des éléments interactifs qui simulent l'expérience de l'utilisateur. Ce processus peut être graduel, permettant des ajustements et des améliorations en cours de route basés sur les retours et les nouvelles idées qui peuvent surgir.

4. **Testez et Itérez** : Une fois que vous avez un prototype fonctionnel, il est crucial de le tester avec de vrais utilisateurs. Effectuer des tests utilisateur peut fournir des informations inestimables sur la façon dont votre produit est réellement utilisé et perçu, révélant des problèmes potentiels ou des domaines d'amélioration. Préparez-vous à recueillir des commentaires de ces tests et à effectuer des ajustements dans votre conception selon les besoins. Rappelez-vous, le processus de conception est itératif, et chaque cycle de retour d'information et d'ajustement est clé pour affiner votre conception et garantir la meilleure expérience utilisateur possible.

L'esquisse et le prototypage ne sont pas seulement des étapes importantes, mais ce sont des étapes indispensables dans le processus de conception web. Ils servent de plan et de fondation, fournissant une base visuelle et interactive essentielle sur laquelle ériger la structure de votre projet. Ces étapes ne sont pas seulement destinées à créer une représentation visuelle statique de votre site web. Elles sont conçues pour explorer, tester et affiner comment votre site web fonctionnera dans un environnement réel.

L'objectif de l'esquisse et du prototypage est de garantir que le produit final non seulement réponde à vos objectifs initiaux, mais aborde également les besoins et les attentes de vos utilisateurs finaux. C'est un processus itératif, où les idées sont testées, les retours sont recueillis et des améliorations sont apportées. Ce processus ne doit pas être vu comme un obstacle, mais plutôt comme une exploration créative : un voyage où chaque étape vous rapproche de votre objectif final.

10.3.7 Techniques Avancées d'Esquisse

L'esquisse ne consiste pas simplement à tracer des contours basiques d'un site web ou d'une application. Bien que les fondamentaux de l'esquisse établissent la base de votre conception, l'application de techniques avancées peut améliorer considérablement la profondeur et la fonctionnalité de vos esquisses :

Intégration du Flux Utilisateur

Une technique qui s'avère particulièrement utile dans la conception d'expérience utilisateur (UX) est l'incorporation de diagrammes de flux utilisateur directement dans vos esquisses. Cette intégration vous permet de visualiser, de manière claire et tangible, les chemins que les utilisateurs prendront probablement en naviguant sur votre site ou application.

En cartographiant ces chemins, vous vous mettez essentiellement à la place de l'utilisateur, obtenant une compréhension plus profonde de son parcours à travers votre interface. Cette vue holistique peut offrir des insights significatifs, mettant en évidence des problèmes potentiels d'utilisabilité qui peuvent entraver une navigation douce et fluide, comme des mises en page confuses ou des instructions peu claires.

De plus, l'intégration de diagrammes de flux utilisateur dans les esquisses peut révéler des opportunités précieuses pour optimiser l'expérience utilisateur. En identifiant et en abordant les zones de friction, vous pouvez garantir que le parcours de l'utilisateur à travers votre application ou site ne soit pas seulement efficace, mais aussi intuitif et agréable.

Cette méthode vise à améliorer l'expérience utilisateur dans son ensemble, la rendant aussi facile et agréable que possible pour l'utilisateur final, augmentant ainsi la satisfaction de l'utilisateur et la probabilité de visites récurrentes.

Esquisses Responsives

Dans l'ère numérique en rapide évolution d'aujourd'hui, où les utilisateurs accèdent au contenu via une large gamme d'appareils, il est devenu de la plus haute importance de planifier pour diverses tailles d'écran dès le départ. À mesure que la technologie continue d'évoluer, les utilisateurs ne sont plus limités à un seul appareil ou taille d'écran, et il est crucial de s'adapter à cette diversité dans votre processus de conception.

Une stratégie efficace pour garantir que votre conception s'adresse à tous les utilisateurs potentiels est de créer des esquisses spécifiques pour les vues mobiles, tablettes et bureau dès le début de votre processus de conception. Cette approche implique d'anticiper les différentes façons dont votre contenu pourrait être accédé et de concevoir en conséquence.

En adoptant cette approche proactive, vous pouvez vous assurer que votre conception reste fonctionnelle et visuellement attrayante sur tous les appareils. Quelle que soit la taille de l'écran, du plus petit téléphone mobile au plus grand moniteur de bureau, votre conception maintiendra son intégrité et continuera à fournir une excellente expérience utilisateur.

De plus, cette approche proactive aide à prévenir les problèmes potentiels de conception qui peuvent survenir lors de la mise à l'échelle de votre conception pour l'adapter à différentes dimensions d'écran. Il s'agit d'anticiper ces problèmes potentiels et de planifier pour eux à l'avance, ce qui permet d'optimiser le processus de conception et d'éviter des révisions inutiles plus tard.

10.3.8 Prototypage des Interactions et Animations

Dans le monde numérique actuel, les sites web contemporains présentent fréquemment des interactions complexes et des animations immersives. La phase de prototypage pour ces éléments dynamiques peut représenter un défi considérable, mais c'est une étape essentielle qui aide à comprendre l'impact potentiel qu'ils peuvent avoir sur l'expérience utilisateur globale :

- **Micro-interactions** : Utilisez votre outil de prototypage pour simuler avec précision les micro-interactions, qui peuvent aller des effets de survol sur les boutons aux animations de chargement. Ces détails apparemment mineurs, lorsqu'ils sont exécutés correctement et de manière réfléchie, peuvent amplifier considérablement l'expérience utilisateur, ajoutant un niveau de finition et d'attention au détail qui ne passe pas inaperçu.

- **Transitions et Animations** : Il est important de prototyper les transitions et animations potentielles sur les pages, en vous assurant qu'elles semblent fluides, sans interruption et naturelles pour l'utilisateur. Gardez toujours la performance au premier plan dans vos décisions de conception, car les animations excessives ou mal implémentées peuvent nuire à l'expérience utilisateur, particulièrement sur les appareils ayant une puissance de traitement moindre.

10.3.9 Outils et Ressources

Bien que des outils comme Adobe XD, Sketch et Figma soient connus pour l'esquisse et le prototypage, il vaut la peine d'explorer d'autres ressources qui pourraient mieux correspondre à vos besoins ou préférences spécifiques. Voici quelques alternatives pour votre considération :

InVision

Cet outil en particulier s'est distingué sur le marché en raison de ses puissantes capacités de prototypage. Connu sous le nom d'InVision, il fournit une plateforme qui vous permet de créer des maquettes complexes et interactives avec un niveau de simplicité peu commun dans d'autres outils similaires. Son interface conviviale et ses fonctionnalités uniques rendent le processus non seulement facile, mais également agréable.

Il s'avère être un excellent choix pour ceux qui recherchent un moyen fiable et efficace de visualiser à quoi ressemblera et fonctionnera leur produit final. En utilisant InVision, vous pouvez cartographier et planifier votre projet de manière efficace, garantissant un résultat de meilleure qualité et un flux de travail plus efficace.

Marvel

Si vous recherchez un outil hautement efficace permettant un prototypage rapide, Marvel pourrait être la solution que vous cherchez. Marvel a été conçu avec l'intention spécifique de faciliter le développement rapide et efficace de prototypes. Cela en fait un outil exceptionnellement utile pour les designers cherchant à optimiser leur flux de travail.

Avec Marvel, les designers peuvent consacrer considérablement moins de temps aux aspects techniques de leur travail, comme le codage ou la programmation. Au lieu de cela, ils peuvent rediriger leur énergie vers le processus créatif, où leurs compétences brillent vraiment.

En simplifiant les aspects techniques de la conception, Marvel permet aux designers de se concentrer sur ce qu'ils font de mieux : créer des designs innovants, beaux et faciles à utiliser.

Axure RP

Lorsqu'il s'agit de projets plus complexes nécessitant des interactions détaillées, des simulations sophistiquées de flux utilisateur et un haut niveau de précision, Axure RP se distingue comme un choix exceptionnel. Sa conception se concentre sur la capacité à gérer la complexité sans compromettre la facilité d'utilisation, ce qui le rend incroyablement convivial.

Cet équilibre unique est ce qui le distingue, en faisant un outil idéal particulièrement pour les projets où un haut niveau de détail est fondamental. Avec Axure RP, vous disposez d'un outil qui gère la complexité tout en maintenant une expérience utilisateur fluide, assurant que vos projets détaillés ne restent pas seulement des concepts, mais se matérialisent avec précision et clarté.

10.3.10 Prototypage et Wireframing Collaboratif

Collaboration d'Équipe : Dans le domaine en constante évolution du prototypage, une variété d'outils ont été développés méticuleusement avec des fonctionnalités conçues spécifiquement pour améliorer et favoriser la collaboration d'équipe. Il est incroyablement bénéfique de tirer pleinement parti de ces fonctionnalités pour partager votre travail avec des collègues de manière fluide et efficace.

Partager votre travail de cette manière crée un environnement de communication ouverte et de transparence, permettant une perspective plus large et complète de votre travail. Il ne s'agit pas seulement de partager pour partager, mais cela offre la précieuse opportunité de recueillir des commentaires constructifs depuis une variété de points de vue.

À leur tour, ces commentaires, qui proviennent des diverses expériences et connaissances des membres de l'équipe, peuvent être utilisés stratégiquement pour itérer et affiner vos conceptions de manière collective. Ce processus collaboratif assure que le produit final soit le résultat d'une pensée diverse et d'efforts collaboratifs.

C'est la sagesse collective et les divers points de vue de l'équipe qui contribuent à la création d'une conception plus robuste et conviviale. C'est à travers ce processus de partage, de rétroaction et d'itération que naissent des designs véritablement innovants et centrés sur l'utilisateur. C'est une partie intégrante du processus de conception qui ne doit pas être négligée.

Participation de l'Utilisateur : Selon les circonstances données et si la situation le permet, il est fortement recommandé d'incorporer les perspectives des utilisateurs potentiels dans les étapes de wireframing et de prototypage de votre produit. Ce processus de participation n'est pas seulement bénéfique, mais peut être considéré comme crucial dans le processus de conception et de développement.

Leur interaction avec le produit, ainsi que les commentaires qu'ils fournissent, peuvent servir de ressource extrêmement précieuse pour identifier tout problème ou inconvénient dont vous, en tant que designer, pourriez ne pas être immédiatement conscient ou avoir négligé.

Non seulement ils peuvent signaler des domaines d'amélioration, mais ils pourraient également mettre en lumière de nouvelles opportunités ou idées innovantes auxquelles vous n'aviez peut-être pas pensé initialement. Ce pourraient être des éléments qui pourraient améliorer davantage ou ajouter de la valeur au produit, le rendant plus facile à utiliser ou plus attrayant pour votre public cible.

Leur perspective unique, basée sur leurs besoins individuels et leur expérience de première main avec le produit, peut améliorer considérablement l'expérience utilisateur globale. Elle peut fournir une compréhension plus complète des besoins et attentes des utilisateurs, qui peuvent ensuite être abordés dans la conception finale. Cela améliore non seulement la qualité du produit, mais augmente également ses chances de succès sur le marché.

10.3.11 Apprentissage et Adaptation Continus

Le paysage numérique est en constante évolution, et ce changement perpétuel s'étend aux outils et techniques utilisés pour le wireframing et le prototypage. Il est crucial pour toute personne impliquée dans le processus de conception de se tenir au courant des dernières avancées en matière de logiciels de conception.

Cela inclut la compréhension des fonctionnalités les plus récentes et de la manière dont elles peuvent être utilisées pour améliorer votre travail. Il est tout aussi important de suivre les dernières tendances en matière d'expérience utilisateur, en apprenant des approches innovantes et en les appliquant à vos projets. Les meilleures pratiques de l'industrie sont également dans un état de flux, s'adaptant à de nouvelles connaissances et avancées technologiques.

En maintenant vos connaissances à jour, vous vous assurez de toujours livrer les meilleures conceptions possibles. Expérimenter régulièrement avec de nouveaux outils et techniques ne consiste pas seulement à rester pertinent. C'est une façon de repousser les limites du possible, ce qui mène à des conceptions plus innovantes et efficaces. Cela vous permet de remettre en question les hypothèses, de tester de nouvelles idées et, en fin de compte, de créer de meilleures expériences pour les utilisateurs.

Le wireframing et le prototypage sont des étapes dynamiques dans le processus de conception web qui combinent la créativité avec la stratégie. En adoptant des techniques avancées, en se concentrant sur l'interaction utilisateur et en exploitant les bons outils, vous pouvez développer des prototypes qui représentent avec précision votre vision et satisfont les besoins de l'utilisateur.

Rappelez-vous, ces premières étapes de conception concernent l'exploration et l'itération, n'ayez pas peur de réviser votre travail en vous basant sur les commentaires et les nouvelles connaissances. Continuez à repousser les limites de ce que vous pouvez accomplir avec vos wireframes et prototypes, et profitez du voyage consistant à donner vie à vos projets web.

10.4 Exercices : Planifier et Créer un Wireframe pour un Site Web de Projet Personnel

Créer un site web de projet personnel, qu'il s'agisse d'un portfolio en ligne ou d'une page de destination pour un produit numérique, est une entreprise passionnante. C'est l'occasion d'exprimer votre créativité, de mettre en valeur vos compétences ou de faire ressortir votre produit.

Cet exercice vous guidera à travers la planification et la création de wireframe de votre projet, en se concentrant sur la structuration de votre contenu et la conception d'une expérience utilisateur intuitive. Lancez-vous dans ce voyage créatif avec enthousiasme et une vision claire, dans le but d'établir une base solide pour votre site web qui communique efficacement votre message et engage votre public.

Exercice 1 : Planifiez votre Site Web

Choisissez votre Approche

- **Portfolio en Ligne** : Destiné à présenter vos compétences et projets.
- **Page de Destination pour un Produit Numérique** : Axé sur la promotion d'un seul produit ou service.

Définissez vos Objectifs

- Esquissez l'objectif principal de votre site web (par exemple, décrocher des offres d'emploi, vendre un produit).

- Identifiez le public cible et adaptez votre contenu à ses besoins et attentes.

Structurez votre Contenu

- Créez une liste des sections clés que votre site web comprendra. Pour un portfolio en ligne, envisagez des sections telles que « À Propos de Moi », « Portfolio », « Témoignages » et « Contact ». Pour une page de destination, pensez à « Section Principale », « Fonctionnalités », « Avantages », « Témoignages » et « Appel à l'Action ».

Exercice 2 : Créez votre Wireframe

Maintenant, traduisons votre plan en un wireframe visuel. Rappelez-vous, les wireframes concernent la structure et la disposition, pas les détails de conception.

Outils que vous Pouvez Utiliser

- Stylo et papier pour les esquisses initiales.

- Outils numériques comme Adobe XD, Figma ou Balsamiq pour des wireframes plus raffinés.

Étapes pour le Wireframing

1. **Dessinez la Mise en Page** : Commencez par des croquis approximatifs pour explorer différentes dispositions. Concentrez-vous sur l'emplacement des éléments clés tels que les menus de navigation, les sections de contenu et les appels à l'action.

2. **Affinez votre Wireframe** : Choisissez votre meilleure disposition et recréez-la en utilisant votre outil numérique choisi. Ici, vous définirez la structure de manière plus claire, en assurant un flux logique et une utilisabilité.

Exemple de Wireframe pour un Portfolio en Ligne

- En-tête avec des liens de navigation vers chaque section.

- Section principale avec votre nom, profession et une brève introduction ou devise.

- Section portfolio présentant vos projets dans une grille.

- Section À propos de moi avec une brève biographie et compétences professionnelles.

- Section de contact avec un formulaire de contact simple et des liens vers les réseaux sociaux.

Exemple de Wireframe pour une Page de Destination

- En-tête avec une proposition de valeur mise en évidence et un CTA principal (par exemple, « Acheter Maintenant », « S'Inscrire »).

- Section Fonctionnalités mettant en avant les caractéristiques clés de votre produit.

- Section Avantages expliquant comment votre produit résout des problèmes ou améliore la vie de l'utilisateur.

- Section Témoignages avec des avis de clients.

- CTA secondaire, renforçant l'action principale que vous souhaitez que les utilisateurs réalisent.

Exercice 3 : Révision et Itération

- **Auto-évaluation** : Prenez du recul et examinez votre wireframe. La conception s'enchaîne-t-elle logiquement ? L'objectif principal est-il clair ?

- **Collecte de Commentaires** : Si possible, partagez votre wireframe avec des collègues ou des utilisateurs potentiels. Recueillez leurs avis sur l'utilisabilité et la clarté.

Exercice 4 : Documentez vos Décisions

Créez un bref document décrivant vos décisions de conception :

- Résumez les objectifs et le public cible de votre site web.

- Décrivez la logique derrière la conception et la structure de votre wireframe.

- Notez tout retour d'information reçu et comment il a influencé votre wireframe final.

Conclusion

Cet exercice de planification et de création de wireframe est une étape cruciale vers la construction d'un site web de projet personnel réussi. En considérant soigneusement vos objectifs, votre public et votre contenu, et en les traduisant en un wireframe structuré, vous établissez les fondations d'un site web convaincant et facile à utiliser. Rappelez-vous, le processus de création de wireframe est itératif, n'hésitez pas à affiner vos conceptions au fur et à mesure que vous recevez des commentaires et acquérez de nouvelles perspectives. Embrassez ce processus créatif et laissez-le vous guider vers un site web qui reflète véritablement vos objectifs et engage votre public.

Résumé du Chapitre 10

Dans le Chapitre 10, nous avons entrepris un voyage fondamental à travers les étapes initiales de création d'un projet web, en nous concentrant sur l'importance de la planification méticuleuse et de la conception stratégique. Ce chapitre a servi de guide complet pour établir les fondations d'une entreprise de développement web, qu'il s'agisse de créer un portfolio en ligne attrayant ou de construire une page de destination efficace pour un produit numérique. En soulignant l'importance de comprendre les principes de la conception web, de planifier votre projet, de créer des wireframes et des prototypes, notre objectif était de vous équiper d'une approche globale pour la création de projets web : une approche qui allie la forme à la fonction, la vision à l'exécution. Réfléchissons aux idées clés et aux méthodologies explorées dans ce chapitre.

Compréhension des Principes de la Conception Web

Nous avons commencé par explorer les principes fondamentaux de la conception web, qui servent de base pour créer des sites web visuellement attrayants et faciles à utiliser. Des principes tels que l'équilibre, le contraste, l'unité, l'emphase et le rythme nous guident dans la prise de décisions de conception qui améliorent l'expérience utilisateur et garantissent que les sites web non seulement captent l'attention, mais communiquent également efficacement leur message. Ces principes nous rappellent qu'une bonne conception ne concerne pas la décoration, mais plutôt la création d'expériences significatives et engageantes qui résonnent avec les utilisateurs.

Planification de votre Projet

Le succès de tout projet web est considérablement influencé par la phase de planification. Nous avons exploré l'importance d'établir des objectifs clairs, de comprendre votre public cible et d'esquisser méticuleusement votre stratégie de contenu. Tant pour les portfolios en ligne que pour les pages de destination, nous avons souligné la nécessité d'un plan de projet qui s'aligne sur vos objectifs et parle directement à votre public visé. En établissant un plan solide, vous pavez la voie vers un projet qui non seulement répond aux attentes, mais les dépasse.

Wireframing et Prototypage

Le wireframing et le prototypage sont apparus comme des étapes critiques dans le processus de conception web, nous permettant de traduire nos plans et principes en conceptions tangibles. Grâce au wireframing, nous créons des plans qui esquissent la structure et la disposition de nos pages web, en nous concentrant sur l'utilisabilité et le flux utilisateur sans nous laisser distraire par les détails esthétiques. Le prototypage va plus loin en ajoutant de l'interactivité, ce qui nous permet de simuler l'expérience utilisateur et de tester la fonctionnalité de nos conceptions. Ces étapes sont fondamentales pour affiner nos concepts, identifier les problèmes potentiels et itérer sur nos conceptions avant de passer au développement.

Exercices pour l'Application Pratique

Tout au long du chapitre, nous avons fourni des exercices pour appliquer les concepts discutés, depuis la planification d'un projet jusqu'à la création de wireframes et de prototypes détaillés. Ces exercices encouragent la pratique concrète, vous permettant d'explorer différentes conceptions, d'expérimenter avec les flux utilisateurs et, en fin de compte, de créer une base pour votre projet web qui soit à la fois stratégique et créative.

Conclusion

Le Chapitre 10 vous a doté des connaissances et des outils nécessaires pour aborder la planification et la conception de votre projet web avec confiance et clarté. En embrassant les principes de la conception web, en participant à une planification minutieuse et en exploitant le wireframing et le prototypage, vous êtes bien équipé pour créer des sites web qui non seulement sont impressionnants visuellement, mais offrent également une expérience utilisateur fluide et engageante. À mesure que vous progressez dans la concrétisation de votre projet web, rappelez-vous que ces étapes initiales sont cruciales pour établir la direction et le ton de votre travail. Continuez à itérer, recherchez des commentaires et laissez vos idées créatives et stratégiques vous guider vers la création d'expériences web significatives et percutantes.

Chapitre 11 : Construire votre projet

Bienvenue au Chapitre 11, une étape essentielle dans votre parcours de développement web. Nous passons des phases préparatoires de planification et de conception à l'acte tangible et pratique de construire votre projet web. Ce chapitre marque une phase significative dans votre parcours, car nous transformons vos idées soigneusement conceptualisées en un site web interactif en ligne qui peut être exploré et expérimenté par des utilisateurs du monde entier.

Que vous travailliez sur un portfolio en ligne qui présente magnifiquement vos compétences et talents uniques, ou sur une page de destination convaincante et persuasive conçue pour commercialiser efficacement un produit numérique, notre objectif principal dans ce chapitre est d'appliquer la grande quantité de connaissances que vous avez accumulées tout au long de ce cours. Notre but est de vous permettre de développer une présence web fonctionnelle, visuellement attrayante et facile à utiliser qui communique efficacement votre message prévu.

Alors que nous nous lançons dans ce chapitre pratique passionnant, il est important de se rappeler que le processus de construction d'un site web est à la fois un art et une science. Il nécessite un équilibre délicat entre créativité et précision, une compréhension approfondie de diverses technologies web et la capacité de s'adapter aux tendances en constante évolution du monde numérique. Nous devrions aborder cette phase avec un esprit ouvert et un grand enthousiasme, prêts à surmonter les défis et à apprendre de chaque étape. Ensemble, nous donnerons vie à vos visions à travers des lignes de code, en créant un espace numérique qui reflète vraiment vos objectifs et aspirations.

11.1. Projet 1 : Construire un portfolio en ligne

À l'ère numérique, un portfolio en ligne est devenu un outil indispensable pour chaque concepteur web. Il sert de plateforme polyvalente où vous pouvez présenter votre travail, démontrer vos compétences et établir votre identité professionnelle.

Ce guide est conçu pour vous guider étape par étape dans la création d'un portfolio en ligne détaillé. Nous mettrons l'accent sur l'utilisation de techniques HTML5 et CSS3, deux outils avancés qui non seulement mettront en valeur vos capacités, mais garantiront également que votre portfolio laisse une impression durable sur tout visiteur.

Que vous commenciez votre portfolio de zéro ou que vous l'amélioriez en utilisant notre exemple, l'objectif final reste le même. Cet objectif est de construire un portfolio qui reflète efficacement votre style unique et retrace de manière exhaustive le cours de votre trajectoire professionnelle. Ce faisant, votre portfolio servira de témoignage convaincant de votre croissance et évolution en tant que concepteur web.

Étape 1 : Structurer votre portfolio avec HTML5

Commencez votre processus en planifiant méticuleusement et en concevant la structure de base de votre portfolio. C'est une première étape cruciale qui formera la base de votre travail. Vous devez utiliser des éléments sémantiques HTML5 pour organiser votre contenu de manière logique et intuitive.

Cela améliore non seulement la lisibilité générale de votre portfolio, mais garantit également qu'il soit accessible à un large éventail d'utilisateurs, y compris ceux qui dépendent de technologies d'assistance. N'oubliez pas qu'un portfolio bien organisé et accessible peut améliorer considérablement l'expérience utilisateur.

Exemple simple :

```html
<!DOCTYPE html>
<html lang="en">
<head>
    <meta charset="UTF-8">
    <meta name="viewport" content="width=device-width, initial-scale=1.0">
    <title>Your Name - Web Designer</title>
</head>
<body>
    <header>
        <nav>
            <ul>
                <li><a href="#about">About Me</a></li>
                <li><a href="#work">My Work</a></li>
                <li><a href="#contact">Contact</a></li>
            </ul>
        </nav>
    </header>
    <main>
        <section id="about">
            <h1>Your Name</h1>
            <p>Web Designer & Developer based in [Your Location].</p>
            <!-- Add more about your skills, experience, and professional journey -->
        </section>
        <section id="work">
            <h2>My Work</h2>
            <!-- Showcase your projects here -->
        </section>
        <section id="contact">
            <h2>Contact Me</h2>
            <!-- Contact form or information -->
```

```
        </section>
    </main>
    <footer>
        <p>Copyright © Your Name</p>
    </footer>
</body>
</html>
```

Étape 2 : Stylisation avec CSS3

Vous devez exploiter la puissance de CSS3 pour améliorer considérablement l'attrait visuel de votre portfolio. En incorporant CSS3, vous pouvez introduire une variété de fonctionnalités de conception qui peuvent faire ressortir votre portfolio.

N'oubliez pas de maintenir un aspect épuré et professionnel, car cela contribuera à créer une bonne première impression et montrera que vous prenez votre travail au sérieux. La conception doit servir à compléter votre travail, permettant à vos projets d'occuper le devant de la scène, tout en démontrant vos compétences en conception et votre souci du détail.

Exemple :

```
body {
    font-family: Arial, sans-serif;
    line-height: 1.6;
    margin: 0;
    padding: 0;
    color: #333;
}

header {
    background: #333;
    color: #fff;
    padding-top: 2rem;
    padding-bottom: 1rem;
}

header nav ul {
    list-style: none;
    text-align: center;
}

header nav ul li {
    display: inline;
    margin: 0 15px;
}

header nav ul li a {
    color: #fff;
    text-decoration: none;
}
```

```css
main {
    padding: 20px;
}

h1, h2 {
    color: #333;
}

/* Additional styling for your sections and footer */
```

Construire à partir de zéro vs. Suivre un exemple

À partir de zéro

Lorsque vous décidez de construire votre portfolio à partir de zéro, vous vous offrez l'opportunité d'avoir une totale liberté créative. Cette méthode permet une expérience d'apprentissage profonde et immersive, alors que vous naviguez dans le processus de construction de votre portfolio pièce par pièce.

En commençant par la structure de base décrite précédemment, vous avez la flexibilité de la modeler et de l'étendre de manière à mieux convenir à votre contenu unique et refléter votre style personnel. De cette façon, votre portfolio ne montrera pas seulement votre travail, mais aussi votre créativité, votre adaptabilité et votre croissance tout au long de votre parcours d'apprentissage.

En suivant un exemple

Si vous êtes intéressé par la construction d'un portfolio en ligne et que vous avez besoin d'un modèle pour vous guider, j'aimerais vous présenter un design dont vous pouvez vous inspirer :

https://code.cuantum.tech/books/html-css/portfolio.html

Cet exemple en particulier sert d'excellent modèle pour votre propre travail. Il fournit un cadre robuste qui est prêt à être modifié, expérimenté et enrichi de vos propres touches uniques. Cette méthode « d'apprentissage par la pratique » est particulièrement efficace pour obtenir une compréhension plus approfondie des applications pratiques du HTML et du CSS.

En prenant un design existant et en le faisant vôtre, vous ne pratiquez pas seulement des compétences techniques, mais vous apprenez également sur les principes de design, l'expérience utilisateur et plus encore. C'est une façon pratique de comprendre le processus holistique du développement web, depuis la conception initiale jusqu'à la mise en œuvre finale. Alors, n'hésitez pas à utiliser cet exemple comme point de départ pour votre propre projet passionnant.

Construire un portfolio en ligne est un projet gratifiant qui non seulement améliore vos compétences en développement web, mais crée également un atout précieux pour votre croissance professionnelle. En suivant ces étapes et en incorporant votre touche personnelle, vous créerez un portfolio qui met en valeur vos compétences et vous distingue dans le domaine du design web. N'oubliez pas, la clé d'un portfolio réussi est un mélange de fonctionnalité, d'esthétique et d'expression personnelle. Profitez de ce projet comme d'une opportunité de réfléchir sur vos réalisations, de perfectionner vos compétences et de présenter le meilleur de vous-même au monde.

11.2 Considération supplémentaire : Le portfolio comme outil professionnel

Votre portfolio en ligne est plus qu'une compilation de votre travail créatif ou professionnel. C'est un outil dynamique et polyvalent qui peut être déterminant dans l'avancement de votre carrière, dans vos projets en tant que freelance et pour attirer l'attention d'employeurs potentiels. À l'ère numérique moderne, un portfolio bien organisé et élaboré sert de CV visuel, de représentation de votre marque et, très souvent, de première impression que vous laissez à ceux qui le consultent.

Il est crucial de reconnaître l'immense potentiel que possède votre portfolio en ligne et d'apprendre comment le maximiser. Cela signifie vous assurer qu'il fonctionne comme un défenseur convaincant de vos compétences, aptitudes et aspirations professionnelles. Il ne s'agit pas seulement de montrer ce que vous avez fait, mais aussi d'exposer votre potentiel pour des travaux futurs.

Approfondissons et explorons des stratégies pour maximiser le potentiel de votre portfolio en ligne. Ce faisant, il est fondamental d'aborder la tâche avec la compréhension que votre portfolio n'est pas une entité statique. Au contraire, c'est une plateforme en constante évolution qui doit grandir, s'adapter et changer à mesure que votre carrière progresse. C'est une entité vivante qui reflète non seulement votre croissance professionnelle, mais aussi votre développement personnel. Il devrait refléter l'évolution de vos compétences, montrer votre expérience croissante et mettre en évidence votre compréhension grandissante de votre domaine.

11.2.1 Mettez en valeur votre meilleur travail

Lors de la sélection de vos projets, il est essentiel d'être réfléchi et intentionnel dans votre choix. Choisissez des projets qui non seulement montrent votre prouesse technique et votre compétence dans divers langages de programmation ou technologies, mais qui mettent également en évidence votre capacité à résoudre des problèmes complexes, votre créativité pour aborder les tâches et votre polyvalence pour vous adapter à différentes situations ou exigences de projet.

Pour chaque projet que vous décidez d'inclure, envisagez de structurer l'information de manière claire et concise. Cela pourrait impliquer d'ajouter une brève description sous quelques titres clés :

Résumé du projet

Dans cette section, il est crucial d'inclure une description complète mais concise du projet auquel vous faites référence. Ce résumé devrait encapsuler l'essence du projet, fournissant un aperçu de sa nature et de sa portée. Les détails importants à mentionner incluraient les tâches et responsabilités spécifiques du projet, fournissant une compréhension claire et définie de ce qu'il impliquait.

De plus, il est important d'esquisser votre rôle unique et vos responsabilités individuelles au sein du projet, en soulignant vos contributions personnelles et comment elles ont impacté le processus global. Enfin, l'objectif principal ou le but que le projet cherchait à atteindre doit être clairement énoncé. Cela fournira une vision du résultat prévu et de ce à quoi ressemblerait le succès pour ce projet.

Défis et solutions

Cette section offre l'opportunité de mettre en évidence tout défi ou obstacle significatif que vous avez rencontré au cours du projet. Il est assez courant de faire face à des obstacles dans tout projet, et cette section offre l'espace pour les mettre en lumière. De plus, l'accent n'est pas seulement mis sur les défis rencontrés, mais aussi sur la façon dont vous avez réussi à les aborder ou à surmonter ces barrières.

Cette partie est critique car elle démontre vos capacités de résolution de problèmes. Elle fournit un aperçu de votre approche de la résolution de problèmes, de votre créativité pour trouver des solutions et de votre résilience face à l'adversité. Il ne s'agit pas seulement de mentionner les défis, mais aussi de détailler les étapes prises pour les surmonter et les leçons apprises dans le processus.

Technologies utilisées

Cette section pourrait être une liste succincte ou une explication développée, selon le niveau de détail que vous souhaitez fournir. Elle couvre les divers outils, technologies ou langages de programmation qui ont été utilisés pendant la durée du projet.

Ceux-ci pourraient inclure des outils logiciels et matériels, des langages spécifiques pour le codage et le scripting, ou même des outils et méthodologies de gestion de projet qui ont été employés pour garantir une progression fluide et la finalisation réussie du projet.

Résultats

La phase finale implique de communiquer les résultats ou réalisations du projet. C'est une étape cruciale car elle permet aux parties prenantes de comprendre la valeur et l'impact du projet. Lors du partage des résultats, il est important d'être aussi spécifique et détaillé que possible. Cela peut signifier inclure des métriques ou des points de données particuliers qui démontrent une amélioration des performances sur une période donnée.

Alternativement, cela pourrait impliquer de mettre en évidence des taux d'engagement utilisateur accrus ou d'autres indicateurs du succès du projet. Il ne s'agit pas seulement de déclarer ce qui s'est passé, mais aussi de prouver l'impact mesurable avec des données concrètes. Ce faisant, vous fournissez une vue d'ensemble complète des réalisations du projet.

Adopter une approche narrative pour présenter vos projets fournit le contexte et la profondeur nécessaires. Elle permet aux employeurs ou clients potentiels de voir vos compétences en action, pas seulement de manière isolée, et d'obtenir une meilleure compréhension de la façon dont vous opérez dans le cadre d'un projet.

11.2.2 Mettre en avant des compétences diversifiées

Sur le marché du travail de plus en plus compétitif d'aujourd'hui, l'un des attributs clés qui peut vous différencier est la polyvalence. Vos compétences et capacités doivent être aussi diversifiées que profondes. Une excellente façon de démontrer cela est à travers votre portfolio professionnel, qui peut être utilisé pour exposer une large gamme de talents :

- **Design et développement** : C'est un domaine où vous pouvez mettre en avant non seulement vos sensibilités esthétiques, mais aussi votre prouesse technique. Incluez des exemples de votre travail qui démontrent votre capacité à concevoir des éléments visuellement attrayants, tout en développant des solutions efficaces et efficientes.

- **Résolution de problèmes** : Les employeurs apprécient les personnes qui peuvent naviguer dans des problèmes complexes et trouver des solutions. Incluez des études de cas détaillées ou des articles de blog qui décomposent comment vous avez abordé des problèmes complexes dans le passé. Cela fournira une preuve tangible de votre capacité à penser de manière critique et à résoudre des problèmes.

- **Apprentissage continu** : Dans le monde rapide dans lequel nous vivons, l'apprentissage continu est indispensable. Mentionnez tout cours, certification ou effort d'auto-apprentissage que vous avez entrepris et qui contribue à votre développement professionnel. Cela pourrait inclure des cours en ligne, des certifications de l'industrie ou même des livres que vous avez lus et qui ont aidé à élargir vos connaissances et compétences. Cela montre votre engagement à rester à jour et à vous améliorer continuellement.

11.2.3 Image de marque personnelle

Votre portfolio sert de reflet direct de votre identité professionnelle. Il devrait être une vitrine de votre style individuel et de votre approche unique de votre travail et de votre processus créatif :

Page À propos de moi

Votre tâche est de créer un récit convaincant qui décrit de manière succincte votre parcours professionnel. Ce récit convaincant doit englober les valeurs quintessentielles que vous défendez, les expériences marquantes qui ont joué un rôle significatif dans la formation de la personne que vous êtes aujourd'hui, et les qualités distinctives qui vous différencient des autres dans votre domaine compétitif. Il est crucial d'inclure ces éléments, car ils forment la base de votre identité professionnelle.

Ce récit unique n'est pas simplement une biographie ; c'est l'histoire de votre vie professionnelle. C'est votre opportunité en or de partager votre histoire d'une manière qui résonne profondément avec votre audience et vos clients potentiels, favorisant une connexion personnelle et construisant la confiance. Votre histoire a le potentiel d'inspirer les autres et d'attirer des clients partageant les mêmes idées, alors profitez de cette opportunité pour briller et montrer au monde ce qui vous rend unique.

Identité visuelle

Établir et maintenir une identité visuelle cohérente dans tout votre portfolio est de la plus haute importance. Cela implique de s'assurer que chaque pièce, chaque projet et chaque image adhère à une esthétique et un style similaires. Une partie clé de ceci est d'utiliser un schéma de couleurs cohésif. La sélection soigneuse et l'utilisation cohérente des couleurs peuvent améliorer considérablement l'attrait visuel de votre portfolio, le rendant plus agréable aux yeux du spectateur.

Tout aussi important est l'utilisation d'une typographie uniforme. Les polices que vous choisissez et la façon dont elles sont utilisées peuvent avoir un impact profond sur l'impression globale que produit votre portfolio. Ces éléments, le schéma de couleurs et la typographie, ne contribuent pas seulement à l'attrait visuel de votre portfolio, mais servent également un objectif plus grand.

Ils renforcent votre marque personnelle, amplifiant sa force et la rendant plus mémorable et reconnaissable. En suivant ces principes, vous pouvez vous assurer que votre portfolio se démarque et laisse une impression durable.

Photo professionnelle

Inclure une photo professionnelle dans votre portfolio introduit un élément personnel qui ajoute une valeur considérable. Cette image donne à votre audience un visage avec lequel connecter votre travail, le rendant plus qu'une simple collection de projets ou de tâches. Elle transforme votre portfolio en une entité plus accessible, plus relatable et humaine.

Ce détail bien pensé peut s'avérer un atout crucial lorsqu'il s'agit d'établir une connexion plus forte et plus personnelle avec des clients potentiels. Il leur fournit un aperçu de qui vous êtes en tant que professionnel et crée un sentiment de familiarité. Par conséquent, une photo professionnelle n'est pas seulement un accessoire, mais un composant critique qui améliore l'efficacité et l'attrait de votre portfolio.

11.2.4 Réseautage et preuves sociales

Exploitez votre portfolio comme un outil stratégique pour élargir votre réseau professionnel et démontrer votre crédibilité :

- **Témoignages** : Il est bénéfique d'incorporer des recommandations ou témoignages personnels d'anciens clients, collègues ou même mentors. Ces témoignages servent de preuve concrète de vos compétences et aptitudes professionnelles, améliorant énormément votre crédibilité. Cela pourrait être particulièrement utile pour des employeurs ou partenaires commerciaux potentiels qui cherchent à s'assurer de vos capacités. En leur fournissant des commentaires positifs de personnes qui ont déjà travaillé avec vous ou qui ont bénéficié de vos compétences, vous leur donnez une raison tangible de faire confiance à vos capacités professionnelles.

- **Réseaux sociaux** : Il est très bénéfique de fournir des liens vers vos profils professionnels sur les réseaux sociaux, comme LinkedIn. Ce faisant, vous permettez aux parties intéressées de se connecter avec vous d'une manière plus accessible. Cela non seulement élargit votre réseau professionnel, mais fournit également une plateforme solide pour un engagement plus profond. Cela ouvre des opportunités pour des dialogues, des collaborations et même des partenariats potentiels. Par conséquent, c'est une façon simple mais efficace d'améliorer votre présence professionnelle et de favoriser des connexions significatives dans votre industrie.

- **Blog** : Si vous avez un blog, intégrez-le dans votre portfolio. Utilisez cette plateforme pour partager vos idées sur les tendances de l'industrie ou les projets personnels. Cette approche peut vous aider à vous établir comme un professionnel compétent et un leader d'opinion dans votre domaine, attirant potentiellement plus d'opportunités.

11.2.5 Facilitez le contact

Il est crucial de s'assurer que les employeurs ou clients potentiels peuvent vous contacter avec facilité. Cela pourrait signifier fournir plusieurs canaux de communication, s'assurer que vos informations de contact sont claires et faciles à trouver, et même inclure un formulaire de contact simple sur votre site web. Plus il est facile pour les gens de vous contacter, plus vous aurez de chances d'obtenir de nouvelles opportunités et clients.

Exemple :

```
<section id="contact">
    <h2>Contact Me</h2>
    <p>Interested in working together? I'd love to hear from you.</p>
    <form action="submit_form.php" method="post">
        <input type="text" id="name" name="name" placeholder="Your Name" required>
        <input type="email" id="email" name="email" placeholder="Your Email" required>
        <textarea id="message" name="message" placeholder="Your Message" rows="4"
required></textarea>
        <button type="submit">Send Message</button>
    </form>
</section>
#contact form {
    max-width: 600px;
    margin: auto;
    padding: 1em;
```

```
}

#contact input, #contact textarea {
    width: 100%;
    padding: 0.5em;
    margin-bottom: 1em;
    border: 1px solid #ccc;
    border-radius: 4px;
}

#contact button {
    background-color: #007bff;
    color: white;
    padding: 10px 20px;
    border: none;
    cursor: pointer;
}
```

Votre portfolio en ligne n'est pas seulement une collection de votre travail, c'est un outil puissant qui peut faire progresser considérablement votre carrière. Ce portfolio est votre scène personnelle, vous permettant de présenter vos compétences et capacités uniques à d'éventuels employeurs ou clients. Il sert de CV dynamique et interactif qui démontre ce dont vous êtes capable, au-delà de ce qu'un CV papier peut fournir.

En sélectionnant soigneusement vos projets, vous pouvez mettre en évidence la variété et la profondeur de votre expérience. Chaque projet est un témoignage de vos compétences et, collectivement, ils dressent un tableau de votre parcours professionnel. Mettre l'accent sur vos compétences diverses est également crucial. Votre portfolio doit refléter non seulement des compétences techniques, mais aussi la créativité, la pensée critique et les compétences en résolution de problèmes.

Construire et cultiver votre marque personnelle est un autre élément important. Votre portfolio est une extension de votre identité professionnelle, de vos valeurs et de votre approche unique du travail. En réfléchissant soigneusement à la façon dont vous vous présentez vous-même et votre travail, vous créez un récit convaincant qui met en valeur votre valeur en tant que professionnel.

Il convient de noter que votre portfolio en ligne ne doit pas être une entité statique. Des mises à jour et des perfectionnements réguliers sont nécessaires pour s'assurer qu'il reste un reflet précis et actuel de vos compétences, réalisations et aspirations. À mesure que vous grandissez et évoluez dans votre carrière, votre portfolio devrait également le faire. Cette évolution constante de votre portfolio garantit qu'il continue d'être un atout clé dans votre parcours professionnel, servant de témoignage solide de votre dévouement, croissance et engagement envers votre métier.

11.3 Projet 2 : Construire une Page de Destination pour un Produit Numérique

Créer une page de destination attrayante et captivante pour tout produit numérique, tel qu'un eBook, est une étape essentielle et stratégique pour attirer l'attention de lecteurs potentiels et stimuler efficacement les ventes. Une page de destination bien conceptualisée et habilement conçue a le potentiel de transmettre de manière succincte et convaincante la valeur inhérente de votre eBook. Cela peut stimuler les interactions, l'engagement et, en fin de compte, convertir des visiteurs occasionnels en clients fidèles.

Ce guide complet est conçu pour vous guider à travers le processus méticuleux de construction d'une page de destination efficace pour un eBook. L'accent sera mis sur la garantie que le message soit clair et capture l'essence de votre eBook, la création d'un design attrayant et visuellement agréable qui attire et retient l'attention des visiteurs, et la fourniture d'une expérience fluide et conviviale qui encourage le visiteur à explorer davantage.

Que vous partiez de zéro ou que vous utilisiez notre exemple détaillé comme base solide, l'objectif général est d'élaborer méticuleusement une page de destination qui résonne profondément avec votre public cible. Une page de destination réussie n'amplifiera pas seulement la portée de votre eBook, mais créera également une impression durable, assurant des visites répétées et un intérêt soutenu.

Étape 1 : Structurer votre Page de Destination avec HTML5

Commencez votre processus en délimitant méticuleusement la structure de votre page de destination en utilisant les éléments sémantiques de HTML5. Il s'agit d'une étape cruciale car elle formera l'épine dorsale de votre page de destination. Chaque section de votre page de destination doit être soigneusement élaborée et doit servir un objectif spécifique et intentionnel.

Qu'il s'agisse de fournir des informations, d'inspirer confiance ou de créer une urgence, chaque section doit guider le visiteur vers votre objectif final, qui pourrait être de faire un achat, de s'inscrire pour obtenir plus d'informations ou d'en savoir plus sur l'eBook proposé. Cette structuration stratégique de votre page de destination garantira un parcours plus fluide pour vos clients potentiels, augmentant la probabilité de conversions.

Exemple Simple :

```
<!DOCTYPE html>
<html lang="en">
<head>
    <meta charset="UTF-8">
    <meta name="viewport" content="width=device-width, initial-scale=1.0">
    <title>Your eBook Name - Landing Page</title>
</head>
<body>
```

```
    <header>
        <h1>Your eBook Title</h1>
        <p>A brief, compelling tagline that captures the essence of your eBook.</p>
    </header>
    <main>
        <section id="about">
            <h2>About the Book</h2>
            <p>A concise overview of what the eBook covers and why it's a must-
read.</p>
        </section>
        <section id="author">
            <h2>About the Author</h2>
            <p>A short bio of the author to build credibility and connect with the
audience.</p>
        </section>
        <section id="reviews">
            <h2>Reader Reviews</h2>
            <!-- Include a few reader testimonials here -->
        </section>
        <section id="purchase">
            <h2>Get Your Copy</h2>
            <!-- Purchase button or link -->
        </section>
    </main>
    <footer>
        <p>Contact information and/or social media links.</p>
    </footer>
</body>
</html>
```

Étape 2 : Améliorer votre page avec CSS3

Une fois que vous avez établi la structure de votre site web, il est temps d'utiliser CSS3 pour ajouter du style et de la sophistication à votre page de destination. L'objectif final ici est de construire une page qui soit non seulement visuellement attrayante, mais qui s'aligne également parfaitement avec le thème de votre eBook.

Elle devrait évoquer les mêmes sentiments et idées que votre eBook présente à ses lecteurs. De plus, il est crucial que votre page de destination encourage les visiteurs à interagir activement avec le contenu fourni.

Cela pourrait être en s'inscrivant à une newsletter, en partageant la page sur les réseaux sociaux ou toute autre interaction. Votre page de destination est la première impression que beaucoup auront de votre eBook, il est donc important qu'elle compte.

Exemple :

```
body {
    font-family: 'Arial', sans-serif;
    line-height: 1.6;
```

```css
        margin: 0;
        padding: 0;
        color: #333;
}

header {
    background-color: #007bff;
    color: #fff;
    text-align: center;
    padding: 2rem 0;
}

header h1, header p {
    margin: 0.5rem;
}

main {
    padding: 20px;
}

section {
    margin-bottom: 2rem;
}

#purchase {
    text-align: center;
}

#purchase button {
    background-color: #28a745;
    color: white;
    border: none;
    padding: 10px 20px;
    font-size: 18px;
    cursor: pointer;
}

footer {
    background-color: #333;
    color: #fff;
    text-align: center;
    padding: 1rem 0;
}
```

Construire à partir de Zéro vs. Suivre un Exemple

À partir de Zéro

La décision de construire votre page de destination à partir de zéro offre une opportunité incomparable d'adapter le design et la structure de manière impeccable aux arguments de vente uniques de votre eBook et à l'identité de marque. Cette approche permet un niveau profond de personnalisation que les modèles prédéfinis ne peuvent souvent pas offrir.

La structure fournie doit être utilisée comme un guide, une base sur laquelle vous pouvez construire et adapter. Cependant, n'hésitez pas à explorer et expérimenter avec différentes mises en page, combinaisons de couleurs et styles typographiques. L'objectif est de créer une page de destination qui non seulement fournit des informations sur votre eBook, mais qui capture et reflète également son essence, son thème et sa personnalité.

Ce faisant, vous vous assurerez que votre page de destination ne soit pas simplement un outil de marketing, mais une extension du produit lui-même, offrant aux lecteurs potentiels un avant-goût de ce qu'ils peuvent attendre.

En Suivant l'Exemple

Si vous êtes intéressé par la création de la page de destination de l'eBook et avez besoin d'une référence, considérez ce design comme source d'inspiration :

https://code.cuantum.tech/books/html-css/ebook.html

Utiliser l'exemple fourni comme point de départ peut vous aider à configurer rapidement votre page de destination. Cette approche est particulièrement avantageuse si vous êtes nouveau dans le design web ou si vous avez besoin de gagner du temps. Vous pouvez apprendre en modifiant cet exemple, en ajustant son design et en ajoutant les détails spécifiques de votre eBook pour rendre la page unique.

Cet exemple sert d'excellent modèle pour votre projet. Il offre un cadre solide pour la modification, l'expérimentation et l'ajout de vos touches personnelles. Cette méthode « d'apprendre en faisant » est efficace pour acquérir une compréhension plus profonde des applications pratiques de HTML et CSS.

Créer une page de destination pour votre eBook est un processus stratégique qui combine contenu, design et marketing pour captiver et convertir votre audience. En structurant soigneusement votre page et en employant des principes de design efficaces, vous pouvez élaborer une page de destination qui non seulement met en valeur votre eBook, mais qui encourage également les lecteurs à franchir l'étape suivante. Rappelez-vous, la clé d'une page de destination réussie réside dans un message clair, des visuels attrayants et une expérience utilisateur sans accroc. Profitez de ce projet comme d'une opportunité de raconter l'histoire de votre eBook et de vous connecter avec vos lecteurs à un niveau plus profond.

11.4 Considération Supplémentaire : Marketing et Promotion

Une fois que la page de destination de votre produit numérique est en ligne, l'étape critique suivante consiste à attirer l'attention sur celle-ci grâce à un marketing et une promotion efficaces. Cela ne peut être sous-estimé, car c'est un facteur déterminant dans le succès de votre produit. Cette section approfondit les approches stratégiques pour promouvoir votre produit numérique, en mettant particulièrement l'accent sur le rôle crucial de diverses stratégies de marketing numérique.

Plus précisément, nous nous concentrerons sur la puissance et la portée des réseaux sociaux et du marketing par courriel. Ces plateformes, lorsqu'elles sont utilisées correctement, ont le potentiel de générer une quantité significative de trafic vers la page de destination de votre produit, augmentant ainsi considérablement sa visibilité.

Nous naviguerons à travers ces médias avec une attitude positive et un esprit stratégique. L'objectif ici n'est pas seulement de promouvoir votre produit, mais d'élargir sa portée jusqu'au point où il résonne avec votre public cible. Il s'agit de créer une connexion avec vos consommateurs potentiels, de comprendre leurs besoins et de démontrer comment votre produit peut satisfaire ces besoins.

En adoptant cette approche, vous ne faites pas que promouvoir votre produit, vous favorisez également une relation avec votre audience. Cela, à son tour, peut mener à une plus grande fidélité des clients et, en fin de compte, à une croissance commerciale durable.

11.4.1 Marketing sur les Réseaux Sociaux

Les plateformes de réseaux sociaux présentent un paysage expansif et diversifié qui peut être utilisé stratégiquement pour promouvoir votre produit numérique. Avec des milliards d'utilisateurs actifs dans le monde entier, ces plateformes offrent une opportunité incomparable d'atteindre une audience large et variée, de participer à des interactions significatives avec des clients potentiels et d'augmenter significativement le trafic vers la page de destination de votre produit.

- **Créer du Contenu Partageable** : Élaborez soigneusement des publications qui mettent en évidence de manière succincte la valeur unique de votre eBook. Cela pourrait inclure des aperçus intrigants qui suscitent l'intérêt, des citations percutantes qui résonnent avec les lecteurs ou des infographies visuellement attrayantes qui décomposent l'information en parties digestes. Il est important que le contenu soit si convaincant qu'il encourage les lecteurs à le partager au sein de leurs propres réseaux, augmentant ainsi la portée de votre produit.

- **Tirer Parti des Hashtags** : Exploitez le pouvoir des hashtags pertinents pour augmenter la visibilité de vos publications. En incorporant des hashtags populaires et spécifiques au produit, vos publications peuvent apparaître dans divers fils d'actualité et recherches, atteignant ainsi une audience au-delà de vos abonnés existants.

- **Interagir avec votre Audience** : Maintenez une présence active sur vos profils de réseaux sociaux et répondez rapidement aux commentaires et messages. Cela aide non seulement à construire une communauté solide et loyale autour de votre produit, mais montre également aux clients potentiels que leurs commentaires et leur satisfaction sont importants pour vous.

Exemple :

```
<!-- Example: Social Media Share Button on Your Landing Page -->
<div>
    <a
href="<https://twitter.com/intent/tweet?text=Check+out+this+amazing+eBook+on+[Topic]
!+Visit+the+landing+page+here:+>[Your Landing Page URL]" target="_blank">Share on
Twitter</a>
</div>
```

11.4.2 Marketing par Courriel

Le marketing par courriel demeure l'un des canaux promotionnels les plus percutants disponibles, offrant une ligne de communication directe avec votre public cible. Cette méthode est particulièrement efficace en raison de la touche personnelle qui peut être ajoutée à chaque communication, ce qui en fait un outil très puissant pour les spécialistes du marketing.

Construire une Liste de Courriel

L'une des étapes initiales et les plus cruciales dans l'orchestration d'une campagne de marketing par courriel réussie est la construction d'une liste de courriel substantielle et efficace. Cela peut être réalisé en incitant les visiteurs de votre site web à s'inscrire à votre infolettre. Cette inscription à l'infolettre doit être présentée comme une situation bénéfique pour les deux parties : votre public fournit son adresse courriel et, en retour, reçoit quelque chose de valeur.

Cela pourrait prendre la forme de mises à jour constantes sur vos produits ou services, d'un accès à du contenu exclusif qui n'est pas disponible ailleurs, ou de rabais et d'offres spéciales qu'ils peuvent utiliser. Cette stratégie aide non seulement à élargir votre base d'abonnés, mais elle pave également la voie vers une relation plus solide avec votre public.

En fournissant du contenu de valeur à vos abonnés, vous leur montrez que vous appréciez leur engagement et que vous êtes dévoué à satisfaire leurs besoins et attentes, ce qui à son tour favorise la fidélité et la confiance.

Élaborer des Courriels Engageants

Une fois que vous avez construit avec succès une liste de courriel robuste, la prochaine étape cruciale implique l'élaboration de courriels engageants et captivants. Ces courriels doivent non seulement être attrayants, mais également remplis d'informations précieuses, offrant à vos abonnés une compréhension approfondie de votre eBook.

Profitez de cette opportunité pour communiquer efficacement le contenu enrichissant qu'offre votre eBook et soulignez la multitude d'avantages que les lecteurs potentiels en retireront. Assurez-vous de mettre en évidence comment leurs vies, leurs connaissances ou leurs compétences seront améliorées en investissant leur temps dans la lecture de votre eBook.

Chaque courriel que vous envoyez doit inclure un appel à l'action clair, persuasif et fort, dirigeant stratégiquement vos abonnés vers votre page de destination soigneusement conçue. Cela crée non seulement un sentiment tangible d'urgence, mais les encourage également à avancer et à franchir la prochaine étape de leur parcours en tant que client.

Ce faisant, vous ne faites pas que pousser vos abonnés, vous construisez également un chemin pour qu'ils vous suivent, les rapprochant de la réalisation d'un achat, ce qui se traduit finalement par des taux de conversion plus élevés. Dans le grand schéma des choses, cette étape joue un rôle fondamental dans la transformation des lecteurs potentiels en clients réels.

Exemple :

```
<!-- Example: Newsletter Subscription Form -->
<form action="subscribe_to_newsletter.php" method="post">
    <input type="email" name="email" placeholder="Enter your email" required>
    <button type="submit">Subscribe</button>
</form>
```

11.4.3 Optimisation pour les Moteurs de Recherche (SEO)

Améliorer l'optimisation pour les moteurs de recherche (SEO) de la page de destination de votre site web peut faire une différence significative en termes de visibilité en ligne et de nombre de visiteurs organiques qu'elle attire. En incorporant des mots-clés ciblés, en garantissant la compatibilité mobile et en employant les meilleures pratiques de SEO, vous pouvez améliorer le classement de la page dans les pages de résultats des moteurs de recherche (SERP).

Ceci, à son tour, peut conduire à une augmentation des taux de clics, générant ainsi plus de trafic vers votre site. Cette stratégie est un élément crucial du marketing numérique, et investir du temps et des ressources dans celle-ci peut générer des bénéfices substantiels pour la performance de votre site web et la présence en ligne de votre entreprise.

Optimisation des Mots-Clés

Dans le domaine du marketing numérique, l'une des tâches les plus importantes que vous puissiez entreprendre est d'incorporer des mots-clés pertinents dans les divers éléments de votre page web. Cela inclut le contenu, les titres et les méta-descriptions. Le but derrière cette inclusion stratégique de mots-clés est d'améliorer significativement la visibilité de votre page en améliorant son classement dans les résultats des moteurs de recherche.

Cependant, la tâche d'optimiser les mots-clés va au-delà de la simple inclusion. Le facteur clé ici est la pertinence. Les mots-clés que vous décidez d'utiliser doivent non seulement s'aligner avec le contenu de votre page, mais aussi avec les requêtes de recherche que votre public cible est susceptible d'utiliser. En faisant correspondre vos mots-clés avec les termes de recherche de votre audience, vous vous assurez que votre page apparaisse dans leurs résultats de recherche, ce qui augmente la probabilité qu'ils visitent votre site web.

Dans un monde où la visibilité en ligne peut faire ou défaire une entreprise, l'optimisation méticuleuse des mots-clés n'est pas seulement une option, mais un effort nécessaire.

Génération de Backlinks de Haute Qualité

Une stratégie supplémentaire, mais tout aussi efficace, pour optimiser votre présence en ligne est d'encourager des sites web réputés et pertinents à créer des liens vers votre page de destination. Cette technique, connue sous le nom de backlinking, peut s'avérer avantageuse pour plusieurs raisons. Premièrement, elle augmente l'autorité de votre page auprès des principaux moteurs de recherche. Cette autorité, ou « confiance », est un facteur clé que les moteurs de recherche prennent en compte lorsqu'ils décident du classement de votre page.

Deuxièmement, les backlinks de haute qualité améliorent la visibilité de votre page en augmentant son classement dans les résultats de recherche. Cela signifie que lorsque des clients potentiels recherchent des mots-clés connexes, votre page a plus de chances d'apparaître en haut de leurs résultats de recherche, ce qui augmente les chances d'une visite. Il est important de rappeler, cependant, que tous les backlinks ne se valent pas : la qualité des backlinks importe considérablement plus que la quantité.

Quelques liens stratégiquement placés depuis des sites web hautement respectés dans votre industrie peuvent avoir un impact plus significatif sur le classement et la visibilité de votre page qu'une multitude de liens provenant de sites moins connus ou non pertinents. Il s'agit de se concentrer sur la qualité plutôt que sur la quantité lorsqu'il s'agit de générer des backlinks.

11.4.4 Publicité au Paiement par Clic (PPC)

La publicité au paiement par clic (PPC) est un outil puissant de marketing numérique qui vous permet d'afficher des annonces sur les moteurs de recherche et diverses plateformes de réseaux sociaux. En utilisant cette méthode, vous pouvez diriger une quantité importante de trafic vers votre page de destination. C'est une manière efficace et rapide de gagner en visibilité dans le vaste monde en ligne et d'attirer des clients potentiels vers votre entreprise.

- **Ciblez vos Annonces** : Un avantage significatif de la publicité PPC est la capacité de cibler vos annonces. Vous pouvez utiliser des données démographiques et comportementales pour vous assurer que vos annonces atteignent l'audience la plus pertinente. De cette façon, vous ne jetez pas simplement un large filet, mais vous placez stratégiquement vos annonces là où elles auront le plus grand impact.

- **Tests A/B** : De plus, le PPC permet des tests A/B approfondis. Cela signifie que vous pouvez expérimenter avec différentes versions de textes publicitaires et de designs pour voir lesquels résonnent le mieux avec votre public cible. En suivant quelle version produit des taux de clics plus élevés, vous pouvez continuellement affiner votre stratégie publicitaire pour atteindre une efficacité maximale.

11.4.5 Marketing de Contenu

Une stratégie très efficace pour attirer et engager votre public cible, en particulier ceux qui seraient intéressés par le sujet de votre eBook, est de fournir du contenu pertinent et de haute qualité de manière cohérente.

Ce contenu ne devrait pas être simplement de remplissage, mais devrait offrir une valeur substantielle au lecteur, en offrant des informations perspicaces ou des perspectives uniques sur le sujet. Ce faisant, vous maintenez non seulement l'intérêt de votre public actuel, mais vous attirez également de potentiels nouveaux lecteurs.

Cette livraison cohérente de contenu précieux maintient non seulement votre public engagé, mais aide également à établir votre autorité sur le sujet en question. Elle vous positionne comme un leader d'opinion dans votre domaine, et cela peut considérablement améliorer votre réputation et votre crédibilité.

Ceci, à son tour, éveille l'intérêt de lecteurs potentiels qui pourraient tomber sur votre contenu, élargissant ainsi votre base de lecteurs et augmentant la probabilité de succès de votre eBook.

Articles de Blog

Une stratégie que vous pourriez envisager est la création d'une série d'articles de blog intéressants. Ces articles doivent être conçus avec l'intention explicite d'aborder les intérêts, questions ou problèmes que votre public cible pourrait avoir. Vous avez ici l'opportunité d'interagir directement avec les besoins et préoccupations de votre audience, créant un dialogue qui soit à la fois personnellement significatif pour eux et pertinent pour votre eBook.

En plus de fournir du contenu de valeur, ces articles de blog peuvent également servir de plateforme de promotion secondaire pour votre eBook. Vous pouvez faire subtilement référence à votre eBook dans ces articles, le présentant comme une solution complète ou une étude plus approfondie des sujets que vous discutez. Cette approche crée non seulement une sensibilisation à votre eBook, mais le positionne également comme une ressource précieuse aux yeux de vos lecteurs.

De plus, vous voudrez également enrichir ces articles de blog avec des mots-clés pertinents associés au sujet de votre eBook. C'est une étape critique pour améliorer votre stratégie d'Optimisation pour les Moteurs de Recherche (SEO). En incorporant ces mots-clés, vous pouvez augmenter la visibilité de vos articles de blog, facilitant la découverte de votre contenu par les lecteurs potentiels à travers les résultats des moteurs de recherche. Ceci, à son tour, peut conduire à une augmentation du trafic, plus de téléchargements d'eBook et, en fin de compte, une audience plus large pour votre travail.

Articles Invités

Utiliser la publication d'articles invités comme méthode pour étendre votre influence est une autre stratégie efficace que vous pouvez employer. La publication d'articles invités implique de contribuer avec du contenu riche et précieux à d'autres blogs ou plateformes numériques.

Ces plateformes devraient idéalement partager un public cible comparable au vôtre, assurant ainsi que votre contenu atteigne les lecteurs les plus pertinents. En mettant en œuvre avec succès cette stratégie, vous pouvez non seulement atteindre un public plus large, mais aussi diriger ce public élargi vers votre propre page de destination.

Le résultat ? Une augmentation du trafic vers votre site, qui est l'une des étapes critiques pour convertir les lecteurs occasionnels en clients potentiels. Plus de visiteurs sur votre page de destination signifient une plus grande probabilité que ces personnes s'intéressent à votre eBook, ce qui pourrait potentiellement conduire à une augmentation des ventes. C'est une méthode simple mais efficace pour élargir la base de clients potentiels pour votre eBook, et tout cela est accompli en tirant parti du pouvoir de la publication d'articles invités.

Promouvoir votre produit numérique est un effort multifacette qui combine créativité, stratégie et persévérance. En tirant parti des réseaux sociaux, du marketing par courriel, du SEO, de la publicité PPC et du marketing de contenu, vous pouvez efficacement diriger le trafic vers votre page de destination et accroître la notoriété de votre eBook. Rappelez-vous, la clé d'une promotion réussie est de comprendre votre audience, de fournir de la valeur et de vous engager constamment avec votre communauté. Avec une stratégie marketing bien équilibrée, vous pouvez élargir la portée de votre produit numérique et vous connecter avec des lecteurs qui bénéficieront de votre travail.

Résumé du Chapitre 11

Au Chapitre 11, nous avons entrepris un voyage transformateur depuis la conception conceptuelle jusqu'à la création tangible de votre projet web. Ce chapitre a servi de pont entre les connaissances fondamentales que vous avez acquises et l'application pratique de ces principes dans la construction de solutions web du monde réel. À travers des guides détaillés sur le développement d'un portfolio en ligne et l'élaboration d'une page de destination pour un produit numérique, nous avons exploré les nuances de donner vie à des visions numériques. Réfléchissons aux leçons clés et méthodologies que nous avons adoptées tout au long de ce chapitre.

Création d'un Portfolio en Ligne

Nous avons commencé avec la tâche fondamentale de créer un portfolio en ligne, une vitrine personnelle conçue pour mettre en valeur vos compétences, projets et identité professionnelle. En soulignant l'importance d'une base bien structurée en HTML5 combinée avec un style attrayant en CSS3, nous avons approfondi comment organiser le contenu de manière logique et garantir l'accessibilité.

Le parcours à travers la construction d'un portfolio en ligne a souligné l'importance de présenter votre travail d'une manière qui non seulement captive, mais communique également votre proposition de valeur unique à des employeurs ou clients potentiels. En incorporant des projets qui démontrent votre polyvalence, créativité et capacités à résoudre des problèmes, nous avons mis en évidence comment un portfolio en ligne peut servir d'outil puissant pour l'avancement professionnel.

Développement d'une Page de Destination pour un Produit Numérique

En passant à la création d'une page de destination pour un produit numérique, comme un eBook, nous avons défini une approche stratégique pour concevoir une page qui commercialise efficacement votre produit. Cette section a éclairé le processus de construction d'une page de destination qui persuade les visiteurs grâce à un contenu clair et convaincant et une expérience utilisateur fluide.

Nous avons exploré comment structurer votre page pour guider les visiteurs vers la réalisation d'un achat, en tirant parti d'appels à l'action bien placés, de descriptions de produits attrayantes et de preuves sociales pour construire crédibilité et confiance.

Marketing et Promotion

Comprenant que construire votre projet n'est que le début, nous nous sommes plongés dans les prochaines étapes cruciales du marketing et de la promotion. Ce segment vous a équipé de stratégies pour augmenter la visibilité et diriger le trafic vers vos pages web nouvellement créées.

De l'exploitation du pouvoir des réseaux sociaux et du marketing par courriel à l'utilisation de l'optimisation pour les moteurs de recherche et du marketing de contenu, nous avons souligné l'importance d'une approche promotionnelle multifacette. Le marketing efficace non seulement élargit votre portée, mais garantit également que votre public cible découvre et s'engage avec votre produit numérique ou portfolio.

Conclusion

Le Chapitre 11 est un témoignage du pouvoir de transformer des idées en expériences web tangibles et interactives. À travers la construction méticuleuse d'un portfolio en ligne et d'une page de destination pour un produit numérique, vous avez appris à appliquer vos compétences en développement web et design d'une manière qui favorise vos objectifs professionnels ou entrepreneuriaux.

De plus, en adoptant des stratégies de marketing et de promotion, vous êtes bien équipé pour naviguer avec succès le paysage numérique, en vous assurant que vos projets obtiennent la reconnaissance et l'engagement qu'ils méritent. Au fur et à mesure que vous progressez, rappelez-vous que le voyage de construction de projets web est itératif et évolutif.

Recherchez continuellement des retours, affinez votre approche et restez au fait des dernières technologies et tendances web. Votre capacité à vous adapter et à innover non seulement améliorera vos projets, mais propulsera également votre croissance en tant que professionnel du web.

Chapitre 12 : Lancement de votre site web

Bienvenue au Chapitre 12, une étape importante et transformatrice dans votre parcours pour devenir un développeur web compétent. Ce chapitre traite du lancement de votre site web, un jalon significatif qui marque l'aboutissement de tous vos efforts dévoués et de votre travail acharné. C'est là que votre projet, que vous avez cultivé et développé dans un environnement contrôlé, fait finalement ses premiers pas dans le vaste et inexploré espace d'Internet en direct, devenant accessible à un public mondial.

Lancer un site web est un processus passionnant mais complexe, qui nécessite la prise en compte méticuleuse et réfléchie d'une multitude d'aspects techniques et de facteurs stratégiques. Ces éléments sont cruciaux pour garantir un début sans accroc et réussi de votre site sur le World Wide Web.

Alors que nous nous embarquons dans ce voyage à travers le Chapitre 12, abordons chaque étape avec un sentiment d'optimisme et une attention méticuleuse aux détails. Cette attitude vous aidera non seulement à naviguer dans les complexités du processus, mais garantira également que chaque décision que vous prenez contribue positivement au produit final.

L'objectif est de garantir que le lancement de votre site web devienne plus qu'une entreprise réussie. Il devrait également être un moment d'immense satisfaction et d'accomplissement, un témoignage de votre croissance et de votre persévérance tout au long de votre parcours de développement web. Alors plongez et explorez le processus passionnant de lancement de votre site web !

12.1 Notions de base de l'hébergement web

Avant que votre site web puisse commencer à captiver des utilisateurs du monde entier, il doit d'abord établir un domicile sur Internet. Ce domicile est essentiellement un serveur web, un type spécial d'ordinateur où les fichiers de votre site sont stockés et accessibles.

Le processus de choix de ce domicile est connu sous le nom d'hébergement web, un terme que vous avez peut-être déjà entendu. Il est important de comprendre les notions de base de l'hébergement web car il s'agit d'un aspect critique pour gérer un site web. En comprenant ces notions de base, vous pourrez prendre des décisions éclairées sur où et comment héberger votre site web, garantissant en fin de compte qu'il offre fiabilité, rapidité et accessibilité pour votre public.

Ces facteurs peuvent avoir un impact significatif sur l'expérience utilisateur. Alors, plongeons plus profondément dans les fondamentaux de l'hébergement web. Démystifions le processus ensemble, en vous fournissant un guide clair qui vous conduira vers un lancement réussi de votre site web.

12.1.1 Qu'est-ce que l'hébergement web ?

L'hébergement web est un service crucial qui permet aux particuliers comme aux organisations d'établir une présence sur Internet en leur permettant de publier un site web ou une page web. L'entité qui offre ce précieux service est souvent appelée hébergeur web ou fournisseur de services d'hébergement web.

Ce type d'entreprise est responsable de fournir les technologies et services nécessaires qui rendent possible la visualisation d'un site web ou d'une page web sur Internet par des personnes du monde entier. La façon dont cela fonctionne est que les sites web sont hébergés, ou stockés, sur des pièces matérielles spécialisées connues sous le nom de serveurs.

Ces serveurs sont des ordinateurs puissants conçus pour gérer les données et le trafic des sites web qu'ils hébergent, garantissant que les sites web fonctionnent sans problème et sont accessibles en tout temps.

12.1.2 Types d'hébergement web

Hébergement mutualisé

Dans l'hébergement mutualisé, votre site web réside sur le même serveur que plusieurs autres sites web. Cela signifie que les ressources de ce serveur en particulier, telles que la mémoire, l'espace disque et la puissance du processeur, sont utilisées par tous les sites web hébergés sur celui-ci. Ce type d'hébergement est une solution rentable, ce qui en fait une option idéale pour les sites web petits et moyens qui ne connaissent pas de grands volumes de trafic.

En raison de son prix abordable, l'hébergement mutualisé est un excellent choix pour ceux qui commencent tout juste leur aventure en ligne ou pour les entreprises qui doivent être conscientes de leur budget. Bien qu'il s'agisse d'une solution à moindre coût, l'hébergement mutualisé peut tout de même fournir des performances fiables et un temps de disponibilité pour les sites web qui ne nécessitent pas de ressources étendues ou qui ne connaissent pas un trafic important.

Par conséquent, bien que l'hébergement mutualisé puisse ne pas avoir le même niveau de ressources ou de performances que l'hébergement dédié, il peut toujours être une solution viable et efficace pour de nombreux sites web.

Hébergement sur serveur privé virtuel (VPS)

L'hébergement VPS, ou hébergement sur serveur privé virtuel, présente un juste milieu parfait entre l'hébergement mutualisé et l'hébergement dédié, offrant des avantages des deux extrémités du spectre. Il fonctionne en simulant un serveur dédié dans un environnement d'hébergement mutualisé. De cette façon, il offre aux utilisateurs l'illusion d'un serveur dédié sans en être vraiment un.

Cette disposition unique fournit aux utilisateurs plus de contrôle sur leur environnement et une plus grande part des ressources du serveur que ce qui est généralement offert avec l'hébergement mutualisé. Ce type d'hébergement a le potentiel de gérer un niveau plus élevé de trafic et de données, ce qui en fait un excellent choix pour les entreprises en croissance.

Ces entreprises nécessitent souvent plus de ressources serveur et de contrôle que ce qui est disponible via l'hébergement mutualisé, mais peuvent ne pas encore être prêtes à faire l'investissement substantiel qu'implique un serveur dédié.

Par conséquent, l'hébergement VPS est une solution avantageuse pour les entreprises qui se trouvent dans cette phase de transition, leur fournissant un tremplin vers un serveur dédié lorsqu'elles seront prêtes à franchir cette étape.

Hébergement dédié

Avec ce type de service d'hébergement connu sous le nom d'hébergement dédié, vous avez le privilège d'avoir un serveur complet pour vous. Contrairement à l'hébergement mutualisé où les ressources sont partagées entre plusieurs utilisateurs, l'hébergement dédié vous donne un accès exclusif à toutes les ressources que le serveur peut offrir. Cette caractéristique fournit le niveau maximum de contrôle, de performances et de sécurité.

Le niveau élevé de contrôle vous permet de gérer et de personnaliser votre serveur selon vos besoins spécifiques. En ce qui concerne les performances, avoir un serveur complet signifie que toute sa puissance de traitement et sa bande passante sont dédiées à votre site web, garantissant ainsi un fonctionnement fluide même avec des niveaux élevés de trafic.

En termes de sécurité, l'hébergement dédié excelle puisque vous êtes le seul à avoir accès au serveur. Cela le rend idéal pour les sites qui gèrent des informations sensibles, car cela réduit considérablement le risque de violations de données.

Donc, si votre site web nécessite des ressources importantes pour un fonctionnement fluide, ou si vous êtes dans une entreprise qui gère des informations confidentielles de clients, l'hébergement dédié serait un choix idéal offrant l'équilibre optimal entre contrôle, performances et sécurité.

Hébergement cloud

L'hébergement cloud, un type moderne et innovant d'hébergement web, implique que votre site web soit hébergé sur une multitude de serveurs virtuels interconnectés plutôt que sur un seul serveur physique. Cette approche unique fournit un niveau significativement plus élevé d'évolutivité et de fiabilité, car les ressources peuvent être allouées et ajustées en temps réel selon les exigences spécifiques de votre site.

Avec l'hébergement cloud, vous obtenez la capacité d'augmenter ou de diminuer facilement les ressources en réponse aux besoins de trafic et de performances de votre site. Cela signifie que pendant les périodes de trafic élevé, vous pouvez vous assurer que votre site continue de fonctionner sans problème en augmentant les ressources, et pendant les périodes plus calmes, vous pouvez les réduire pour économiser sur les coûts.

C'est un excellent choix pour les sites web qui connaissent des modèles de trafic fluctuants, offrant stabilité pendant les pics de trafic et rentabilité pendant les périodes de moindre activité.

12.1.3 Choix d'un fournisseur d'hébergement

Lors de la sélection d'un fournisseur d'hébergement pour votre site web, il est crucial de considérer une variété de facteurs qui peuvent avoir un impact direct sur les performances et le succès de votre présence en ligne :

- **Fiabilité et temps de disponibilité** : L'un des facteurs les plus importants est la fiabilité du fournisseur d'hébergement, qui peut être mesurée par son temps de disponibilité. Recherchez des fournisseurs qui ont des scores élevés de temps de disponibilité, car cela garantit que votre site sera accessible aux utilisateurs en tout temps. Un score élevé de temps de disponibilité signifie que les serveurs du fournisseur d'hébergement sont fiables et tombent rarement en panne.

- **Bande passante et stockage** : Il est également essentiel d'évaluer les besoins de votre site en matière de transfert de données (bande passante) et d'espace de stockage. Si votre site web contient de nombreuses images de haute qualité ou du contenu vidéo, ou si vous attendez un volume élevé de trafic, vous aurez besoin d'un plan d'hébergement offrant un vaste espace de stockage et une grande bande passante.

- **Support client** : Le support client est un autre aspect critique à considérer lors du choix d'un fournisseur d'hébergement. Optez pour des fournisseurs réputés pour leur excellent service client. Idéalement, le support client devrait être disponible 24 heures sur 24, 7 jours sur 7, pour vous aider avec tout problème ou question que vous pourriez avoir concernant votre service d'hébergement.

- **Évolutivité** : Enfin, assurez-vous que le fournisseur d'hébergement offre des plans qui peuvent croître avec votre site web. À mesure que votre site gagne plus de trafic et nécessite plus de ressources, vous aurez besoin d'un plan d'hébergement qui peut évoluer pour répondre à ces demandes croissantes.

12.1.4 Configuration de l'hébergement pour votre site web

1. **Sélectionnez un fournisseur d'hébergement web** : La première étape implique de rechercher soigneusement et de choisir un fournisseur d'hébergement web. Cette décision doit être basée sur les besoins uniques de votre site web et sur les facteurs

mentionnés précédemment. Le fournisseur sélectionné devrait offrir des services fiables et de haute qualité qui s'alignent avec les objectifs de votre site web.

2. **Choisissez votre plan d'hébergement** : L'étape suivante consiste à décider du type de plan d'hébergement qui correspond aux exigences de votre site web. Les options incluent l'hébergement mutualisé, VPS (serveur privé virtuel), dédié ou cloud. Chaque type a ses propres avantages et inconvénients, il est donc important de bien comprendre les besoins de votre site avant de prendre une décision.

3. **Enregistrez un nom de domaine** : Si vous ne l'avez pas encore fait, vous devrez sélectionner et enregistrer un nom de domaine. Celui-ci doit refléter l'objectif de votre site web et être facilement mémorisable pour vos visiteurs. Ce nom sera l'adresse que les utilisateurs saisiront dans leurs navigateurs pour accéder à votre site web, il doit donc être intuitif et pertinent.

4. **Téléchargez les fichiers de votre site web** : Une fois que vous avez configuré votre compte d'hébergement et enregistré votre nom de domaine, l'étape finale consiste à télécharger les fichiers de votre site web. Cela peut être fait en utilisant le panneau de contrôle du fournisseur d'hébergement ou un client FTP (protocole de transfert de fichiers). Assurez-vous que tous les fichiers sont téléchargés correctement pour garantir que votre site web fonctionne sans problème.

L'hébergement web n'est pas seulement un service, mais c'est la fondation même sur laquelle repose toute la structure de votre site web. Ce service essentiel garantit que votre site web soit accessible aux utilisateurs d'Internet de tous les coins du monde, indépendamment de leur emplacement.

Le concept d'hébergement web ne consiste pas seulement à rendre votre site disponible, mais aussi à assurer sa fiabilité. Votre site doit être fiable, toujours actif et prêt à servir vos utilisateurs à tout moment de la journée. De plus, la vitesse est un autre aspect critique dont s'occupe l'hébergement web. Un site web rapide et réactif est essentiel pour offrir une expérience utilisateur positive.

En outre, à mesure que vos ambitions grandissent, votre site web devrait également le faire. Votre service d'hébergement web doit être capable d'accommoder cette croissance, permettant l'évolutivité à mesure que votre trafic augmente et que votre entreprise se développe.

Alors, en franchissant cette étape cruciale vers le lancement de votre site web, faites-le avec un sentiment de confiance et d'enthousiasme pour le chemin qui vous attend. Cette étape ne concerne pas seulement le présent, mais elle établit également la scène pour l'avenir de votre site web. C'est un voyage passionnant de croissance, d'évolution et de possibilités infinies.

12.1.5 Considérations de sécurité

À l'ère numérique actuelle, où les menaces cybernétiques et les failles de sécurité sont de plus en plus courantes, l'importance de la sécurité ne peut être exagérée. Lors de la sélection d'un fournisseur d'hébergement web, il est crucial de considérer une variété de fonctionnalités de sécurité pour garantir la protection de votre site web et de ses utilisateurs. Ces fonctionnalités agissent comme une protection contre les menaces potentielles et la perte de données.

Certificats SSL

Les certificats SSL, souvent appelés certificats de couche de connexion sécurisée, sont un composant critique dans le paysage de la cybersécurité. Ils fournissent une couche de chiffrement qui protège les données pendant qu'elles voyagent entre votre site web et les utilisateurs finaux qui visitent votre site.

Cette technologie de chiffrement garantit que toute information échangée, comme les détails de cartes de crédit ou les informations personnelles, reste confidentielle et sécurisée face à des menaces potentielles comme les pirates informatiques et les violations de données. Lors du choix d'un fournisseur d'hébergement pour votre site web, il est recommandé de rechercher ceux qui incluent des certificats SSL gratuits dans le cadre de leur offre de services.

L'inclusion de ces certificats sans coût supplémentaire peut représenter une économie significative, en particulier pour les petites entreprises ou les particuliers qui commencent tout juste leur aventure en ligne. Cette fonctionnalité protège non seulement votre site et ses visiteurs, mais ajoute également de la crédibilité à votre présence en ligne, ce qui peut améliorer la confiance et la sécurité des utilisateurs envers votre site web.

Sauvegardes

Une autre fonctionnalité essentielle qui ne doit pas être négligée est la sauvegarde régulière et automatique des données de votre site web. L'importance de cette fonctionnalité réside dans sa capacité à garantir que vous pouvez récupérer rapidement votre site web en cas de perte de données inattendue ou dans le cas malheureux d'une violation de sécurité.

Cette fonctionnalité, lorsqu'elle est utilisée correctement, fournit un filet de sécurité pour vos données, garantissant qu'elles ne sont pas perdues définitivement. Elle ajoute une couche supplémentaire de sécurité et de tranquillité d'esprit, sachant que vos données sont sauvegardées en toute sécurité et peuvent être restaurées à tout moment.

Dans le pire des cas, où les données de votre site web sont compromises, la disponibilité d'une sauvegarde récente et complète signifie que votre site web peut être restauré de manière rapide et efficace. Cela minimise le temps d'arrêt et la perte potentielle de revenus, tout en préservant l'intégrité de votre site web et de votre marque.

Pare-feu et protection contre les logiciels malveillants

Un service d'hébergement de qualité doit inclure des mesures de sécurité solides et complètes conçues spécifiquement pour détecter et prévenir les menaces potentielles. Cela devrait englober des systèmes comme un pare-feu solide, qui sert de barrière contre l'accès non autorisé à votre réseau, et une protection étendue contre les logiciels malveillants, qui est essentielle pour détecter et bloquer les logiciels nuisibles qui pourraient compromettre vos données.

L'objectif de ces mesures de protection est d'identifier les menaces potentielles le plus tôt possible et de les neutraliser avant qu'elles ne puissent s'infiltrer et causer des dommages à votre site web. Cela garantit que votre site web reste sécurisé et accessible aux utilisateurs en tout temps.

12.1.6 Performance et Vitesse

La vitesse à laquelle votre site web se charge est un facteur vital qui affecte considérablement à la fois l'expérience utilisateur et le classement de votre site web dans les résultats des moteurs de recherche. C'est un aspect qui ne peut être négligé lorsque vous êtes en train d'évaluer diverses options d'hébergement. Il y a plusieurs points clés à considérer :

Emplacement du Serveur

L'emplacement géographique des serveurs qui hébergent votre site web peut avoir une influence significative sur la vitesse à laquelle votre site fonctionne pour différents membres de votre audience. Cela s'explique par le fait que la distance physique entre le serveur et l'utilisateur peut affecter le temps nécessaire aux données pour voyager entre ces deux points. Par conséquent, ce facteur devient une considération critique lors de la sélection d'un fournisseur d'hébergement web.

Lorsque vous choisissez un fournisseur d'hébergement qui possède des serveurs situés près de votre base d'utilisateurs principale, vous réduisez essentiellement la distance que les données doivent parcourir. Cette proximité peut être particulièrement bénéfique pour les sites web qui s'adressent à une audience localisée. Par exemple, si votre base d'utilisateurs principale se trouve en Europe, il serait bénéfique de choisir un fournisseur d'hébergement avec des serveurs situés en Europe.

Cette sélection stratégique de l'emplacement du serveur garantit que les données n'ont pas à traverser de longues distances avant d'atteindre vos utilisateurs. En conséquence, la vitesse de votre site s'améliore, ce qui conduit à une expérience utilisateur plus fluide et satisfaisante. À une époque numérique où la vitesse du site web peut influencer considérablement la satisfaction de l'utilisateur et les classements SEO, il est crucial de considérer attentivement l'emplacement géographique de vos serveurs lors du choix d'un fournisseur d'hébergement web.

Réseau de Distribution de Contenu (CDN)

Un aspect crucial de la gestion de sites web qui ne doit pas être négligé est l'utilisation de Réseaux de Distribution de Contenu, souvent abrégés en CDN. Certains fournisseurs d'hébergement web proposent l'utilisation de CDN dans le cadre de leurs services, et il est facile de comprendre pourquoi ils sont si valorisés. En essence, un CDN est un réseau composé de nombreux serveurs, chacun situé stratégiquement dans diverses zones géographiques à travers le monde.

La fonction principale d'un CDN est de distribuer le contenu numérique de votre site entre ces multiples serveurs. L'intention derrière cette distribution est de réduire considérablement les temps de chargement pour les visiteurs qui accèdent à votre site depuis différentes parties du monde. En stockant des copies du contenu de votre site web sur des serveurs plus proches des visiteurs de votre site, le temps nécessaire pour transmettre les données est considérablement réduit. Par conséquent, la demande du visiteur est satisfaite rapidement, augmentant la vitesse à laquelle ils peuvent accéder à votre contenu.

Ce système de distribution de contenu offre d'immenses avantages, en particulier pour les sites web qui s'adressent à une audience internationale. Il garantit que même les visiteurs qui accèdent à votre site depuis des emplacements éloignés du serveur principal de votre site bénéficient toujours de temps de chargement réduits.

L'effet global de ceci est une expérience utilisateur considérablement améliorée, car les visiteurs n'ont pas à attendre de longues périodes en raison de vitesses lentes de chargement de contenu. Par conséquent, intégrer un CDN dans votre stratégie d'hébergement web peut être un véritable atout en termes d'amélioration de l'expérience utilisateur et d'augmentation des performances de votre site.

12.1.7 Évolutivité et Croissance Future

À mesure que votre site web se développe et attire davantage de visiteurs, il est probable que vos besoins d'hébergement changent et croissent également. Il est crucial de considérer des solutions d'hébergement qui offrent une évolutivité pour s'adapter à ces changements :

Options de Mise à Niveau : Durant la croissance de votre site web, vous pourriez connaître une augmentation du trafic et le besoin de plus de ressources. Par conséquent, il est essentiel de s'assurer que votre plan d'hébergement choisi puisse être facilement mis à niveau pour s'adapter à ces nouvelles demandes. Cela pourrait inclure une augmentation de l'espace de stockage, plus de bande passante ou même un processeur plus rapide.

Flexibilité de l'Hébergement Cloud : L'hébergement cloud peut offrir une solution particulièrement flexible et adaptable pour les besoins croissants de votre site web. Ce type d'hébergement vous permet d'ajuster les ressources à la hausse ou à la baisse selon la demande à tout moment.

Par exemple, si votre site connaît une augmentation soudaine du trafic, vous pouvez rapidement augmenter vos ressources pour maintenir votre site fonctionnel sans problème. À l'inverse, pendant les périodes plus calmes, vous pouvez réduire les ressources pour économiser des coûts. Cette flexibilité peut être un avantage majeur car elle vous permet d'adapter vos ressources d'hébergement à vos besoins et budget spécifiques à tout moment.

12.1.8 Hébergement Écologique

À mesure que la conscience des problèmes environnementaux continue de croître, un nombre croissant d'entreprises et d'individus se tournent vers des options d'hébergement écologiques pour réduire leur impact environnemental et promouvoir la durabilité :

- **Énergie Renouvelable** : Plusieurs fournisseurs d'hébergement ont maintenant commencé à alimenter leurs centres de données en utilisant des sources d'énergie renouvelable. Ce choix conscient aide à réduire considérablement l'empreinte carbone associée à l'hébergement de votre site web, contribuant à un internet plus vert et durable.

- **Efficacité Énergétique** : De plus, il vaut la peine de rechercher des fournisseurs d'hébergement qui utilisent du matériel économe en énergie et suivent les meilleures pratiques pour minimiser leur impact environnemental. Celles-ci pourraient inclure l'utilisation de serveurs économes en énergie, des systèmes de refroidissement efficaces et une gestion appropriée des déchets. En choisissant de tels hébergeurs, vous ne contribuez pas seulement à réduire la consommation d'énergie, mais vous promouvez également l'idée d'un internet plus propre et durable.

12.1.9 Comprendre les Coûts de l'Hébergement

Les coûts associés à l'hébergement web peuvent connaître une large gamme de fluctuations. Ces variations dépendent d'une multitude de facteurs, y compris mais sans s'y limiter, le type spécifique d'hébergement que vous choisissez, les ressources nécessaires pour votre site web et toute fonctionnalité ou service supplémentaire dont vous pourriez avoir besoin :

Offres Initiales vs. Tarifs de Renouvellement

Il est important de noter que le monde des fournisseurs d'hébergement web peut parfois être un peu trompeur. Beaucoup de ces fournisseurs attirent de nouveaux clients avec des tarifs d'introduction extrêmement bas qui semblent trop beaux pour être vrais. Cependant, ces tarifs ne restent pas toujours aussi bas. En fait, ils connaissent souvent une augmentation substantielle lorsque vient le moment de renouveler votre plan d'hébergement.

Cela peut entraîner une augmentation significative des coûts que vous n'aviez peut-être pas anticipée. Par conséquent, il est absolument crucial d'être pleinement conscient de toutes les implications possibles en matière de coûts associées au renouvellement de votre plan avant de prendre la décision de vous engager avec un fournisseur particulier.

Lorsque vous choisissez un fournisseur d'hébergement web, il est toujours préférable d'avoir une compréhension claire du coût total de leurs services, au-delà des tarifs d'introduction. Cela vous aidera à éviter toute surprise inattendue lorsque viendra le moment de renouveler votre plan d'hébergement.

Frais Supplémentaires

Il est toujours prudent de lire minutieusement les conditions générales ou toute mention en petits caractères associée à votre plan d'hébergement web. C'est une étape cruciale qui est souvent négligée par beaucoup, mais il est essentiel d'être au courant des détails de votre accord.

Dans les détails de ces conditions, vous pourriez découvrir des coûts supplémentaires cachés qui ne sont pas explicitement mentionnés au préalable. Ceux-ci pourraient inclure des frais pour des services tels que l'enregistrement de domaine, l'obtention de certificats SSL pour sécuriser votre site web, ou même des services de support premium offrant un niveau plus élevé de service client.

Bien que ces coûts puissent sembler modestes séparément, ils peuvent s'accumuler au fil du temps ou même d'un seul coup, et augmenter considérablement le coût total de l'hébergement de votre site web. Cela pourrait conduire à des dépenses inattendues qui n'ont pas été prises en compte dans votre budget initial.

Par conséquent, un examen approfondi des conditions générales peut vous protéger contre toute implication financière inattendue et garantir que vous êtes pleinement conscient du coût total potentiel du service d'hébergement.

12.1.10 Avis et Réputation du Fournisseur d'Hébergement

Avant de prendre une décision finale sur le fournisseur d'hébergement à choisir, il est crucial de mener des recherches approfondies sur divers aspects des fournisseurs envisagés :

- **Avis des Clients** : Commencez par rechercher les avis et témoignages d'utilisateurs actuels et anciens du service. Cela peut fournir des informations précieuses sur les performances et la fiabilité du fournisseur d'hébergement dans le monde réel, ainsi que sur la qualité de son service client. Portez une attention particulière aux thèmes communs ou aux problèmes récurrents mentionnés dans plusieurs avis.

- **Garanties de Temps de Fonctionnement** : Un autre facteur essentiel à considérer est de savoir si le fournisseur offre une garantie de temps de fonctionnement. Il s'agit d'un engagement formel de la part du fournisseur d'hébergement selon lequel votre site web restera accessible pendant un pourcentage spécifique du temps, généralement 99,9 %. Si le fournisseur ne respecte pas cette garantie, vous pourriez avoir droit à une compensation. Par conséquent, une garantie de temps de fonctionnement peut fournir un certain degré d'assurance quant à la fiabilité de votre site.

Prendre la bonne décision lors du choix de votre fournisseur d'hébergement web et du plan associé est une étape essentielle qui a un impact significatif sur divers aspects de votre site web. Ceux-ci incluent les performances, la sécurité et l'évolutivité. En tenant compte de ces aspects supplémentaires de l'hébergement web, vous pouvez prendre une décision bien informée, renforçant ainsi le succès et le potentiel de croissance de votre site web.

Il est important de se rappeler que la solution d'hébergement la plus appropriée pour votre site dépend largement de vos besoins uniques, de vos contraintes budgétaires et de vos objectifs à long terme. Par conséquent, vous devez aborder cette décision critique avec des recherches approfondies et une considération détaillée.

Cela garantira que votre site web dispose d'une base robuste et fiable pour prospérer, ce qui à son tour améliorera sa capacité à répondre efficacement aux besoins de votre audience.

Rappelez-vous, un site web bien hébergé peut contribuer considérablement à votre succès en ligne, il vaut donc la peine de prendre le temps de choisir judicieusement votre solution d'hébergement.

12.2 Noms de Domaine et Certificats SSL

Un nom de domaine sert d'identifiant unique pour votre site web dans la vaste étendue d'Internet. C'est la chaîne spécifique de caractères que les utilisateurs saisissent dans leurs navigateurs web pour accéder à votre site. Tout comme une adresse physique guide les gens vers une maison particulière dans un quartier, le nom de domaine conduit les utilisateurs d'Internet vers votre site spécifique parmi des milliards d'autres.

Pensez-y comme l'équivalent numérique de votre adresse physique, un marqueur distinctif qui guide les visiteurs vers votre emplacement exact dans le monde en ligne. Sans lui, les utilisateurs auraient du mal à trouver votre site au milieu de la mer de contenu sur Internet. Par conséquent, ce n'est pas seulement une adresse, mais une partie cruciale de votre identité en ligne.

12.2.1 Choisir le Bon Nom de Domaine

Mémorable et Brandable

Choisir le bon nom de domaine est une étape critique dans l'établissement de votre présence en ligne. Le nom de domaine sert de reflet de votre marque ; c'est la première chose que les gens voient lorsqu'ils trouvent votre site web en ligne, il doit donc être mémorable et représentatif de l'identité de votre marque.

À cet égard, il est de la plus haute importance d'éviter les orthographes complexes ou non conventionnelles qui peuvent confondre votre public ou leur rendre difficile de se souvenir ou d'écrire votre nom de domaine. De telles complexités peuvent dissuader les visiteurs potentiels et rendre difficile pour les gens de trouver votre site.

Au lieu de cela, une approche plus efficace consiste à envisager l'utilisation de mots-clés qui sont directement associés au contenu ou aux services fournis par votre site web. Les mots-clés peuvent jouer un rôle important dans la transmission de l'objectif de votre site aux visiteurs potentiels, même avant qu'ils ne cliquent sur votre lien.

Non seulement cette stratégie aide à l'accessibilité de l'utilisateur, mais elle joue également un rôle vital dans l'optimisation pour les moteurs de recherche. Un nom de domaine qui incorpore des mots-clés pertinents peut aider à améliorer la visibilité de votre site web dans les moteurs de recherche, augmentant ainsi la probabilité d'attirer plus de visiteurs.

En essence, un nom de domaine bien choisi peut rendre votre site web plus mémorable, plus facile à trouver et plus accessible tant pour votre public potentiel que pour les moteurs de recherche.

Extension

L'extension de domaine **.com** est sans aucun doute la plus reconnue et utilisée dans le monde entier dans le domaine des adresses Internet. Son omniprésence témoigne de sa popularité et de son acceptation générale. Cependant, dans le vaste océan d'Internet, il existe de nombreuses autres extensions de domaine qui sont également disponibles pour utilisation. Celles-ci incluent, mais ne se limitent pas à, **.net**, **.org** et **.info**.

En plus de ces extensions plus communément connues, il existe également une variété d'extensions spécifiques à l'industrie, comme **.design** ou **.tech**. Ces extensions spécifiques peuvent être particulièrement bénéfiques pour les entreprises et les individus qui souhaitent préciser davantage la nature du contenu de leur site web ou l'industrie dans laquelle ils opèrent.

Le processus de sélection d'une extension pour votre site web ne doit pas être pris à la légère. Il est important de considérer soigneusement l'objectif de votre site et le public spécifique que vous souhaitez atteindre. L'extension que vous choisissez peut fournir un indice aux visiteurs sur la nature de votre site avant qu'ils n'arrivent sur votre page d'accueil.

Par conséquent, il est crucial d'opter pour une extension qui s'aligne de manière cohérente avec les objectifs de votre site web et les attentes de votre public cible. Ce faisant, vous êtes plus susceptible de créer une présence en ligne cohérente et d'atteindre efficacement votre public désiré.

Disponibilité

Pour la tâche de vérifier la disponibilité de votre nom de domaine préféré, vous pouvez faire usage de sites web spécialisés appelés bureaux d'enregistrement de domaine. Ces plateformes en ligne sont spécifiquement conçues pour vous fournir un moyen rapide et efficace de déterminer si le nom de domaine que vous avez en tête est encore disponible pour l'enregistrement ou s'il a déjà été revendiqué par un autre utilisateur.

Dans le cas où votre premier choix de nom de domaine est déjà utilisé, ces services de bureaux d'enregistrement de domaine fournissent souvent l'avantage supplémentaire de suggérer des variations alternatives de votre nom choisi.

Cela peut être particulièrement utile, car non seulement cela vous offre d'autres options possibles, mais cela stimule également la créativité et vous aide à concevoir d'autres noms potentiels que vous n'aviez peut-être pas envisagés initialement.

En général, utiliser un bureau d'enregistrement de domaine peut vous offrir un moyen efficace et effectif de décider du nom de domaine le plus approprié et percutant pour votre site web. Non seulement il fournit des informations sur la disponibilité de votre nom désiré, mais il aide également dans le processus de brainstorming en suggérant des alternatives, garantissant ainsi que vous choisissez un nom qui représente le mieux l'objectif et le contenu de votre site web.

12.2.2 Enregistrement de votre Nom de Domaine

Une fois que vous avez sélectionné le nom de domaine parfait qui représente le mieux votre présence en ligne, la prochaine ligne de conduite est de l'enregistrer officiellement auprès d'un bureau d'enregistrement de domaines fiable. Le processus d'enregistrement de domaines est assez simple et comprend généralement les étapes suivantes :

- **Recherche de Disponibilité** : La première étape de ce processus implique d'utiliser l'outil de recherche fourni par le bureau d'enregistrement pour vous assurer que le nom de domaine que vous avez sélectionné n'est pas utilisé par une autre entité. Il est crucial de s'assurer que le nom de domaine choisi est disponible pour éviter des problèmes juridiques ultérieurs.

- **Choix de la Période d'Enregistrement** : La plupart des noms de domaine peuvent être enregistrés pour une période allant de 1 à 10 ans, selon votre préférence et vos besoins. Il convient de noter que vous avez généralement la possibilité de renouveler l'enregistrement de votre domaine lorsque la fin du terme choisi approche, assurant une propriété continue.

- **Fournir des Informations de Contact** : Pour compléter le processus d'enregistrement, il vous sera demandé de fournir des informations de contact valides. Ces informations sont nécessaires pour que le bureau d'enregistrement puisse vous contacter en cas de problème ou de notification liée à votre domaine. Cependant, il est important de noter que ces informations peuvent être accessibles publiquement, vous voudrez donc peut-être envisager l'utilisation de services de protection de la vie privée fréquemment offerts par les bureaux d'enregistrement pour protéger vos informations personnelles de la vue publique.

12.2.3 Certificats SSL

Les certificats SSL (Secure Sockets Layer), également connus sous le nom de certificats numériques, jouent un rôle intégral dans la sécurité sur Internet. Ils sont responsables du chiffrement des données qui sont transmises entre un site web et ses visiteurs. Le chiffrement est le processus de conversion de données en code pour empêcher les accès non autorisés, et les certificats SSL utilisent cette méthode pour garantir que les informations sensibles sont transmises de manière sécurisée via Internet.

Ce faisant, ils fournissent un niveau de sécurité qui est crucial pour les transactions en ligne, en particulier lorsque des informations confidentielles telles que les numéros de cartes de crédit, les numéros de sécurité sociale ou les détails de connexion sont impliqués. En protégeant les informations personnelles et en dissuadant les menaces cybernétiques potentielles, les certificats SSL sont un composant clé pour maintenir l'intégrité et la confidentialité des communications en ligne.

12.2.4 Importance des Certificats SSL

Sécurité

Les certificats SSL sont un composant vital dans le domaine de la sécurité des sites web. Ils fonctionnent en chiffrant efficacement les données sensibles qui sont en transit entre le navigateur de l'utilisateur final et votre site web. Ce processus complexe encapsule plusieurs types d'informations critiques, tels que les détails de cartes de crédit, les identifiants de connexion et autres informations personnelles identifiables.

Ce chiffrement garantit que ces données sensibles restent sécurisées et protégées, empêchant qu'elles ne soient interceptées ou accédées par des entités malveillantes ou des cybercriminels. Dans notre monde numérique en croissance constante, l'importance de ce type de mesure de sécurité ne peut être exagérée, car elle sert de ligne de défense fondamentale contre les menaces cybernétiques potentielles.

Confiance

Avoir un certificat SSL (Secure Sockets Layer) est un aspect critique de la sécurité du site web. Sa fonction principale est de permettre aux sites web d'afficher une icône de cadenas dans la barre d'adresse du navigateur. Ce signal petit mais puissant est instantanément reconnaissable pour les utilisateurs en ligne. Il sert de signal, communiquant aux visiteurs que le site avec lequel ils interagissent actuellement est sécurisé, fiable et digne de confiance.

Cette représentation symbolique de la sécurité peut avoir un effet profond sur l'expérience globale de l'utilisateur. Elle peut améliorer considérablement la confiance de l'utilisateur, les faisant se sentir protégés lorsqu'ils naviguent sur le site web.

De plus, elle peut augmenter la participation de l'utilisateur, car un sentiment de sécurité peut encourager les utilisateurs à passer plus de temps sur le site, à explorer son contenu et potentiellement à participer à des transactions ou des interactions. L'importance d'avoir un certificat SSL pour un site web ne peut donc pas être sous-estimée.

Avantages SEO

Les certificats SSL offrent plus que la simple garantie de sécurité et de confiance pour les visiteurs de votre site web. Ils présentent également des avantages significatifs dans le domaine de l'optimisation pour les moteurs de recherche (SEO). Les principaux moteurs de recherche, comme Google, ont tendance à favoriser les sites web qui ont activé HTTPS, la version sécurisée de HTTP, qui est rendue possible grâce à l'utilisation de certificats SSL.

Cette préférence des moteurs de recherche n'est pas arbitraire. Elle est fondée sur leur engagement à guider les utilisateurs vers des sites web qui offrent une expérience de navigation sécurisée. Par conséquent, lorsque votre site web est activé avec HTTPS grâce à un certificat SSL, il est susceptible de bénéficier d'une position favorable dans les résultats de recherche.

Cette amélioration potentielle dans les classements de recherche ne doit pas être sous-estimée, car elle influence directement la visibilité de votre site. Un classement plus élevé signifie que votre site web sera plus visible pour les visiteurs potentiels, ce qui se traduit à son tour par plus de trafic. Plus de trafic vers votre site web augmente également la probabilité d'attirer des clients potentiels, ce qui stimule potentiellement plus d'activité commerciale.

Par conséquent, investir dans des certificats SSL fait plus que garantir que les données transmises vers et depuis votre site web sont chiffrées. Cela peut également être une mesure stratégique pour améliorer les performances SEO de votre site web, sa visibilité et, en fin de compte, son potentiel commercial.

12.2.5 Obtention d'un Certificat SSL

- **Choisissez un Type de Certificat** : La première étape pour obtenir un certificat SSL est de décider quel type de certificat est le plus adapté à votre site web. Il existe plusieurs types de certificats SSL disponibles, notamment les certificats validés par domaine (DV), validés par organisation (OV) et à validation étendue (EV). Les certificats DV, qui confirment que le domaine appartient à la personne qui demande le certificat, sont suffisants pour la plupart des sites web. Cependant, les certificats OV et EV offrent des niveaux de validation plus élevés en confirmant l'existence et la légitimité de l'organisation derrière le site web.

- **Achetez et Activez** : Une fois que vous avez choisi le type de certificat approprié, l'étape suivante consiste à acheter et activer votre certificat SSL. Les certificats peuvent être achetés auprès de diverses sources, notamment des Autorités de Certification (AC) ou des fournisseurs d'hébergement web. Après votre achat, vous devrez générer une Demande de Signature de Certificat (CSR) depuis votre serveur web, qui contiendra des informations sur votre site web et votre organisation. Vous enverrez ensuite cette CSR à l'AC, qui l'utilisera pour valider votre site web et émettre votre certificat.

- **Installation** : La dernière étape du processus consiste à installer votre nouveau certificat SSL sur votre serveur web. Une fois que votre certificat a été validé et émis par l'AC, vous pouvez l'installer sur votre serveur pour commencer à sécuriser le trafic de votre site web. De nombreux fournisseurs d'hébergement web offrent une assistance pour ce processus, ou fournissent même une installation automatique des certificats SSL, ce qui facilite cette étape pour les propriétaires de sites web moins techniques.

Les noms de domaine et les certificats SSL sont la pierre angulaire du lancement d'un site web réussi ; ils forment la base structurelle sur laquelle repose le reste de votre présence en ligne. Un nom de domaine soigneusement sélectionné et bien choisi consolide votre identité en ligne, offrant un moyen facile aux utilisateurs de trouver votre site parmi la vaste mer de contenu sur internet. Cela est crucial, car cela permet à votre site d'être facilement localisé et mémorisé.

D'autre part, un certificat SSL agit comme un bouclier numérique, sécurisant la transmission de données entre le navigateur de l'utilisateur et votre site. Cela garantit que toute information échangée se fait de manière sécurisée, inspirant confiance à vos visiteurs. De plus, un certificat

SSL peut également améliorer le référencement de votre site, le rendant plus visible dans les moteurs de recherche et atteignant ainsi un public plus large.

Ensemble, ces deux éléments - un nom de domaine mémorable et un certificat SSL sécurisé - forgent une présence en ligne sûre, accessible et conviviale. Ce ne sont pas seulement des éléments, ce sont les blocs de construction fondamentaux qui établissent les bases du succès futur de votre site web.

À mesure que vous naviguez dans le processus d'acquisition de votre nom de domaine et de votre certificat SSL, il est important de se rappeler que ces étapes, bien qu'elles semblent techniques, sont de véritables investissements dans l'avenir de votre site web.

12.2.6 Renouvellement et Gestion des Noms de Domaine

Gérer efficacement votre nom de domaine est un facteur critique pour maintenir et améliorer votre présence en ligne et votre visibilité. C'est une partie essentielle de l'identité numérique de votre marque et, en tant que telle, nécessite une attention diligente. Voici quelques conseils clés qui pourraient vous aider dans cette tâche :

Renouvellement Automatique : L'un des services fournis par de nombreux bureaux d'enregistrement de domaines est le renouvellement automatique. Ce service est conçu spécifiquement pour éviter que votre domaine n'expire en raison de négligence ou d'oubli. En activant cette fonction, vous vous protégez essentiellement du risque potentiel de perdre votre précieux nom de domaine au profit d'une autre partie intéressée.

Verrouillage du Registraire : La fonction de verrouillage du registraire est un autre outil à votre disposition qui peut être utilisé pour prévenir tout transfert non autorisé de votre nom de domaine. La mise en œuvre de cette fonction offre une couche de sécurité supplémentaire très nécessaire contre la menace du détournement de domaine, garantissant que votre domaine reste en toute sécurité sous votre contrôle.

Mettre à Jour les Informations de Contact : Il est de la plus haute importance que vous mainteniez vos informations de contact à jour de manière cohérente auprès de votre bureau d'enregistrement de domaines. Ces informations ne sont pas seulement nécessaires pour recevoir les avis de renouvellement en temps voulu, mais elles sont également d'une grande importance dans la gestion globale de votre domaine. En maintenant vos informations de contact à jour, vous garantissez un flux de communication fluide avec votre bureau d'enregistrement.

12.2.7 Fonctionnalités Avancées des Certificats SSL

Les certificats SSL sont une fonctionnalité de sécurité essentielle pour les sites web, offrant une variété de fonctions qui peuvent être avantageuses selon vos besoins spécifiques :

Certificats SSL Multi-Domaines

Lorsqu'il s'agit de sécuriser plusieurs domaines ou sous-domaines, ces certificats offrent une solution idéale. Ils permettent qu'un seul certificat SSL soit utilisé sur de nombreux domaines. Il s'agit d'une fonctionnalité extrêmement bénéfique pour les entreprises qui exploitent plusieurs sites web sous une variété de noms de domaine.

Au lieu de devoir acquérir et gérer plusieurs certificats SSL pour chaque domaine, vous pouvez utiliser un Certificat SSL Multi-Domaines. Cela simplifie non seulement le processus de gestion des certificats, mais réduit également considérablement les coûts associés. En tirant parti de la puissance d'un Certificat SSL Multi-Domaines, vous éliminez la nécessité d'acquérir des certificats individuels pour chaque domaine, réalisant ainsi efficacité et efficience dans vos opérations.

Certificats SSL Wildcard

Les Certificats SSL Wildcard sont méticuleusement conçus pour sécuriser un nombre illimité de sous-domaines qui se trouvent sous l'égide d'un seul nom de domaine. Ces certificats sont particulièrement bénéfiques pour les sites web expansifs qui exploitent une multitude de sous-sites ou offrent une variété de services.

Avoir un seul Certificat SSL Wildcard signifie que vous pouvez garantir la sécurité de chacun de vos sous-domaines. Cela élimine la nécessité de gérer une collection de certificats individuels, chacun lié à un sous-domaine spécifique. En essence, vous n'assurez pas seulement une mesure de sécurité globale, mais vous simplifiez également le processus de gestion.

L'utilisation d'un seul Certificat SSL Wildcard est une approche rentable. Cela est dû au fait qu'elle élimine le besoin de multiples certificats qui peuvent entraîner des coûts plus élevés. De plus, elle favorise une forme efficace d'opération en réduisant le temps et les efforts requis pour la gestion.

En résumé, un Certificat SSL Wildcard offre une solution facile à gérer, rentable et efficace pour garantir la sécurité de tous les sous-domaines sous un seul nom de domaine, ce qui en fait un excellent choix pour les grands sites web.

12.2.8 Mise en Œuvre de HTTPS

Après l'installation réussie de votre certificat SSL, il est crucial de vérifier que votre site web est configuré pour utiliser HTTPS par défaut :

Redirections

Une étape essentielle pour garantir la sécurité de votre site web est d'établir des redirections côté serveur de HTTP vers HTTPS. Cette mesure clé redirige automatiquement tous les visiteurs de votre site pour qu'ils utilisent une connexion sécurisée, quelle que soit la méthode qu'ils ont utilisée pour accéder initialement à votre site.

La mise en œuvre de cette étape peut souvent être réalisée par des modifications du fichier .htaccess ou en effectuant des changements directement dans la configuration du serveur web.

Cette approche n'est pas seulement courante, mais absolument cruciale, car elle améliore considérablement la sécurité de votre site web.

Le principal avantage de cette pratique est qu'elle protège les informations transmises entre le navigateur de l'utilisateur et le serveur. En redirigeant tous les utilisateurs vers HTTPS, vous vous assurez que tout échange de données est chiffré et, par conséquent, moins susceptible d'être piraté ou intercepté. C'est pourquoi cette étape est considérée comme une partie fondamentale et indispensable de toute approche sérieuse de la sécurité des sites web.

Exemple :

```
# Example .htaccess redirect from HTTP to HTTPS
RewriteEngine On
RewriteCond %{HTTPS} off
RewriteRule ^(.*)$ https://%{HTTP_HOST}%{REQUEST_URI} [L,R=301]
```

Cookies Sécurisés

Si votre site web utilise des cookies, ce qui est fréquent, il est d'une importance capitale de prioriser leur sécurité comme configuration par défaut. Ce n'est pas une tâche à négliger ou à sous-estimer, car elle constitue la base de la protection des données des utilisateurs. La mise en œuvre de cela peut être réalisée en vous assurant que ces cookies sont transmis uniquement via HTTPS.

HTTPS est un protocole sécurisé qui garantit que les données échangées entre le navigateur de l'utilisateur et votre site web restent privées et inaltérées. Cela est possible grâce au chiffrement de toute la communication et du transfert de données, fournissant ainsi une couche supplémentaire de sécurité contre les menaces cybernétiques potentielles. Le rôle de HTTPS est donc inestimable pour garantir la sécurité des données des utilisateurs et assurer l'intégrité de votre site web.

Cette mesure peut sembler insignifiante ou peu importante dans le grand schéma du développement de sites web, mais en réalité, c'est une étape vitale vers la sécurisation de votre plateforme en ligne. Ce faisant, vous ne protégez pas seulement les informations de vos utilisateurs, mais vous construisez également la confiance avec votre audience, ce qui peut considérablement améliorer la réputation et la crédibilité de votre plateforme.

Un environnement en ligne sécurisé n'est pas seulement apprécié, mais attendu par les utilisateurs avertis d'internet d'aujourd'hui, et la mise en œuvre de telles mesures de sécurité est une partie intégrante pour répondre à ces attentes.

Surveillance et Maintenance

Même après avoir franchi le processus de configuration de votre domaine et de sa sécurisation avec un certificat SSL, il est crucial de se rappeler que la surveillance continue et la maintenance sont tout aussi importantes pour garantir le fonctionnement fluide et la sécurité de votre site web :

- **Expiration du Certificat SSL** : Il est essentiel de rester attentif à la date d'expiration de votre certificat SSL. Bien que de nombreux fournisseurs vous enverront des rappels lorsqu'il sera temps de renouveler votre certificat, c'est également une bonne idée d'établir votre propre système de rappels. De cette façon, vous pouvez garantir que vous ne négligerez pas le renouvellement et ne risquerez pas la sécurité de votre site web.

- **Mises à Jour de Sécurité** : Un autre aspect critique pour maintenir la sécurité de votre site web est de rester informé de tout avis de sécurité lié à SSL/TLS. En restant à jour avec ceux-ci, vous pouvez vous assurer que les normes de chiffrement de votre site web sont toujours actualisées aux versions les plus récentes et les plus sécurisées. Cette approche proactive peut vous aider à prévenir les violations de sécurité potentielles et à protéger les données de votre site web ainsi que les informations de vos visiteurs.

Les noms de domaine et les certificats SSL constituent la base cruciale pour une présence en ligne réussie et sécurisée. Ces composants jouent un rôle fondamental pour garantir la crédibilité de votre site web et la sécurité de ses visiteurs. En sélectionnant, gérant et sécurisant méticuleusement votre domaine, tout en vous assurant que votre site fonctionne sur HTTPS, vous créez une plateforme solide qui inspire confiance et fiabilité parmi vos visiteurs.

N'oubliez pas, ce ne sont pas des tâches ponctuelles. Elles nécessitent une attention et une maintenance constantes. La surveillance régulière de votre domaine et de votre certificat SSL, le renouvellement en temps opportun de ces composants et les mises à jour cohérentes sont les piliers pour maintenir l'intégrité, la performance et la sécurité de votre site web.

En adoptant ces pratiques solides, vous pouvez déplacer votre attention vers la croissance et l'amélioration du contenu de votre site web. Cela vous permet d'élargir en toute confiance la portée de votre audience, sachant que votre plateforme est construite sur des fondations sécurisées et fiables.

12.3 Notions Fondamentales de SEO et d'Analytique

Alors que vous vous préparez à lancer votre nouveau site web, il est essentiel d'acquérir une compréhension fondamentale de l'Optimisation pour les Moteurs de Recherche (SEO) et du rôle critique que jouent les outils analytiques dans le succès de votre présence en ligne. Ces éléments ne sont pas de simples compléments, mais des composants intégraux pour garantir que votre site web soit facilement découvert par votre public cible. De plus, ces outils fournissent des informations précieuses qui vous permettent de mesurer l'efficacité de vos stratégies en ligne et de prendre des décisions éclairées pour améliorer la performance de votre site.

Le SEO est une pratique qui implique d'optimiser votre site web pour qu'il soit plus visible pour les moteurs de recherche, augmentant ainsi vos chances d'apparaître dans les premiers résultats lorsque les utilisateurs recherchent du contenu lié à ce que vous offrez. C'est un processus continu qui nécessite des mises à jour et des ajustements réguliers pour suivre l'évolution des algorithmes des moteurs de recherche.

D'autre part, les outils analytiques vous aident à suivre et analyser le trafic de votre site web. Ils fournissent des informations détaillées sur divers aspects, tels que le nombre de visiteurs, leur comportement sur votre site et l'efficacité de vos efforts de SEO. Ces données sont cruciales pour identifier ce qui fonctionne et ce qui nécessite des améliorations, vous permettant d'adapter vos stratégies en fonction des résultats du monde réel.

Alors, tandis que nous plongeons dans le monde du SEO et de l'analytique, abordons-le avec un esprit de curiosité et une concentration sur la manière dont nous pouvons appliquer ces pratiques de manière efficace. Notre objectif est d'améliorer la visibilité de votre site web, d'améliorer sa performance et, en fin de compte, d'augmenter votre portée en ligne.

12.3.1 Comprendre le SEO

L'Optimisation pour les Moteurs de Recherche, communément appelée SEO, est la pratique d'améliorer votre site web pour vous assurer qu'il obtienne un meilleur positionnement dans les pages de résultats des moteurs de recherche pour des mots-clés spécifiques qui sont pertinents pour le contenu que vous offrez.

Cette pratique implique diverses techniques telles que l'optimisation des mots-clés, la création de liens et l'amélioration de la vitesse du site. En mettant en œuvre avec succès le SEO, votre site web devient plus visible pour les utilisateurs qui recherchent des termes liés à votre marque ou service via des moteurs de recherche comme Google.

Cette visibilité accrue se traduit par davantage de trafic organique, c'est-à-dire non payant, qui arrive sur votre site. Le trafic organique est un aspect crucial de la performance du site web et est fondamental pour attirer de nouveaux visiteurs qui pourraient devenir des clients fidèles.

La croissance et le succès de votre site web sont intrinsèquement liés à cette pratique, ce qui fait du SEO un composant essentiel de votre stratégie de marketing digital.

12.3.2 Pratiques Clés du SEO

Recherche de Mots-Clés

Dans la quête d'atteindre efficacement votre public cible, il est absolument crucial d'identifier et de préciser les mots-clés et expressions particuliers que vos utilisateurs ou lecteurs potentiels emploient lorsqu'ils recherchent du contenu qui s'aligne directement avec le sujet ou les offres de votre site. Ces mots et expressions spécifiques sont, en essence, votre ticket d'or pour garantir que votre contenu apparaisse stratégiquement dans leurs résultats de recherche, ce qui conduit à un trafic accru sur votre site.

C'est précisément là qu'entrent en jeu des outils indispensables comme Google Keyword Planner. Google Keyword Planner est un outil puissant et hautement efficace qui peut vous fournir la capacité incomparable de découvrir les mots-clés les plus utilisés et populaires au sein de votre niche ou industrie spécifique. Cette information cruciale peut, à son tour, guider vos stratégies de création de contenu.

En utilisant stratégiquement cet outil au maximum, vous pouvez découvrir avec succès les mots-clés qui sont les plus pertinents et significatifs pour votre contenu. Une fois que vous avez cette information en main, vous pouvez incorporer méthodiquement ces mots-clés dans la gamme variée de contenu de votre site web. Cela pourrait être n'importe quoi, des articles et blogs aux descriptions de produits et pages informatives.

Ce faisant, vous améliorerez considérablement le SEO de votre site. C'est le processus par lequel les moteurs de recherche comme Google déterminent la pertinence et la qualité du contenu sur les sites web lors de la production de résultats de recherche. Une solide stratégie de SEO peut augmenter votre visibilité dans ces résultats de recherche, ce qui rend plus probable que les utilisateurs potentiels arrivent sur votre site lorsqu'ils recherchent du contenu connexe.

En intégrant ces mots-clés hautement pertinents dans votre contenu, vous pouvez attirer davantage de visiteurs sur votre site. Cette stratégie n'augmente pas seulement la quantité de trafic sur votre site, mais peut également améliorer la qualité des visiteurs de votre site, car les personnes qui trouvent votre site via ces mots-clés spécifiques sont probablement véritablement intéressées par votre contenu ou vos offres. Au final, cela peut mener à des taux d'engagement plus élevés, plus de temps passé sur votre site et potentiellement même à une augmentation des conversions ou des ventes.

Qualité du Contenu

L'importance et le rôle vital de publier du contenu pertinent et de haute qualité à l'ère numérique actuelle est un aspect qui ne peut être sous-estimé. Il est fondamental de se plonger et de comprendre en profondeur les besoins, intérêts et attentes spécifiques de votre public cible, et de s'assurer que ces éléments soient abordés et reflétés directement dans le contenu que vous créez.

La création de contenu englobe divers formats et plateformes, cela pourrait être sous forme d'articles de blog, d'articles complets, de vidéos visuellement attrayantes ou de mises à jour opportunes sur les réseaux sociaux. Peu importe le format, le contenu que vous produisez devrait toujours s'efforcer d'être bien écrit, informatif et engageant. Il devrait servir de ressource précieuse pour votre public, en lui fournissant les outils nécessaires pour résoudre leurs problèmes, obtenir de nouvelles perspectives ou enrichir leur base de connaissances.

Le contenu de haute qualité qui n'est pas seulement pertinent, mais qui résonne également directement avec votre public, joue un rôle significatif dans la détermination de la façon dont votre site se classe dans les résultats des moteurs de recherche. Un classement plus élevé peut considérablement augmenter votre visibilité en ligne, rendant votre site web ou plateforme plus accessible et attrayant pour les visiteurs potentiels.

Cela, à son tour, peut mener à un taux d'engagement accru du public et, potentiellement, à la conversion de clients. Par conséquent, investir du temps et des ressources dans la création de contenu pertinent et de haute qualité peut générer des rendements significatifs à long terme.

Balises Meta

Les balises meta sont des outils essentiels pour fournir aux moteurs de recherche des informations importantes sur le contenu de votre page web. Elles servent d'introductions brèves à votre contenu, offrant aux moteurs de recherche un résumé de ce dont traite votre page.

Cela inclut les balises de titre, qui sont affichées de manière proéminente dans les résultats de recherche, agissant comme la première impression pour les visiteurs potentiels. De plus, les descriptions meta jouent également un rôle crucial. Bien qu'elles ne soient pas visibles sur la page web elle-même, ces descriptions apparaissent dans les résultats de recherche, fournissant un résumé concis du contenu de la page.

Cela permet à l'utilisateur de décider si la page est pertinente ou non pour sa recherche. Par conséquent, l'utilisation efficace des balises meta peut considérablement améliorer la visibilité et la portée de vos pages web.

Exemple :

```
<head>
    <title>Your Page Title Here | Your Brand</title>
    <meta name="description" content="A concise description of your page's content.">
</head>
```

Adaptabilité pour les Appareils Mobiles

À l'ère numérique actuelle, il est de plus en plus essentiel de s'assurer que votre site web soit compatible avec les appareils mobiles. Cette exigence va au-delà de la simple amélioration de l'expérience utilisateur, qui est vitale en soi, mais joue également un rôle décisif dans les classements des moteurs de recherche, un aspect critique de la visibilité en ligne.

Les moteurs de recherche, y compris les géants de l'industrie comme Google, ont des algorithmes qui favorisent les sites web qui offrent une expérience utilisateur de haute qualité sur tous les appareils, et pas seulement sur les ordinateurs de bureau traditionnels. Cela signifie que votre site web doit être facilement accessible et navigable sur les smartphones, les tablettes et autres appareils mobiles, en plus des ordinateurs de bureau.

Il existe plusieurs facteurs qui contribuent à cette expérience utilisateur. Cela inclut des aspects tels que la vitesse du site, qui doit être suffisamment rapide pour suivre le rythme des consommateurs numériques d'aujourd'hui qui vont à toute allure. La facilité de navigation est un autre aspect important, car les utilisateurs devraient pouvoir trouver ce qu'ils cherchent sans trop de tracas. La lisibilité de votre contenu est tout aussi cruciale, avec un texte qui soit facile à comprendre et à assimiler.

Par conséquent, pour optimiser votre présence web et atteindre un public plus large, rendre votre site web compatible avec les appareils mobiles n'est pas seulement une suggestion, mais une nécessité absolue. C'est un investissement dans votre succès en ligne et une étape essentielle pour garantir que votre site web soit accessible et attrayant pour tous les utilisateurs potentiels, quel que soit l'appareil qu'ils utilisent pour y accéder.

Vitesse de la Page

Améliorer la vitesse de chargement de votre site web est un aspect absolument critique de l'optimisation du site web qui ne doit pas être négligé. Il existe une multitude de méthodes efficaces qui peuvent être employées pour atteindre cet objectif important, incluant, mais sans s'y limiter, la compression des fichiers d'images pour réduire significativement leur taille, la minification des fichiers CSS et JavaScript pour diminuer le volume de code qui doit être exécuté et l'utilisation intelligente de la mise en cache du navigateur.

La mise en cache du navigateur est particulièrement efficace car elle permet aux visiteurs récurrents de charger votre site à un rythme beaucoup plus rapide, améliorant ainsi leur expérience utilisateur globale. Ces techniques d'optimisation non seulement améliorent significativement l'expérience utilisateur en rendant votre site plus réactif et facile à naviguer, mais contribuent également substantiellement à la perception de qualité de votre site.

Fait intéressant, les moteurs de recherche comme Google prennent cela en considération lors du classement des sites, ce qui signifie que la vitesse à laquelle votre site web se charge impacte directement la visibilité de votre site dans les résultats des moteurs de recherche. En conséquence, les sites web qui se chargent de manière plus rapide et efficace ont généralement une meilleure chance d'atteindre un rang plus élevé dans les résultats des moteurs de recherche, ce qui entraîne une augmentation du trafic et, potentiellement, des taux de conversion plus élevés.

12.3.3 Mise en Œuvre de l'Analytique

Les outils d'analytique web sont essentiels à l'ère numérique, et l'un des plus populaires parmi eux est Google Analytics. Ces outils fournissent une mine d'informations sur divers aspects de la performance de votre site web. Ils offrent une compréhension approfondie du trafic de votre site web, incluant le nombre de visiteurs, leur localisation géographique, le temps qu'ils passent sur votre site web et les pages qu'ils visitent le plus fréquemment.

De plus, ils éclairent également le comportement des utilisateurs, vous donnant une image claire de la façon dont les utilisateurs interagissent avec votre site web, quel contenu les maintient engagés et ce qui les fait partir. Ces informations sur les métriques d'engagement des utilisateurs, telles que le taux de rebond, les pages vues et la durée moyenne de session, peuvent être déterminantes pour identifier les domaines d'amélioration.

En comprenant et en analysant ces données analytiques, vous vous équipez des connaissances nécessaires pour prendre des décisions éclairées et basées sur les données. Ces décisions peuvent conduire à des améliorations stratégiques dans la conception et le contenu de votre site web, améliorant ainsi l'expérience utilisateur et augmentant la performance globale de votre site.

12.3.4 Configuration de Google Analytics

1. **Créer un Compte** : La première étape que vous devrez entreprendre est de vous inscrire pour obtenir un compte Google Analytics. C'est un processus simple qui implique de fournir quelques détails de base. Une fois que vous aurez terminé l'inscription, vous devez ajouter votre site web comme propriété dans votre compte Google Analytics. Cela indique à Google Analytics que c'est le site web que vous souhaitez surveiller et dont vous souhaitez collecter les données.

2. **Ajouter le Code de Suivi** : Une fois que votre compte est configuré et que votre site web est ajouté comme propriété, Google Analytics vous fournira un code de suivi spécifique. Il s'agit d'un petit fragment de JavaScript que vous devrez insérer dans le HTML de votre site web. Ce code est le mécanisme par lequel Google Analytics collecte des données sur les visiteurs de votre site web et leur comportement. Vous devez placer ce code dans la balise **<head>** de chaque page web dont vous souhaitez collecter les données. Cela garantit que toute activité sur ces pages est capturée et rapportée à votre compte Google Analytics.

   Exemple :

```
<head>
    <!-- Google Analytics Tracking Code -->
    <script                                                                async
src="<https://www.googletagmanager.com/gtag/js?id=YOUR_TRACKING_ID>"></script
>
    <script>
      window.dataLayer = window.dataLayer || [];
      function gtag(){dataLayer.push(arguments);}
      gtag('js', new Date());

      gtag('config', 'YOUR_TRACKING_ID');
    </script>
</head>
```

3. **Analysez vos Données** : Utilisez les capacités exhaustives du tableau de bord de Google Analytics pour surveiller de près les performances de votre site web. Cet outil vous permet de suivre un large éventail de métriques, incluant les sources de trafic, les pages vues, l'engagement des utilisateurs et bien plus encore. Vous pouvez approfondir les détails concernant qui sont vos visiteurs, d'où ils proviennent et quelles actions ils effectuent sur votre site web. Configurer des objectifs dans le tableau de bord est une fonctionnalité critique qui vous permet de suivre les conversions ou les actions spécifiques effectuées sur votre site. En établissant ces objectifs, vous pouvez mesurer dans quelle mesure votre site atteint ses buts et prendre des décisions

éclairées sur la manière d'optimiser votre présence en ligne pour obtenir de meilleurs résultats.

12.3.5 Meilleures Pratiques de SEO et d'Analyse

Révisez Régulièrement votre Stratégie de SEO

L'Optimisation pour les Moteurs de Recherche, ou SEO comme on le connaît communément, opère dans un paysage en constante évolution. Cela est principalement dû au fait que les tendances dans ce domaine changent constamment, et les algorithmes que les moteurs de recherche, comme Google, utilisent pour classer les sites web sont fréquemment mis à jour.

Cette évolution continue rend crucial pour les entreprises et les personnes de veiller à ce que leurs stratégies de SEO soient régulièrement révisées et affinées. Ce faisant, ils peuvent s'assurer que leurs sites web restent alignés avec les derniers changements dans les pratiques de SEO et continuent de performer de manière compétitive au sein de la dynamique changeante des classements des moteurs de recherche.

S'adapter à ces changements peut faire la différence entre être visible pour les utilisateurs, les clients et les clients potentiels, ou se perdre dans l'immensité d'Internet. Par conséquent, il est de la plus haute importance de rester à jour et flexible dans votre stratégie de SEO.

Utilisez l'Analyse pour Guider la Création de Contenu

Tirer parti de la puissance de l'analyse peut fournir des informations inestimables sur la nature du contenu qui fonctionne le mieux avec votre audience spécifique. En obtenant une compréhension approfondie des sujets et formats qui résonnent le plus avec votre audience, vous pouvez commencer à adapter votre stratégie de contenu de manière plus éclairée et ciblée.

Cela implique de se concentrer sur ces domaines spécifiques d'intérêt qui ont été mis en lumière par votre analyse. Cette approche n'est pas seulement bénéfique pour engager votre audience de manière plus efficace en leur fournissant du contenu qu'ils trouvent intéressant et pertinent, mais aussi pour stimuler une augmentation significative du trafic vers votre site. C'est une démarche stratégique qui peut améliorer votre visibilité en ligne et accroître la réputation et la portée de votre marque.

Surveillez le SEO Technique

Les aspects techniques de l'Optimisation pour les Moteurs de Recherche (SEO) de votre site web méritent votre attention complète. Cela implique d'effectuer fréquemment des vérifications exhaustives à la recherche de problèmes potentiels qui pourraient être tapis sans être remarqués. Des problèmes tels que des liens brisés peuvent conduire à une mauvaise expérience utilisateur, tandis que la lenteur du site peut faire perdre rapidement patience aux visiteurs et les amener à abandonner votre site. Les erreurs d'exploration, quant à elles, peuvent empêcher les moteurs de recherche d'indexer correctement votre site, ce qui pourrait entraîner une diminution de la visibilité.

Tous ces éléments, s'ils ne sont pas vérifiés, peuvent avoir un impact profondément négatif sur les classements de recherche de votre site. Par conséquent, il est de la plus haute importance de toujours garder un œil sur eux et de résoudre tout problème rapidement. Ce faisant, vous maintiendrez non seulement des performances optimales du site, mais vous créerez également un environnement convivial pour l'utilisateur qui peut conduire à un engagement accru des visiteurs et, en fin de compte, à des taux de conversion plus élevés.

Le SEO et l'analyse sont fondamentaux pour le succès de votre site web. En mettant en œuvre des pratiques solides de SEO, vous améliorez la visibilité de votre site et attirez plus de trafic ciblé. Parallèlement, l'analyse offre une fenêtre sur les performances de votre site, vous permettant d'affiner vos stratégies et de mieux servir votre audience. Abordez ces pratiques avec diligence et un engagement envers l'apprentissage continu. Ce faisant, vous découvrirez que le SEO et l'analyse n'améliorent pas seulement les classements de votre site web dans les moteurs de recherche, mais contribuent également à une présence en ligne plus engageante et efficace.

12.3.6 Données Structurées et Balisage de Schéma

Les données structurées se réfèrent à un format standardisé qui est utilisé pour fournir des informations complètes sur une page web particulière, ainsi que pour classer le contenu de cette page de manière organisée. Ce format est critique car il permet à l'utilisateur de communiquer l'information sur la page d'une manière que les moteurs de recherche peuvent comprendre.

En adoptant le balisage de schéma, un type de microdonnées, vous fournissez aux moteurs de recherche des informations plus détaillées sur votre contenu. Cela facilite la catégorisation et l'indexation précise de votre page par ces moteurs, ce qui, à son tour, peut améliorer significativement sa visibilité dans les résultats de recherche.

De plus, l'utilisation de données structurées peut mener à la génération d'extraits enrichis dans les résultats de recherche. Les extraits enrichis sont des descriptions améliorées qui apparaissent sous les résultats de recherche, offrant aux utilisateurs un aperçu de ce qu'ils peuvent attendre de la page. Ceux-ci peuvent inclure des avis, des prix de produits, des images et plus encore, fournissant une expérience utilisateur plus complète.

En raison de leur visibilité accrue et des informations précieuses qu'ils offrent, les extraits enrichis peuvent potentiellement augmenter les taux de clics de vos pages web, ce qui amène plus de trafic vers votre site et possiblement des taux de conversion plus élevés. En conclusion, les données structurées jouent un rôle vital dans l'amélioration de l'efficacité des moteurs de recherche et dans l'amélioration de l'expérience utilisateur, ce qui est bénéfique tant pour les propriétaires de sites web que pour les utilisateurs.

Processus de Mise en Œuvre

Pour améliorer la compréhension et l'interprétation de votre page web par les moteurs de recherche, il est recommandé d'inclure des données structurées. Cela peut être fait par l'ajout de données formatées en JSON-LD. JSON-LD, ou Notation d'Objets JavaScript pour Données Liées, est une méthode pour encoder des Données Liées en utilisant JSON.

Pour mettre cela en œuvre, vous devez placer ces données dans une balise **\<script\>**. Cette balise **\<script\>** peut être située soit dans la section **\<head\>** soit dans la section **\<body\>** de votre HTML. Cette méthode de structuration des données est largement reconnue et utilisée, ce qui améliore la visibilité et la compréhension du contenu de votre page web.

Exemple :

```
<script type="application/ld+json">
{
  "@context": "<https://schema.org>",
  "@type": "Book",
  "name": "The Title of Your eBook",
  "author": {
    "@type": "Person",
    "name": "Author Name"
  },
  "datePublished": "Publication Date",
  "description": "A brief description of your eBook."
}
</script>
```

12.3.7 SEO Local

Pour les entreprises qui opèrent depuis un lieu physique ou qui desservent des zones géographiques spécifiques, le référencement local joue un rôle indispensable. C'est un outil stratégique qui aide votre site web à apparaître dans les résultats de recherche locaux. L'importance de cela ne peut être sous-estimée, car cela peut être un facteur déterminant pour attirer une audience locale et diriger le trafic vers votre entreprise.

- **Google My Business** : L'une des premières étapes de ce processus consiste à créer et à optimiser soigneusement votre profil Google My Business. Cela devrait inclure des informations précises et à jour, telles que le nom de votre entreprise, votre adresse et votre numéro de téléphone (NAP). De plus, assurez-vous d'inclure vos heures d'ouverture et une sélection de photos de haute qualité qui fournissent une représentation visuelle de votre entreprise. Cela donne aux clients potentiels une idée de ce à quoi s'attendre et améliore votre présence en ligne.

- **Citations Locales** : Un autre aspect clé du référencement local est de s'assurer que vos informations NAP sont cohérentes dans toutes les listes et annuaires en ligne. C'est important car les divergences dans ces informations peuvent dérouter les clients potentiels et avoir un impact négatif sur votre classement dans les moteurs de recherche. En maintenant la cohérence, vous présentez une image professionnelle et facilitez la recherche et le contact de votre entreprise par les clients.

12.3.8 Expérience Utilisateur (UX) et SEO

Les algorithmes de recherche de Google ont évolué au fil du temps et accordent désormais de plus en plus d'importance aux facteurs d'expérience utilisateur. Ceux-ci incluent, entre autres, la convivialité de la page, son interactivité et la stabilité visuelle qu'elle offre. En améliorant ces éléments de l'Expérience Utilisateur (UX), on peut influencer directement et améliorer les performances des efforts d'Optimisation pour les Moteurs de Recherche (SEO).

Signaux Web Essentiels

Optimiser ce que Google appelle les Signaux Web Essentiels est l'une des stratégies vitales à prioriser dans la création d'un site web de haute qualité. Ce sont des facteurs spécifiques que Google a identifiés et considère comme cruciaux dans l'expérience globale de l'utilisateur fournie par une page web. Ils servent de guide clair pour les développeurs et les webmasters afin d'améliorer les performances du site web.

En accordant à ces facteurs l'attention qu'ils méritent, on peut garantir une expérience utilisateur plus fluide et agréable. Cela signifie se concentrer non seulement sur le contenu et la conception d'une page web, mais aussi sur les aspects techniques sous-jacents tels que le temps de chargement, l'interactivité et la stabilité du contenu lors du chargement.

Ce faisant, vous n'offrez pas seulement une expérience plus attrayante et satisfaisante à vos utilisateurs, mais vous alignez également votre site web avec des facteurs que Google valorise hautement dans son algorithme de classement. Cela, à son tour, peut contribuer positivement aux performances SEO, pouvant potentiellement conduire à une plus grande visibilité dans les résultats de recherche, plus de trafic organique et, en fin de compte, plus de conversions ou de ventes.

Contenu Engageant

Il est crucial de comprendre que créer du contenu engageant ne se résume pas à rédiger un texte convaincant. Un site web qui captive vraiment son public intégrera une variété de formes de médias. Cela inclut, mais ne se limite pas à, des vidéos, des infographies et divers éléments interactifs qui peuvent stimuler l'intérêt de l'utilisateur.

Incorporer ces éléments interactifs et visuels peut créer une expérience utilisateur plus dynamique. Ils ont le pouvoir d'impliquer les utilisateurs à un niveau plus profond, ce qui les rend plus susceptibles d'interagir avec votre contenu et de passer plus de temps à explorer votre site. Les avantages de cela sont doubles.

Premièrement, un temps d'interaction plus long rend votre site plus attrayant et facile à utiliser, améliorant la satisfaction globale de l'utilisateur. Deuxièmement, cette interaction prolongée envoie des signaux positifs aux moteurs de recherche. Les algorithmes de ces moteurs de recherche interprètent cette augmentation de l'interaction comme une indication de la haute qualité du contenu de votre site web.

En fin de compte, cela pourrait conduire à une amélioration des performances de votre Optimisation pour les Moteurs de Recherche (SEO). Un SEO efficace peut augmenter la visibilité de votre site dans les résultats de recherche, amenant potentiellement plus de trafic vers votre site et augmentant la portée de votre audience. Par conséquent, en créant un site web plus engageant, vous n'améliorez pas seulement l'expérience de vos utilisateurs, mais aussi les performances et la portée globales de votre site.

12.3.9 Intégration d'Analytics avec les Objectifs

Configurer des objectifs dans Google Analytics est une tâche essentielle qui vous permet de suivre une variété d'actions spécifiques des utilisateurs, telles que les soumissions de formulaires, les achats de produits ou le temps qu'ils passent sur une page donnée. Cet outil précieux vous offre un aperçu plus approfondi de la fonctionnalité de votre site web, vous fournissant des informations sur l'efficacité avec laquelle votre site web atteint les objectifs de votre entreprise.

En plus de suivre les actions des utilisateurs, les objectifs de Google Analytics peuvent également vous aider à comprendre le comportement des visiteurs de votre site web de manière plus complète. Vous pouvez utiliser ces données pour prendre des décisions éclairées sur la façon d'améliorer l'interface et la conception de votre site web afin de mieux répondre aux besoins et aux attentes de vos utilisateurs.

Suivi des Conversions : Il s'agit d'une fonctionnalité puissante de Google Analytics qui vous permet de définir et de surveiller les conversions qui sont critiques pour le succès de votre site web. En analysant les chemins que les utilisateurs empruntent pour effectuer ces conversions, vous pouvez obtenir une compréhension plus approfondie du parcours de vos utilisateurs à travers votre site web.

Ces informations peuvent être utilisées pour optimiser la conception et la fonctionnalité de votre site web. Par exemple, si vous remarquez que les utilisateurs abandonnent souvent votre site à un certain point du processus de conversion, vous pouvez apporter des modifications à cette partie de votre site pour la rendre plus facile à utiliser ou attrayante. Ce faisant, vous pouvez améliorer vos taux de conversion et, en fin de compte, le succès de votre site web.

Lorsqu'on approfondit l'Optimisation pour les Moteurs de Recherche (SEO) et ses analyses correspondantes, on découvre un paysage rempli d'opportunités pour améliorer considérablement les performances et l'engagement de son site web. C'est un domaine qui, lorsqu'il est exploité efficacement, peut produire des avantages substantiels.

En adoptant l'utilisation de données structurées, une fonctionnalité souvent négligée, vous pouvez améliorer la façon dont les moteurs de recherche lisent et représentent votre page dans les SERP. De plus, se concentrer sur le référencement local non seulement augmente votre visibilité auprès de l'audience dans votre emplacement géographique, mais ajoute également une touche personnelle à votre site web, le rendant plus proche de votre audience locale.

Prioriser l'expérience utilisateur est un autre aspect clé sur lequel se concentrer. Un site web convivial, facile à naviguer et offrant un contenu précieux, attirera plus de trafic et augmentera la rétention des utilisateurs. Il ne s'agit pas seulement d'amener les utilisateurs à visiter votre site, il s'agit de fournir une expérience satisfaisante et enrichissante qui leur donne envie de revenir.

De plus, l'utilisation d'analyses pour obtenir des informations exploitables est un moyen efficace de comprendre le comportement et les préférences des utilisateurs. Cette approche basée sur les données vous permet d'adapter votre contenu et votre conception pour répondre aux besoins des utilisateurs, créant une expérience plus engageante et personnalisée.

Votre site web n'est pas simplement une entité statique dans le vaste écosystème numérique ; c'est une plateforme dynamique et en constante évolution qui nécessite des soins et une optimisation constants. En mettant en œuvre des stratégies de SEO avancées et en tirant parti des analyses, vous pouvez vous assurer que votre site web ne survit pas seulement dans le paysage numérique compétitif, mais qu'il prospère également et se démarque parmi les autres.

12.4 Considérations Spéciales pour les Portfolios en Ligne et les Pages de Destination de Produits Numériques

Créer une présence en ligne à travers des portfolios numériques et des pages de destination nécessite une considération attentive et réfléchie pour s'assurer que ces plateformes présentent efficacement votre travail ou vos produits. Ces plateformes ne sont pas seulement des pages web statiques, mais des espaces dynamiques où votre audience peut interagir avec votre marque et ce que vous avez à offrir.

Bien que les principes du développement web général s'appliquent certainement à ces espaces numériques, ils ont des besoins et des considérations uniques qui nécessitent une approche spécialisée. Lorsque ces considérations sont abordées de manière réfléchie et intentionnelle, elles peuvent améliorer considérablement l'efficacité de votre portfolio ou page de destination, les transformant en outils puissants pour présenter votre travail ou votre produit.

Alors que nous naviguons dans le paysage numérique, explorons ces considérations spéciales. Nous approfondirons comment faire de votre portfolio en ligne ou page de destination de produits numériques non seulement une page web fonctionnelle, mais un récit convaincant qui résonne profondément avec votre audience. Nous explorerons comment utiliser ces plateformes pour raconter votre histoire, partager votre marque et vous connecter avec votre audience de manière significative

12.4.1 Portfolios en Ligne : Mettre en Valeur le Meilleur de Vous-Même

Un portfolio en ligne n'est pas seulement un dépôt numérique de votre travail ; c'est votre vitrine professionnelle devant le monde. Il fournit une plateforme pour mettre en valeur vos compétences, vos projets et la valeur unique que vous apportez aux clients ou employeurs potentiels. Un portfolio efficace peut être la clé pour se démarquer dans un marché compétitif. Pour vous aider à tirer le meilleur parti de cette opportunité, voici quelques conseils personnalisés pour faire ressortir votre portfolio :

Contenu Sélectionné

Au lieu d'essayer d'inclure tous les projets sur lesquels vous avez travaillé, sélectionnez une poignée de projets qui représentent le mieux votre gamme de compétences et votre orientation professionnelle. Il est important de se rappeler qu'il ne s'agit pas seulement de quantité ; la qualité du travail que vous incluez est primordiale.

Pour chaque projet, envisagez d'inclure une brève description générale, détaillant ce qu'est le projet et pourquoi il est important. Indiquez également clairement votre rôle dans le projet, afin que les clients ou employeurs potentiels puissent comprendre quelles responsabilités vous avez eues et de quoi vous êtes capable.

Discutez du processus que vous avez suivi pendant le projet, car cela peut démontrer vos compétences en résolution de problèmes et comment vous abordez votre travail. Enfin, détaillez le résultat du projet, car cela peut mettre en évidence votre efficacité et votre capacité à livrer des résultats.

Exemple :

```
<article class="project">
    <img src="project-image.jpg" alt="Project Name">
    <div class="project-details">
        <h3>Project Name</h3>
        <p>Project Overview...</p>
        <a href="project-detail.html">Read More</a>
    </div>
</article>
```

Image de marque personnelle

Votre portfolio n'est pas simplement une collection de votre travail ; c'est le reflet de votre marque personnelle. Chaque pièce que vous incluez est une représentation de qui vous êtes, ce que vous valorisez et ce que vous pouvez offrir aux clients ou employeurs potentiels.

Par conséquent, il est crucial d'utiliser des éléments de design cohérents dans l'ensemble de votre portfolio. Cela inclut les couleurs, les polices et les mises en page qui s'alignent avec votre identité professionnelle, garantissant que votre portfolio soit un ensemble cohésif plutôt qu'un assortiment décousu de pièces.

De plus, votre section « À propos de moi » n'est pas seulement un espace pour une simple biographie ; c'est une opportunité de raconter votre histoire unique. Cette section doit être captivante, attirer l'attention du lecteur et lui donner envie d'en savoir plus sur vous. Parlez-leur de votre parcours, vos inspirations, vos ambitions et ce qui vous rend unique. Cela aidera à créer une connexion personnelle entre vous et votre audience, rendant votre portfolio plus mémorable.

Design Responsive

Il est crucial de s'assurer que votre portfolio soit facilement accessible et visuellement attrayant sur tous types d'appareils, des ordinateurs de bureau aux tablettes et smartphones. En améliorant la compatibilité de votre portfolio avec divers appareils, vous contribuez non seulement à améliorer l'expérience utilisateur globale, facilitant la navigation des visiteurs dans votre travail, mais vous renforcez également l'optimisation pour les moteurs de recherche de votre site.

Cela signifie que votre portfolio a plus de chances d'apparaître dans les résultats des moteurs de recherche, augmentant ainsi sa visibilité et attirant potentiellement davantage de visiteurs.

12.4.2 Pages de destination de produits numériques : Transformer les visiteurs en clients

Les pages de destination pour les produits numériques, qu'il s'agisse d'un eBook, d'un logiciel ou de toute autre offre en ligne, exigent une approche très ciblée qui guide efficacement les visiteurs vers l'objectif final de réaliser un achat ou de s'engager dans une action souhaitée. Cela peut être réalisé en mettant en œuvre certaines stratégies :

Proposition de valeur claire

Dès l'instant où les clients potentiels arrivent sur votre page, ils doivent avoir une compréhension claire de ce qu'est votre produit, de sa proposition de valeur unique et de pourquoi cela leur importe. Pour y parvenir efficacement, envisagez d'utiliser un titre percutant et accrocheur accompagné d'un sous-titre de soutien.

Ceux-ci doivent être soigneusement élaborés pour transmettre de manière succincte et persuasive la valeur qu'apporte votre produit. C'est votre opportunité de faire une forte première impression et de susciter l'intérêt pour votre produit, alors assurez-vous que votre proposition de valeur soit clairement articulée et convaincante.

Exemple :

```
<section class="hero">
    <h1>Unlock Your Potential with eBook Title</h1>
    <p>Discover the secrets to success in [topic].</p>
    <a href="#purchase" class="cta-button">Get Your Copy</a>
</section>
```

Preuve Sociale

Les témoignages, avis et recommandations jouent un rôle significatif dans l'influence des processus de prise de décision. Ces éléments peuvent influencer de manière drastique les clients ou clients potentiels, les rendant plus susceptibles de choisir votre produit ou service.

Par conséquent, il est essentiel d'inclure des retours authentiques et positifs d'utilisateurs qui ont bénéficié de manière significative de votre produit. Inclure ces témoignages non seulement renforce la confiance, mais aide également à établir une réputation positive pour votre produit, encourageant les utilisateurs potentiels à devenir des clients réels.

Exemple :

```
<section class="testimonials">
    <h2>What Readers Are Saying</h2>
    <blockquote>"This eBook changed my life! Highly recommend to anyone looking to
improve [aspect]."</blockquote>
    <p>- Satisfied Reader</p>
</section>
```

Appel à l'Action (CTA) Puissant

Votre Appel à l'Action (CTA) joue un rôle critique dans l'orientation de votre audience vers une action spécifique. Par conséquent, il doit être clair, convaincant et placé stratégiquement sur l'ensemble de la page. Le but du CTA pourrait aller d'inciter à un achat avec un bouton « Acheter maintenant », encourager le téléchargement d'un logiciel avec un bouton « Télécharger », ou fournir plus d'informations avec un lien « En savoir plus ».

Indépendamment de son objectif, votre CTA doit être conçu de telle manière qu'il se démarque du reste de votre contenu et soit facile à trouver et à cliquer pour les utilisateurs. Cela leur permet de passer à l'étape suivante de leur parcours avec votre marque sans aucun obstacle.

Exemple :

```
.cta-button {
    background-color: #007bff;
    color: #ffffff;
    padding: 10px 20px;
    text-decoration: none;
    border-radius: 5px;
    display: inline-block;
}
```

12.4.3 Considérations Supplémentaires

- **Optimisation SEO** : Un élément essentiel tant pour les portfolios que pour les pages de destination de produits numériques est l'application de l'Optimisation pour les Moteurs de Recherche (SEO). Cette pratique implique l'utilisation de mots-clés pertinents, de balises méta et de texte alternatif pour les images, qui contribuent tous à améliorer la visibilité de votre site dans les résultats des moteurs de recherche. En mettant en œuvre le SEO, vous augmentez les chances que votre site soit découvert par des clients potentiels.

- **Performance et Temps de Chargement** : Tout aussi crucial est l'optimisation de la performance de votre site et des temps de chargement. En utilisant des technologies web modernes et en optimisant vos images, vous pouvez vous assurer que votre site se charge rapidement et sans problème. La vitesse de votre page est un facteur significatif dans la satisfaction des utilisateurs, car il est probable que les visiteurs se désengagent s'ils doivent attendre trop longtemps. De plus, la vitesse de la page joue également un rôle dans le SEO, affectant la façon dont les moteurs de recherche classent votre site.

- **Analytique** : La mise en œuvre d'outils analytiques est une autre étape importante. Ce faisant, vous acquérez la capacité de suivre le comportement des visiteurs, les taux de conversion et d'autres indicateurs clés. Ces données sont inestimables car elles fournissent des informations qui peuvent vous guider pour affiner votre contenu et votre stratégie générale au fil du temps. Avec l'analytique, vous pouvez comprendre ce qui fonctionne et ce qui ne fonctionne pas, ce qui vous permet de prendre des décisions éclairées concernant les futurs changements et améliorations.

Les portfolios en ligne et les pages de destination de produits numériques jouent des rôles critiques dans vos stratégies professionnelles et marketing. En vous concentrant sur du contenu sélectionné, l'image de marque personnelle, des propositions de valeur claires, la preuve sociale et des CTA solides, vous pouvez créer des espaces en ligne convaincants qui présentent efficacement votre travail ou vos produits.

Rappelez-vous, l'objectif est d'impliquer et de convertir votre audience en fournissant une expérience fluide, informative et agréable. Avec ces considérations spéciales à l'esprit, votre portfolio ou page de destination n'attirera pas seulement des visiteurs mais laissera également une impression durable, les encourageant à explorer davantage ou à effectuer un achat. Continuez à itérer en vous basant sur les retours et l'analytique pour améliorer et vous adapter continuellement aux besoins de votre audience.

12.5 Exercices Pratiques

Dans cette section, nous reviendrons sur les exercices pratiques inclus dans le Chapitre 12, en fournissant des instructions détaillées et des solutions le cas échéant. Ces exercices sont conçus pour consolider votre compréhension des concepts abordés et vous doter d'une expérience pratique dans le lancement et l'optimisation de votre site web.

Exercice 1 : Configuration de l'Hébergement Web

Objectif : Choisir un fournisseur d'hébergement web et configurer votre compte d'hébergement web.

1. **Recherche** : Comparez au moins trois fournisseurs d'hébergement web en vous basant sur des facteurs tels que la fiabilité, le support client, la scalabilité et le prix.

---

2. **Sélection** : Choisissez le fournisseur qui correspond le mieux aux besoins de votre site web.

3. **Configuration** : Inscrivez-vous au service d'hébergement choisi et sélectionnez le plan d'hébergement approprié.

Solution : Cet exercice implique de la recherche et de la prise de décision plutôt que de l'implémentation de code. Assurez-vous de documenter votre comparaison et les raisons de la sélection de votre fournisseur d'hébergement.

Exercice 2 : Enregistrement et Configuration d'un Nom de Domaine

Objectif : Enregistrer un nom de domaine et le configurer pour qu'il pointe vers votre compte d'hébergement web.

1. **Recherche** : Utilisez l'outil de recherche d'un registraire de domaines pour trouver un nom de domaine disponible qui correspond à votre marque ou au thème de votre site web.

2. **Enregistrement** : Achetez votre nom de domaine choisi via le registraire.

3. **Configuration** : Liez votre nom de domaine à votre compte d'hébergement web en mettant à jour la configuration DNS dans le panneau de contrôle de votre registraire de domaines.

Solution : Comme pour l'Exercice 1, il s'agit d'une tâche procédurale. Assurez-vous de suivre les instructions de votre registraire pour lier votre domaine à votre compte d'hébergement.

Exercice 3 : Implémentation du SSL pour votre Site Web

Objectif : Sécuriser votre site web en implémentant un certificat SSL.

1. **Acquisition** : Obtenez un certificat SSL. Cela peut souvent être fait directement via votre fournisseur d'hébergement web, parfois même gratuitement.

2. **Activation** : Générez une CSR (Demande de Signature de Certificat) depuis le panneau de contrôle de votre hébergement web et envoyez-la à votre fournisseur SSL si nécessaire.

3. **Installation** : Suivez les instructions de votre fournisseur d'hébergement pour installer le certificat SSL sur votre site web.

```
<!-- Solution: No direct code needed for SSL setup. This note is for educational
purposes. -->
<p>Note: The process of implementing SSL varies based on your hosting provider.
Typically, it involves accessing your hosting control panel and following the SSL
installation prompts.</p>
```

Exercice 4 : Implémentation SEO de Base

Objectif : Optimiser votre page d'accueil pour les moteurs de recherche en utilisant des techniques SEO de base.

1. **Intégration de Mots-Clés** : Identifiez 2-3 mots-clés pertinents pour le contenu de votre page d'accueil. Incorporez-les naturellement dans le titre de la page, les en-têtes et le texte du corps.

2. **Balises Méta** : Ajoutez une balise de titre descriptive et une méta description au HTML de votre page d'accueil.

```html
<!-- Solution -->
<head>
    <title>Your Site's Name | Keyword 1, Keyword 2</title>
    <meta name="description" content="A brief description of your site,
including Keyword 1 and Keyword 2.">
</head>
```

3. **Texte Alternatif pour les Images :** Assurez-vous que toutes les images de votre page d'accueil ont un texte alternatif descriptif.

```html
<!-- Solution -->
<img src="example-image.jpg" alt="Descriptive text including Keyword 1">
```

Exercice 5 : Configuration de Google Analytics

Objectif : Intégrer Google Analytics à votre site web.

1. **Création de Compte** : Inscrivez-vous à Google Analytics et créez une propriété pour votre site web.

2. **Code de Suivi** : Google Analytics vous fournira un code de suivi. Insérez ce code dans la balise **<head>** de chaque page web que vous souhaitez suivre.

```html
<!-- Solution -->
<head>
    <!-- Google Analytics Tracking Code -->
    <script                                                        async
src="<https://www.googletagmanager.com/gtag/js?id=YOUR_TRACKING_ID>"></script
>
    <script>
      window.dataLayer = window.dataLayer || [];
      function gtag(){dataLayer.push(arguments);}
      gtag('js', new Date());

      gtag('config', 'YOUR_TRACKING_ID');
    </script>
</head>
```

Ces exercices pratiques sont conçus pour vous offrir une expérience pratique des étapes cruciales impliquées dans le lancement de votre site web. De la configuration de l'hébergement web à la mise en œuvre de pratiques SEO de base et à l'intégration d'analytique, chaque tâche contribue à construire une base solide pour votre présence en ligne. En complétant ces exercices, vous renforcez non seulement votre compréhension des aspects théoriques abordés dans le Chapitre 12, mais vous acquérez également des compétences pratiques essentielles pour tout développeur web. Rappelez-vous, lancer votre site web n'est que le début ; l'apprentissage continu, l'optimisation et l'engagement sont la clé de son succès à long terme.

Résumé du Chapitre 12

Dans le Chapitre 12, nous avons parcouru la phase finale de votre parcours de développement web : le lancement de votre site web. Cette étape est l'aboutissement de votre travail acharné, de votre créativité et de votre dévouement, transformant vos idées en une présence en ligne vivante et accessible. De la compréhension des bases de l'hébergement web à la maîtrise du référencement et de l'analytique, ce chapitre a fourni un guide complet non seulement pour lancer votre site web, mais aussi pour assurer son succès et sa croissance dans le paysage numérique. Résumons les idées clés et les stratégies explorées dans ce chapitre.

Bases de l'Hébergement Web

Nous avons commencé notre parcours de lancement par une analyse approfondie de l'hébergement web, un service essentiel qui rend votre site web accessible sur Internet. En examinant différentes options d'hébergement, telles que l'hébergement partagé, VPS, dédié et dans le cloud, nous vous avons équipé des connaissances nécessaires pour choisir un plan d'hébergement qui correspond aux besoins et au potentiel de croissance de votre site web. L'importance de sélectionner un fournisseur d'hébergement fiable a été soulignée, mettant en évidence des facteurs tels que le temps de disponibilité, le support client et l'évolutivité comme des considérations cruciales pour les fondations de votre site web.

Noms de Domaine et Certificats SSL

Le chapitre s'est poursuivi en révélant l'importance des noms de domaine et des certificats SSL dans l'établissement de l'identité de votre site web et la garantie de sa sécurité. Choisir le bon nom de domaine donne le ton à votre marque et facilite la tâche aux utilisateurs pour vous trouver en ligne. Parallèlement, la mise en œuvre de certificats SSL crypte les données transférées entre votre site web et ses visiteurs, favorisant un environnement sûr et digne de confiance. Ces éléments ne sont pas seulement des nécessités techniques, mais des composants essentiels qui contribuent à la crédibilité de votre site web et à la confiance des utilisateurs.

Bases du Référencement et de l'Analytique

Comprendre les bases du référencement et intégrer l'analytique à votre site web s'est révélé fondamental pour générer du trafic et mesurer le succès. Nous avons exploré comment optimiser votre site web pour les moteurs de recherche grâce à la recherche de mots-clés, au contenu de qualité et à la réactivité mobile peut améliorer considérablement la visibilité et le classement de votre site. De plus, la mise en œuvre de l'analytique vous permet d'obtenir des informations sur le comportement des utilisateurs, permettant des décisions basées sur les données pour améliorer les performances et l'expérience utilisateur de votre site web.

Considérations Spéciales pour les Portfolios en Ligne et les Pages de Destination de Produits Numériques

Le chapitre s'est conclu en abordant des considérations spéciales pour créer des portfolios en ligne efficaces et des pages de destination de produits numériques. Des stratégies adaptées pour mettre en valeur vos réalisations professionnelles et commercialiser vos produits numériques ont été discutées, soulignant l'importance de propositions de valeur claires, de contenu engageant et d'appels à l'action solides. Ces sections dédiées ont souligné l'approche nuancée nécessaire pour créer des espaces en ligne convaincants qui résonnent avec votre public cible et atteignent vos objectifs.

Conclusion

Lancer votre site web est une étape importante dans votre parcours de développement web, marquant le début d'un nouveau chapitre où vos créations rencontrent le monde. Ce chapitre visait à fournir une base solide pour un lancement réussi, couvrant des aspects essentiels de l'hébergement et de l'enregistrement de domaine au référencement et à l'analytique. N'oubliez pas que lancer votre site web n'est que le début ; l'optimisation continue, les mises à jour de contenu et l'engagement avec votre public sont essentiels pour maintenir et développer votre présence en ligne. Saisissez le lancement comme une opportunité d'apprendre, de vous adapter et de prospérer dans le paysage numérique en constante évolution. Votre site web est une entité vivante dans le monde en ligne ; prenez-en soin avec attention, créativité et perspicacité stratégique pour débloquer tout son potentiel.

Quiz Partie IV

Félicitations pour avoir terminé la Partie IV de votre parcours dans le développement web ! Cette section vous a guidé à travers les étapes cruciales de planification, conception, construction et lancement de votre projet web.

Le questionnaire suivant est conçu pour évaluer votre compréhension de ces domaines clés, en renforçant les connaissances et les compétences que vous avez acquises. Plongez-vous dans les questions et voyons dans quelle mesure vous avez assimilé les concepts abordés.

Question 1 : Planification et Conception

Laquelle des options suivantes N'est PAS une pratique recommandée lors de la planification et de la conception de votre projet web ?

A) Utiliser des prototypes haute fidélité dès le début pour gagner du temps

B) Effectuer une recherche de mots-clés pour guider votre stratégie de contenu

C) S'assurer que votre design soit responsive sur tous les appareils

D) Prioriser l'expérience utilisateur dans vos choix de conception

Question 2 : Construction de votre Projet

Lorsque vous ajoutez des données structurées à votre site web pour améliorer le référencement, quel format est recommandé ?

A) XML

B) JSON-LD

C) HTML

D) CSV

Question 3 : Hébergement Web

À quoi fait référence le terme « bande passante » dans l'hébergement web ?

A) La quantité de données que votre site web peut transférer aux visiteurs dans une période donnée

B) La taille physique du serveur web

C) La vitesse à laquelle votre site web se charge dans un navigateur

D) Le nombre de visiteurs que votre site web peut avoir simultanément

Question 4 : Noms de Domaine

Pourquoi est-il important de choisir un nom de domaine facile à retenir et à écrire ?

A) Il assure des temps de chargement plus rapides du site web

B) Il fait paraître votre site web plus professionnel

C) Il améliore le classement de votre site web dans les moteurs de recherche

D) Il aide les utilisateurs à trouver votre site web plus facilement

Question 5 : Certificats SSL

Laquelle des options suivantes décrit le mieux l'objectif principal d'un certificat SSL ?

A) Augmenter la vitesse de téléchargement de votre site web

B) Chiffrer les données transmises entre le serveur et le navigateur de l'utilisateur

C) Servir de sauvegarde des données de votre site web

D) Fournir une copie physique de votre site web à des fins d'archivage

Question 6 : Notions de Base du Référencement

Quel rôle joue la compatibilité mobile dans le référencement ?

A) Elle n'a aucun effet sur le référencement mais améliore l'expérience utilisateur

B) Elle est pénalisée par les moteurs de recherche

C) C'est un facteur de classement utilisé par les moteurs de recherche

D) Elle n'affecte le référencement que pour les recherches mobiles

Question 7 : Google Analytics

Pourquoi devriez-vous configurer des objectifs dans Google Analytics ?

A) Pour suivre des actions spécifiques des utilisateurs et mesurer l'efficacité de votre site web

B) Pour augmenter la visibilité de votre site web dans les résultats de recherche

C) Pour améliorer directement le référencement de votre site web

D) Pour réduire automatiquement le taux de rebond

Corrigé

1. A) Utiliser des prototypes haute fidélité dès le début pour gagner du temps

2. B) JSON-LD

3. A) La quantité de données que votre site web peut transférer aux visiteurs dans une période donnée

4. D) Il aide les utilisateurs à trouver votre site web plus facilement

5. B) Chiffrer les données transmises entre le serveur et le navigateur de l'utilisateur

6. C) C'est un facteur de classement utilisé par les moteurs de recherche

7. A) Pour suivre des actions spécifiques des utilisateurs et mesurer l'efficacité de votre site web

Réfléchissez à vos réponses et révisez tout domaine qui s'est avéré difficile. Ce questionnaire sert non seulement de révision de ce que vous avez appris dans la Partie IV, mais aussi de point de départ pour une exploration et une maîtrise supplémentaires dans le domaine du développement web. Continuez à pratiquer, à apprendre et à progresser en vous lançant dans la création de projets web plus complexes et percutants.

Conclusion

En refermant les pages finales de ce voyage à travers les royaumes du HTML, CSS, développement web et au-delà, il est essentiel de réfléchir au terrain que nous avons couvert et aux perspectives que nous avons ouvertes. Ce livre a été conçu comme un guide complet, visant non seulement à transmettre des connaissances techniques, mais aussi à favoriser une compréhension plus profonde et une appréciation pour l'art et la science de la création sur le web.

Des blocs de construction fondamentaux des pages web aux nuances du lancement de vos créations numériques dans le monde, notre exploration a parcouru un vaste paysage de concepts, pratiques et philosophies qui sous-tendent le domaine en constante évolution du développement web.

Le Voyage à Travers le Développement Web

Nous avons commencé cette aventure par une introduction au développement web, plongeant dans l'histoire et les éléments essentiels qui composent Internet et le World Wide Web. Comprendre la structure d'Internet et comment les pages web sont servies a préparé le terrain pour l'immersion profonde dans les langages qui sont au cœur du développement web : HTML et CSS. En commençant par les bases, notre objectif était de construire une fondation solide, en mettant l'accent sur l'importance de la sémantique, l'accessibilité et les meilleures pratiques dès le début.

Au fur et à mesure que nous avancions, nous avons exploré les subtilités du design web, les principes qui guident la création de sites visuellement attrayants et faciles à utiliser, et l'importance du design responsive dans le monde multi-appareils d'aujourd'hui. Ces connaissances ont ensuite été appliquées dans des exercices pratiques, de la création de pages web simples aux mises en page complexes, vous préparant à relever des défis réels de développement web avec confiance et créativité.

Construire et Lancer vos Projets

Le cœur de ce livre s'est concentré sur les aspects pratiques de la construction et du lancement de projets web. À travers des guides détaillés et des exercices, nous avons parcouru le processus de planification, conception et construction d'un portfolio en ligne et d'une page d'atterrissage pour un produit numérique. Ces projets ont servi d'applications pratiques des concepts discutés, offrant un résultat tangible à votre parcours d'apprentissage. Les discussions sur l'hébergement web, les noms de domaine, les certificats SSL et le SEO ont souligné la nature multifacette du développement web, combinant compétences techniques et réflexion stratégique.

Une attention particulière a été accordée au rôle du marketing et de la promotion dans le succès des projets numériques. Dans le paysage numérique encombré d'aujourd'hui, créer un site web n'est que le début. Nous nous sommes plongés dans des stratégies pour attirer et engager des audiences, soulignant l'importance des réseaux sociaux, du marketing par courriel et de l'analytique pour comprendre et développer votre présence en ligne.

L'Importance de l'Apprentissage Continu

L'un des thèmes récurrents tout au long de ce livre a été la nécessité de l'apprentissage continu. Le domaine du développement web est dynamique, avec de nouvelles technologies, techniques et meilleures pratiques qui émergent régulièrement. Adopter un état d'esprit de curiosité et d'éducation constante est crucial pour rester pertinent et innovant. Nous avons présenté une variété de ressources, outils et communautés où vous pouvez continuer à élargir vos connaissances, expérimenter avec de nouvelles idées et vous connecter avec d'autres développeurs.

Regarder Au-delà

En vous tenant à ce point, équipé des connaissances et compétences acquises de ce livre, il est essentiel de regarder au-delà des aspects techniques du développement web. Réfléchissez à l'impact plus large de votre travail sur la société, l'accessibilité de vos sites web pour tous les utilisateurs et les considérations éthiques dans la façon dont vous implémentez et utilisez la technologie. Le développement web ne consiste pas seulement à construire des sites web ; il s'agit de créer des espaces numériques qui soient inclusifs, informatifs et enrichissent l'expérience humaine.

Le Chemin à Suivre

Votre voyage dans le développement web ne se termine pas ici. Que nous aspirions à devenir des développeurs web professionnels, que nous cherchions à améliorer notre carrière existante avec des compétences en développement web, ou que nous souhaitions simplement explorer les possibilités créatives du web, le chemin à suivre est rempli d'opportunités. Engagez-vous dans la communauté, contribuez à des projets open source et n'hésitez jamais à vous lancer de nouveaux défis avec de nouveaux projets.

Conclusion

En conclusion, ce livre a été un guide, un compagnon et un catalyseur dans votre voyage vers le développement web. À travers les pages, nous avons couvert non seulement les compétences techniques nécessaires pour construire des sites web, mais aussi la réflexion créative et stratégique qui sous-tend un développement web efficace. Le voyage à travers HTML et CSS, les principes de design, la construction de projets et le lancement a été conçu pour vous équiper des outils et de la confiance nécessaires pour créer des expériences web significatives et impactantes.

Au fur et à mesure que vous avancez, rappelez-vous que l'essence du développement web réside dans la combinaison de technologie et créativité, logique et art. C'est un domaine où la résolution analytique de problèmes rencontre le design innovant, où la maîtrise technique soutient un récit convaincant. Votre voyage à travers le développement web vous est unique, façonné par vos intérêts, passions et l'empreinte que vous souhaitez laisser dans le monde numérique.

Merci d'avoir permis à ce livre de Cuantum Technologies de faire partie de votre voyage. Que les chapitres que vous avez explorés servent de tremplins vers de plus grandes découvertes, et que votre chemin à suivre soit rempli d'apprentissage, de créativité et de succès dans tous vos efforts de développement web.

À bientôt !

Félicitations pour avoir terminé ce livre d'exercices Python ! Nous espérons que vous avez trouvé ces exercices à la fois stimulants et enrichissants, et que vous avez acquis une compréhension plus approfondie de la programmation en Python.

Tout au long de ce livre, nous avons couvert un large éventail de sujets, de la syntaxe de base et des types de données aux sujets avancés comme l'apprentissage automatique et le traitement du langage naturel. Nous avons divisé les exercices en trois sections selon le niveau de difficulté, mais nous vous encourageons à explorer tous les exercices pour obtenir une compréhension complète du langage.

Dans notre entreprise de logiciels, nous croyons que la programmation ne consiste pas seulement à écrire du code. Il s'agit de résoudre des problèmes et de créer des solutions qui font la différence dans la vie des gens. Nous explorons constamment de nouvelles technologies et techniques pour rester à la pointe de l'industrie, et nous sommes ravis de partager nos connaissances et notre expérience avec vous à travers ce livre.

Nous croyons également que la pratique des compétences en programmation nécessite patience et persévérance. Il se peut que vous n'obteniez pas la bonne réponse du premier coup, et c'est normal. Les exercices de ce livre sont conçus pour vous mettre au défi, et c'est en affrontant des problèmes difficiles que vous apprendrez vraiment et grandirez en tant que programmeur.

Conclusion

En conclusion, nous espérons que vous avez trouvé ce livre d'exercices Python comme une ressource précieuse dans votre parcours pour devenir un programmeur compétent en Python. En travaillant sur ces exercices, vous avez acquis une expérience pratique avec le langage et développé des compétences de résolution de problèmes qui seront inestimables à mesure que vous continuerez à travailler sur des projets plus complexes.

Que vous soyez un débutant sans expérience en programmation ou un programmeur expérimenté cherchant à élargir vos compétences, ce livre vous a fourni un ensemble complet d'exercices pour défier et développer vos compétences de programmation en Python. De la syntaxe de base et des types de données aux sujets avancés comme l'apprentissage automatique et le traitement du langage naturel, les exercices de ce livre couvrent un large éventail de sujets, vous offrant une compréhension complète du langage.

Nous croyons que la programmation ne consiste pas seulement à écrire du code ; il s'agit de résoudre des problèmes et de créer des solutions qui font la différence dans la vie des gens. Dans notre entreprise de logiciels, nous nous engageons à créer des logiciels qui offrent des expériences créatives et résolvent des problèmes du monde réel. Nous explorons constamment de nouvelles technologies et techniques pour rester à la pointe de l'industrie, et nous sommes ravis de partager nos connaissances et notre expérience avec vous à travers ce livre.

Alors que vous poursuivez votre parcours pour devenir un programmeur compétent en Python, nous vous encourageons à continuer d'explorer de nouvelles technologies et techniques, et à pratiquer et développer vos compétences. Le domaine de la programmation est en constante évolution, et il y a toujours quelque chose de nouveau à apprendre. Nous espérons que ce livre vous a fourni une base solide en programmation Python et vous souhaitons beaucoup de succès dans vos futurs projets de programmation.

Apprenez-en davantage sur nous

Chez Cuantum Technologies, nous nous spécialisons dans la construction d'applications web qui offrent des expériences créatives et résolvent des problèmes du monde réel. Nos développeurs ont de l'expérience dans un large éventail de langages de programmation et de frameworks, notamment Python, Django, React, Three.js et Vue.js, entre autres. Nous explorons constamment de nouvelles technologies et techniques pour rester à la pointe de l'industrie, et nous sommes fiers de notre capacité à créer des solutions qui répondent aux besoins de nos clients.

Si vous souhaitez en savoir plus sur Cuantum Technologies et les services que nous offrons, veuillez visiter notre site web à www.cuantum.tech. Nous serons ravis de répondre à toutes vos questions et de discuter de la façon dont nous pouvons vous aider avec vos besoins en développement de logiciels.

Où continuer ?

Si vous avez terminé ce livre et que vous avez soif de nouvelles connaissances en programmation, nous aimerions vous recommander d'autres ouvrages de notre société de logiciels que vous pourriez trouver utiles. Ces livres couvrent un large éventail de sujets et sont conçus pour vous aider à continuer à développer vos compétences en programmation.

- **"ChatGPT API Bible : Maîtriser la programmation Python pour l'IA conversationnelle"** : Un guide pratique, étape par étape, pour utiliser ChatGPT, couvrant tout, de l'intégration de l'API à l'ajustement du modèle pour des tâches ou secteurs spécifiques.
- **"Traitement du langage naturel avec Python : Créez votre propre chatbot de service client"** : Cet ouvrage approfondi explore le traitement du langage naturel (NLP). Il simplifie des concepts complexes grâce à des explications claires et des exemples intuitifs.
- **"Analyse de données avec Python"** : Python est un langage puissant pour l'analyse de données, et ce livre vous aidera à en exploiter tout le potentiel. Il aborde le nettoyage, la manipulation et la visualisation des données, avec des exercices pratiques pour mettre en œuvre vos apprentissages.
- **"Apprentissage automatique avec Python"** : L'apprentissage automatique est l'un des domaines les plus passionnants de l'informatique, et ce livre vous initiera à la création de vos propres modèles avec Python. Il couvre des sujets tels que la régression linéaire, la régression logistique et les arbres de décision.
- **"Maîtriser ChatGPT et le prompt engineering"** : Ce livre vous propose un parcours complet dans le monde du prompt engineering, en couvrant les bases des modèles linguistiques d'IA jusqu'aux stratégies avancées et applications concrètes.

Tous ces ouvrages sont conçus pour vous aider à approfondir vos compétences en programmation et votre maîtrise du langage Python. Nous croyons que la programmation est une compétence qui s'apprend et se développe avec le temps, et nous nous engageons à fournir des ressources pour vous aider à atteindre vos objectifs.

Nous aimerions également profiter de cette occasion pour vous remercier d'avoir choisi notre société de logiciels comme guide dans votre parcours d'apprentissage. Nous espérons que ce livre de Python pour débutants vous a été utile, et nous avons hâte de continuer à vous fournir des ressources de qualité dans le futur. Si vous avez des suggestions ou des retours concernant nos futurs livres ou ressources, n'hésitez pas à nous contacter. Nous serions ravis d'avoir de vos nouvelles !

En savoir plus sur nous

Chez Cuantum Technologies, nous sommes spécialisés dans le développement d'applications web qui offrent des expériences créatives et répondent à des problèmes concrets. Nos développeurs possèdent une expertise dans un large éventail de langages et frameworks, notamment Python, Django, React, Three.js et Vue.js, entre autres. Nous explorons en permanence de nouvelles technologies et techniques pour rester à la pointe de l'industrie, et nous sommes fiers de notre capacité à créer des solutions adaptées aux besoins de nos clients.

Si vous souhaitez en savoir plus sur Cuantum Technologies et les services que nous proposons, veuillez visiter notre site web à l'adresse suivante : www.cuantum.tech/books. Nous serions ravis de répondre à vos questions et de discuter de la manière dont nous pouvons vous accompagner dans vos projets de développement logiciel.

CUANTUM
TECHNOLOGIES

www.cuantum.tech

www.ingramcontent.com/pod-product-compliance
Lightning Source LLC
Chambersburg PA
CBHW080652220326
41598CB00033B/5178